航空安全管理概論

Fundamentals of Aviation Safety Management

王穎駿◎著

序

長久以來，安全一直是民航運輸最重要之環節，而追求零失事是民航業界努力的目標。大多數人對於航空安全（Aviation Safety）的瞭解，大略僅止於一些重大飛航事故的發生及對飛行中的安全與否，而飛行安全（Flight Safety）終究只是航空安全中的一部分。概括來說，實務上的航空安全應包含飛行、客艙、機坪、棚廠、維修、機場等全面性的安全議題。

航空公司爲一運輸服務業，國內各大航空公司對於新進人員的飛安教育，常限於成本及時間的考量，往往在人員招考後，經過短期的「飛安概論」地面學科及在職訓練，即上線服勤；新進員工在面對陌生環境前便立即接受密集且快速的教學，在所學尚無從消化吸收之際，便要求其專業表現。如此條件下，其所能展現出的能力與服務品質多有折扣，而飛安觀念更難以深厚及紮實。

「天空雖然浩瀚，卻無處容納錯誤！」正是每位航空從業人員達成航空安全目標的最佳寫照。然而飛安的確保不只是飛安專業人員的責任，而是航空公司全體員工、航空產業、政府、社會大衆所有直接或間接相關人員的責任。

有鑑於此，筆者累積航空業界些許的實務經驗及學界航空安全管理的教學心得，希望提供有志航空業的學生、在職員工及社會人士對於航空安全初階的認識與體悟。本書共分爲十二章，主要針對航空公司安全管理及航空安全案例爲主，並配合照片及圖表，以讓讀者能對航空安全理論及實務運作更加深入理解。

本書能夠順利完成，作者要感謝博士班指導老師成功大學交管系　張有恆教授、碩士班指導老師成功大學航太所　陸鵬舉教授、前華航董事長　李雲寧先生、啓蒙老師淡江大學航太系　宛同教授對晚輩的提攜以及遠東航空公司的栽培之恩。前民航局局長　張有恆博士所出版的《飛航安全管理》是國內第一本有關飛航安全管理的專書。　李雲寧董事長對飛航安全的投入與奉獻獲得國際飛行安全基金會頒發飛行安全傑出服務（終身貢獻）成就獎，爲全球第一位獲頒此殊榮的華人。

本書特別要感謝遠東航空公司提供相關資料照片、國立高雄餐旅學院航空管理系萬光滿老師提供客艙安全資料。另外，揚智文化公司閻富萍小姐對本書的編輯協助，作者特此致上十二萬分的謝意。

航空安全範圍廣泛，本書內容尚有未臻涵蓋之處，作者才疏學淺，書中文字、參考文獻、圖表、照片等各方面若有疏漏之處，望請各位先進賢達、專家及讀者，不吝提供意見與指正。

王穎駿　謹誌
於國立高雄餐旅學院航空管理系

目 錄

Chapter 4 組員資源管理 117

Chapter 5 飛航管制與飛安 149

Chapter 6 航空維修安全 191

Chapter 7 客艙安全 231

CHAPTER 1

航空安全概論

Accidents don't happen by accident.
「任何失事絕非偶然事件。」

第一節　前言

當我們處在二十一世紀高科技發展之年代，回顧人類已屆百年的動力飛行航空史，航空器已成爲今日不可或缺的運輸工具。

航空運輸業無疑地是高科技產業，各式新穎設計及優越性能聚集一身的民航客機，不斷地追求高速度、高載運量及高經濟效率。同時，作業程序、維護技術、人員訓練、監管制度、助導航設施等基礎亦不斷地改善，漸趨完美。

航空事業的發展已成爲國家進步的指標，我國近年來經濟持續成長，加以地面交通運輸趨於飽和及因國民生活水平提高所帶來的旅遊、觀光、商務機會增加，使得民航事業的成長更是一日千里，年載客量屢創新高，政府推動爭取亞太營運中心的目標似乎指日可待。惟台灣因受限於狹窄空域，在軍、民航繁忙的飛航需求下，如何提升飛航品質、保障旅客生命財產安全，實爲當前政府及民航業界在面臨亞太地區其他競爭者所要面臨的第一課題。

安全是民航運輸最重要的課題。長久以來，零失事率是民航業界努力追求的目標。然而由於參與安全工作的體系龐大複雜，致使至今仍然時有飛安事件發生。從1998年2月16日華航大園空難、3月3日德安航空直昇機墜海、3月19日國華航空新竹空難；1999年8月22日華航香港赤鱲角機場翻機、8月24日立榮航空花蓮火燒機；迄2000年10月31日新加坡航空SQ006班機於桃園國際機場誤闖跑道墜毀；2002年5月25日華航CI611班機在澎湖上空解體墜毀，12月21日復興航空公司ATR-72貨機由台北飛澳門途中墜海失事等多起失事事件，數百條人命的犧牲，再次凸顯台灣地區飛航安全的重要性。

隨著目前全球飛機數及客貨運的快速成長，以目前失事率估算，到了西元2015年，全球幾乎每週就會發生一次大空難。倘若再漠視航空安全，後果將是難以想像。

廣義的航空安全（又稱飛航安全）（Aviation Safety）應包括：

- 飛行安全（Flight Safety）。
- 客艙安全（Cabin Safety）。
- 機坪安全（Ramp Safety）。
- 棚廠安全（Hanger Safety）。
- 維修安全（Maintenance Safety）。
- 機場安全（Airport Safety）。

航空運輸服務的第一項前提就是「安全」，在這種高科技及高風險的行業下，如何確保百分之百的航空安全，確實是現今所有航空從業人員所要努力的目標。而航空安全作業涵蓋廣泛，且為一持續不斷之工作，飛安成效有賴方向之正確與訓練之落實，確實遵守標準作業程序及嚴守工作紀律等。因此，唯有力圖增進人員對飛安的認識、確認飛安之重要性、強化飛安共識，才能朝向確保飛安零失事之目標前進。

第二節　航空安全史話

人類嚮往飛行由來已久，東、西方的神話及傳說，都曾經記載魔毯以及女巫騎掃帚的故事，但其中最為膾炙人口的莫過於古希臘神話傳說中對飛行的諸多想像與描述。

古希臘神話曾經記載：雅典名匠戴德勒斯（Daedalus）奉克里特（Crete）國王邁諾斯（Minos）之命，在該國建造一座迷宮（Labyrinth），迷宮內風大得令人找不到出口，因此被關在其內的人無法逃出，建造迷宮是為了要囚禁一隻人身牛頭的怪物米諾托（Minotaur）。此怪物十分凶殘，必須以童男、童女為食，當時雅典臣服於邁諾斯王，每年需進貢十四名童男、童女供其食用。雅典王子忒修斯（Theseus）年輕英武，為拯救童男女，誓言殺死怪物，於是自願當犧牲品，與其他童男女一起被送往克里特島。在他抵達克里特島後，偶然邂逅該國公主阿麗雅德妮（Ariadne），彼此相互傾心，得公主提示，使用黑線牽引進入迷宮，殺死怪物後，循線始得安然退出，隨即偕同公主逃回雅典。邁諾斯王聞悉後大怒，誤以為戴德勒斯將迷宮之秘告訴王子，乃將戴德勒斯及其獨子伊卡儒斯（Icarus）關入迷宮測試他們，戴德勒斯深知迷宮奧秘難解，自知無法逃離，但亦不甘坐以待斃，當即覓取工具材料製成弓箭，俟機射下飛經之鷹，採集羽毛，並用木頭做成框架以布料覆蓋其上，然後將蠟熔化將羽毛貼在其上，製作兩副羽翼，並教導其子飛行技術，準備飛向雅典附近的那不勒斯（Naples）小島避難，起飛前告誡其子，不可飛近太陽，以免蠟翼熔化。起飛後一路平安無事，將近目的地時，伊卡儒斯因第一次飛行非常興奮，違背其父教誨，愈飛愈高，終至過於接近太陽，蠟翼熔化墜海失事（如圖1-1）。

圖1-1 美國Smithsonian國家航太博物館收藏之希臘飛行神話圖

資料來源：作者翻攝。

雖然這是一則人類第一次飛行的神話記載，但卻也是歷史上第一次因不遵守標準操作程序（Standard Operating Procedure, SOP）——亦即其父的告誡——所導致的飛行失事。

無獨有偶，我國也有類似飛行失事的神話，爲西洋航空安全史書所刊載：話說嫦娥女士，誤服靈藥不覺飄然飛起，飛向月球，因不知如何安全降落，結果在月球失事。

事實上，自從1903年萊特兄弟第一次以動力將重於空氣的飛行器在空中飛翔（Power Flight），實現了人類有史以來駕機飛行的夢想，在此之前，不知有多少先烈，歷經多少次的失敗，曾造成無數的飛安事件。

1896年德國的奧圖李連泰（Otto Lilienthal）試驗滑翔機，但於試飛時失敗身亡。同年，三名瑞典人死於企圖飛越北極的氣球上。

1908年，奧維爾萊特將第一架萊特原型機送交新成立的美國陸軍通信兵團航空小隊所在地——佛琴尼亞美雅堡。次日，由賽福利茲中尉（L. T. Selfridge）與其同乘，做接收、試飛與展示飛行，起飛後一片螺旋槳葉斷裂飛脫，擊斷機翼張力線，飛機失速墜毀，賽福利茲中尉頭部傷重死亡，奧維爾萊特折斷左腿，此爲軍事飛行史也是人類駕機升空首次失事。

自1908年至1913年，五年半內共發生十一次飛機重大失事，七十四人罹難，其大多爲美國陸軍西點軍校畢業改習飛行的高材生，這就是航空安全史上所稱的「最初之十一次」（The First Elevens），航空安全問題因而引起美國國會強烈震驚，咸認航空危險性太大，不值得犧牲這麼多的年輕菁英，由1913年至1921年，美國朝野爲航空事業之存廢爭論不休，當時可稱之爲美國航空發展的黑暗期。

1921年，美國空軍前身——美國陸軍航空隊正式成立，緊接著，美國民間發起的航空郵遞飛行亦如火如荼地展開，此爲民航事業之前驅。

回顧飛航事業創建初期，飛安事件層出不窮。1922年，美國陸軍航空隊成立的第二年，其飛機失事率每十萬小時就有五百零七次，創下了歷年最高的失事率紀錄。1943年，第二次世界大戰期間，美國空軍有一萬八千七百餘架飛機作戰損毀（combat lost），但因飛安問題損失的各型飛機則有二萬零八十三架，多過作戰損毀的架數，創下一年內損失飛機最多的紀綠，可見飛安問題何其嚴重與慘烈。

航空郵遞飛行事業由於失事率過高，僅維持了九年便告終結，四十八位空郵飛行員存活者僅六人，其中四位後來都成爲美國民航事業的前輩，亦有擔任美國民航事業主管者。

在這些航空事業的艱辛歲月中，人們不斷地思考如何改善飛安問題，從學術與技術兩方面同時入手，促進航空器設計製造技術之發展，除了協助飛航裝備設施的改善、飛行技術的精進外，在飛安學術方面，特別是失事預防理念與技巧上，更多有建樹。

首先，他們認爲「安全是一種理念的領悟」（Safety is a state of mind），只要心中時時存有安全的意念，安全就會時刻伴隨，一旦在心意上疏離安全的意念，安全就會離你遠去。換言之，從事航空事業的人員，不論其工作性質，心頭必須時刻存有安全的意識與警覺。

萊特兄弟是首位駕駛「重於空氣的機器」升空的第一人。但全世界第一條有關飛行安全的規定，是由義大利航空工藝家達文西（Leonardo da Vinci）在西元1500 年所宣布：「在製造機翼時，支撐機翼重量的拉力線，必須有另外一條並列；如果主線斷裂，可由另一條取代，以保安全。」，此種重複安全保險（Redundancy）觀念，形成了今日航空安全的基礎。

其次，是失事預防的要領，目的在於設法能在失事發生之前預爲察覺危險之所在（Prevention is try to see the hazard before accident occurrence）。

一架飛機在空中飛行，必須隨時面對與重力爭衡、與飛鳥爭天空、與大自然爭勝等等問題，任何故障與錯失，不若地面運輸工具可就地拋錨待援，其所面臨的問題與危機要比想像中嚴重。因此，確保飛行安全固然是我們的理想，但「絕對的安全」過去沒有獲得，現在尚未獲得，未來亦恐難如願，因爲很多大自然的問題是人力所無法克服的，何況還有「人」的疑難雜症等，因爲人總是會犯錯。有關人的因素，於本書第三章中詳述。

第三節　航空失事理論分析與應用

一、骨牌效應理論（Domino Sequence Theory）

骨牌效應理論：

- 1931年，Heinrich 認為飛安事故的發生多係因人、機、任務、管理、環境等五者間失調而產生異常狀況，進而導致失事的發生。
- 骨牌效應原理即視每一張骨牌代表每一件失事因素，當前一失事因素發生（前一張骨牌倒下）時，後續關聯的失事因素則依序反應出來（後續骨牌倒下），並引發下一階段的失誤，最後造成事故的產生（如**圖1-2**）。
- 其預防之道即在排除先前的失事原因（抽掉骨牌），使失誤停止而不致造成連環效應，終致重大事故。
- 該原理主要是追溯整個事故發生的過程，分析所有可能造成失事的原因，再謀求解決或改善之道，以防止類似事故之再度發生。

圖1-2　骨牌效應理論

航空事故之發生多係因「人、機、環境、任務、管理」五者間之關係無法調合，互相糾葛牽絆，隨後導致異常狀況，進而失事。故航空事故之發生乃是一連串普通程序的錯誤（error）結合所致。

1931年，H. W. Heinrich在人爲因素方面之研究率先提出「骨牌效應理論」，探討航空事故發生之原因。

只要排列中之一張骨牌被推倒，即會產生連環傾倒之效應，故該理論係運用推理，自失事的結果倒推追溯至整個事件發生的過程。再發掘所有可能造成失事的原因，來協助管理階層檢討其在各項工作督導上，是否仍存在相同的問題，進而謀求改善之道，以防止類似事件再度發生。

基本理論爲：

1.航空人員之傷亡是由不幸事件中衍生。

2.不幸事件是由危險事件衍生。

3.危險事件是由人爲因素衍生。

4.人爲因素是由環境和個人背景衍生。

該理論雖經多次修訂，但仍不脫離下列各項重點：

1.失事是由接觸衍生。

2.接觸發生是由次標準操作結果或狀況衍生。

3.次標準操作結果或狀況是由人與工作因素衍生。

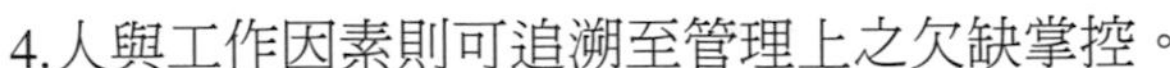
4.人與工作因素則可追溯至管理上之欠缺掌控。

二、航空失事錯誤鏈理論模型（Error Chain Rule）

由布蘭博士（Dr. Blame）所提出，他認爲重大飛安事故的發生是由一連串的危險事件所形成，而造成這些危險事件的來源共可分成七大類：

1.組員（Crew）。
2.航務操作（Flight Operations）。
3.飛機設計和性能（Airplane Design／Performance）。
4.飛機維修（Airplane Maintenance）。
5.飛航管制（Aircraft Traffic Control）。
6.航站管理（Airport Management）。
7.氣象（Weather Information）。

由於飛安重大事故的發生是由這七大類事件所環環相扣而形成的錯誤鏈。布蘭認爲只要打破其中一個（或一個以上）鏈環就可避免重大事故的發生，進而達到風險管理的目的（如**圖1-3**、**圖1-4**）。

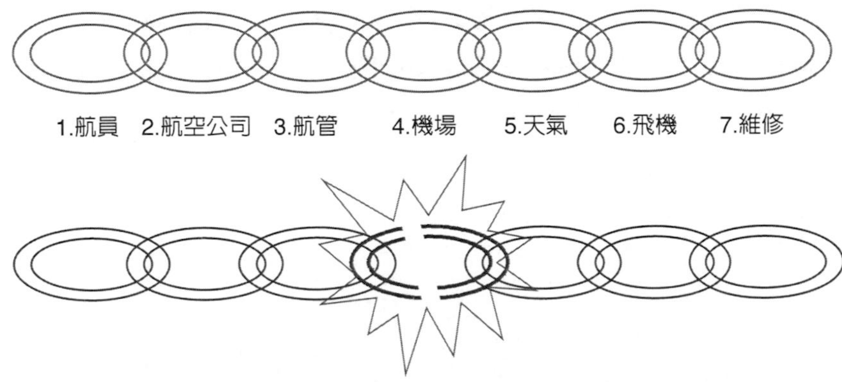

圖1-3　布蘭理論——去除某一鏈即可防止事故之發生

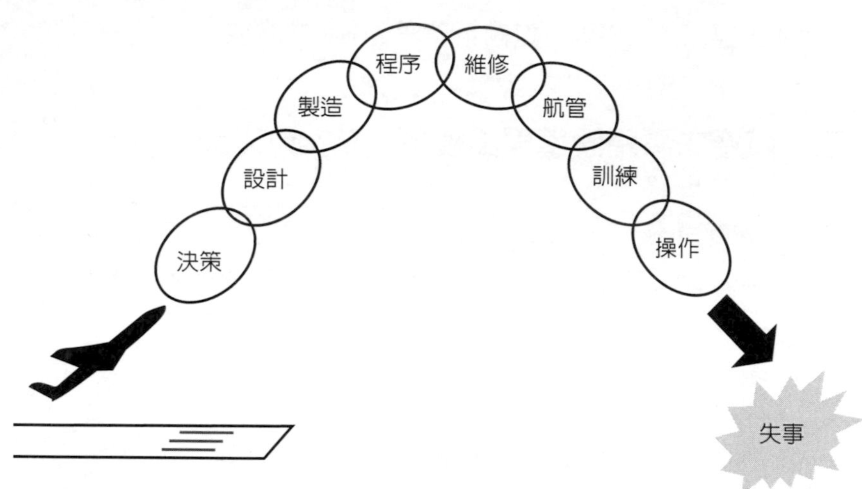

圖1-4　失事錯誤鏈

飛機失事極少肇因於單純之因素，而是出自於一連串的錯誤所造成，通稱爲「錯誤鏈」。失事事件是這個錯誤鏈的終端，如果能夠打斷或終止錯誤鏈中的一環，失事的悲劇便可防止。往常的失事調查在尋找失事原因時，通常會過度重視失事結果或主要原因，而忽略了這個錯誤的演進過程。因此，我們可以從錯誤鏈的長短看出飛安系統裡的弊病，弊病越多反映出改正的機率越大，只要能改正一個鏈（並非全部），即可避免災難發生。

布蘭認爲重大飛安事故乃是由許多輕微飛安事件累積而成，而輕微飛安事件又由許多危險事件累積而成，危險事件再由許多一般事件所累積而成，其間的件數比例爲1：10：30：600，形成一座金字塔堆積（如圖1-5）。

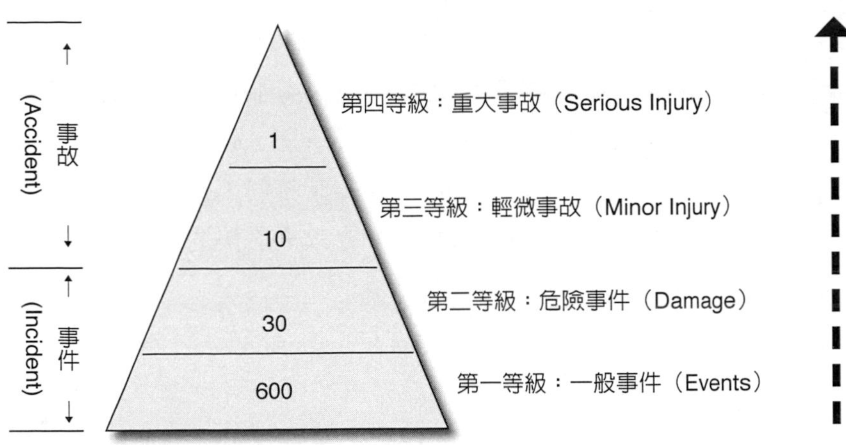

圖1-5　飛安事故比例

三、莫菲定律（Murphy's Law）

莫菲定律：

Nothing is as easy as it looks, everything takes longer than you expect. And if anything can go wrong --- it will, at the worst possible moment.

「沒有一件事情是如我們所看到的簡單，每一件事都比你預期來得複雜，任何可能發生的事一定會發生，而且都是在最糟的情況下。」

莫菲定律是1949年一位任職於美國萊特飛機實驗室（Wright Field Aircraft Lab.）的設計工程師愛德華莫菲（Edward A. Murphy）在美國加州愛德華空軍基地執行假人滑軌測試時，因獲取數據失敗後所說出的話。

該次試驗是因爲他設計了一條纜索，可用來纏繞在人體身上以量測人體在高速運動中所承受的加速力狀況。纜索上一共裝置了十六支能量轉換感測器，在送到加州愛德華基地執行假人滑軌測試時，係將高速火箭推進器裝置於座位上，並架設於地面的鐵軌上。測試時先用假人乘坐測試，再讓眞人測試。第一位眞人坐上測試的是約翰史塔普少校（John P. Stapp），當時噴射火箭的速度高達每小時600浬，使得史塔普少校成爲「有史以來最快的人」。當時莫菲設計的纜索卻因故未發生作用而告失敗。

由於莫菲設計的纜索上有些零件是利用現成的零件裝配而成，其中感測器在焊接時可以採取兩種方式，卻只有一種方式是正確的，若轉90度再焊接就不會發生作用。莫菲判斷該次失敗可能是焊接錯誤導致，後來經他親自檢查實驗裝置後，果然印證了他的猜測，十六支感測器的焊接方式都轉了90度。故他在調查報告中感慨的寫下：「如果有任何方式可能讓技工出錯，那麼他一定會出錯！」（If there is any for the technician to do it wrong, he will!）。當時諾斯洛普（Northrop）飛機公司派駐在該基地的一位主管尼可斯（George E. Nichols）就在旁順手加註「莫菲定律」（Murphy's Law），從此該名言就隨著一些技術文件傳播開來。惟後來傳出不同說法，其中以「任何可能出錯的，一定會出錯！」（Whatever can go wrong, it will!）最爲簡潔，故後來以該句名之。

基本上莫菲定律是在闡釋一位工程設計師在設計任何一套設備或裝置時，要考慮到操作者在操作上的安全觀念與措施，以使該設備或裝置在操作時不致產生差錯或失誤。若完成一件事會有兩種途徑，而其中一個途徑可能肇禍的話，那麼就會有人闖出禍來。

莫菲定律的主要精神是在強調工程設計之初，即應竭盡所能思考每一可能產生差錯的地方，並事先預防之。

例如，華航在1994年4月26日日本名古屋空中巴士客機A300B4-622R（簡稱AB6，如**圖1-6**）的空難中，進場中副駕駛誤觸重飛手柄而不知（此時飛機爲自動駕駛模式），導致人與電腦產生對抗，待正駕駛接手後發現異常，解除自動駕駛，飛機瞬間進入

圖1-6　華航名古屋失事之A300B4-622R同型客機

資料來源：作者翻攝自檔案照片。

不正常姿態而墜毀，造成二百六十四人罹難的慘劇。

空中巴士A300系列客機在設計之初，工程師認爲飛機在1,500呎高度以下，當自動駕駛接上時，若發生任何不正常狀況，駕駛員要解除自動駕駛應由開關解除，而無法用蠻力施予駕駛桿解除，因爲他們認爲駕駛員應該不會犯這種錯誤。但波音公司的飛機設計師卻認爲，自動駕駛掛上在1,500呎高度以下若遭遇不正常狀況，此時飛航駕駛員若未手動按下解除自動駕駛開關，只要施予駕駛桿33磅的力道一樣可解除自動駕駛而換成手動人爲操控。因此，根據莫菲定律，當時空中巴士A300B4-600R的程式設計未考慮人爲失誤（Human Errors）的後果，畢竟在遭遇緊急狀況時也許駕駛員太過專心手動操作飛機而忘了解除自動駕駛，此時若沒有提醒駕駛員自動駕駛仍掛上的機制就可能導致人機對抗，讓飛機陷入危機。

任何事如預防得法，根本不讓它有機會發生錯誤，這豈不就是安全？預防失事的最高準則就是設法將任何人、事、地、物管理得很好，不讓它有機會出錯，即使發生錯誤，亦備有妥善之對策因應以確保安全，我們稱之爲「失效安全」（Fail-Safe）設計。此安全準則證諸於日常家居、休閒、運動、交通等等無不靈驗，對「安全」這一課題更是至理名言。

日常生活的莫菲定律，包括：

- 喝酒開車，總是會遇上警察臨檢；不喝酒卻常遇不到。
- 你早到了，會議卻取消；你準時到，卻還要等；遲到，就是遲了。
- 東西一丟掉，往往就必須要用到。
- 你丟掉東西時，最先去找的地方，往往也是可能找到的最後一個地方。你往往會找到不是你正想找的東西。
- 當你出去買爆米花或上廁所的時候，電視或電影銀幕上偏偏就出現了精彩鏡頭。
- 你攜伴出遊，越不想讓人看見，越會遇見熟人。
- 別跟傻瓜吵架，不然旁人會搞不清楚，到底誰是傻瓜。
- 不帶傘時，偏偏下雨；帶了傘時，偏不下雨！
- 在門外，電話鈴猛響；進了門，就不響了！
- 一到約會那天，青春痘就長出來。
- 唱片故障，總是發生在最愛聽的那首歌上。
- 買衣服有你合意的花色，偏沒你要的尺寸；有你合意的花色，也有你要的尺寸，試穿偏不合身；有你合意的花色，試穿也合身，偏就買不起。
- 撥錯電話號碼時，總不會打不通。

「明知有問題，試了再說」是典型的莫菲定律違背者，自然也違背了安全準則，常常心存安全意念，絕不違背莫菲定律，實爲促進安全的最大保障。

四、SHEL模式或SHELL模式

1972年，英國的Edward教授發現所有飛安事故不外乎是由人（Liveware）、硬體（Hardware）、軟體（Software）和環境（Environment）等四種因素所組成，其中又以「人」為中心，而形成彼此之間主要和次要的交互關係（SHEL）。

主要的四種關係即人與人（L-L）、人與硬體（L-H）、人與軟體（L-S）和人與環境（L-E）等關係，而次要的關係則為硬體與軟體（H-S）、硬體與環境（H-E）和軟體與環境（S-E）等，Edward認為一切飛安事故的來源可分類成這四種主要關係的一種或兩種以上的組合；亦即個體的人為疏失是造成飛安事故的主因，而要徹底減少人為疏失的發生，就必須充分瞭解人與其他因素之間的交互影響關係，並應用系統工程將這些關係加以整合，且研擬一套適當的預防失事方法，以避免人為疏失而造成不可收拾的殘局。

Hawkins以英國Edward的SHEL模式為基礎，發展出SHELL模式（如圖1-7）。

Hawkins使用：人（Liveware）、硬體（Hardware）、軟體（Software）、環境（Environment）及人與人（Liveware-Liveware）之間的關係等因素，來描述人在工作職場中所遭遇或發生的各種情形，亦可用來說明失誤的來源。當這些因素未互相配合

H

S L E

L

圖1-7 SHELL模式

時，便發生了失誤。

SHELL的架構包括：

1. L——人本身的因素：生理、知識、態度、文化、壓力等。
2. L-L——人與人介面：領導、組員合作、人際互動、溝通、團隊合作、慣例等。
3. L-H——人與硬體介面：座椅設計、顯示面板設計、控制設計、裝備位置、工具使用、工作場所等。
4. L-S——人與軟體：程序、政策、規定、手冊、檢查表（Checklist）、工作卡、電腦程式等。
5. L-E——人與環境：與個人相關的手套、飛行衣、氧氣面罩、抗G衣，以及與飛機環境相關的艙壓、空調系統、燈光、噪音，以及機外環境如天氣等影響人為表現的事項。

五、乳酪理論（James Reason's Model）

英國學者理森（James Reason）於1990年提出乳酪理論來解釋飛安事故發生原因的連鎖關係，故此理論又稱「理森模式」（Reason's Model）（如**圖1-8**）。所謂「乳酪理論」即以每一片乳酪代表一事件，而每一片乳酪的空洞即代表一事件環節所可能發生的失誤點，當某一項失誤點發生時，即表示光線可穿透該片乳酪，若多片串連乳酪的空洞正好連成一直線，可讓光線穿透時，即表示事故的發生。

其預防之道即在設法移動其中某一片乳酪，以阻斷光線的穿透。乳酪理論的重點在於強調組織上整體性的失事預防能力，亦即不論是航空公司或管制單位在平常即應表現主動積極的態度與方式，及時消除潛在的缺失，並以系統化的管理程序來改正顯著的缺失，使預防功能達到其預定的目標，消弭飛安事故於無形之中。

圖1-8　乳酪理論

理森教授將事故肇因的調查擴展至組織內的更多層級。他認爲一個高危險組織內，深度防禦的系統不會讓單一的不安全行爲導致系統故障，組織必定另有弱點才會讓事故發生。他將系統失效的人爲因素分爲「顯性失效」（Active Failure）和「潛在性失效」（Latent Failure）。顯性失效是指錯誤與違規發生在直接接觸人類與系統之介面的操作者，錯誤的因果關係是立即直接而明顯的。潛在性失效是指組織上層階級的決策所產生的延遲性作用，這些與工廠及設備的設計、組織架構、規劃、訓練、預算、預測和資源分配有關，而安全上的不良影響會潛藏一段時間才發作。只有在發生顯性失效與局部觸發事件（Local Triggering Events）穿透系統防禦時，潛在性失效才會變明顯。

六、風險管理與天秤理論（Scales Theory）

航空公司成立之目的爲安全運送旅客及貨物，以獲取利潤。安全雖非最主要之營業目標，但卻有助於航空公司達到營利之目標，一方面唯有安全的將旅客與貨物運送至目的地，航空公司方能獲取報酬；另一方面安全之確保亦可降低航空公司之營運風險，使得企業在追求營利目標之同時，能減少人員傷亡與機具設備之財產損失。

所謂「航空公司營運之天秤理論」（如**圖1-9**）即航空公司視「營利」與「飛安」這兩項業務爲主要經營目標，而經營者所可能使用的資源即視爲「天秤」，經營者如何使有限的資源作最有效的分配，以使天秤保持平衡，兼顧天秤兩邊目標的達成，這就得靠航空公司或航空站管理部門對於風險管理運用的巧妙與否了。

航空事故可能造成之成本與損失包括直接與間接費用，其中尚包括可量化與不可量化之損失。直接費用係指保險費之增加、人員或飛機之補充、短期內因旅客流失使得營利降低、對旅客生命與財產之理賠等；間接損失則包括人員與飛機之傷亡與損壞、商譽受損、打擊公司人員士氣、人員與飛機重新排班與調度等，均爲因航空事故所造成公司營運上之可能風險。

例如，華航於2002年5月25日在澎湖發生的空難（如**圖1-10**），除了造成二百二十五人不幸罹難外，直接經濟損失逾新台幣數十億，而間接經濟損失更超過直接損失的數倍，無法量化的損

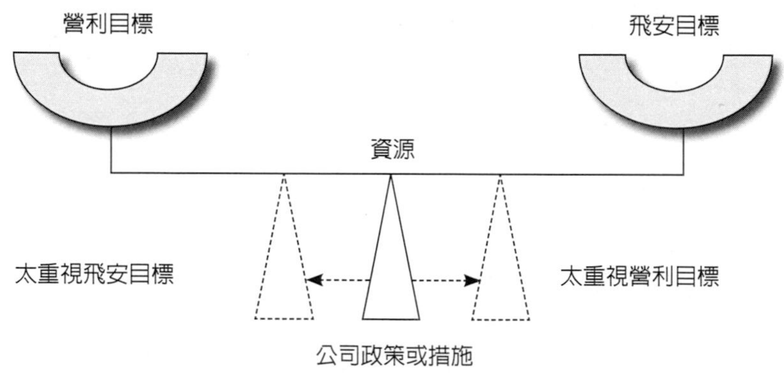

圖1-9　航空公司營運之天秤理論模型

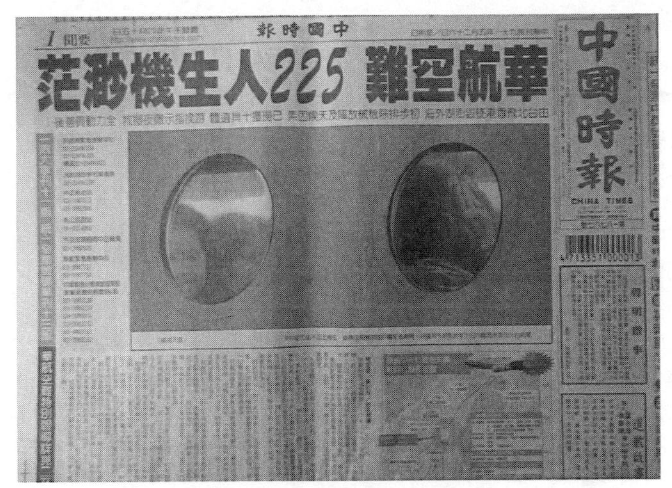
中國時報
CHINA TIMES
華航空難 225人生機渺茫

圖1-10　華航2002年5月25日澎湖空難中時新聞

資料來源：作者翻攝。

失則更慘烈，社會大衆對國內飛安喪失信心，導致航空客運量銳減。

飛安事故發生是無法完全排除的，唯有經由安全計畫之實施，才能事先將影響飛安之因素發掘出來並加以修正，以消弭事故發生之可能性，故航空公司在進行資源分配時，必須考量營利與安全兩個息息相關之目標。就長期而言，該兩目標係相輔相成，惟在短期內卻可能發生利益上之衝突，這就形成天秤理論之基礎。

因此，航空公司在執行各項目標和進行資源的分配時，需兼顧營利和飛安這兩個目標，並求此兩目標的平衡。蓋若太重視飛安目標，必耗損過多的資源，造成營利上的虧損；反之，若太重視營利目標，則飛安資源分配不夠，可能導致飛安工作產生漏洞，而造成飛航事故的發生。因此，管理部門對於資源分配的考量，無形中就變得非常重要。

航空公司之資源應被合理有效的分配在營運與安全計畫上，以求取最大之經濟效益與安全目標；「安全」和「營利」如同槓桿之兩端，公司之資源即是槓桿，管理部門必須在該兩端尋求最佳支點，特別著重風險管理，以兼顧天秤兩端最佳之利益。

七、冰山理論

航空公司的作業猶如一座浮在海面上的冰山，最多的是隱藏在海面下的部分，因爲很少被外界所窺視。如果是已經浮在海面上的冰山尖角，表示航空公司發生了重大失事，會被社會大眾所關注，雖然這冰山一角所占的比例極少，但航空公司若不注意飛安及風險控管，則隱藏在水面下的冰山有可能會浮出變成重大失事（如圖1-11）。

從飛安指標上可以明顯看出，航空公司維持平日正常的運作，就飛安指標來說，就是在警示線下所謂的常態安全區，一旦發生過多的意外事件、異常狀況，就躍升至飛安指標臨界線以下、警示線以上的風險區域，這裡面有些事件尚未浮上檯面，因此多數人尚不

圖1-11 冰山理論

資料來源：作者繪製。

知，對航空公司來說是所謂的潛在危機，一旦不注意，隨時可能浮上檯面。一旦失誤在這個風險區域越界，最後便會形成浮出安全水線的冰山而肇致航空業者最大的夢魘——重大失事。

冰山理論告訴我們，航空公司除了平常的作業之外，重要的是如何管理及預防潛在的危機發生。一旦超越臨界線，就是衆所皆知的失事及重大意外事件。

 第四節　影響飛行失事的五大因素

國際空運協會（International Air Transport Association, IATA）在其2005年的安全報告中把影響飛行失事的因素概分爲：人爲因素（Human Factors, HUM）、機械因素（Technical Factors, TEC）、環境因素（Environment Factors, ENV）、組織因素（Organization Factors, ORG）及其他無法歸類肇因或資料不足（Insufficient Factors, I）等五大類因素，各類別再細分代碼分別說明，敘述造成航空意外事件或失事的主要肇因（Aviation Incident／Accident Causes），簡稱爲HOTEI。茲說明如下：

一、人為因素

主要是針對飛航組員；IATA原本把人爲因素定義爲四項（H1～H4）：

1. H1：應主動察覺而未反應，屬顯性失誤（Active Failure）。包括：未遵守法規、未按標準或程序操作、缺乏資源管理、缺乏紀律、工作態度有問題。
2. H2：無意間而未反應，屬隱性失誤（Passive Failure）。包

括：自滿、疏忽、大意、疲勞、工作負荷過量、誤解通訊、警覺性低、組員合作不良。

3. H3：專業不足，屬熟練度／技術失誤者（Proficiency／Skill Failure）。包括：處理不當、判斷錯誤、缺乏訓練、經驗與能力不足。
4. H4：失能（Incapacitation）。包括：心理或生理失能，無法勝任飛行任務。

2005年，IATA把此因素修正爲五項（如**表1-1**）。

二、機械因素

包括飛機系統、零組件、適航及維修能力（如**表1-2**）。

表1-1　影響飛行失事的人為因素

代碼（CODE）	說明	範例
H1	故意不遵守	有意地違反公司的程序或規定。例如：故意忽略操作限制或標準作業程序。
H2	專業	因知識及技能不足使飛航組員表現失效。若加上經驗、知識或訓練不足，會讓情況更加惡化。例如：無法建立飛機的進場參數或無法正確地管理飛航電腦。
H3	溝通	溝通不良、誤解，或飛航組員與管制員、地勤人員等機外人員間未傳達適當資訊。組員資源管理有落差，包括未監控及交互確認、誤解航管許可或未傳達有關的操作資訊。
H4	程序	在執行操作程序及規定時，無意的偏差。飛航組員雖有必備的知識及技能且意圖明確，但卻錯誤地執行。這種情形包括飛航組員在適當時機忘記或遺漏相關行動。例如：駕駛員在控制面板上輸錯高度或未輸入。
H5	失能／疲勞	飛航組員因心理或生理受損無法執行任務。

表1-2　影響飛行失事的機械因素

代碼（CODE）	說明	範例
T1	發動機重大故障、發動機失火無法控制	無法遏止的發動機損壞。
T2	發動機故障、火警	發動機過熱、螺旋槳失效。
T3	起落架，輪胎	影響飛機停機、滑行、起飛及落地。
T4	飛行操作系統	影響飛機操控。
T5	結構損壞	由於顫振、超載、腐蝕／疲勞、發動機脫落。
T6	火警、冒煙（駕駛艙、客艙、貨艙）	由於飛機系統或其他原因的火警導致起火墜毀。
T7	未經同意的修改／假零件	—
T8	航空電子	除自動駕駛及飛航管理電腦之外的所有航電系統。
T9	設計、製造	設計缺點、製造瑕疵。
T10	自動駕駛／飛航管理電腦	—
T11	液壓系失效	—
T12	其他	其他機械不明因素。

三、環境因素

與飛機操作及需要完美表現的地面基礎設施（公司除外）有關的自然環境（如**表1-3**）。

環境因素包括自然及人爲環境，茲補充說明如下：

(一)自然環境

◆氣象

古人說：「天有不測風雲」，氣象因素不但左右我們的日常生活，更在飛行安全裡占有舉足輕重的角色，因爲航空器一旦離開地面，首先面對的第一個敵人就是天氣，也許起飛時烏雲密布，飄著

表1-3　影響飛行失事的環境因素

代碼（CODE）	說明	範例
E1	氣象	風切、噴射氣流、大氣亂流、積冰、機尾亂流、火山灰、沙塵暴、降水、閃電、低能見度、跑道狀況不良。
E2	航管服務／通訊／航機衝突	錯誤、不適當或令人誤解的指示或報告；誤解／遺漏的通訊；無法提供空中及地面隔離。
E3	鳥擊／外物損傷（FOD）	–
E4	機場設施	對空難、搶救能力、鏟雪、鋪沙等機場支援能力不足；無法消除跑道危險、不足的、不適當的或讓人容易誤解的機場標誌或資訊。
E5	助航設施	未裝設、不適用或地面助航設施故障。
E6	保安	保安設施不足、違反保安程序。
E7	管理監督	主管機關未執行法規的監督或缺乏規定。
E8	其他	其他不明之環境因素。

小雨，但穿過雲層到達30,000呎上空卻是萬里無雲，豔陽高照，如此天壤之別的差異，足以證明天氣及環境的多變。

歷史上很多航空災難是因為天氣因素而導致，相對的，人類也從中獲得了許多教訓。隨著科技的進步，許多嚴重危害飛航的大氣現象大都可被人類預測並掌握，包括在地面上及加裝在飛機上的氣象雷達（都卜勒雷達），但這些還不夠，要避免天氣導致之飛安事故，最重要的是要靠航空氣象人員、簽派人員及飛航組員平時多注意氣象資訊蒐集，因為通常飛機失事不單單只有天氣一種因素造成，多數情況是加上其他因素相互關聯而成，但天氣因素是其中重要的一環。

危害飛航安全的天氣因素很多，較嚴重的有下列幾項：颱風、雷雨（Thunderstorm）、亂流（Turbulence）、晴空亂流（Clear Air Turbulence, CAT）、霧（Fog）、低雲幂、低能見度、風切〔低空風切（Low Level Wind-Shear）〕、微風暴（Microburst）、積冰、

冰雹（Hail）、閃電（Lightning）、山岳波（Mountain Wave）等。茲舉例如下：

例1：2005年3月28日，台北飛往日本之長榮航空BR2196班機A330-203客機，於靠近日本東京公海上空，由巡航高度37,000呎降至34,500呎時遭遇亂流，造成四十六名乘客、十名客艙組員受傷，其中一名乘客頸椎骨折。航機客艙內部分天花板及氧氣面罩脫落，行李箱變形。

例2：2005年2月7日，台北飛名古屋之中華航空公司CI150D班機A300B4-600R客機，於日本硫磺島上空遭遇強烈晴空亂流，四名客艙組員輕傷、二名乘客骨折。

例3：2002年12月21日，由台北飛往澳門之復興航空公司GE791貨機，機型ATR-72，登記號碼B-22708，該機遭遇嚴重積冰，於馬公西南27公里處失事墜海，機上二名飛航組員全部罹難。

例4：2000年4月24日，遠東航空公司EF1201班次MD-82客機於嘉義機場落地時偏出跑道，航機輕度損壞，人員無傷亡。由航跡資料顯示，該機於著陸前十秒高度50呎時，遭遇90度橫向12浬側風，與嘉義機場先前發布之風況相反，爲瞬間遭遇風向風速快速變化產生之風切現象。

例5：1999年8月22日森姆颱風過境香港，華航曼谷至香港CI642班次（註冊編號B-150）MD-11客機於赤鱲角機場落地時，翻覆於跑道上，兩名乘客送醫後死亡，另有一人因燒傷三日後死亡，其餘輕重傷。該機在最後進場觸地前，於距離地面50呎以下，遭遇森姆颱風引發之風切，飛機空速從170浬降至152浬。飛機因空速驟減近20浬導致升力陡降，並以機翼傾斜15度之不正常姿態觸地，正駕駛修正不及，機身在帶有攻角下右機翼觸地並斷裂。而當時正處濕滑跑道，機翼觸地瞬間與地面摩擦之係數遠大於主輪摩擦係數，導致機翼斷裂處與地面阻力相對大增，而斷裂之右機翼升力驟減，左機翼相對抬升。依力學原理，造成飛機在跑道上呈現180度反轉後翻滾至右前方滑行道旁草地翻覆。

例6：1993年11月4日，華航編號B-165波音747-400型客機由台北飛抵香港啓德機場13號跑道降落時，衝出滑行道掉入海中，並造成多人受傷。此次事件，最後導致747客機爆破並拖離現場。根據氣象資料顯示，啓德機場當時出現「要命的風切」，再加上人爲操作因素，導致此次事件。

◆地形

機場標高、地形障礙物（山、丘陵等）、機場周邊建物等。

◆大自然現象

如火山爆發產生之火山灰雲等。

例1：1982年6月24日，一架載有二百六十二人由吉隆坡飛往澳洲伯斯的英航（British Airways）B747-200客機，於印尼爪哇島附近37,000呎巡航高度遭遇Galunggung火山噴發之火山灰雲，導致四具發動機全部熄火飛機陡降，機長於13,000呎重新啓動4號發動機，隨後並成功啓動其餘三具發動機，但因2號發動機被火山灰雲阻塞，飛機以三具發動機返航雅加達機場平安落地。

例2：1989年12月15日，一架載有二百四十五人由荷蘭阿姆斯特丹飛往美國安哥拉治的荷航B747-400客機，於25,000呎高度接近安哥拉治時，飛機進入火山灰雲內，四具發動機及備用電力系統故障，組員嘗試啓動發動機未果，好不容易在13,000呎啓動1號及2號發動機，但該機下降至11,000呎時，只剩下2號發動機可用。飛機後來安降安哥拉治機場，但飛機風擋玻璃、內部系統、航電及電力系統皆遭受火山灰雲重損。

(二)人爲環境

如航管、機場跑滑道、助導航設施、標準作業程序制定、風箏及飛鴿危害（如圖1-12、圖1-13）等。

四、組織因素

包括管理方面與飛航組員操作有關的組織環境（如表1-4）。

可補充說明的是，組織因素尚包括：(1)駕駛員的選擇；(2)行政效率；(3)潛伏失察；(4)目標模糊。

圖1-12 遠東航空公司製作之風箏及飛鴿危害海報

資料來源：遠東航空提供。

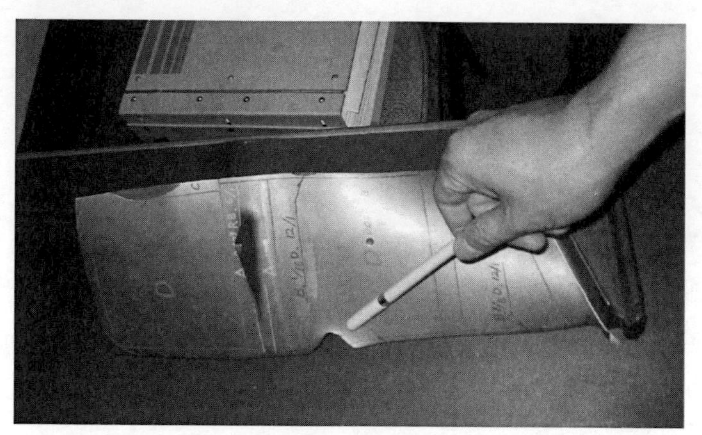

圖1-13　遭受鳥擊之發動機葉片

資料來源：作者拍攝。

表1-4　影響飛行失事的組織因素

代碼（CODE）	說明	範例
O1	安全管理	安全管理系統不足或缺乏，例如：無效或不存在的安全官、失事／意外事件預防計畫或自願保密報告系統不足或缺乏。
O2	訓練系統	訓練不足或忽略、缺乏語文能力；飛航組員的資格及經驗、作業需求，導致訓練減少、訓練評估不足、訓練資源（如手冊或CBT設備不足）。
O3	標準及檢查	(1)標準作業程序(2)操作指示或政策(3)公司規定(4)規定及標準作業程序的內控制度不足、不正確或不清楚。
O4	空服	空服管理，例如：客艙組員不知如何面對滋擾旅客。
O5	地勤	地勤管理，例如：地勤支援程序及訓練、裝載錯誤、錯誤之飛機後推程序、後推作業失誤、除冰或航機地面引導。
O6	技術及裝備	未安裝有效的安全裝備，如EGPWS、風切預警系統、 TCAS / ACAS等。

（續）表1-4　影響飛行失事的組織因素

代碼（CODE）	說明	範例
O7	作業計畫及排程	組員班表及員工業務執掌、飛航時間及值勤時間的限制、健康及福利制度。
O8	變革管理	對局勢變化的監視不足，未依作業建立需求。例如：未評估、監控公司業務的膨脹或萎縮變化，以建立組織行動程序，導致被併購。
O9	選擇系統	選擇標準不足或欠缺。
O10	維修作業	維修行動的管理，包括：未完成維修、維修或修理失誤／疏忽／不當、未記錄、缺少技術文件、缺少故障排除。
O11	危險物品	以空運運送對健康、安全具有重大危險性的物質或物品。
O12	簽派	—
O13	其他	其他不明之組織因素。

五、其他

資料不足無法歸類肇因者，如下表：

代碼（CODE）	說明	範例
I	資料不足無法分類	—

第五節　航空安全計畫管理

一、航空安全角色

假設把航空安全看成是一張桌面，要維繫桌面的站立，最基本的必須要有三隻腳，這最重要的三隻腳分別是政府（主管官署）、製造業（飛機公司）及民航業者（航空公司），近年來航空業界把顧客（搭機旅客）也納入，形成更穩固的航空安全四腳凳（如圖1-14）。

航空安全＝政府（主管官署）＋製造業（飛機公司）＋民航業者（航空公司）＋顧客（搭機旅客）

圖1-14　航空安全的組成——航空安全四腳凳

就旅客來說，每一次安全的旅行，來自安全的飛機、安全的營運及安全的基礎設施。因此，旅客與飛機製造公司、航空公司、政府間的關係更密不可分。

安全的飛機＋安全的營運＋安全的基礎設施＝安全的旅行
Safe Airplane+ Safe Operation+ Safe Infrastructure= Safe Travel

在飛安的四腳凳中，政府（主管官署）、製造業（飛機公司）及民航業者（航空公司）各扮演哪些角色，茲說明如下：

(一) 政府的角色

航空安全的工作是整體的、長久的，上至政府的管理階層，下至從事航空工作的每一員工，均負有航空安全的職責，但政府的管

理階層爲航空安全的主導者，責任最重。

以中國大陸爲例，1992年到1994年是中共民航史上飛航安全極差的時期，1992年和1993年共發生九次墜機事件，1992年四個月內一連串的失事造成二百七十九人死亡，再加上1993年發生五次失事事件和十次劫機飛往台灣的事件。國際航空乘客協會在1994年評等中國大陸是全世界最危險的飛行地點之一。中共於1995年頒訂新法，規定發生失事事件的航空公司三年內不准接收新買的飛機，另外飛機每天平均飛行時數低於國家平均時數，載客率不及50%者，則民航當局不批准航空公司購買新飛機的申請。要求各航空公司改善飛航安全之規定，1995年後失事事件逐漸減少。

因此政府必須明訂各項管理規定，來規範航空公司的運作，以達航空安全的目標。

政府的飛安責任

- 制定民航法
- 民航運作規範
- 人員及器材檢定標準
- 查核政策、程序及訓練
- 業者政策作業程序需求
- 航空器適航標準及維修認證
- 航空場站、設施、助導航服務
- 離到場及航管服務
- 飛安、暴安、保健、環保
- 督導製造廠商製發適航指令（Airworthiness Directive, AD）、技術通報（Service Bulletin, SB）等

(二)製造廠商的角色

科技再怎麼進步，也無法確定飛機每種裝備及零組件都萬無一失。飛機製造廠商本身就是一個拼裝工廠，從飛機設計開始以及把來自上、中、下游供應商製造的飛機零組件裝配完成一架實體機，

再經由試飛、驗證後交予客戶（航空公司），之後進行售後服務，這當中有任一環節出錯，就很難保證飛機往後的使用不會出問題。

外國的月亮不見得比較圓，從歷史上一些與飛機設計、製造有關的失事案例來看（如表1-5），目前全球民航客機市場爲幾家大公司把持，飛機製造廠商應有道德良心維護飛機的安全，不應只是爲了商業競爭而把某些設計及製造上的瑕疵欲蓋彌彰，如果因而造成空難，則可能贏了面子卻輸了裡子。

飛機製造商扮演著飛機從設計、製造品管到售後服務的角色，因此飛機製造商對航空公司而言可說是一項長久的買賣關係。

飛機製造商必須確保飛機及裝備器材設計之安全，良好之製造品管，訂定作業程序，以及各類飛機相關安全之改善等，並於交機後負起產品、軟硬體、器材之適時更新與安全強化等責任。

表1-5　與飛機製造商設計、製造相關的失事案例

案例	說明
1	2002年5月，大陸新疆航空公司委託新加坡航空執行維修定檢，新加坡航空公司一位維修技師在對一架兩百多人座波音737-700型客機作檢查時，赫然發現飛機右翼外側的傳動裝置少裝了一根直接影響飛機安全飛行的驅動桿，該傳動裝置直接影響飛機的升力、減速性能和機身的平衡，而其中的每一個環節出現問題都有可能引發空難，工作人員立即將這一發現通知當天維修飛機的值班經理。新加坡航空公司則迅速與波音公司取得聯繫。經波音公司專家分析確認，的確是飛機出廠時少裝了一根驅動桿。波音公司已就此事向新疆航空公司致歉，同時派人將缺少的驅動桿送到新疆航空公司。
2	某國籍航空公司執行D級檢修，在拆開機身客艙內部蒙皮時發現一可口可樂空罐，經證實為該機在製造時所遺留。凸顯出該公司飛機出廠的品管不良。
3	1994年4月4日，一架荷航Saab340客機在荷蘭阿姆斯特丹機場起飛後，右發動機滑油壓力警告燈亮，飛航駕駛員把右油門手柄收回至慢車（Flight Idle）位置，但警告仍在，於是返航。返航降落時因右發動機為慢車駕駛員未對正跑道執行重飛程序，於機場外失控墜地，造成機長及2位乘客死亡，副駕駛及8位乘客重傷。 調查發現，可能的原因是駕駛員缺乏對一具發動機在慢車位置時的警覺。然而，飛機製造商的飛機操作手冊（AOM）中，並未提供駕駛員在一具發動機慢車時會有何種後果的指導文件。從飛機適航認證的觀點來看，製造商所提供的飛機操作手冊應是飛機設計的一部分。

（續）表1-5　與飛機製造商設計、製造相關的失事案例

案例	說明
4	1994年4月26日華航A300客機墜毀在日本名古屋機場，造成264人喪生。原因是副駕駛不經意地觸動了油門重飛手柄，重飛手柄的設計應該考量在正常操作下被不經意觸動的可能性。顯然在設計上存有缺失。
5	1994年9月8日，全美航空波音737-300客機墜毀在美國賓州Aliquippa附近。調查發現737機尾方向舵系統不經意的轉動導致飛機失控墜毀。
6	1994年10月31日，美國美鷹航空（America Eagle）4184班機ATR-72螺旋槳客機在印第安那州墜毀。調查發現，飛機因積冰導致副翼翻轉失控，ATR公司對於飛機積冰導致的失控，並無適當的警告及處理程序，因而導致失事。
7	1995年12月20日，美國航空965航班波音757-200客機在哥倫比亞Cali附近撞山，其中一個原因是飛機在執行航路定向時，機上飛航電腦（FMC）的邏輯操作漏掉了途中一些導航點。
8	1996年7月17日，美國環球航空800航班波音747客機在紐約長島附近因中油箱爆炸墜海，機上230人全數罹難。調查發現，波音747中央箱附近有許多的熱源通過，這些高溫的熱源容易引起揮發的油氣爆炸，顯然在設計時並未注意到此缺陷。
9	1998年9月2日，瑞航111航班MD-11客機在加拿大Nova Scotia外海因客艙起火失事墜海，機上229人全數罹難。調查發現，在飛機裡使用易燃的材料會讓火勢增強，使用斷電器也無法來預防所有電線短路的事件。起火的原因可能是客艙娛樂系統的電源線短路，因為沒有安裝煙霧及火警偵測器以致火勢一發不可收拾。

資料來源：作者彙整。

製造廠商的飛安責任

- 飛機及器材設計之安全考量
- 科技安全的發展及加強
- 航、機務作業程序之建議、規範、編撰、訓練及後續支援
- 產品品質保證及持續改善
- 安全相關之各類分析
- 系統安全之創新及強化
- 適時製發AD、SB等

(三) 航空公司的角色

航空公司安全管理體系是由四大要項組成：(1)安全的相關環境；(2)內部查核過程；(3)矯正缺失環；(4)安全文化（Safety Culture）。其中最重要的就是「安全文化」。

航空公司經營者的目標，必須是確使每一員工從加入公司的那一刻起，就體認安全是第一優先的。若公司上上下下都強調並促進安全警覺性，最終就成了一種安全文化（如**圖1-15**）。

航空公司的飛安責任

- 公司飛安政策之制定
- 整體作業安全程序之建立
- 飛安體系之內部查核及自律
- 依環境因素制定公司內規
- 專業人力資源之培訓、考核、任用
- 全員飛安教育及企業飛安文化之塑造
- 律定航、機、運務政策及程序
- 高階主管直接參與飛安及品管作業
- 全面推行「改善」（Kaizen）及「持續品質精進」（Continuous Quality Improvement, CQI）等自律管理
- 研討AD、SB內容，及時執行維修等

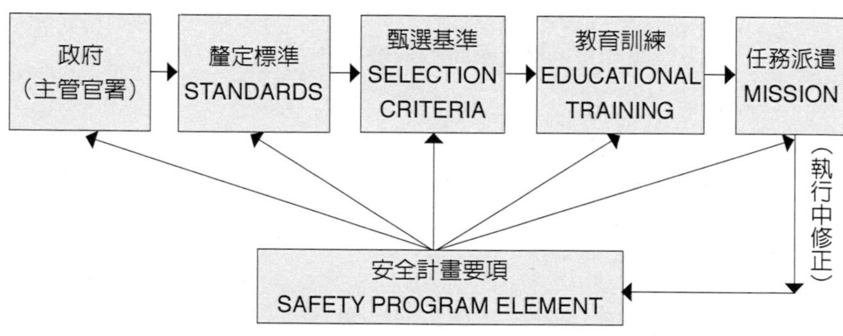

圖1-15　安全計畫

(四)搭機旅客的角色

每一位搭機旅客也負有航空安全的責任，搭機旅客對航空安全的責任大多與自身安全及航空保安（Aviation Security）有關，如：(1)穿著輕便舒適衣物以便緊急逃生時保持活力；(2)避免攜帶危險物品；(3)遵守規定繫好安全帶，避免飛行時因碰撞造成傷害；(4)勿使用電子用品避免干擾飛航儀器；(5)過大、過重的行李托運，以避免影響飛機內乘客動線及重物墜落傷害等。

綜上所述，航空安全是整個航空體系每一位人員及單位共同之責任，就航空公司而言，在整體飛安管理流程及回饋環路上，政府主管單位、飛機製造廠商及民航業者，不斷地經由異常事件及政策修訂回饋，可以有效防止意外事件或失事發生（如圖1-16）。

在航空公司方面，飛安潛在的錯誤可能來自源頭，也就是高

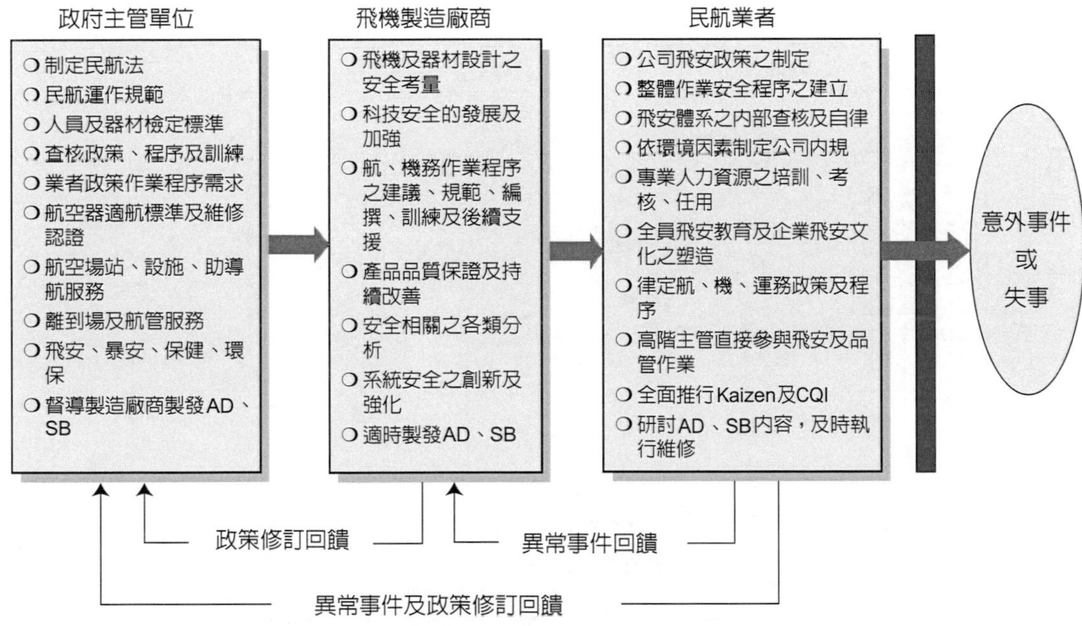

圖1-16　航空體系整體飛安管理流程及回饋環路

階決策主管（董事長、總經理、副總），所以可以從第一線上人員（飛行員、機務員、空服員、簽派員、機坪員）的不安全行爲、基層主管（總機師、教師機師、修護長、稽核員）不安全心理徵兆及中階主管（航務處長、機務處長、品管處長、飛安經理）的預防措施，透過內部飛安管理流程及回饋環路，如政策修訂、作業程序改善、危險事件、飛安事件回饋環路等，讓高階決策主管發現其潛在錯誤（如**圖1-17**）。那麼單單就航空公司內部飛安管理而言，從上到下飛安的防線便能層層防止，而不是單一歸咎於第一線人員。

同理而推，飛機製造商、政府主管單位內部飛安管理模式，也同航空公司由上到下的飛安管理流程及回饋環路推行起。所以就整個航空體系飛安管理上來看，航空公司內部飛安管理是最後一道防線，往上溯源則是飛機製造商的安全管理，至於源頭則爲政府主管單位。避免意外事件或失事，是由這三道安全防線構成的嚴密網控制，缺一不可，這是目前飛安管理的新契機。

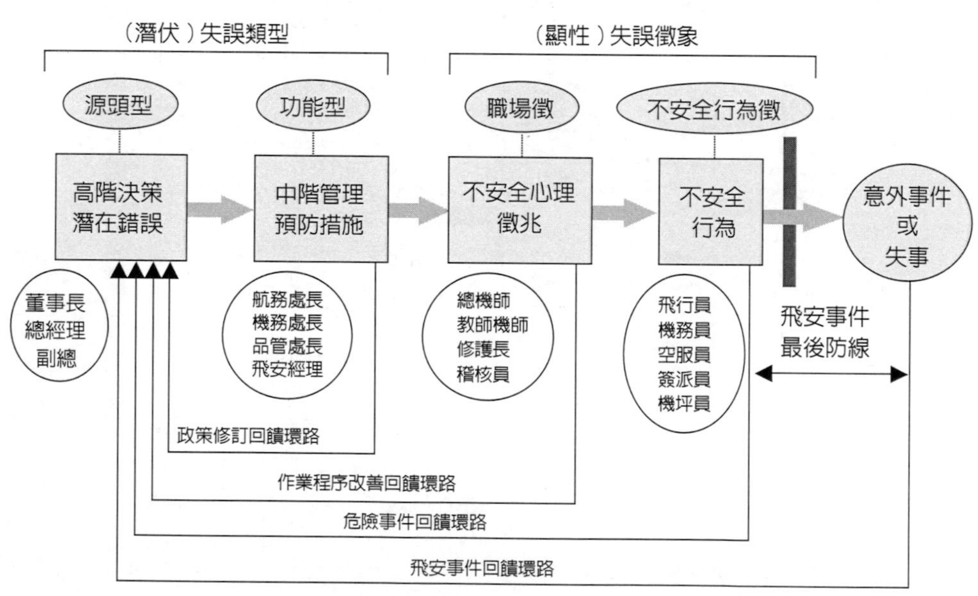

圖1-17　航空公司內部飛安管理流程及回饋環路

二、航空安全計畫之建立

如何建立，需從四個基本步驟開始：

1. 決定誰負責。
2. 擬定計畫目標。
3. 規劃組織。
4. 研擬計畫。

三、航空安全計畫之內容

(一)教育與訓練

訓練計畫要求：

1. 飛行及機務人員導入安全計畫。
2. 所有兼職之飛安專員，教導如何做好飛安工作。
3. 飛行及機務人員有飛安複訓——複訓可包含在一般操作訓練計畫內，並請兼職之飛安專員來指導此訓練計畫。
4. 訓練的內容應視需要有所不同。
5. 訓練記錄需完整（日期、課目、姓名、內容）。

(二)資訊之蒐集與傳遞

1. 資訊之蒐集：內部資訊——建立回報系統，反應問題及各類資訊；外部資訊——參加國內外組織、廣蒐資訊、飛安人員交誼、安全資訊交換（Safety Information Exchange, SIE）。
2. 資訊之傳遞：首先將獲得之資訊分類，共分四類：重要的、值得知悉的、未來參考的以及無用的資訊，前兩者要傳送給需要知道的人，第三者建檔參考。

(1) 重要資訊傳遞方法：

- 飛行組員閱讀檔案。
- 飛行組員提示。
- 簽派系統。
- 直接郵寄。

(2) 值得知悉的資訊傳遞方法：

- 公告欄。
- 通告及簡訊。
- 內部公司傳遞。
- 飛安會議宣達。

(三) 飛安諮詢委員會

飛安諮詢委員會的主要功能，在於公司對有關安全的問題，經過討論，獲得最佳的可行方案，共同努力、協調合作、解決問題（整體的意見、一致的行動）。故一個有效的安全諮詢委員會是公司安全的最佳資產。

委員會的議程於會前決定，分送各委員參考，並與主席檢閱議程，其議題可運用：

1. 檢視意外、危險事件報告之建議改進事項（可行性）。
2. 檢視安全檢查報告及改正措施（適當性）。
3. 航空安全問題之建議措施。
4. 檢視航空安全計畫因素的效果及未來改進建議。

(四)飛安會議

飛安會議爲飛安教育重要的一環，其內容可包括失事、意外、危險事件、航空醫學、航空心理學、緊急事件處理、緊急裝備、防火、危險物品裝載、劫機及爆炸物處理、天氣、航務維修操作等等。

飛安會議的成效，在於每位人員對飛安會議的認知、熱心的參與，才能發揮會議的功效。

(五)事件報告

在航空公司內部建立一個蒐集影響安全狀況之報告系統，以航空安全管理單位爲核心，以各單位之飛安專員爲觸角，深入到基層，廣泛蒐集反應，並分析原因，找出改進措施。

危險及意外事件報告（如圖1-18）的基本功能，就在於有效反應未發生而有可能發生失事的可貴經驗資料，提供管理階層作為預防策略的參考。

(六)事件評估

藉由事件的嚴重程度及發生機率得出重要性排序，提出客觀及數量化的事件衡量方法。

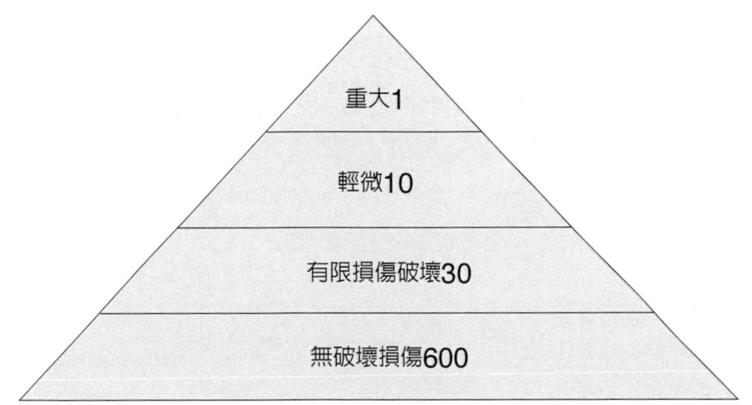

圖1-18　失事事件比率

(七)緊急應變

擬定緊急應變計畫之考量：

1. 計畫的範圍：依公司的組織及能力，規劃可行的方案。
2. 誰要使用：飛機失事可能發生的時間和地點無法預測，故在各站均應有適任的航務、機務、運務、勤務人員來處理。
3. 編組：依航空公司現有組織及其工作特性，分別編組。
   (1) 機務——搶救、殘骸處理。
   (2) 運務——旅客處理。
   (3) 勤務——行李、貨物處理。
   (4) 航務、飛安、機務——調查。
   (5) 安管——安全處理。
4. 開始擬訂：以法規爲基礎。

(八)檢查

航空安全檢查計畫，無論在組織較小的公司，或在組織較大的公司一定得需要。因爲公司主管必須知道其安全政策是否被遵守，以及標準是否達成。

管理者要不斷地檢查以確定每件事都依規定來執行，以確保其安全標準。因此，可能造成檢查員不受歡迎，因爲很可能大家的心態是傾向檢查員是專門來找缺點的，然後處罰單位造成難堪，但不要忘記檢查是保障安全最有效的方法。故負責檢查任務者，必須以「不是找出錯的事爲主，而是確認對的事」的方式來發掘問題、改正問題。

安全檢查有兩個目的：決定符合安全標準的程度，以及確認航空安全計畫的效果。

(九)統計分析

航空安全分析有許多不同的方法，但以目的來講，有兩種定義：

1. 使用數字資料爲評估某事或決定趨勢的目的。
2. 能解決問題或解決緣由的分析技巧。

(十)獎懲

發展及管理完善的航空安全獎勵計畫是非常困難的。問題在於管理者試著處罰發生飛安事件者，而忽視了其潛在的危險。因此，要改變人的行爲，最好的方法是獎勵正面的事情，但由於無法預測及周全考慮列出所有發生正面的事，因此獎勵計畫勿嚴格限定獎賞範圍。

獎勵的目的在獎勵正面的事情及激勵其他人的行爲，因此任何獎勵計畫必須滿足此要求，否則此計畫就有問題。

四、航空安全計畫管理實例

1. 狀況假定。
2. 研擬計畫：
   (1) 政策。
   (2) 組織。
   (3) 職責。
   (4) 失事、意外、危險事件報告。
   (5) 資訊蒐集與傳遞。
   (6) 飛安諮詢委員會。

(7) 飛安檢查。

(8) 飛安教育與訓練。

(9) 飛安獎懲。

(10) 失事調查。

(11) 飛安分析。

(12) 檢視及修正。

3. 討論。

4. 結論。計畫需符合以下三項：

(1) 可行性。

(2) 整體性。

(3) 長久性。

CHAPTER 2

民航機失事統計

每天都坐一次飛機也要3,078.3年才會遇到一次失事；每個禮拜坐一次也要21,607.6年才會遇到。

第一節　失事定義

第二節　全球民航機重大失事事件

第三節　全球民航機失事統計

第四節　國籍航空公司民航機失事統計

第五節　結語

第一節　失事定義

一、國際空運協會定義

國際空運協會（IATA）參考國際民航組織（International Civic Aviation Organization, ICAO）定義，在其每年出版的安全報告（Safety Report）中詳列對失事的相關定義，如下所述。

失事——航空器因運作所發生之事故，發生自任何人因飛航目的登上航空器時起，至所有人員離開航空器時止。此事故造成下列結果之一者：

1. 人員死亡或遭受嚴重傷害[1], [2]，肇因於：
   (1) 該人員處於航空器之內。
   (2) 該人員直接觸及航空器之任何部位，包括業已與航空器機體分離之部分。
   (3) 該人員直接暴露於航空器所造成或引發之氣流中。但人員之死亡或嚴重傷害係因自然因素、自身之行爲、他人之侵害行爲、或因其欲偷渡而藏匿於供乘客及組員乘坐之區域以外者，不在此限。

---

[1]人員遭受嚴重傷害或在失事後三十天內死亡，ICAO分類爲「致命傷害」（Fatal Injury）。

[2]依ICAO對嚴重傷害的定義，係指下列情形之一者：
1. 受傷後七日之內需住院治療四十八小時以上者。
2. 骨折。但不包括手指、足趾及鼻等之骨折。
3. 撕裂傷導致嚴重之出血或神經、肌肉、筋腱之損害者。
4. 任何內臟器官之傷害。
5. 二級或三級之灼傷，或全身皮膚有百分之五以上之灼傷者。
6. 證實曾暴露於感染物質或具傷害力之輻射之下者。

2. 航空器之損害或結構變異：
   (1) 已損及其結構強度、性能或飛航特性。
   (2) 通常需經大修或更換受損組件者。但屬發動機之故障或受損，其損壞僅限於發動機、發動機護罩或其配件；或損害僅及於螺旋槳、翼尖、天線、輪胎、煞車、整流罩或航空器表面之小凹陷、穿孔者，不在此限。
3. 航空器之失蹤或完全不可能接近者[3]。

二、我國相關法規定義

我國有關飛機失事相關定義，茲將相關法規之用詞及定義說明如表2-1。

表2-1　飛航失事相關定義

法規	條款	用詞	定義
民用航空法	第二條第十七款	航空器失事	指自任何人為飛航目的登上航空器時起，至所有人離開該航空器時止，於航空器運作中所發生之事故，直接對他人或航空器上之人，造成死亡或傷害，或使航空器遭受實質上損害或失蹤。
	第二條第十八款	航空器重大意外事件	指自任何人為飛航目的登上航空器時起，至所有人離開該航空器時止，發生於航空器運作中之事故，有造成航空器失事之虞者。
	第二條第十九款	航空器意外事件	指自任何人為飛航目的登上航空器時起，至所有人離開該航空器時止，於航空器運作中所發生除前二款以外之事故。
	第二條第二十一款	飛航安全相關事件	指航空器因運作中所發生之航空器失事、航空器重大意外事件、航空器意外事件及非在運作中所發生之地面安全事件。

[3]航空器之失蹤指官方搜尋終止時，航空器之殘骸尚未被發現者。

（續）表2-1　飛航失事相關定義

法規	條款	用詞	定義
飛航事故調查法	第一章 第二條 第一款	飛航事故	指自任何人為飛航目的登上航空器時起，至所有人員離開該航空器時止，於航空器運作中所發生之事故，而有下列情況之一者： (一) 造成人員死亡或傷害。 (二) 使航空器遭受實質損害或失蹤。 (三) 有造成人員死亡、傷害或航空器實質損害之虞者。
民用航空器及公務航空器飛航事故調查作業處理規則	第二條 第一款	死亡或傷害	指非因自然因素、自身行為、他人入侵、或因偷渡藏匿於非乘客及組員乘坐區域所致，且因下列情形之一所致者： (一) 該人處於航空器之內。 (二) 該人直接觸及航空器之任何部位，包括已自航空器機體分離之部分。 (三) 該人直接暴露於航空器所造成或引發之氣流中。
	第二條 第二款	傷害	指下列情形之一： (一) 受傷後七日之內需住院治療四十八小時以上者。 (二) 骨折。但不包括手指、足趾及鼻等之骨折。 (三) 撕裂傷導致嚴重之出血或神經、肌肉或筋腱之損害者。 (四) 任何內臟器官之傷害者。 (五) 二級或三級之灼傷，或全身皮膚有百分之五以上之灼傷者。 (六) 證實曾暴露於感染物質或具傷害力之輻射下者。
	第二條 第三款	實質損害	指航空器蒙受損害或其結構變異，致損及該航空器之結構強度、性能或飛航特性，而通常需經大修或更換受損之組件者。但屬發動機之故障或受損，而其損害僅限於發動機、發動機護罩或其配件；或損害僅及螺旋槳、翼尖、天線、輪胎、煞車、整流罩或航空器表面小凹陷、穿孔者，不在此限。
	第二條 第四款	失蹤	指飛航安全調查委員會認定之搜尋終止時，航空器殘骸仍未發現者。

資料來源：作者整理。

其中，民航法中的航空器重大意外事件茲參考國際民航組織之定義，列舉如下：

1. 航空器空中接近至五百呎以內，須採緊急避讓動作始能防止相撞或危險之情況者。
2. 在操控飛航中，偏離航道或未遵守航管指示，必須立即依系統操作程序（近地警告系統之緊急警告）及航管之改正指示，採取緊急避讓動作始能防止碰撞地形或地障者。
3. 在關閉或被占用中之跑道上放棄起飛者。
4. 在關閉或被占用中之跑道上起飛時，距障礙物或其他航空器極為接近者。
5. 落地或嘗試落地於關閉或被占用中之跑道上者。
6. 在起飛或初始爬升階段未能達到預計之性能，情況嚴重者。
7. 客艙或貨艙內之失火或冒煙，或發動機之失火。
8. 須由飛航組員啓用緊急氧氣系統之事件。
9. 航空器之結構失效或發動機組件脫離。
10. 航空器系統之多重故障，嚴重影響航空器操作者。
11. 飛航組員於飛航時失能者。
12. 因燃油存量不足，導致駕駛員必須宣布緊急狀況者。
13. 起飛或降落時發生之事故，例如落地過早、衝出或偏出跑道者。
14. 航空器因系統失效、天候、操作超出飛航性能限制範圍或其他事故，造成操控困難者。
15. 為航空器飛航所必要之導引及導航系統中，發生兩套以上之系統故障者。

 第二節　全球民航機重大失事事件

隨著全球航空運量及飛機數量、載客量的增加，飛機失事卻常有耳聞，所謂「他山之石，可以攻錯」，歷史上全球民航機重大失事事件殷鑑不遠，航空業界應以此記取教訓，避免重蹈覆轍，則飛航作業當能持續保持安全。

以全球民航客機前三十重大失事排名統計（如**表2-2**）發現：2000年以後發生的共四件，1990年至1999年共十二件，1980年至1989年八件，1980年以前六件，這些動輒數百人以上的傷亡，不知造成了多少家庭天倫夢碎。以下爲全球航空史上罹難人數前十一大失事事件簡述。

表2-2　全球民航客機前三十重大失事排名統計（依死亡人數）

排序	日期	航空公司	機型	地點	死亡人數	原因
1	2001/09/11	美國航空 聯合航空	B-767 B-767	紐約 雙子星大廈	機上92 地面 1,530 機上65 地面612	恐怖攻擊
2	1977/03/27	荷蘭航空 泛美航空	B-747 B-747	西班牙 羅斯機場	248 335	起飛時兩機互撞
3	1985/08/12	日本航空	B-747	日本中部大倉岩	520	撞山
4	1996/11/12	沙烏地航空 哈薩克航空	B-747 IL-76	印度新德里	312 37	空中互撞
5	1974/03/03	土耳其航空	DC-10	巴黎附近	345	起飛後墜毀
6	1985/06/23	印度航空	B-747	愛爾蘭西南	329	爆炸墜海
7	1980/08/19	沙烏地航空	L-1011	利雅德	301	起飛後客艙著火
8	1988/07/03	伊朗航空	A-300	波斯灣上空	290	美國巡洋艦擊中
9	2003/02/19	伊朗空軍	IL-76	伊朗 Kerman	275	撞山
10	1979/05/25	美國航空	DC-10	芝加哥	273	機場起飛後墜毀

（續）表2-2　全球民航客機前三十重大失事排名統計（依死亡人數）

排序	日期	航空公司	機型	地點	死亡人數	原因
11	1988/12/21	泛美航空	B-747	蘇格蘭	270	塑膠炸彈破壞
12	1983/09/01	韓國航空	B-747	庫頁島上空	269	蘇聯戰機擊落
13	2001/11/12	美國航空	A-300	紐約	機上260 地面5	垂直尾翼脫落墜毀
14	1994/04/26	中華航空	A-300	日本名古屋	264	落地重飛時失事
15	1991/07/11	加拿大國家航空	DC-8	沙烏地阿拉伯Jeddah King機場	261	落地時墜毀
16	1979/11/28	紐西蘭航空	DC-10	紐西蘭Antarctia	257	撞山
17	1985/12/12	Arrow Air	DC-8	加拿大Gander	256	起飛後墜毀
18	1996/01/08	非洲航空	AN-32	剛果	237	起飛時衝出跑道
19	1997/09/26	印尼航空	A-300	印尼棉蘭	234	巡航中墜毀
20	1996/07/17	環球航空	B-747	紐約長島	230	中油箱爆炸
21	1998/09/03	瑞士航空	MD-11	加拿大	229	緊急降落墜毀
22	1997/08/06	韓國航空	B-747	關島	228	進場時墜毀
23	2002/05/25	中華航空	B-747	台灣澎湖	225	空中解體
24	1991/05/26	Lauda Air	B-767	泰國	223	飛行中左發動機反推力器打開失控墜毀
25	1999/10/31	埃及航空	B-767	大西洋	217	副駕駛操控下墜海
26	1978/01/01	印度航空	B-747	阿拉伯海	213	駕艙儀表失效失控墜海
27	1998/02/16	中華航空	A-300	台灣桃園	機上196 地面6	重飛時墜毀
28	1985/07/10	烏茲別克斯坦Aeroflot	Tu-154	烏茲別克斯坦	200	航路躲避雷雨失速墜毀
29	1974/12/04	荷蘭馬丁航空	DC-8	Sri Lanka	191	撞山
30	1996/02/06	Alas Nacionales	B-757	多明尼加外海	189	失控墜海

1. 死亡人數三千人以上〔2001年9月11日／美國航空與聯合航空（United Airlines, UA）／紐約〕：四架飛機，兩架從波士頓機場起飛的B-767、一架從華盛頓杜勒斯機場起飛的B-757和一架從紐華克起飛的B-757被劫持，作爲恐怖攻擊的一部分。兩架B-767撞上了紐約世界貿易中心雙子星大樓，引起兩棟大樓無法控制的大火及坍塌。其中一架B-757班機撞上五角大廈，而另一架B-757班機則在劫機者抵達他們打算要攻擊位於華盛頓州的目標區之前，墜毀在賓夕法尼亞州。死亡人數包括飛機上的三十三名飛機組員和二百一十四名乘客，賓州一百二十五名和紐約超過二千七百個人死亡及失蹤。十九名劫機者則不包括在總人數裡。
2. 死亡人數五百七十八人〔1977年3月27日／荷蘭航空B747-200和泛美航空（Pan Am）B747-100／泰納綠（Tenerife），加那利群島〕：兩架飛機本來預定飛抵拉斯機場，但在拉斯機場發生炸彈爆炸之後就改道至泰納綠島上的羅斯機場降落。由於能見度有所限制及航管中心與荷蘭航空之間溝通上的不良，導致荷蘭航空B-747在泛美航空飛機還在同一個跑道的情況下起飛。荷蘭航空B-747上共二百三十四名乘客及十四名機組員全數罹難。泛美航空的十六名機組員中有九人罹難、三百八十名乘客中有三百二十六人罹難。
3. 死亡人數五百二十人（1985年8月12日／日本航空B-747SR／日本中部大倉岩）：飛機後客艙失壓造成液壓系統失效和垂直尾翼破損，導致飛機無法控制方向和升降。所有十五名機組員和五百零九名乘客中的五百零五人罹難。
4. 死亡人數三百四十九人（1996年11月12日／沙烏地阿拉伯航空B747-100／印度新德里附近）：一架B-747客機在新德里起飛之後七分鐘，和一架準備回國的哈薩克航空伊留申76貨

機在半空中互撞。這起空中相撞發生在新德里以西大約60哩（96公里），B-747客機上二十三名機組員和二百八十九名乘客全數罹難。在哈薩克航空的貨機上十名機組員和二十七名乘客也全都死亡。

5. 死亡人數三百四十五人（1974年3月3日／土耳其航空DC10-10／法國巴黎附近）：飛機在爬升中，一道未被正確關上的機腹貨艙門突然飛脫，造成客艙失壓並損及主客艙和該區的控制纜線，機組員無法控制飛機而墜毀。機上三百三十三名乘客和十二名機組員全部罹難。
6. 死亡人數三百二十九人（1985年6月23日／印度航空747-200／大西洋，愛爾蘭海岸附近）：一架自加拿大多倫多飛往印度孟買的飛機，在愛爾蘭海岸附近因機上炸彈爆炸，飛機分離破裂墜毀於海上。機上三百零七名乘客和二十二名機組員全數罹難。
7. 死亡人數三百零一人（1980年8月19日／沙烏地阿拉伯航空L1011-200／沙烏地阿拉伯利雅德機場）：起飛後不久，機尾的貨艙間突然失火，機員立刻折返。但飛機安全降落後，機員卻沒有及時打開緊急逃生出口而導致更多的濃煙和火。機上十四名機組員和二百八十七名乘客都全數罹難。
8. 死亡人數二百九十人（1988年7月3日／伊朗航空A-300／波斯灣，荷姆茲海峽）：飛機被海面一艘美國海軍文森號巡洋艦的對空導彈擊落。機上十六名機組員和二百七十四名乘客全數罹難。
9. 死亡人數二百七十六人（2003年2月19日／伊朗空軍伊留申運輸機／克曼市，伊朗）：從伊朗東南部希丹起飛，因天氣欠佳在克曼市附近山區墜毀。機上二百七十六人全部罹難。
10. 死亡人數二百七十三人（1979年5月25日／美國航空DC10-10／芝加哥，美國）：在飛機起飛過程中，左邊的引擎和發動機派龍架與機翼分離了。機員繼續起飛，但由於引擎脫落而導致機翼損毀，同時也損壞了飛機的液壓系統和造成駕駛艙儀表失控。飛機在起飛後不久墜毀。機上二百五十八名乘客和十三名機組員全數罹難，也造成地面兩個人死亡。

11. 死亡人數二百七十人（1988年12月21日／泛美航空B747-100／蘇格蘭洛克比附近）：一枚炸彈在前貨艙爆炸而使飛機在飛行中解體。機上十六名機組員及二百四十三名乘客全部罹難，並波及地面上十一人喪生。

第三節　全球民航機失事統計

在全球每年民航機失事統計分析上，通常有幾個主要的資料來源較爲可靠且爲標竿：一是國際空運協會每年例行出版的《IATA安全報告》（*IATA Safety Report*），主要針對全球民航界在過去一年裡所發生的事故及所反應出各層面的問題，提出分析比較並個別提醒注意事項，內容非常詳盡充實，對全球航空業界在飛行安全上有極大的貢獻；二是美國波音飛機公司飛機安全工程（Airplane Safety Engineering）部門針對全球商用噴射機（Commercial Jet）失事的綜合統計，大約在每年的年中公布；第三是《國際飛行週刊》（*Flight International*）固定在每年一月份當期週刊上刊行的前一年全球民航機失事統計資料，這份資料是全球航空界對前一年的失事資訊接收最快、最容易獲得也是最直接的失事統計資料（以2007年1月的資料爲例，如**圖2-1**）。其他如法國空中巴士（Airbus）也定期出版旗下飛機的安全統計資訊，提供客戶參考。

由**圖2-2**看出，由於空運量的增加，近十年來全球平均每年的重大飛機失事次數高達三十七次，每年有九百一十七人死於空難，

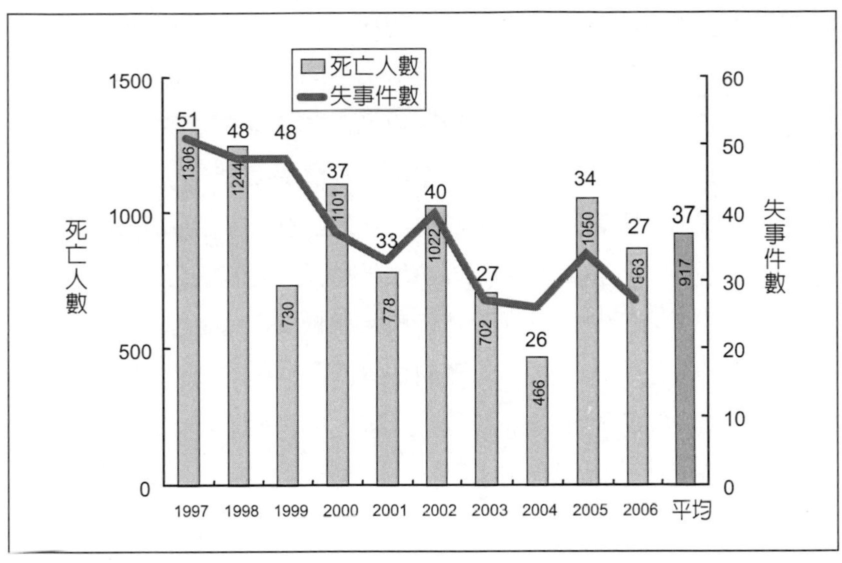

圖2-1　全球民航重大失事／死亡人數（1997～2006）

資料來源：January, 2007, *Flight International*.（作者繪製）

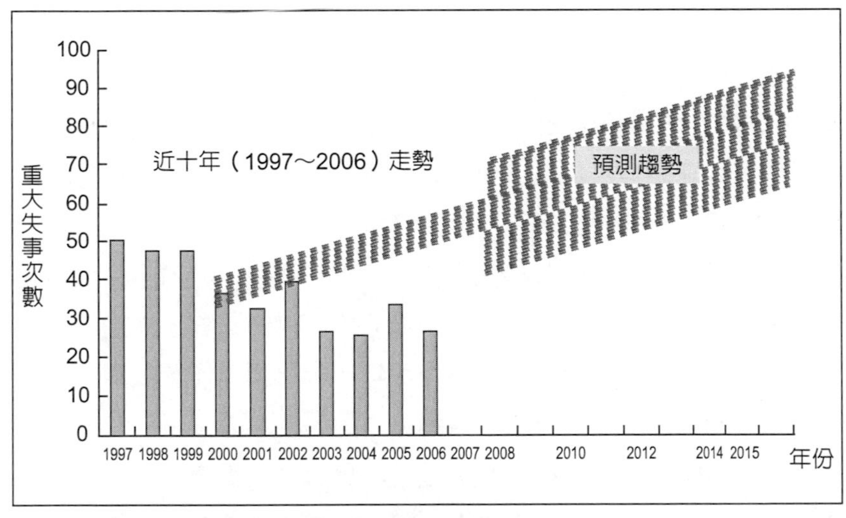

圖2-2　全球民航重大失事預測趨勢（2007～2015）

資料來源：作者繪製。

亦即每十天即可能有一次飛機失事發生。由於飛行的便捷、舒適、航運量持續的增加，如果航空安全品質及全球航空體系不能有效地改善，以目前每百萬次航機離場失事率趨勢預估，大約在西元2015年後，全球平均每週即可能有一次重大飛機失事發生。

國內歷年來國籍民航機失事統計，除了民航局及交通部（統計處、運輸研究所）的基本資料外，另外則是由財團法人飛行安全基金會發行的《飛行安全季刊》及行政院飛航安全委員會出版的《台灣飛安統計》執牛耳，此二份資料依國籍航空器重量、機型（定翼機、旋翼機）的不同作一統計分析比較，深具研究參考價值。

從失事統計分析資料中，不僅可以幫助我們看出過去飛航安全的歷史趨勢及造成失事相關的因素和問題，更可以作爲未來對失事預防及強化飛安的參考，而乘客也可經此瞭解飛安趨勢，以便下次搭機時多一份安全保障及選擇。

一架民航機在設計之初最多的顧慮就是安全，這個「安全」的最低要求就是要達到所謂的「適航標準」，至於飛多遠、多快、多高則是其次。因此，「安全第一」是民航機設計的基本初衷，這種理念不會改變，因爲人命關天。站在飛機製造公司的立場來看，我賣的飛機失事率越低越好，也就是越安全越好，這樣飛機才會賣得好。因此，飛機製造廠家不會拿安全開玩笑，因爲他們要賺錢，而賺錢的前提是：飛機必須是安全及適航。

在此我們引用波音飛機公司安全工程部門每年針對全球民航噴射機（Jet Airliners）失事所作的統計分析資料，來對全球商用機的安全性作一比較，這是波音公司在每年年中出版供作該公司所有的商用飛機顧客群（航空公司、貨運公司等）的參考資訊，它除了提供失事相關統計資料、趨勢及原因外，更進一步也是希望經由這些失事統計資料，帶給所有顧客在經營航空業的同時必須特別注意全球商用噴射機的安全性。當然，我們也參照一些IATA的失事資料來作爲佐證，以便瞭解全球民用航空的安全可靠度。

以波音公司在2006年8月出版的統計資料爲例，針對民航噴射機年代——也就是1959年以來至前一年（2005年）全球商用噴射機失事統計。1959年是民航噴射機問世的年代，因此以1959年作爲起始。

目前全球民航機市場共有七家製造商，三十五種機型，以2005年底波音的統計爲例，全球民航機總共20,037架（如**圖2-3**），其中波音占了11,828架。2005年全球民航機離場總數約爲1,920萬架次（如**圖2-4**），總飛行小時爲4,000萬小時。統計1970年至2005年底，全球民航機離場總數約爲4億9,220萬架次，總飛行小時爲8億4,690萬小時。

在失事率的計算上，波音以飛機的百萬「離場數」（起飛數）爲基準，而不用百萬「落地數」，因爲有極少數的飛機只去不回一

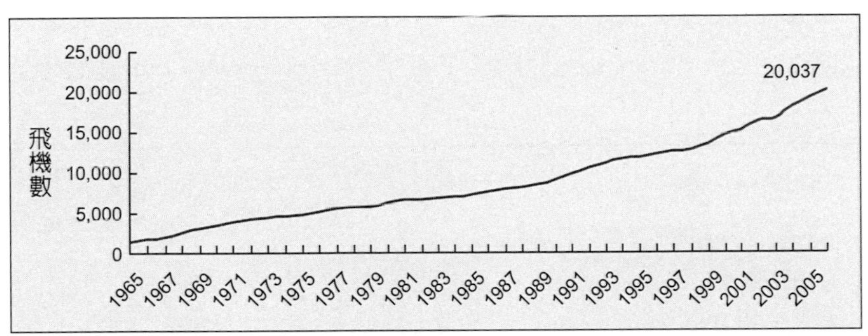

圖2-3　全球噴射客機總數（1965～2005）

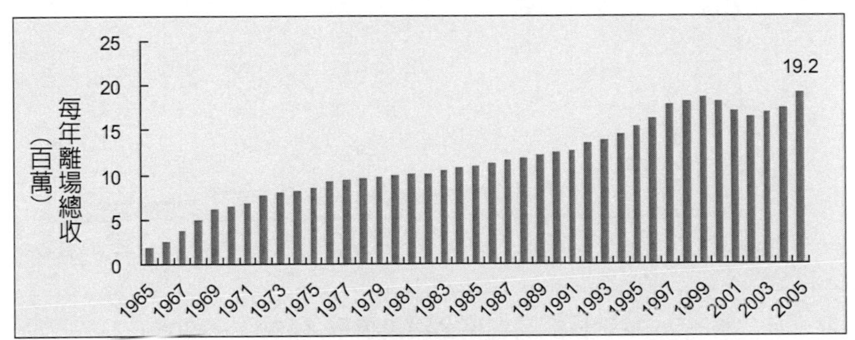

圖2-4　全球噴射客機離場次數（1965～2005）

一不是墜毀或就是失蹤了！

由全球民航噴射機全毀失事率（如圖2-5）中我們可以發現，1959年民航噴射機問世，當年就產生極高的失事率，而在1959年後十年內則失事率有非常顯著的降低，那是由於飛機結構、系統、裝備、動力、操控以及地面基礎架構的改進。而近三十年來，當失事率降低到接近谷底時，卻不再繼續下降，而穩定地持續每百萬次離場一至二次的失事率。這種無法達成飛航零失事的關鍵，主要在於人為失誤因素的瓶頸一直無法突破（如圖2-6）。

這個統計資料中經常用到的一些名詞：飛機「全毀」（Hull Loss），「全毀」是指：飛機遭受損傷且超過修理的經濟效用，同時也包括：(1)飛機失蹤；(2)無法發現機身殘骸位置而結束搜救工作；(3)飛機大部分毀損無法再使用。

波音依飛機作業型態，統計全球民航機失事次數及死亡人數，如表2-3所示。

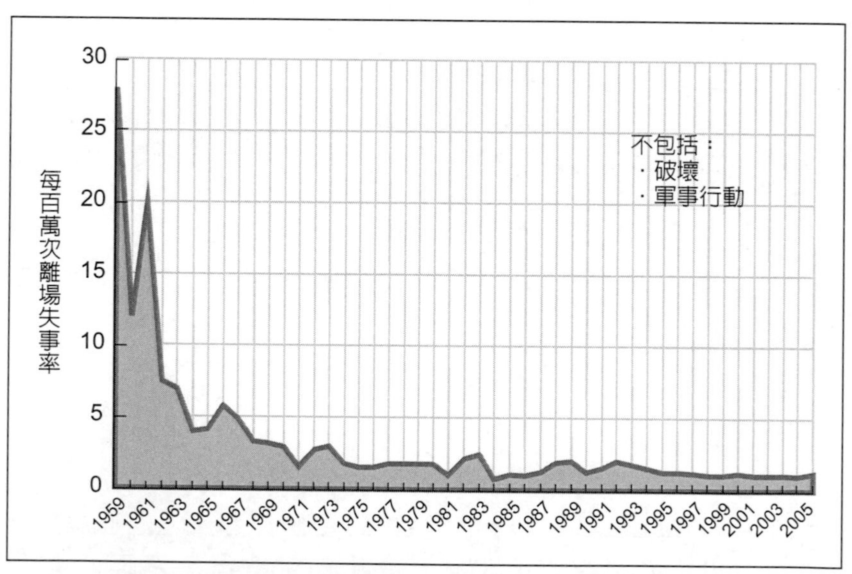

圖2-5　全球民航噴射機全毀失事率（1959～2005）

資料來源：作者繪製。

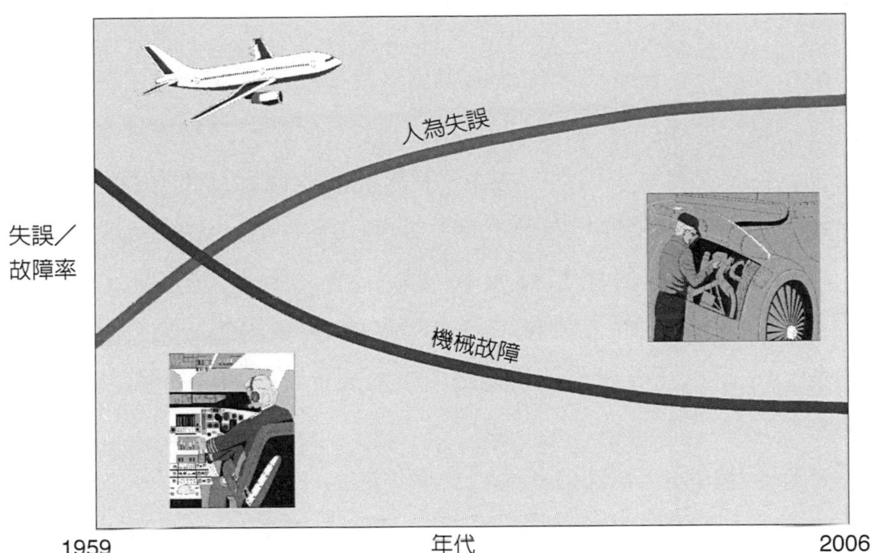

圖2-6　人為失誤與飛機機械故障率之關係

表2-3　全球民航機失事次數及死亡人數

作業形態	失事次數		全毀及死亡失事		機上死亡人數	
	1959~2005	1996~2005	1959~2005	1996~2005	1959~2005	1996~2005
客機	1,146	296	627	142	26,004	5,900
貨機	199	78	135	49	227	43
飛渡、測試	105	11	63	8	189	14
其他	2	0	2	0	11	0
總計	1,452	385	827	199	26,431	5,957

波音把飛機自起飛至降落的分成九個階段：起飛（Take-off）、開始爬升（Initial Climb）、爬升（Climb）、巡航（Cruise）、下降（Descent）、開始進場（Initial Approach）、最後進場（Final Approach）、落地（Landing）以及卸載滑行（Taxi, Load, Parked）。針對1996年至2005年航機係在何種情況下發生失事之統計，則以落地時九十二件最多，約占46%；其次是起飛二十五件，約占12%；接下來爲卸載滑行與爬升都爲八件，占

8%；其餘如開始爬升、開始進場、最後進場、巡航、下降等情況所占比率則較低，這當中開始進場與最後進場雖然分開計算，但兩者合起來屬於進場部分共有二十四件，占13%，總計最後進場與落地部分就占了所有失事事件的52%，共計造成一百零五件失事，詳細件數與所占比率如圖2-7所示。

其中，依國際民航組織（ICAO）及民用航空安全小組（Commercial Aviation Safety Team, CAST）對失事的分類及定義（如表2-4），以及全球民航噴射機失事肇因分類排名（如圖2-8）所示。

波音統計1996年至2005年全毀失事件數共一百八十三件，失事主要肇因中，與飛航組員相關的計有七十四件、飛機二十三件、天氣十七件、其他十件、機場／航管六件、維修四件，其餘爲原因不明或調查中四十九件。在所有失事肇因中，飛航組員所占的比例爲

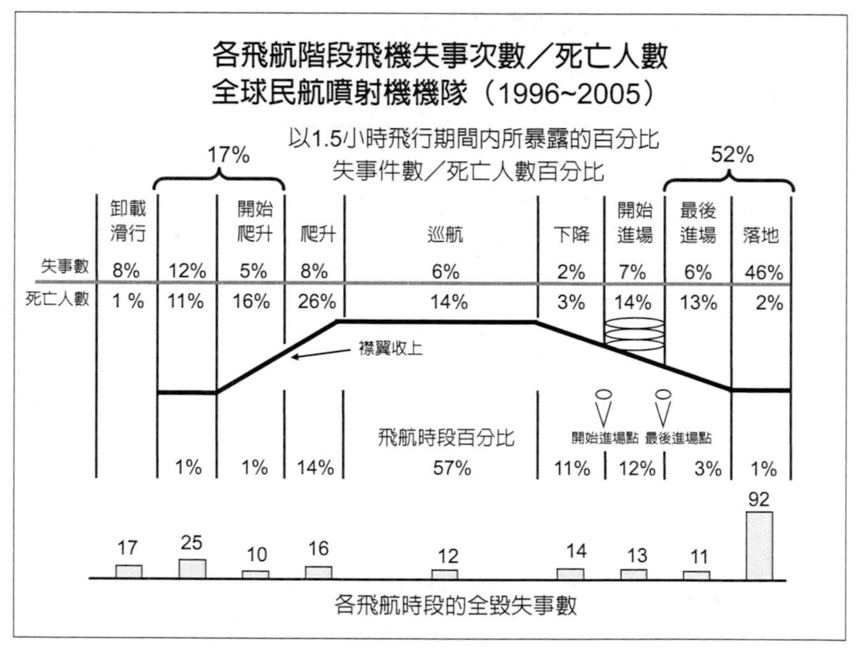

圖2-7　各飛航階段失事次數／機上死亡人數百分比

資料來源：作者繪製。

表2-4　ICAO與CAST定義的失事分類

類別	意義	中文英譯
ARC	Abnormal Runway Contact	不正常跑道觸地
AMAN	Abrupt Maneuver	粗暴動作
ADRM	Aerodrome	機場
ATM	Air Traffic Management/Communications, Navigation, Surveillance	航管管理／通訊、導航、監視
CABIN	Cabin Safety Events	客艙安全事件
CFIT	Controlled Flight Into or Toward Terrain	操控下撞地
EVAC	Evacuation	緊急撤離
F-NI	Fire/Smoke (Non-Impact)	起火／煙（非撞擊產生）
F-POST	Fire/Smoke (Post-Impact)	起火／煙（撞擊後）
FUEL	Fuel Related	燃油相關
GCOL	Ground Collision	地面碰撞
RAMP	Ground Handling	地勤作業
ICE	Icing	積冰
LOC-G	Loss of Control-Ground	地面失控
LOC-I	Loss of Control-Inflight	飛行中失控
LALT	Low Altitude Operations	低高度操作
MAC	Midair/Near Midair Collisions	空中相撞／接近空中相撞
OTHR	Other	其他
RE	Runway Excursion	偏離跑道
RI-A	Runway Incursion –Animal	跑道入侵－動物
RI-VAP	Runway Incursion –Vehicle, Aircraft or Person	跑道入侵－車輛、飛機或人
SEC	Security Related	保安相關
SCF-NP	System/Component Failure or Malfunction (Non-Powerplant)	非發動機之系統／組件故障或失效
SCF-PP	System/Component Failure or Malfunction (Powerplant)	發動機系統／組件故障或失效
TURB	Turbulence Encounter	遭遇亂流
USOS	Undershoot/Overshoot	降落未達跑道／衝出跑道
UNK	Unknown or Undetermined	不明原因／未確定
WSTRW	Wind shear or Thunderstorm	風切／雷雨

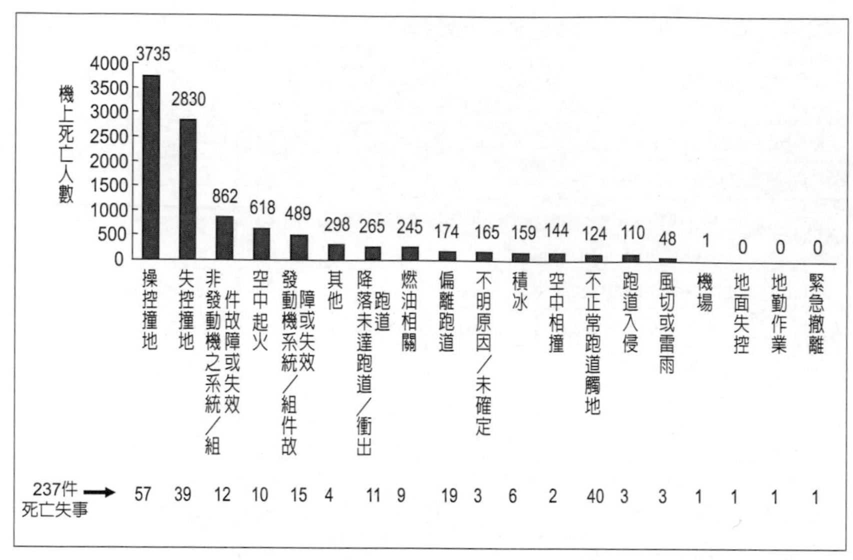

圖2-8　1987～2005年全球噴射商用機隊死亡失事肇因分類

資料來源：波音公司統計資料，作者製圖。

註：操控下撞地（Controlled Flight Into Terrain, CFIT）：當一架正常操作的飛機，在其撞地、墜海或撞上障礙物之前，飛航組員對即將發生的災難完全無知。

55%，其次為飛機17%、天氣13%、其他7%、機場／航管5%、維修3%（如圖2-9）。

另一方面要特別說明的是，波音認為IATA以百萬飛行小時作為基準來計算失事率較具爭議性（如表2-5），因為飛機失事的高風險視窗（Window of Risk）在於起飛、進場及落地階段，這三個階段占了所有失事的70%～80%（如圖2-10），一個短程航線（一個小時內）與另一個長程航線（也許是十三個小時）計算離場次數只有一次，但用飛行小時計算卻大相逕庭。由先前圖2-7中可知，飛機起降階段所用的時間卻只占一架長程的客機在整個飛行時段中很少的百分比，但相對的卻要承受高風險，因此造成飛航國際長程航線的航空公司以「每百萬飛時」計算失事率會比國內短程航線的航空公司來得低，造成社會大眾的誤解。因此，為求實際作業上統

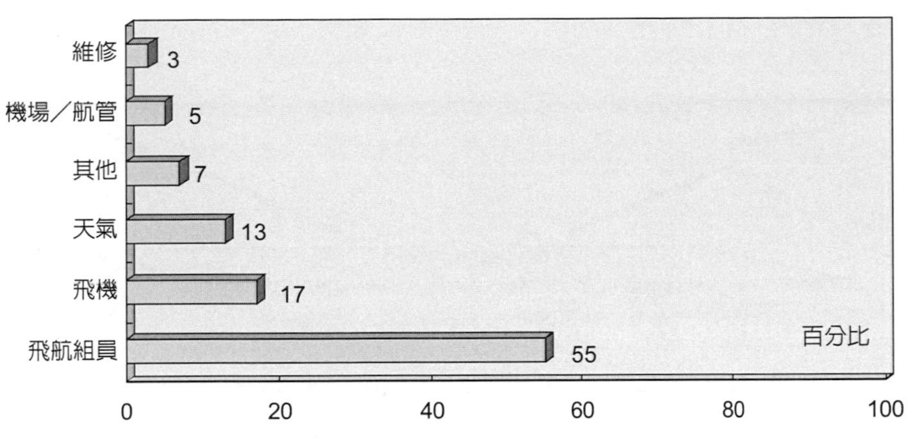

圖2-9 全球民航噴射機全毀失事主要肇因

資料來源：波音公司統計資料，作者製圖。

表2-5 IATA「西方國家製造最大起飛重量一萬五千公斤以上渦輪噴射固定翼航空器」失事率統計表

年度	飛行時間	全毀失事次數	失事率（次／百萬飛時）
1988	19,737,000	22	1.11
1989	20,351,000	25	1.23
1990	21,970,000	14	0.64
1991	21,990,000	20	0.91
1992	23,773,000	25	1.05
1993	24,990,000	21	0.84
1994	26,578,000	19	0.71
1995	28,423,000	18	0.63
1996	30,174,000	19	0.63
1997	31,846,000	21	0.66
1998	33,203,000	21	0.63
1999	35,357,000	21	0.59
2000	37,500,000	20	0.59
2001	37,750,000	22	0.58
2002	38,500,000	15	0.39
2003	40,360,000	15	0.37
2004	42,910,000	18	0.42
2005	44,330,000	18	0.41

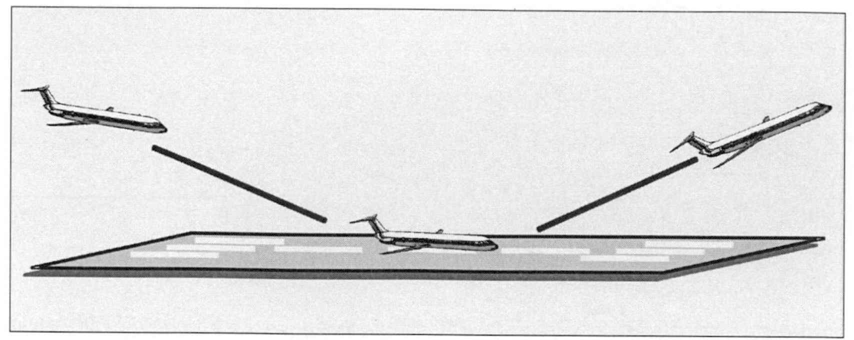

飛機於起飛、進場與落地階段，飛行時間僅6~8分鐘，但有70%~80%之失事，發生在此三航段。

圖2-10 飛航風險視窗

計資料的公允，波音以每百萬次離場失事率來作爲它的統計依歸。

波音公司的統計資料中把目前全球現役的民航噴射機依製造年代歸納出四大類型（如**表2-6**）。

這當中我們所必須關切的是，搭哪種機型的飛機較安全？根據波音對1993年至2002年每種機型的失事率統計，得到的資料請參閱**表2-7**。統計發現，目前生產的CRJ-700/-900、EMB170/175/190、A330、B777、B737-600/-700/-800/-900、B717客機失事率皆爲零，原因可能爲這些客機較新穎，飛行時數及架次尙未累積到一定數目，比起其他已經問世許久之客機，飛得少失事機率自然就相對減

表2-6 波音公司依製造年代區分之飛機類型

第一代	波音707/720、DC-8、Comet 4（彗星式客機）、CV-880/-990（康維爾）、Caravelle（卡拉維爾）、Mercure
第二代	波音727、BAC 1-11（英國）、DC-9、737-100/200、F-28（福克）、Trident（三叉戟式）、VC-10（英國）
早期廣體客機	波音747-100/-200/-300/SP、DC-10/MD-10、L-1011、A300
目前生產	MD-80/90、767、757、BAe146、RJ-70/-85/-100 A310、A300-600、737-300/-400/-500、A320/319/321 F-100、747-400、MD-11、A340、A330、777 737-600/-700/-800/-900、717、CRJ-700/-900、EMB170/-190

表2-7 各機型失事率

機型		失事次數	失事率
第一代	707/720 DC-8 727	130 73 83	7.61 6.08 1.11
第二代	737-100/-200 DC-9 BAC 1-11 F-28	78 84 23 36	1.41 1.41 2.71 5.97
早期廣體客機	747-100/-200/-300/SP DC-10/MD-10 A300 L-1011	28 24 10 4	2.28 2.83 1.68 0.77
目前生產	MD-80/-90 767 757 BAe146, RJ-70/85/100 A310 A300-600 737-300/-400/-500 A320/319/321 F-100/F-70 747-400 MD-11 CRJ-700/-900 EMB170/175/190 A340 A330 777 737-600/-700/-800/-900 717	15 4 5 7 6 4 19 12 6 3 5 0 0 1 0 0 0 0	0.45 0.34 0.34 0.91 1.60 1.06 0.38 0.57 0.90 0.75 3.45 0.0 0.0 0.92 0.0 0.0 0.0 0.0
全毀失事總數		745	1.68

少，因此仍保有機型零失事率的優良紀錄。

這種以每百萬次離場（起飛）中統計出的失事次數顯示，「目前生產」比其他世代生產的民航噴射機在每百萬次離場中失事率來得低，約為1.5（如圖2-11）。按照這個比率，也就是每666,667次離場才有一次此類機型的飛機失事。簡單來說，假如每天都搭一次這類型飛機的話，要經過1,826.5年才會遇到一次失事，但就算是遇到失事也不見得致命，因為波音在引用「失事」（Accident）這個

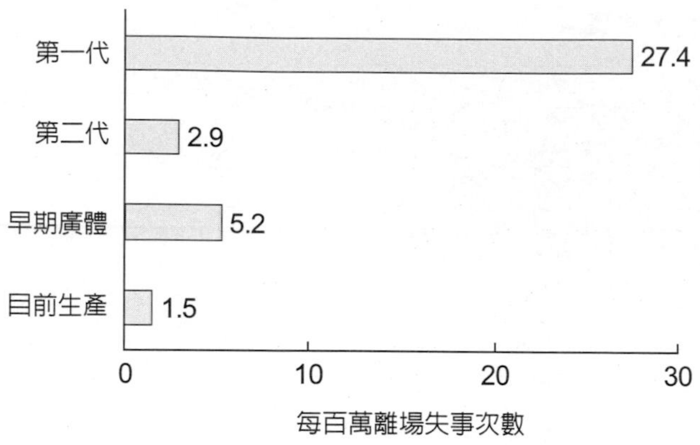

圖2-11　各世代噴射機失事率

字眼時，是根據美國國家運輸安全委員會（National Transportation Safety Board, NTSB）及國際民航組織的定義：「任何人員爲飛航目的登上飛機開始，至所有人員離開飛機時止，於飛機運作期間發生事故，符合下列情形者：(1) 飛機遭受嚴重損壞；(2) 個人死亡或嚴重受傷是因：人員在飛機內及其上；受飛機任何部分零件撞擊，包括任何從飛機上脫落的零件；直接暴露於噴射尾流中」，所以並不是每件失事都造成人員死亡，也可能是只有飛機嚴重毀損（全毀），人員卻存活。

再來看一般搭機旅客所關切的定期載客航班的全毀／死亡失事（Hull Loss and/or Fatal accident）率，波音統計出1996年至2005年這十年間定期載客航班的百萬離場失事率爲0.89（如**圖2-12**），根據這個失事率值，就是每1,123,595.5次離場才會有一次飛機全毀／死亡失事，假使每天都坐一次飛機也要3,078.3年才會遇到一次；每個禮拜坐一次也要21,607.6年才遇到，當然，如果只是正常的一般旅客，搭機的次數不是很頻繁的話，上述的數字要再乘上好幾倍，也許是幾十萬年甚至幾百萬年才會遇到一次吧！

此外，由**圖2-13**資料中又可看出，就算遇上了全毀及死亡失事，你還是有三分之一的存活機率，所以更不用害怕。由此推算出

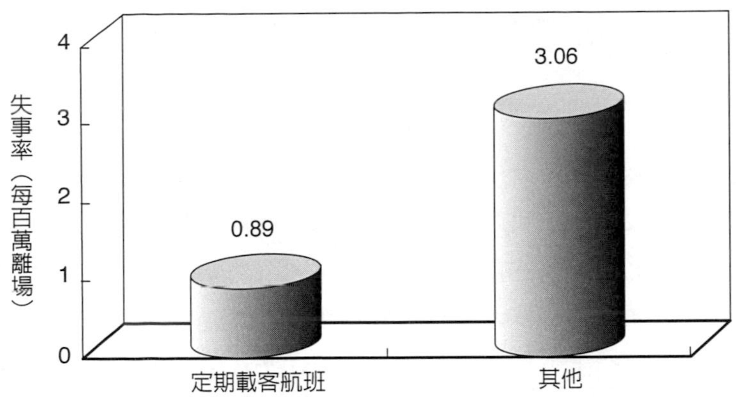

其他包括：不定期載客航班、包機、貨機、飛渡、測試、訓練及展示。

圖2-12　1996～2005年全球民航噴射機全毀及死亡失事率

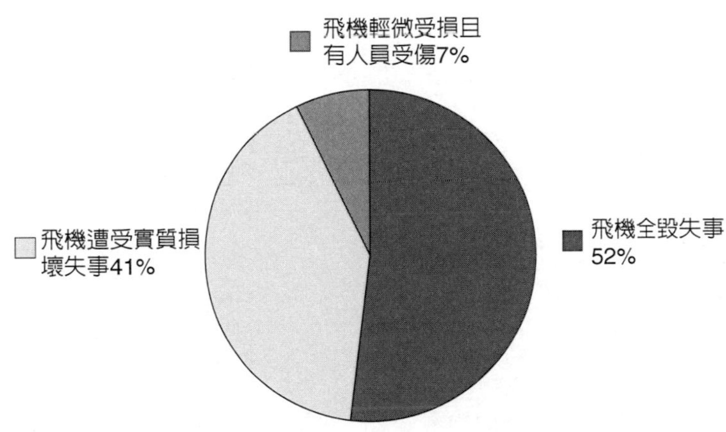

圖2-13 1959～2005年飛機全毀及死亡失事率統計

眞正會致命的死亡失事大概要每3,370,786.5次離場才會碰上一次，也就是每天坐一次搭上死亡班機的機率是在9,235年後（如果那時候還活著的話！）

 第四節　國籍航空公司民航機失事統計

至於國內民航飛安的表現如何？1996年至2005年間國籍民用航空運輸業固定翼機飛航事故率，若以長期十年計算平均值，近十年（1996～2005）渦輪噴射固定翼機全毀事故率爲0.85次／百萬飛時，或是2.10次／百萬離場，是世界平均值（0.527）的4倍。2001年至2005年五年間失事率（2.2）是世界平均值（0.434）的5倍（如**表2-8**、**表2-9**、**表2-10**、**表2-11**）。

表2-8　國籍航空器全毀失事率統計表（1993～2005）

國籍航空器最大起飛重量一萬五千公斤以上渦輪噴射固定翼全毀失事率統計表（1993～2005）						
年度	飛行時間（小時）	離場次數	失事次數	失事率（次／百萬飛時）	失事率（次／百萬離場）	失事率（次／百萬飛時）世界平均值
1993	174,673	99,874	2	11.45	20.03	0.84
1994	226,089	113,662	1	4.42	8.8	0.71
1995	277,165	140,876	0	0	0	0.63
1996	326,262	178,450	0	0	0	0.63
1997	356,000	205,571	0	0	0	0.66
1998	394,550	201,583	1	2.53	4.96	0.63
1999	492,995	214,896	1	2.03	4.65	0.59
2000	481,168	195,136	0	0	0	0.59
2001	475,313	180,019	0	0	0	0.58
2002	488,564	176,466	1	2.05	5.67	0.39
2003	515,190	168,335	1	1.94	5.94	0.37
2004	580,524	180,092	0	0	0	0.42
2005	590,724	203,874	0	0	0	0.41
1996~2005	4,701,290	1,904,422	4	0.85	2.10	0.527
2001~2005	2,650,315	908,786	2	0.75	2.20	0.434

資料來源：交通部民航局，作者整理。

表2-9　國籍航空器固定翼機全毀失事事件統計表

日期	公司	機型	機號	事件發生經過
1991/12/29	中華	B747-200	B-198	航機起飛後約五分鐘，三號發動機飛脫，墜毀於台北萬里山區，機上組員5人全部罹難。
1992/04/10	台灣	BN-2A	B-11116	於台東東南約20浬海面，航機左發動機故障迫降沉入海中，機上2人死亡，5人失蹤，3人受傷。
1993/02/28	永興	DO-228	B-12238	於蘭嶼與綠島間海面墜海失蹤，機上人員6人全部罹難。
1993/10/25	遠東	MD-82	B-28003	於高雄機場起飛爬升時左發動機失效，單發動機返場落地時衝出跑道，航機全毀，人員平安。
1993/11/04	中華	B747-409B	B-165	於香港啓德機場落地時側風過大，跑道濕滑，偏出跑道落入海中，航機全毀，機上人員10人受傷。
1994/04/26	中華	A300-600R	B-1816	於日本名古屋機場降落重飛時，航機進入不正常狀態，墜毀失事，機上人員264人罹難，7人受傷。
1994/09/17	金鷹	Lear Jet 35	B-98181	於台東外海演習時執行拖靶任務，遭海軍驅逐艦方陣快砲擊落，機上組員3人全部罹難。
1995/01/30	復興	ATR-72	B-22717	目視進場時未保持狀況警覺及交互檢查其他助導航設施，於桃園龜山山區撞山失事，機上組員4人全部罹難。
1996/04/05	國華	DO-228	B-12257	進場時以目視及GPS尋找跑道，忽視高度速度，於馬祖北竿海面墜海，5人罹難，1人失蹤。
1997/08/10	國華	DO-228	B-12256	於馬祖機場五邊進場時瞬間遭遇雲雨，無法目視跑道，航機偏離航道，未完成重飛程序即撞山失事，機上人員16人全部罹難。
1998/02/16	中華	A300-600R	B-1814	航機進場高度過高，重飛時於中正機場5L跑道外300公尺處墜毀，202人罹難。
1998/03/18	國華	SAAB-340	B-12255	新竹機場起飛爬升時墜海，機上人員13人全部罹難。

（續）表2-9　國籍航空器固定翼機全毀失事事件統計表

日期	公司	機型	機號	事件發生經過
1999/08/22	中華	MD-11	B-150	於香港赤鱲角機場進場時重落地，航機翻覆起火燃燒，3人送醫後不治。
1999/08/24	立榮	MD-90	B-17912	執行B7-873航班，由松山飛往花蓮，於花蓮機場21跑道落地滾行時，置物箱內旅客攜帶易燃品揮發之油氣與機車用蓄電池上之電線短路，引爆油氣，客艙起火燃燒，航機上半部全毀，機組員6人及乘客90人安全撤離，14名乘客受重傷，其中1名乘客因重度灼傷引發後遺症，住院47天後死亡。
2002/05/25	中華	B 747-200	B-18255	CI611由台北飛往香港途中，於馬公西北方10浬，高度35,000呎，自雷達螢幕消失。機上共載有乘客203+3（嬰兒）=206人，組員人數：19人，合計225人。
2002/12/21	復興	ATR-72	B-22708	GE791自中正機場至澳門航班貨機，於馬公西南15浬失事墜毀，機上組員2名。
2003/03/21	復興	A321-131	B-22603	GE543自台北飛台南班機，落地時於跑道撞擊施工車輛，機身損壞不予修復。

表2-10　國籍航空公司歷年致命失事表

失事日期	航空公司	機型	飛航性質	失事地點（飛航狀態）	死亡人數	失事經過	可能肇因
1969 02/24	遠東	DART HERALD B-2009	客運	台南縣歸仁鄉（巡航）	36	飛行中右發動機故障，飛行員無法排除故障，高度驟降後無法即時立即尋找適當迫降地點，導致失事。	機械因素 人為因素
1969 12/22	遠東	DC-6 B-2005	客運	越南芽莊（巡航）	6（地面19亡）	空中發生爆炸，液壓系統失效，落地後反槳及氣煞車失效，飛機出跑道衝入民宅後起火焚毀。	機械因素
1970 02/21	遠東	DC-3 B-243	貨機	台北東南方姆指山（爬升）	2	左發動機故障馬力消失，高度下降向左偏，駕駛員處置失當致使飛機下墜撞擊姆指山。	機械因素
1970 08/12	中華	YS-11A B-156	客運	松山機場西北方福山（最後進場）	14	進場時在雷雨亂流陣風天氣狀況，可能影響操作與判斷，又未適當利用助航設施及作適當處置以致失事。（撞山位置向左偏離航道475呎83°）	氣象因素 人為因素

（續）表2-10　國籍航空公司歷年致命失事表

失事日期	航空公司	機型	飛航性質	失事地點（飛航狀態）	死亡人數	失事經過	可能肇因
1971 11/20	中華	Caravelle (SE-210) B-1852	客機	馬公西南方約6浬（巡航）	25	航路上爆炸後失事。	場站管理（其他）
1972 09/16	大華	Hughs300 B-15104	農噴	南投縣名間鄉（巡航）	1	研判急彎失事。	人為因素
1975 07/31	遠東	VISCOUNT B-2029	客運	松山機場華航修護棚廠前（最後進場）	28	松山儀器降落系統進場中於著陸前因逢陣雨能見度轉劣，飛行員決定重飛造成升力驟減、飛機下沉向右偏出跑道外，飛機螺旋後右機翼尖撞擊地面失事墜毀。	氣象因素 人為因素
1978 06/29	永興	PL-12 B-12108	訓練	台中水湳機場（巡航）	1	模擬農噴航線墜地失事飛機損毀。	人為因素
1978 08/13	台灣	CESSNA-206 B-11102	客運	綠島機場西北端海灘（最後進場）	1	落地重飛墜地。	人為因素
1979 09/11	中華	B-707 B-1834	訓練	桃園竹圍漁港外海（爬升）	6	起飛後於飛行中可能已產生不正常狀況，飛行員在不及辨別前已失去高度，最後改正不及而墜海。	人為因素
1980 02/27	中華	B-707 B-1826	客運	馬尼拉機場（最後進場）	5	在最後進場階段對減速板不正當使用以致產生高下沉率，最後造成在跑道頭外異常之重落地失事。	人為因素
1981 06/13	台灣	BN-2A-8 B-11108	客運	花蓮東南方W-7航路（巡航）	2	躲避颱風航路途中失蹤。	氣象因素
1981 08/22	遠東	B-737 B-2603	客運	苗栗縣三義鄉（巡航）	110	空中解體墜地全毀。	機械因素
1982 11/17	遠東	BELL 212 B-2311	運補	基隆357度75浬（巡航）	15	台北松山機場起飛後未降落基隆北方84浬探油船上。	不明因素
1984 09/28	台灣	BN-2A B-11109	客運	蘭嶼北方約7浬海面（巡航）	10	台東豐年機場起飛後未降落蘭嶼機場。	不明因素
1986 02/16	中華	B737-200 B-1870	客運	馬公機場320度方位18浬（初始爬升）	13	落地時重落地飛機跳起，重飛後失去聯絡。	人為因素
1986 03/13	台灣	貝爾212 B-11120	運補	板橋市漢生東路205號（著陸）	1	機械故障迫降飛機重損。	機械因素

（續）表2-10　國籍航空公司歷年致命失事表

失事日期	航空公司	機型	飛航性質	失事地點（飛航狀態）	死亡人數	失事經過	可能肇因
1988 01/19	台灣	BN-2A B-11125	客運	蘭嶼青蛇山（初始進場）	10	天氣不佳未遵守目視規定撞山失事。	人為因素
1989 06/27	永興	CESSNA B-12206	客運	高雄小港機場1浬處（初始爬升）	12	失事原因不詳。	不明因素
1989 10/26	中華	B737-209 B-12120	客運	花蓮加禮宛山（初始爬升）	54	起飛後撞山失事。	人為因素
1991 03/28	永興	UH-12E B-12111	農噴	高雄縣六龜鄉中興村尾庄（巡航）	1	實施農噴機尾掛到鋼纜，墜入小溪邊飛機分解。	人為因素
1991 12/29	中華	B747-200 B-198	貨運	台北縣萬里鄉大湖區（爬升）	5	發動機插銷斷裂脫落。	機械因素
1992 04/10	台航	BN-2A B-11116	客運	台東東南20浬海上（下降）	7	發動機故障迫降海上飛機沉入海中。	不明因素
1993 02/28	永興	DO-228-201 B-12228	客運	綠島與蘭嶼之間海上（巡航）	6	可能原因：(1) 駕駛員未遵目視飛行超低飛行操作不當墜海。(2) 超低空飛行天氣突變或遭遇亂流在無法克服情況下墜海失事。	不明因素
1994 04/26	中華	A300-600R B-1816	客機	日本名古屋（最後進場）	264	(1) 飛行員未遵守製造商的操作程序。(2) 誤操的設計安全容忍度不足。	人為因素 飛機設計
1995 01/30	復興	ATR-72 B-22717	客機	桃園縣龜山鄉兔子坑山區（初始進場）	5	510A班次目視進場於松山機場東南11.2浬撞山失事。	人為因素
1995 02/27	亞太	Bell-206（直升機）B-66222	運渡	嘉義縣梅山鄉圳南村大樹腳山區（巡航）	1	欲飛渡至玉井農會，在嘉義縣梅山圳南村大樹腳山區撞山失事。	人為因素
1996 04/05	國華	DO-228 B-12257	客運	馬祖北竿海面（初始進場）	6	目視及GPS尋找跑道速度高度不足落海。	人為因素
1997 08/10	國華	DO-228 B-12256	客運	馬祖壁山山區（初始進場）	16	目視視距不良偏離航道撞山失事。	人為因素
1998 02/16	中華	A300-600R B1814	客運	桃園中正機場（最後進場）	203	降落失敗左傾墜地。	人為因素
1998 03/03	德安	Bell-412 B-55522	醫療	馬公外海鑽油平台（著陸）	3	平台降落失敗墜海。	人為因素

（續）表2-10　國籍航空公司歷年致命失事表

失事日期	航空公司	機型	飛航性質	失事地點（飛航狀態）	死亡人數	失事經過	可能肇因
1998 03/19	國華	Saab340 B-12255	客運	新竹外海6浬（初始爬升）	13	新竹外海初始爬升時墜海。	機械因素
1999 04/21	德安	B-55502	飛渡	瑞芳山區	3	起飛時採目視飛行，經基隆後天氣轉壞，迷航撞山。	天候及人為因素
1999 08/22	中華	MD-11 B-150	客運	香港赤鱲角（著陸）	3	山姆颱風來襲降落香港翻覆。	天候因素 人為因素 飛機設計
1999 08/24	立榮	MD-90	客運	花蓮（落地後滑行）	1	落地後客艙起火。	人為因素
2002 05/25	中華	B747-200 B-18255	客運	馬公外海	225	由台北至香港途中墜落馬公外海。	機械因素
2002 12/21	復興	ATR-72 B-22708	貨運	馬公外海	2	由台北飛澳門途中墜海失事。	天候因素 人為因素
總計	35件，1,116死亡						

表2-11　國籍航空致命失事肇因統計

所有致命失事（1970~2006）		
可能肇因	項目次數	百分比
人為因素	23	42.3%
機械維修	8	18.2%
飛機設計	2	4.5%
氣象因素	5	11.4%
其他或不明	6	13.6%
總計	44	100%

註：同一件失事可能包括兩件「可能肇因」。

第五節　結語

在瞭解這些飛安統計資料後，到底能帶給我們什麼樣的訊息？

統計數字是一種警惕，由過去航空災難史的殷鑑，讓同樣的錯誤不要再犯。

民航運輸的成長是全球共通的趨勢，雖然我國民航機失事率高於世界平均值，但就目前整體運輸環境而言還是很低，或許飛安的水平仍待提升，但以台灣地狹人稠擁擠的交通運輸而言，飛機仍是最便捷且安全的選擇（如圖2-14）。

另外，就目前所有的交通運輸業而言，沒有一項交通工具在安全的投資上會像航空業如此重視且投入那麼多的人力、物力、財力來從事改善安全的工作（各航空公司設有飛安室、民航局有飛安科、行政院有航空器飛航安全委員會、飛機製造廠有安全工程部門等，還有不包括在內的飛安相關單位人員等）。

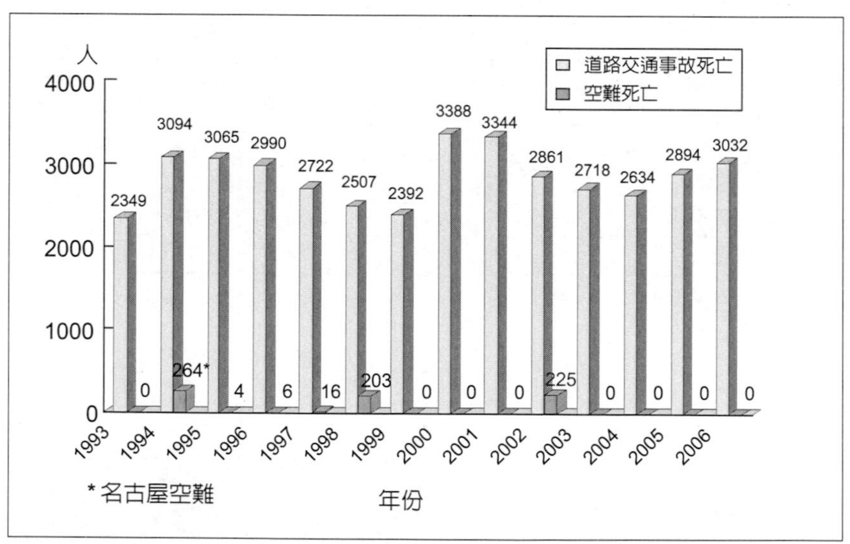

圖2-14　台灣地區道路交通事故與國籍航空空難死亡人數

資料來源：作者繪製。

CHAPTER 3

飛航人爲因素／人因工程

第一節　飛航人爲因素

一、人為因素簡介及定義

隨著航空業的發展，空中交通愈見頻繁，而航空科技產業日新月異，各式新穎設計及優越性能集聚一身的廣體民航客機，不斷地以朝向發展高經濟效率、高速度、高載客量取勝，造就了未來世界一日地球村的遠景。

長久以來，安全一直是民航運輸最重要之環節，也是一個普世的價值觀。航空安全的重要性，已由近年來多起重大空難得到警惕。當人類沉緬於航空科技的迷思中，往往忽略了人類行爲在整個航空及飛安運作體系中所扮演的重要角色。

人類號稱萬物之靈，但終究也不過是活在陸地上的一種動物，聰明的人類發明了飛行器進入空中，翺翔天際。但不管心理或生理，永遠比不上天空的原住民——鳥類活在三度空間的靈巧，此種先天上的差異造就了人類飛行在第三度空間的缺陷。

兩千年前，古羅馬雄辯家齊思諾（Cicero）曾說過：「犯錯是人的天性」，但在今日科技社會大規模人——機器——環境的互動系統中，人爲失誤機率必然倍增，畢竟人不是機器、電腦，人爲錯誤不斷地發生不僅在日常生活中常見，在航空史上，更是造成多起重大事故的主因之一。因此，有必要深入探討人爲因素在航空安全的角色。

結合國際民航組織及美國聯邦航空總署（Federal Aviation Administration, FAA）對「人爲因素」的定義，「人爲因素」指的是經由系統化的資訊蒐集、彙整，藉以掌握人的能力及限制，並整合系統工程，將之應用至人與人、環境、系統、法規、工作、訓練間的互動，以創造安全、舒適及有效的人爲表現。

根據美國波音公司1959年至2005年間全球民航噴射機飛機全毀及死亡失事（Hull Loss and Fatal Accidents）統計發現（Boeing, 2006），在1959年最初的十年內，失事率有非常顯著的降低，那是由於飛機結構、系統、裝備、動力、操控以及地面基礎架構的改進。而近三十年來，當失事率降低到接近谷底時，卻不再繼續下降，而穩定地持續每百萬次離場一至二次的失事率。這種無法達成飛航零失事的關鍵，主要在於人為因素的瓶頸一直無法突破。

波音的統計也指出1995年至2005年民航機全毀失事中有55%是由於飛航組員（Flight Crew）引起，這當中尚不包括歸因於其他如天氣、飛機、機場、維修、航管所導致的人為因素。雖然許多飛機失事並非僅僅是單一因素造成，其可能伴隨機件故障、航管錯誤或天候惡劣等間接因素，但飛航組員往往是失事錯誤鏈中環環相扣的最後一道環節，通常難辭其咎。

飛航「人為因素」是航空安全重要之課題。航機在複雜的運作過程或環境中，每一方面都牽涉到「人」的因素。「人為因素」分析研究，經系統化的資訊蒐集、彙整，藉以掌握人的特性，並應用系統工程，將人與人、環境、系統、法規、訓練間的互動作一有系統的整合，以創造極大化的產出與成果，而其目的即求能消弭人為疏失的產生，進而降低失事率。安全是一項整體的工作，而「人」在航空系統的運作中扮演著舉足輕重的地位，人為因素實為增進航空安全之分析探討重點。因此，民航界「人為因素」的研究與教育，是確保航空安全策略中最具經濟與效益的運用方案。

人為因素的研究源起於十九世紀末的工業革命，萌芽於第二次世界大戰。大戰期間軍備生產工廠廣泛應用人體工學的特性來改善生產線的效率，以達成生產目標。

航空界於1975年由荷蘭航空（KLM）的Frank Hawkings機長揭開了航空人為因素研究的濫觴。諷刺的是，之後兩件因人為疏失所造成的重大失事，其中一件全球最大空難的當事者卻也是荷蘭航空，1977年3月27日於西班牙屬地泰納綠島機場發生荷蘭航空B-747客機在未獲塔台許可情況下起飛滾行，撞及在同跑道上反向滑行的美國泛美航空B-747客機，共造成五百八十三人罹難，爲航空史上最慘痛的空難；而1978年美國聯合航空DC-8客機於波特蘭機場進場時因鼻輪指示燈故障，組員於待命空域執行檢修程序，三位駕駛員都過於注意此一小故障，而忽略了燃油不足之警訊，最後在跑道東南6哩處因燃油耗盡而墜毀，共有十人罹難，二十三人重傷。

航空界較關切的人爲因素項目有：人類基本能力與限制、人員甄選與訓練、人類的行爲與表現、人爲失誤、認知、情境察覺及決策過程、飛機操作系統、儀表設計、人體工學、駕駛艙配置、人機介面、自動化系統的影響、人與人溝通及操作手冊等。另外，也注意飛行組員生理的因素，包括：睡眠、疲勞、壓力、生理作息週期、心臟血管疾病、失能、缺氧、空中減壓、暈眩、空間迷向、錯覺等與飛行安全息息相關的議題，甚至更考量航空公司安全、管理及組織文化的影響等。

國內外目前在探討人爲因素的同時，其對象多半局限於飛航安全的最後一道防線——「操作者」的角色。但一個線上的操作者，不論是駕駛員、航管人員、簽派員或是維修人員，都是民航體系下的一分子，這個體系包括了政府政策及法規、標準作業程序、查核、航空公司文化、管理及制度、證照、訓練及資訊等，無一不是人爲因素中極爲重要的一環。當這個環節有疏失或不完整，都會直接或間接影響第一線操作者的表現，因爲這都是航空組織系統中的一部分。

爲了減少人爲失誤的發生，航空業及學者針對飛航駕駛員發展了組員資源管理（Crew Resource Management, CRM）的模式，維修人員也發展了維修資源管理（Maintenance Resource Management, MRM），飛航管制員更發展成爲團隊資源管理（Team Resource Management, TRM），目前都已普遍應用在航空業界，也獲得了不

少的成功經驗，在減少人爲失誤上貢獻良多。

「人爲因素」正是目前提升飛航安全的重要課題與航空核心的科技之一。下面茲以航空業界較常探討之人爲因素議題作一詳細說明。

二、人為因素之範疇

(一)飛航駕駛員之個性

1. 個別的個性特徵會影響駕駛員的表現：駕駛員正面、負面的性格，與其在飛行環境中的行爲表現有相當的關聯。
   (1) 正面性格：
      - 飛機操控方面：對於飛機、生命事件等，能有處之泰然的態度；即使不能控制，也假裝能控制。
      - 保持情感距離：特別是男女關係的問題。
      - 鎮定：能忍受生理上的影響，有承受緊繃壓力的極限能力。
      - 有組織能力：對事情較有魄力。

   (2) 負面性格：
      - 不很主動。
      - 驕矜自滿。
      - 忽視熟悉的事物。
      - 過度重視程序。
      - 需要正面的回饋。

   (3) 女性飛行員的平均個性特徵與男性飛行員的平均個性以外形最爲相似；女性飛行員的「女性特質」傾向與她們的求生本能趨使她們越來越像男性。

2. 人與人衝突主因在於監督者與管理者個性因素的影響。
3. 防止個性衝突的方法爲盡量在地面排出時間來解決衝突，而非到了空中才解決。

(二)疲勞

現今的民航客、貨機航班密集，飛航組員的任務往往因地面及天候因素有所延誤，而國際線班機往往都必須飛越換日線，以致飛航組員的工作日夜顛倒，輕者造成人員疲勞，重者則成飛安隱憂，一位疲憊的飛航組員往往變得比一個機靈的飛航組員還自滿。

◆疲勞定義

「疲勞」是指體力的耗盡或來自非身體或智力的運作，造成身體緊張導致力竭疲憊（如來自缺氧症、動作不順或情緒緊張），進而使身心活動表現低落。

◆ 疲勞的原因

1. 行爲上：飛航組員休息不夠、睡眠不足或錯過用餐時間。
2. 生理上：生理時鐘錯亂。
3. 身體上：過度的肌肉或身體活動。
4. 心理上：過度的心智（用腦）工作量。
5. 情緒上：擔心、枯燥、挫折、焦慮。
6. 環境上：噪音、震動、重力、高溫、濕度、駕駛艙設計、缺氧等。

以上六者可能因情境不同，而交互影響或同時出現。

◆ 影響疲勞的因素

1. 先前休息的質與量不足。
2. 先前活動的性質，如過於激烈的運動。
3. 生理與情緒之壓力。

4. 疾病、宿醉等身體狀況。
5. 年紀。
6. 個性、刺激。

◆疲勞的分類

1. 暫時性疲勞：最常見的疲勞是經由過度的身體或心智的活動所引起的，只要在一定的工作量後就有可能發生，由於其時間短暫，通常只要適當的休息即可恢復。
2. 累積性疲勞：由於前一次疲勞尚未完全恢復，或長期處於憂慮、壓力、睡眠不足或過量工作所引起，需要更長的休息時間才能恢復，症候包含失眠與健忘症等。

◆疲勞對飛航組員的影響

1. 時間感的破壞。
2. 知覺的扭曲。
3. 減少反應與下決定的時間。
4. 對最近事件記憶的減少。
5. 注意力縮小。
6. 容易發怒。
7. 容易犯錯。
8. 有話不說。
9. 困惑。
10. 有接受較低標準的工作趨勢。

◆疲勞與航空器失事

失事最常發生在下列的飛航組員身上：

1. 失事前二十四小時內睡眠少於四小時。
2. 或在此之前持續醒著有二十或二十小時以上。
3. 統計顯示，一天中最危險的失事時段：直昇機失事最常發生在00：00～08：00時段；第二危險時段爲21：00～24：00。

4. 對所有飛機而言，失事最常發生於18：00～24：00；其次爲15：00～18：00。
5. 連續二十四小時內已經工作十或十小時以上的飛航組員，與工作少於十小時的飛航組員相比；前者較容易犯錯而導致失事。

◆二十四小時的律動：全天的生理時鐘——人類的二十五至二十七小時週期

生物體因適應環境之日夜週期變化，而有相應之體溫、血壓、脈搏、呼吸、心跳、內分泌、代謝、消化、知覺的敏感度等超過一百種不同身體功能的變化，影響個體嗜睡與清醒的程度，稱爲「晝夜節律」（Circadian Rhythm），簡稱爲「生理時鐘」。

對大多數人而言，生理時鐘在半夜三點到六點是嗜睡的最高峰，而在六、七點開始清醒的程度漸漸升高，早晨醒來後兩個小時身體狀態是最佳的，其次是最快速隨意的個人午餐後或者吃完午餐後。假如吃了豐盛的午餐，用餐後的效應大多數人是想睡的。另一個顚峰在下午三點半，然後身體狀態曲線下降，約在清晨五點半降到最低點（大部分的人此時已熟睡）。這個清醒與嗜睡的週期也影響到人的注意力、警覺程度、判斷力等認知能力。因此，也相對的影響到工作表現或是安全。

◆穿越換日線的失調——生理時差失調

當人們搭乘噴射客機旅行穿越時區，生理時鐘會仍保持原出發地的狀態，而造成與環境作息不能同步現象，稱之爲「飛行時差」（Jet Lag）。

1. 往西旅行：引起生理時鐘一段時間的延遲（內部時鐘將自動延遲睡眠）。

2. 往東旅行：引起生理時鐘加速，因爲往東旅行時間縮短。

◆生理時差失調的症候

1. 身體方面：(1) 失眠；(2) 便秘；(3) 食慾改變。
2. 行爲方面：(1) 疲倦；(2) 焦慮；(3) 沮喪、憂鬱；(4) 因疲勞而表現失常。

◆戰勝疲勞及調整時差之方法

1. 暴露亮處：關鍵時間暴露在類似陽光的亮處，可以暫時地關斷生理時鐘；當個人體溫維持在最高的狀況，連續三天有五次暴露在亮光下一小時，將會使他們的生理循環超前十二小時。
2. 於人體每天體溫最低時段，運用適當層次的亮光模擬日出或亮光停在一固定物上，將會使生理時鐘幾乎停止。
3.若要維持在原有的生理時間，則必須在原生理時間該睡覺的時候，找一間昏黑的房間睡覺。
4. 若要適應新時區，可在出發前使用昏黑、安靜的房間來嘗試改變「睡覺─清醒」週期。
5. 改變飲食。使用抗時差飲食法：
   (1) 在將抵達之目的地的白天時段安排早餐。
   (2) 往西行，啓程前三天吃一份肉和蛋之類高蛋白質的早餐與依原生理時間的午餐，除了出發當天外，其他日子每天下午三點至五點時不可攝取含咖啡因之飲料。
   (3) 若需幫助睡眠可吃一份素的義大利麵、馬鈴薯或蔬菜汁與一份甜點等高碳水化合物的晚餐。此外，喝溫牛奶、洗熱水澡也有幫助。
   (4) 第二天以生菜沙拉、清湯、水果與果汁等清淡餐點，維持最低限度的卡路里及碳水化合物。
   (5) 第三天，執行上述第 (2) 至 (3) 項。

(6) 出發當天禁食，執行上述第 (1) 至 (4) 項。

(7) 打破最後的禁食，在目的地早餐時間吃一份高蛋白質餐點，可能的話睡到目的地正常的早餐時間，但不要睡過頭。保持清醒與不斷地活動並依目的地用餐時間吃飯，絕對不准飲酒，往西行的生理時鐘只可能快個半天。

(8) 可以在啓程往西行前早上喝含咖啡因之飲料；若是往東行，就要在下午六點至晚上十一點時再喝。

6. 身體方面的運動：精力充沛的活動，而非「長時間」的運動，才有助於睡眠。

7. 自體訓練與生物回饋：鬆弛技巧可幫助戰勝壓力，有利於睡眠。

8. 藥物的使用——褪黑激素（Melatonin）：「褪黑激素」是人體腦下垂體中的松果體所分泌的一種荷爾蒙，它會隨著人體的生理時鐘而分泌不同的濃度，當眼睛感受到周圍的天色黑暗時，這種荷爾蒙就會開始分泌，通常在夜晚睡覺時濃度會達到最高，清晨醒來它的濃度又會慢慢的降低，是一種幫助睡眠的荷爾蒙，並且可使內臟器官獲得充分的休息。目前口服的褪黑激素其實是從動物的松果體中萃取的，主要是用來調整時差，許多飛航組員常服用此劑來減緩時差的干擾，除了在國內被列爲鎮靜安眠藥的管制藥品外，另一方面對飛航安全的影響尚待評估。

◆與疲勞有關之飛航組員派遣

飛航組員勤務派遣應儘量減少暫時性及累積性兩種疲勞之發生，並於勤務完畢後給予適當的休息時間，於是有飛航組員飛航時間的限制。飛航時間的限制，主要目的是爲了避免飛航組員因爲疲勞而影響飛行安全。飛航作業管理規則所規定之時間限度爲一般通則，航空公司依其公司政策、勤務特性及安全需求而訂定相關之規

定。飛航組員應隨時注意自己的疲勞程度，充分利用休息時間，避免在疲勞狀態下執勤。

(三)壓力

◆壓力的定義

「壓力」是環境與個人主觀評估需求間不平衡而產生的心理現象；壓力來自人和環境交互作用的結果，且可能與心理、行爲和生理產生的後果相關聯。而「工作壓力」則是指個體在工作環境中，面對刺激事件，而使個體心理、生理產生難以負荷的狀態。

壓力不一定是負面的。壓力可讓人處於警戒與隨時準備行動狀態，也有所謂的最佳壓力的狀態。

◆壓力的來源

1. 環境：溫度、氣壓、震動、噪音、濕氣、能見度、刺眼強光等。
2. 人與人間：高、中、低階層間的人際關係問題。
3. 個人：疲勞、未進食、生病、受傷。
4. 私生活：家庭健康、婚姻及財務問題。
5. 組織：由人事裁減、升遷延誤、工作壓力、操作速度所引起的混亂。

◆不適當的壓力反應

1. 內向者：將挫折轉往內心深處變成「自我毀滅」；但不一定會有明顯的自殺傾向。
   (1)「自我毀滅」行爲：喝酒、抽菸、暴食、濫用麻醉品。
   (2)「冒險」行爲：惡劣天候起飛及落地、酒後執勤。
2. 外向者：侵略、外向的個性——將挫折對外轉變成侵略的行爲。

(1) 激烈的外在行爲：爭論不休、問題出在自己卻責備他人、人際關係困難、最近個性明顯地改變。

(2) 酒精：傳統上飛航組員的壓力反應可能導致酒精濫用。

◆不當的壓力反應徵候

1. 身體方面：

(1) 疲勞：睡太多、體重暴增或減少。

(2) 生病：心悸、過敏、關節炎、哮喘、便秘、反胃、痢疾、頭昏眼花、頭痛、高血壓、消化不良、失眠、胃潰瘍、嘔吐。

2. 行爲方面：

(1) 自我防禦機構：否認並表現出懷疑、妄想、防禦的舉止，過度敏感到吹毛求疵、自大、敵意、愛爭論的行爲。

(2) 工作上常缺席、動作慢、個人衛生習慣不良、厭惡接受責任、未能如期完成工作、忽略細節。

(3) 與失事相關：缺乏情境察覺能力、判斷錯誤、注意力不集中、精神渙散、粗心。

3. 情感方面：

(1) 冷漠：憂鬱、喪失自尊、退縮。

(2) 焦慮：恐懼症、妄想症、敬畏、恐懼。

(3) 生氣：暴怒、激動、易怒、喜怒無常。

◆壓力因應

1. 組織：訂定目標優先度、實際地自我評量、採用時間管理。

2. 嘗試改變環境，如發展新的興趣或加入社團。

3. RED組合：休息（R）、運動（E）、減重（D）——去除身體內的廢物。

4. 嘗試辨別各種徵候。

5. 學習放鬆技巧，如深吸一口氣、慢慢吐氣、握緊拳頭再放鬆拳頭等。
6. 保持幽默感、微笑或洗泡泡浴來調和情緒。
7. 培養友誼，尋求支援。
8. 多聽忠言。
9. 解決問題。
10. 自我調適，騰出時間給自己。

◆壓力和人員績效表現的關係（如圖3-1）

1. 壓力太小：績效表現較差。
2. 壓力太大：績效表現較差。
3. 適當的壓力：有最佳的績效表現水準。

◆能承受高壓力者的特性

1. 身體狀況佳：身體健康就是成功的一半。
2. 較高程度的自我認知與自我評價的意識。
3. 有信心能影響事件，甚至改變事件。
4. 視變化為機會與挑戰，而不是威脅。

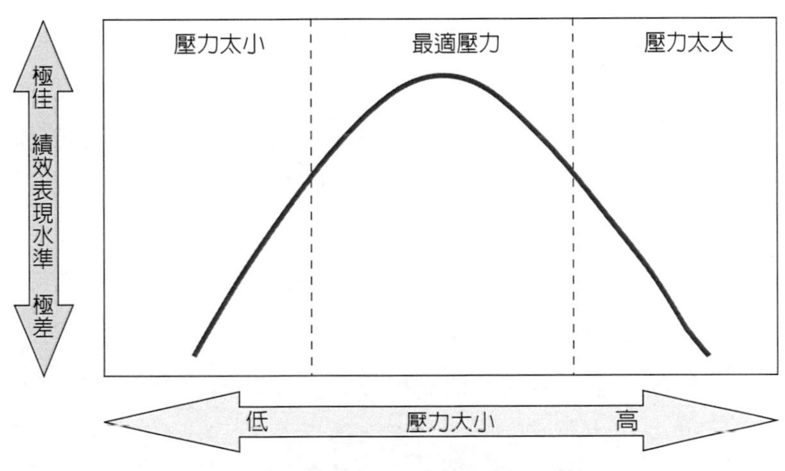

圖3-1　壓力和人員績效表現的關係

與壓力、疲勞相關的失事案例

哥倫比亞航空在美國紐約甘迺迪機場失事

1990年1月25日，一架哥倫比亞航空（Avianca）052航班波音707客機，在實施紐約甘迺迪機場最後進場時，因爲燃油耗盡，四具發動機全部熄火而失事。這架飛機在到達紐約時，先前由於天候不佳，竟被航管要求三次在待命航線等待長達一小時十八分鐘，造成飛航組員的疲勞與壓力。當時此班機的剩餘燃油不多，直到第三次飛航組員才呼叫塔台「飛機低油量」，並要求優先進場落地，但哥倫比亞航空機長並非英語系爲母語的人士，無法清楚的說明緊急情況，他請略懂英文的副駕駛跟航管聯繫所說的優先（Priority），在西班牙語中雖代表第一順位，但或許在美國並非如此（在此案件中應簡潔有力的說出第一優先「First Priority」、緊急「Emergency」等字眼），讓航管人員注意到優先性，且航管人員急於疏通當日因天候不佳眾多等待的班機，也未注意到此班機的油量已快耗盡。不幸的是，飛機第一次進場時於跑道頭前遭遇低空風切未能落地而重飛。待第二次進場時，燃油耗盡，飛機墜毀於機場北面10浬一處住宅區，造成組員、旅客共七十三人死亡，八十五人重傷。

美國國家運輸安全委員會失事調查報告指出，失事可能原因如下：

1. 飛航組員未能適時監控油量。
2. 飛航組員未能即時向航管反應低油量情況。
3. 航管流量管制不當。
4. 缺乏標準、易懂的民航術語以表達低油量或緊急油量情況。
5. 飛航組員的疲勞與壓力。

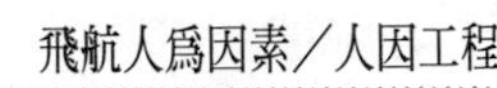

(四) 人爲錯誤／失誤

◆人為錯誤／失誤簡介

錯誤（Error）也稱爲失誤，是人類行爲的一部分。

也許一位飛行員需經多年努力才能夠贏得一面飛安獎章，航空公司要終其一生才能夠訓練一位安全飛行員。但是，僅僅一秒鐘的錯誤決策，就足夠造成一次重大失事。

兩千年前，古羅馬雄辯家齊思諾曾云：「人，天生就會犯錯。」（To err is human.）。十八世紀英國大詩人蒲柏（Alexander Pope）的精鍊名句亦述及：「犯錯固世人所難免，寬恕需聖者之胸懷。」（To err is human, to forgive divine.）。西方古諺亦云：「犯錯是大腦的缺點。」。至聖先師孔子亦曾說過：「人非聖賢，孰能無過。」

既然犯錯是人的天性，因此人類不可能期待有朝一日達到永不犯錯的境界。尤其在民航業，過去的四十年中，由於科技的進步，機械失誤的比例已經大爲降低，但人爲失誤的比例仍舊維持在70%～80%間，顯然過去人類在降低人爲因素的成效，遠不如在降低機械失誤方面的努力。

航空業能忍受1%的失誤嗎？如果能的話，那麼下面的答案將讓您大吃一驚：

- 全球每一天將會有五百個航班會飛錯地點。
- 每開一百張票有一張票會出錯。
- 每一班B-747飛機有四名乘客會搭錯班機。
- 每一天有十二架飛機發生失事，有二百五十人因爲空難死亡。

今日的科技社會，大規模的人—機器—環境的互動系統中，人爲失誤機率必然倍增，畢竟人不是機器、電腦，人爲錯誤不斷發生不僅在日常生活中常見，在航空史上，更是造成多起重大事故的主因之一。因此，有必要重新深入探討人爲因素中的「人爲失誤」在目前高科技環境及組織結構中，對航空安全所扮演的角色。

雖然飛行本身就是一項連續不斷修正錯誤的過程，但在航空領域中，某些人爲錯誤卻會造成非常嚴重的後果。因此，比起其他行業，航空業更不容許錯誤的發生。事實上，除非有特殊的理由，人並不會故意去做違反規定的行爲，犯錯的根本原因常常是因爲人類本身記憶力的限制、程序能力的限制、壓力、疲勞、欠缺團體動力、文化影響，以及其他生理、心理方面的先天限制等。所以，在事故的預防工作才會安排不間斷地複訓、要求裝備警示燈、修改裝備規格、推行安全提示制度、使用檢查表、建立正確的作業程序等，以減少人員心理和生理上的負荷，彌補這些人類能力限制的缺口。

飛航組員是實際操作飛機的人，一旦飛機離開地面之後，只有飛航組員能影響事故的發生與否，飛航組員實爲飛航的安全核心。如果飛行員資訊充足、判斷準確、動作及時，將可挽救大部分的空難事件。也就是說，飛航組員在大部分的飛航事故中均居於關鍵地位。FAA統計列出飛行員最常發生失事的十個主要因素：

1. 不充分的飛行前準備或計畫。
2. 未能達到或保持飛行速度。
3. 未能保持方向控制。
4. 不當地改變高度。
5. 未能看到和避開物體或障礙物。
6. 油量管理不善。
7. 飛行中錯誤的判斷和計畫。
8. 誤判距離和速度。
9. 地障隔離不足。

10. 不當的飛行操作。

在這些飛航組員人爲因素中，首要的便是組員的失誤。美國國家運輸安全委員會曾對二十一件肇因於飛航組員失誤的商用噴射機重大失事資料作一研究分析，結果發現：有90%的組員失誤，是與程序行爲（Procedures Behavior）或決心因素（Decision Making Factors）有密切的關聯。換言之，就是失誤即將發生前的臨界時段裡，飛航組員未能遵循操作程序或安全顧慮的決策錯誤。諷刺的是，很多錯誤是在飛機還沒離開地面就開始了。

就飛航組員個人的人爲失誤，可歸納爲下列幾項：決策考量、程序行爲（飛行技術、警惕意識、飛行經驗、協調合作、教育訓練）、陸空通訊、飛航計畫、生理狀態、互動關聯等。時至今日，當有飛航事件發生時，一些影響航機操作的因素，如飛行時間（白天或晚上）、天氣因素（儀器天氣或目視天氣）等，大多是以「飛航組員」之間的外在或個人因素的角度去調查。

飛航管制人員方面，近年來由於航管人員的失誤而發生的飛航事件也愈來愈多，如失事、空中接近、跑道入侵（Runway Incursion）等，使得國內外民航主管機關不得不開始重視飛航管制的人爲因素與航管案件的分析。根據美國聯邦航空總署的研究發現，因飛航管制失誤而發生的案例，很少是肇因於飛航管制單位的裝備不良，多數可歸咎於管制人員的「人爲失誤」。

飛機維修人員最常犯的十二項人爲失誤包括：溝通不良（Lack of Communication）、心理壓力（Stress）、疲勞（Fatigue）、自滿大意（Complacency）、分心（Distraction）、缺乏團隊精神（Lack of Teamwork）、缺乏主見（Lack of Assertiveness）、缺乏資源（Lack of Resources）、工作壓力（Pressure）、專業知識不足（Lack of Knowledge）、缺乏警覺（Lack of Awareness）、「積非成是」的慣例（“Destructive” Workplace Norms），亦是造成全球

多起空難事件的主因。

其他諸如鐵路、海運、公路等運輸業，以及核能業與醫療業，也估計約有80%～95%的意外事件，都是由於人爲失誤所致。

人爲失誤一直是航空界最大的挑戰，以往針對人爲失誤之預防，通常以飛航組員爲主，但隨著時代的進步，飛航系統中每一個環節，工作者都有密不可分的關係。且由於日趨先進的科技以及複雜的飛航環境，科學家及航空從業人員也都注意到組織、系統、文化、工作環境對飛航人員的影響已是不容忽視的原因。

◆人為失誤與人為因素關係

人爲因素包含廣泛，人爲失誤只不過是人爲因素其中的一種原因。傳統大衆、媒體對航空安全「人爲因素＝人爲失誤」、「人爲因素＝飛行員失誤」認知的迷思，源自於早期臨床及行爲心理學結合部分工程學，針對「人－機」介面互動關係所發生「失誤」的指向。

其實就人爲因素、人爲失誤與飛行員失誤的關係應爲：

1. 人爲因素（Human Factors）≠人爲失誤（Human Error）。
2. 人爲因素（Human Factors）≠飛行員失誤（Pilot Error）。

◆人為失誤來源

① 人類行爲

瞭解失誤的來源是選擇預防人爲失誤方法的一個重要步驟。學者Rasmussen將人類失誤形容爲超出可接受工作表現的人類行爲，並將人類行爲分成三個等級：技術基礎（Skill Based Behavior）、規則基礎（Rule Based Behavior）、知識基礎（Knowledge Based Behavior），就是所謂的「SRK」（Skill, Rule, Knowledge）架構。

以民航機駕駛員而言，飛機飛航常受限於時間、速度及空間，因此，當其在面對一般與低難度的情境下，只需表現平時熟練的基本技術能力（技術基礎）便足以應付，但是遇到更進一步的危機情境時，就要應用到重視熟練及思考性的標準法規程序（規則基礎能力），等遭遇到高難度或危險情境時刻，規章及技術都無法解決時，這時就得靠重思考性的知識基礎能力。如此方能從安全→效能→效率→精準面化解所有危機，這是民航機駕駛員較其他行業特殊之處（如圖3-2）。

學者理森則根據SRK架構提出一般失誤模式（General Error Model），將人爲失誤分成三類：

第一類「技術基礎的錯誤」（Skill Based Error）。在作業當中非故意的疏失行爲，多發生在例行性的作業，此類失誤多爲「疏忽」和「遺忘」。「疏忽」是注意力失效所引起，「遺忘」則是記憶的失效所引起，皆屬於外顯的失誤，主要原因是在不知道、不察覺，或生理、心理負荷過重時，發生執行上的錯誤或動作順序的錯誤。

第二類「規則基礎的錯誤」（Rule Based Error）。當作業人員需要應用儲存的規則去解決問題時，由於判斷或推論過程的錯誤，發生目標選擇或作業方法上的錯誤，大部分發生的情形爲誤用好的

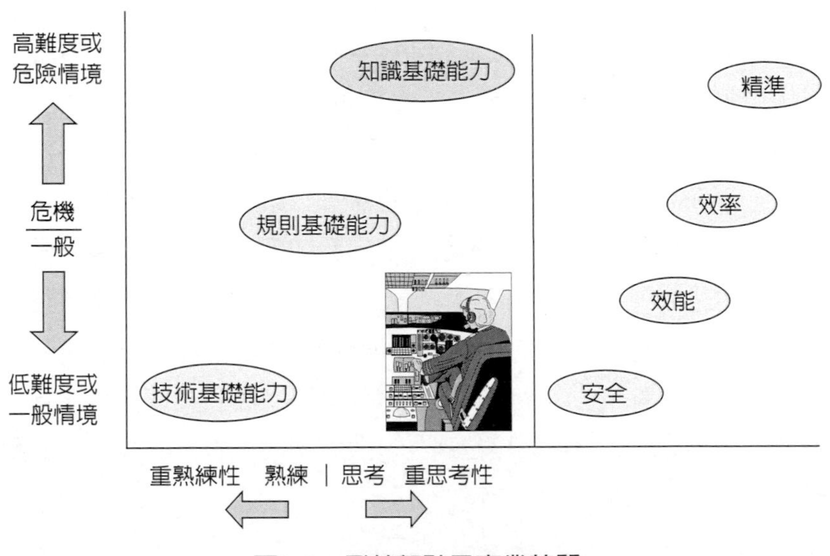

圖3-2　飛航駕駛員專業特質

規則或應用錯誤的規則。例如，飛航駕駛員可能使用錯誤的術語或誤用術語而造成意外發生。此類作業失誤可藉由提供相關人因觀念來降低失誤。此類作業失誤可經由修正相關人員的錯誤觀念來降低失誤。

第三類「知識基礎的錯誤」（Knowledge Based Error）。當作業人員嘗試解決不熟悉或從未發生過的情況時，由於操作人員缺乏對此情況的知識，使得認知的過程產生錯誤，因而產生錯誤的行爲。因此，對相似情況或事件發生的偏見、過分自信，都會造成此種錯誤的發生。此行爲層面的錯誤大多爲計畫錯誤，是故對複雜系統的安全性，具有強大威脅，而且後果嚴重且難以察覺，但是可以挽救。針對此類作業失誤，須藉由提高操作人員的專業知識來降低作業失誤。

理森在研究了幾個重大的災難之後，提出一種失事原因模式——Reason模式。理森將失誤概分爲兩種：

第一種「顯性失誤」（Active Error）。

與系統有直接接觸的第一線人員，其不安全行爲立即顯現的不良後果。多發生在技術基礎和規則基礎的行爲層面，容易發現錯誤但是難以彌補挽救。這種不安全的行爲來自「有意的行爲」及「無意的行爲」兩類（如圖3-3）。若將這兩類不安全的行爲再予細分，「有意的行爲」是指犯錯及違規，犯錯可能源自於「規章錯誤」下導致誤用良規或使用惡規，或由於知識不足、被誤導、濫用的「知識錯誤」，違規則來自經常性的蓄意犯規、偶爾取巧犯規及暴力行爲等。「無意的行爲」可能因爲「注意力錯失」（被干擾、遺漏、顛倒、亂緒、失時、刺激）導致的失手，或由於「記憶錯失」（忘記預定項目、緒位迷失、遺忘初衷）導致的疏忽（如圖3-4）。

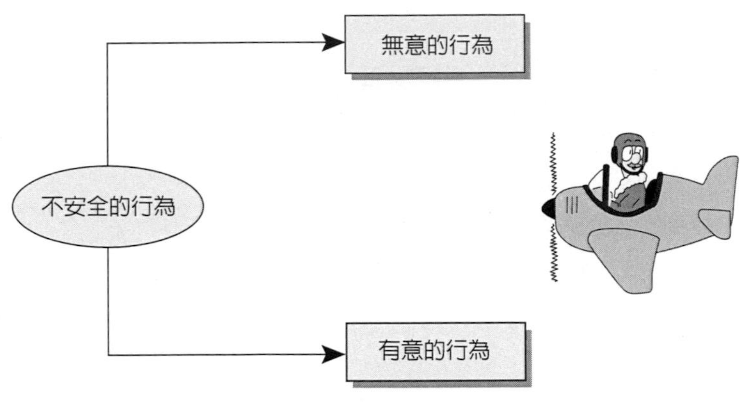

圖3-3 人類失誤分類

資料來源：Reason (1990)。

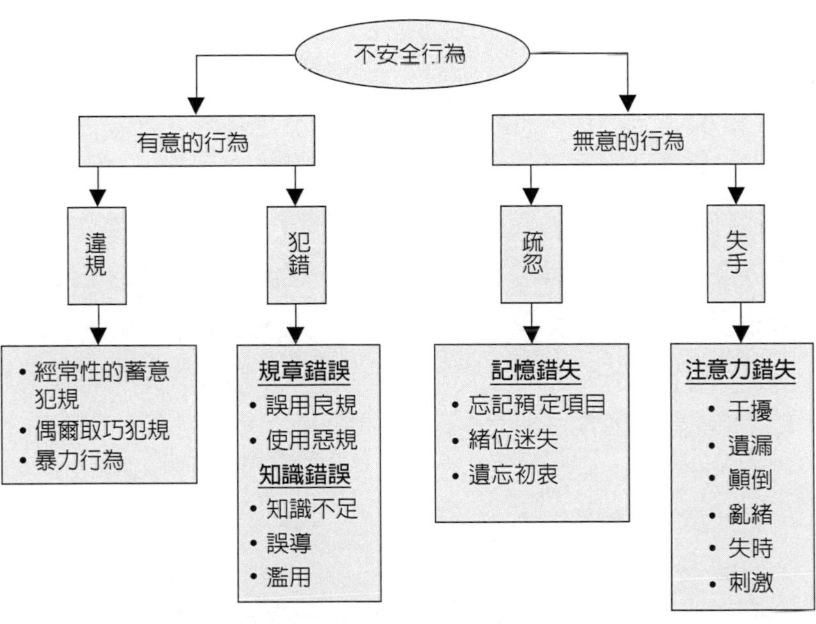

圖3-4 不安全行為分類

就飛航組員來說，最常見的失誤包括：

1. 故意的違規：犯規，如根據記憶來執行檢查表。
2. 程序：依照程序但執行錯誤，如欲撥定設定之高度，卻撥錯數值。
3. 溝通：遺漏資訊或誤解，如對航管指令的誤解。
4. 熟練：知識不足，如缺乏對自動化系統的認識。
5. 決策：因為決策不佳導致額外的風險，如因為不良天氣導致的無效飛行。

第二種「潛在失誤」（Latent Error）。

潛藏在組織管理、系統設計中未知的瑕疵，直到人員的觸發才顯現出不良的後果，例如，無效的訓練、無效的溝通、不明確的責任（任務）分配。多發生在知識基礎的行為層面，對複雜系統的安全具有強大的威脅，雖然難以察覺且後果嚴重，但是可以挽救。

Reason（1990）指出，我們處在一個組織事故的時代，事故的發生是因為早已存在的潛在錯誤（通常為組織或管理問題）經由前線人員的觸發而造成，也就是說，事故的發生是由一連串的失誤所組成，這些失誤很多是人員難以察覺或缺乏資訊的，要人員在事前就已察覺並改正潛在的失誤是很困難的事情，而且越複雜的系統導致失誤發生的原因也就越多；反過來看，很慶幸地，能夠干預或介入事故發生的機會也就越多，因此有了失誤管理觀念的出現。人員不管在一般例行性作業或者在緊急情況下，都有可能會產生失誤，對於不同失誤的管理必須有不同的策略。

② 生理及心理

1. 急躁：欲速則不達……。
2. 疲勞：時差、睡意正濃……。
3. 枯燥：只有極少數的人可以在無聊至極的工作上也盡忠職守……。

失誤也來自人類本身的「盲點」及「錯覺」。

「盲點」在醫學上的解釋爲：(1) 盲點位於眼球視網膜的視盤上，是網膜上最不敏感的地方；(2) 盲點處既無錐體細胞（日視及彩色），也無桿體細胞（夜視及非彩色）；(3) 一旦光線投射在盲點上，便不能產生視覺。

「盲點」在管理學上的解釋：(1) 盲點是對事物觀察無法直接涵蓋的領域；(2) 思考或功能沒有涉及到的事實；(3) 我們想看卻無法看到的地方或情況。

「錯覺」在心理學上，是指：(1) 對扭曲事實或客觀眞實相違背的主觀知覺體驗；(2) 對眞實感覺刺激的誤解；(3) 錯覺並非心理失常，而是正常現象。

「錯覺」就管理學而言：(1) 錯覺是「眞實」最大的敵人；(2) 錯覺是由外界刺激導引，而對眞相錯誤的認知或解讀；(3) 錯覺如同熵（Entropy）般蔓延，若不即時改正，將導致管理上的大混沌（Chaos）。

錯覺在我們日常生活中處處可見。舉例而言，在同是兩條等長的線條中，由Muller-Layer視錯覺（如**圖3-5**）及Pongo視錯覺（如**圖3-6**）中就很容易被誤認爲不等長。

個人視覺上的錯覺及盲點容易發現，但團體及管理認知上隱藏的盲點及錯覺並不容易發現，這些不易察覺的盲點及錯覺有賴群體內外共同發掘。

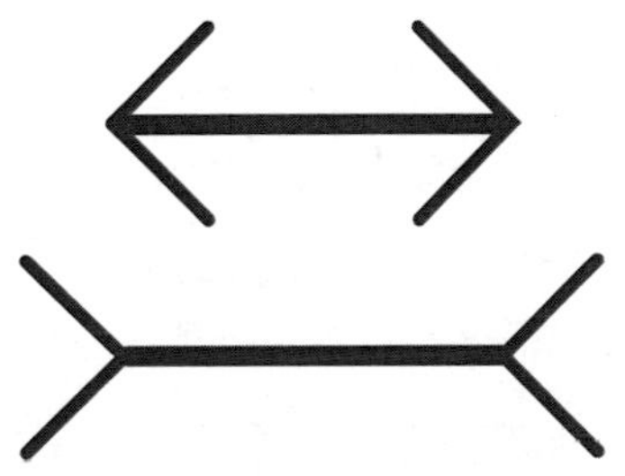

圖3-5　Muller-Lyer視錯覺

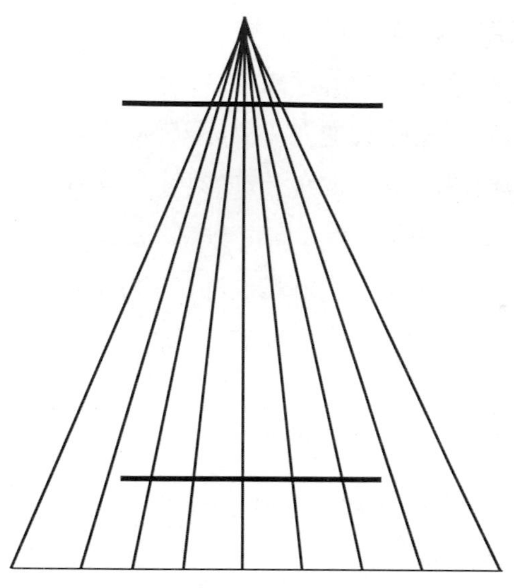

圖3-6　Pongo 視覺錯覺

人會因爲各種不同環境下產生失誤，但在失誤的肇因上可能有根本上的差異，而同樣失誤後果也可能完全迥異。

航空系統內，飛航作業環境或自然物性環境因素形成飛航作業人員的信念、意向、心態、行爲的要件，人爲失誤可能由此產生。假如失誤過於惡化，結果則可能是飛行失事或近乎失事；假如失誤不嚴重，加上運氣佳，則可能避開危害，只造成系統紊亂或意外事件；假如失誤緩和，能立即改正錯誤，則能順利化解危機，這些統稱爲航空系統失誤類比模式（如圖3-7）。

航空系統失誤類比源自於早期人類因社會及自然物性環境因素導致傳染病源蔓延模式，這些傳染病源誘發出疾病症狀或跡象，導致隨後的罹病死亡、罹病痊癒或無明顯症狀（如圖3-8）。例如2003年SARS期間，全球數以千計的人喪命，有些人感染了卻能痊癒，而大多數的人也許無明顯症狀。

這種人爲失誤與航空安全的關係也可由第一章之飛安冰山理論解釋。從飛安指標上可以明顯看出安全區、風險區、危險區及其相

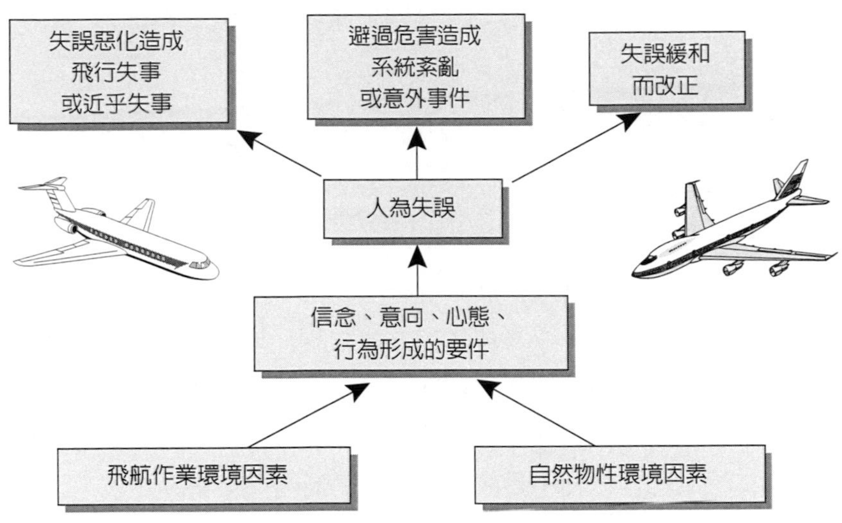

圖3-7　航空系統失誤類比模式

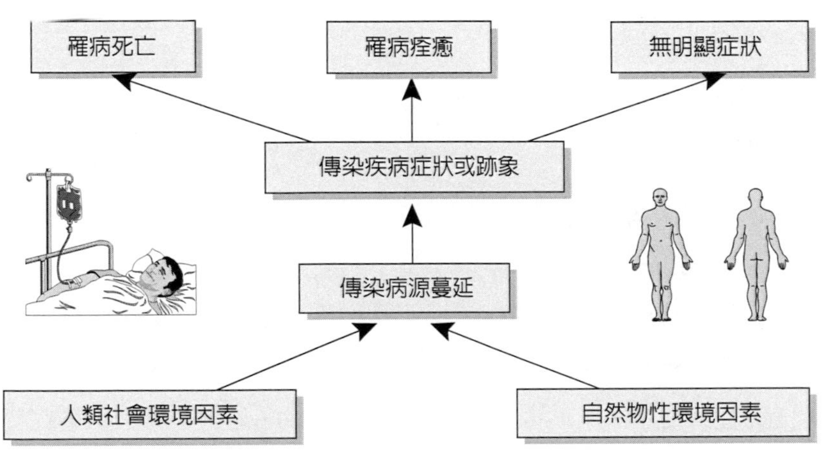

圖3-8　傳染病學蔓延模式

關的警示線、臨界線，失誤類別分別對應相關的飛安指標，一旦失誤在某個區域越界，最後便會形成浮出安全水線的冰山而肇致航空業者最大的夢靨——重大失事。

◆人為失誤管理

① 失誤管理

「失誤管理」是指減少失誤發生的機率，進而降低事故影響層面的管理方式。失誤管理在於管理者要明瞭「只要是人，就可能犯錯」的觀念，摒棄舊有的失誤懲罰方式，而改以接受失誤管理，以及成為一個失誤的偵測者及改正者。重點在找出什麼因素是造成飛機失事的主要原因？而不是找出誰造成了飛機失事？

早期的失誤管理使用權力法（Power Approach），企圖完全消除錯誤，調查傾向技術層次而未深入管理或組織層面，只處罰造成第一線人員並隱藏事實，通常是失事後，才能預防第二次失事。但現今的理論建議採用非權力法（Non-Power Approach），也就是溝通的方式，認知失誤是人類生活中的一部分，嘗試非蓄意的失誤應適度包容，期許透過危險事件的瞭解，來避免重大失事。由於接受人可能發生失誤，因此焦點轉移在「如何有效管理失誤上」。其有三原則、五步驟及具體作法，茲分述如下：

1. 失誤管理三原則：避免（Avoid）、掌控（Trap）、減輕（Mitigate）。
2. 失誤管理五步驟ABCSS：認知失誤（Acknowledge）、建立失誤防禦網（Barriers）、充分溝通（Communicate）、遵守標準作業程序（SOP）、保持情境察覺（Sensible）。其中，在建立失誤防禦網的方法可以包括訂定政策、建立程序、確保作業流程、檢查表、自動駕駛、組員資源管理、操作熟悉度等。
3. 落實失誤管理作法：

(1) 信任。

(2) 建立失誤的不處罰政策——但對故意違反規定的過失則採取有過受罰的原則。

(3) 高層管理需允諾失誤管理政策及支持行動計畫。

(4) 蒐集相關資料以掌握失誤的特性及其發生的原因。

(5) 推廣管理人員及飛航組員失誤管理策略的訓練課程。

失誤管理的關鍵在於管理階層必須用一種感恩且健康的態度來看待錯誤，並且不應覺得面對它是一件失去面子的事。失誤管理不是一個徹底消弭失誤的方法，公司的每一員工，都是偵測失誤的守門員。從IATA作業安全查核（IOSA）、國際品質認證ISO-9001、自我督察體系、飛安督考、自願報告系統、飛航作業品保（Flight Operation Quality Assurance, FOQA）、線上安全稽核（Line Operations Safety Audit, LOSA）等偵測系統得到的寶貴錯誤資訊，就該值得去檢討及改善，因爲可以把預防系統因失誤所造成的損失降到最低。

失誤管理不是萬靈丹，但如同CRM一樣，是一種「黏著劑」與 「潤滑液」，能有效結合空勤組員、航空器、訓練與各項法規。亦是增進航空安全的方法之一。

② 多元資訊的失誤管理

人類一般的思考模式，純粹經由篩選特定資料開始，再把所得到的資訊定義，乃至於下結論產生自身的信念，最後做出行動，這種一直在反應環路中加強自己對事物及資訊的認定「信念」，是狹隘以及微觀的思考模式，極易產生偏頗，這是學者Argyris所認爲的傳統階梯式推論結果。特別是社會中仍有許多人、機關、團體甚或媒體，依然是活在這種未經印證的「自我創意」境域裡。

多元資訊管道的失誤管理是加入了觀察（蒐集資料及經驗）「巨觀」的模式從外而內多層思考（如圖3-9），例如，以CRM

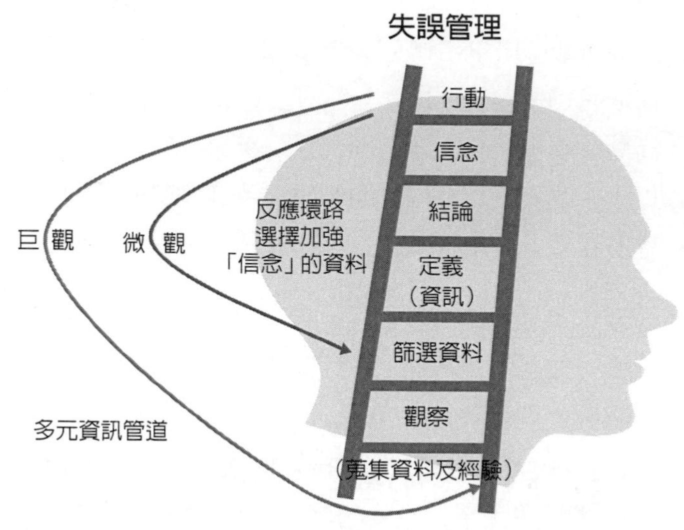

圖3-9　推論階梯及多元資訊管道之失誤管理模式

而言，最初CRM定義完全只在駕駛艙內之正、副機師、飛航工程師的「駕艙資源管理」（Cockpit Resource Management, CRM），後來拓展成除了駕艙組員外，包括空服組員、維修人員、簽派人員、航管人員、地面作業人員及其他直接影響飛航任務的「飛航組員」，而成爲「組員資源管理」，到目前演變爲包括各基層、中階、高階主管乃至於整個企業良性的「企業資源管理」（Corporate Resource Management, CRM）及整個國家的國家資源管理（Country Resource Management, CRM）。這種把人類的思考模式從個人→群體→組織→企業→國家，發展成強化整體環境內之良性互動關係，都是爲了在高風險的航空業中，達成高效率的安全飛航任務。

就整個航空體系而言，多元的資訊管道也就是從廣角鏡涵蓋周邊視野（Peripheral Vision）洞察整體航空系統的複雜狀況，最後形成見樹又見林的藝術觀。另外，應用規劃系統各單元間的相互關聯性、影響力、因果律及回饋環路結構，結合跨學門的共同協能，尋求治本改善的系統動力學（System Dynamics），可以使管理者提早對事件做出應變。

③ 威脅與失誤管理

避免人爲失誤而產生的航空安全管理機制，最重要的首推「組員資源管理」，CRM於本章第三節將詳細說明。其中，最新的CRM觀念則是威脅與失誤管理模式。

Helmreich等人針對飛航組員的行爲和情境，發展出航空業之威脅與失誤管理（Threat and Error Management, TEM）模式（如圖3-10）。Helmreich將飛航組員之威脅定義爲：「威脅是由外在環境產生的事件或是疏失，而影響飛行組員，組員須主動管理威脅，以維持飛行安全。」失誤管理定義爲：「利用現有的資料去瞭解失誤的原因，並採取適切的動作，包含改變政策、程序或給予特殊的訓練，以降低失誤的發生率並降低失誤發生所造成的後果。」

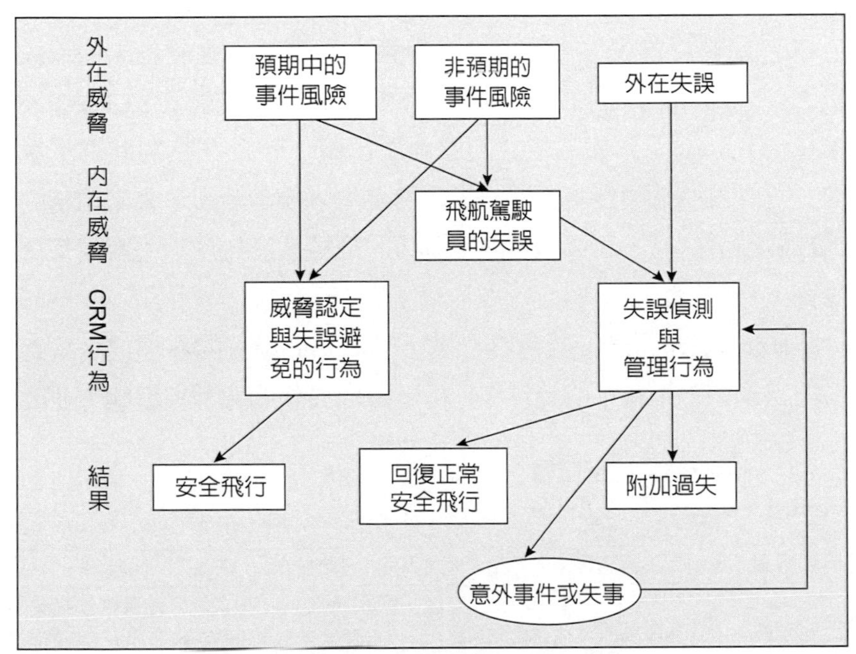

圖3-10 飛航組員之威脅與失誤管理模型

可能會引起失誤的因素就稱爲威脅，威脅可以分爲獨立的兩部分：內部（Internal）和外部（External）（如**表3-1**），以及預期與非預期：

1. 內部威脅：操作下所產生的情況。
2. 外部威脅：操作外的事件或疏失所產生的情況。
3. 預期的威脅：可預期的狀態，如天候不佳、軍事演習等。
4. 非預期的威脅：不可預期的狀態，如引擎熄火、設備故障等。

模式中有關組員的行爲有「威脅失誤的偵測與回應」及「不期望狀態的管理」，飛航組員不單單只要管理失誤，他們也必須在操作的過程中管理威脅和不希望的狀態。

Helmreich重新定義「組員資源管理」的實踐過程：(1) 失誤的避免；(2) 威脅管理；(3) 失誤管理；(4) 不期望發生狀態的管理。

失誤隨時會發生，但是失誤的發生幾乎很少會發生事件或失事。在大部分的案例中，當飛機在不期望的飛機狀態下（Undesired Aircraft State），如果組員的處理不正確（包含在疲勞狀況下處理），那些狀態可能會發展爲失事的發生。換句話說，當不期望的飛機狀態發生時，正確地處理不期望的飛機狀態比處理失誤還來得重要。

Helmreich認爲，威脅與失誤管理須先從過去的事件或失事資料與自願報告系統中的資料作分析，擷取失誤的類型與型態，並改

表3-1 外部威脅與內部威脅

	定義	舉例
外部威脅	會引起失誤之因素的威脅	天候不良、飛機故障、其他人的失誤等。
內部威脅	不容易定義的不清楚威脅	文化、國家特性、合作文化、差異性的職業文化、對於規定或手冊有不同的解釋或定義。

變組織文化與專業文化，對組員的失誤採用非懲罰性的政策。在訓練的過程讓組員瞭解團隊的重要、失誤的本質與人性的限制等觀念，以提升組員的績效表現。

因此，站在預防人爲失誤導致的飛安失事上，從根本消弭人爲失誤的盲點及錯覺開始，並善用人因工程學的系統設計，以增加整體系統的可靠度。人與機器的可靠度增加後，便能大大減少人爲失誤發生的機率。

就航空安全管理而言，目前國內由於飛安專業管理教育不普及，人們僅憑著偶爾從新聞媒體上獲得點滴的資訊、融合個人的經驗，形成傳統片段而局部的思考模式，及其所衍生的治標行動，造成現今社會大眾對航空體系切割而破碎的管道視野（Tunnel Vision）。

所以，在人爲失誤管理上，是要把過去放在「個體行爲」（個人）的人爲失誤焦點，轉變成現在以潛伏的「組織行爲」（集體）爲主的失誤觀，也就是在看待一個因人爲錯誤所導致的事件時，把原本歸咎於職場第一線「Sharp-end」人員犯錯的行爲模式，往上溯及管理決策——高階主管「Top Level」的潛在失誤，而非把矛頭指向基層員工。

這種上從高階主管、中階主管、基層主管到第一線員工一連串可能導致的失誤，便是失誤管理的範疇。因此，事件發生後的應變（Reactive）計畫也提早於事件發生前作預防（Proactive）。

這種把作業失誤（Active Failure）歸咎於潛伏失誤（Latent Failure）及從片面（Peace-meal）延伸至系統（Systems）的概念，並以結合個人（Human, H）、組織（Organization, O）、科技（Technology, T）與管理（Management, M）的航空體系「MOTH」模型觀（如圖3-11），便成了目前航空人爲因素管理新的方向及契機。

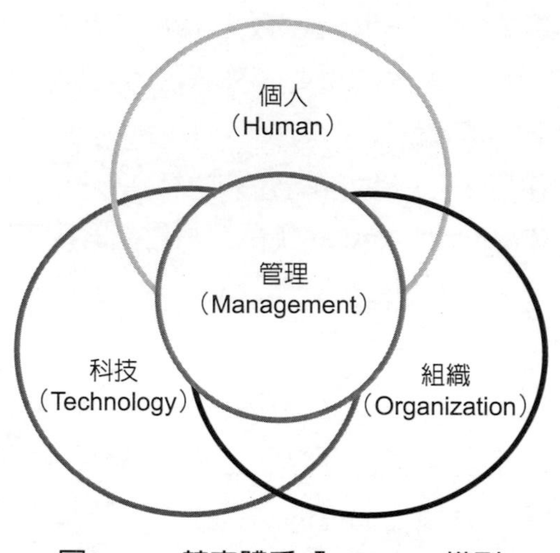

圖3-11　航空體系「MOTH」模型

第二節　飛航人因工程

一、人因工程簡介

(一) 人因工程

人因工程（Human Factor Engineering）是「一門研究將人與機器、環境以及科技的關係最佳化的科學」。也就是考量人類生理、心理能力及限制，而應用於工具、機器、系統、工作方法和環境之設計，提供使用者安全、健康、舒適及合乎人性的環境，發揮最大工作效率和效能，並提高生產力及滿意度。人因工程是一門重要的工程技術學科，而把人因科技應用在航空產業上稱爲飛航人因工程。

人因工程即是一般俗稱的「人體工學」，在歐洲及某些國家稱

爲「Ergonomics」，「Ergonomics」是由希臘詞工作、勞動意思的「ergon」和規則、規律意思的「nomos」兩字複合而成，本義是人的勞動規律。

(二)人機系統

人機系統（Man-Machine System）是一個包括人員在內的產品系統。人必須是系統中的首要部分，因爲只有人才能發動該系統，使其發揮功效。人機系統的研究就是人因工程的一部分。人因工程簡言之就是研究人機系統或是人與機器關係的科學。

二、人因工程的目標

人因科技是指在設計系統時，將「人」列爲主要考慮，以增進人的表現或生產力，因此人因工程的主要目標有：

1. 增進人在作業時的效率、正確性、安全性及減少疲勞與體力支出。
2. 減少必要的訓練時數及費用。
3. 減少特殊技術與態度的需求，而減少操作人力的使用。
4. 減少因人爲失誤導致之意外，以減少工期與裝備的損失。
5. 增進工作者的舒適與接受程度。

三、飛航人因工程簡史

人因工程發展是自然而漸進的，可以說自人類會使用工具開始即已存在。工業革命之初，工業工程師先進吉爾布萊斯（F. B. Gilbreth）所發展的工作方法論即注重利用工具、減少疲勞，以增進工作效率及安全。其後工業心理學家的加入，更使心理因素成爲考量設計的重點。

1950年代，美國空軍將人員訓練、選拔與設計整體一併考慮，得以經人性工程的設計達到更佳的使用成效。並將行爲科學家赫茲柏格（H. T. E. Hertzberg）對人體尺寸度量所得資料，作爲飛機駕駛艙設計與飛行員甄選之依據。

1975年國際空運協會第二十屆技術會議宣示：人因工程廣泛的屬性及其在航空領域中的應用，仍然未被航空界重視，而這種忽略「人因」的後果，很可能引發運作上的缺乏效率或旅客的不舒適，甚至會造成嚴重的空難。

1981年國際空運協會編撰「航空公司人爲因素指導原則」（Airline Guide to Human Factors）以飛航人因工程爲主軸，闡述個體（Individual）人員在航空體系中，生理、心理、人身量測、人身極限等「人—機」介面的互動關係。

Elwin Edwards教授提出人因工程對活體——人（Liveware, L）、軟體（Software, S）、硬體（Hardware, H）、環境（Environment, E）四者之間基本互動關係的SHEL模型，說明了人因工程研究的範疇。

至今人因工程的發展已相當輝煌，除軍事用途外，民間各種產品如汽車之設計、辦公設備等，均將之列爲主要考慮。人因工程實爲人機系統設計不可或缺的重要因素。

四、人為因素在系統設計時之功用

在發展或設計一套產品時，必須同時考慮系統功能與人體功能兩者，方能有效設計出安全可靠的產品。由系統設計程序分析圖可知產品之設計乃根據用途需要。確定用途需要後，將系統功能作一配當，使確定人體功能在系統中的功能。並進一步確定人員需要何種技能與知識，完成不同的工作。再進一步分析可能的人爲錯誤並

分類，再據以設計操作動作以及所需各種訓練。當系統與人員合而爲一時，再作最後的測試與評估，使其達到最高的效用，而這整個過程均依賴人爲因素的貢獻，才能獲得安全有效的產品。

五、人因工程在系統安全中的角色

(一) 人的本能

人爲萬物之靈乃是由於人類有發達的大腦，其所反應出來的是人的本能，例如，棒球打擊手可以打中每小時128公里速度的變化球，就必須要完全而正確的揮棒動作，而揮棒動作則需手、足、軀體完好的配合。**表3-2**將人的本能與機器作一簡單比較。

出上述比較，可知人與機器的差異，但是機器的弱點可經科技的進步而改善，但是人的本能及弱點卻無法增進。

(二) 人的極限

人的視覺僅能察覺光譜上380～760mm的光線，聽只能聽到20～20,000赫茲（Hz）的頻率，跑完100公尺需9.87秒等，都是人類生理上的某些極限。

其他與產品安全設計有關之人的極限，如手指的握力、人體各部位的尺寸，都是必須知道的項目，在瞭解各種極限後，才能設計

表3-2　人與機器之比較

人	機器
可以偵測出偽裝的訊號	不易偵測出有雜音的訊號
遇新狀況有推論的決策能力	沒有創新或推論能力
僅能承受有限的壓力，無法持久	能承受巨大的壓力，且可以持久
整修（醫療）時需要維持生命系統	整修時關閉即可
短暫記憶不佳	短暫記憶與回憶極佳

出安全合用的產品。

(三) 人的差異

綜上所述，可知人有與生俱來的本能及極限，但是這些本能與極限都有相當的差異性，因此在系統設計時，必須考慮能適合每位使用者。這項工作如果被忽略，就會有麻煩。

例如，在設計飛機駕駛艙駕駛員頭頂上方的操作開關面板（Overhear Panel）（如圖3-12），應置於飛行員肩部之最小上伸角度（168度）以內，若誤置於最大上伸角度（208度），則將有許多飛行員無法打開此開關。又如設計汽車駕駛座空間時，必須取最大空間，車頂空間要大於38.2公分，否則有人無法坐入其內，該汽車設計就有問題。

圖3-12　飛機駕駛艙駕駛員頭頂上方之操作面板應符合人體工學考量

資料來源：作者翻攝於桃園航空科學館掛圖。

六、系統安全與飛航人因工程之應用

(一) 產品安全設計概念階段

產品設計時須防止因失效誤用造成使用者傷害，亦不可有有害人體的材料，基本上應注意：

1.勿使用有毒或易燃材料，例如，1998年9月2日瑞士航空111班機墜海後，國際上便禁用易燃的PET隔熱層。
2. 產品有銳利邊緣或易碎材料。
3. 移動部分易割傷或刺傷使用者。
4. 易被吞食。
5. 因接地不良而感電。
6. 使人墜地。
7. 有噪音或高溫。
8. 易灼傷使用者。

(二) 目視顯示裝置的設計

爲便於操作人員清晰地瞭解顯示的意義，在設計顯示裝置（如**圖3-13**）時必須注意：

1. 顯示訊息的內涵、精確度、格式、故障指示，都符合操作人員的需求，不必要的訊息不顯示。
2. 位置安排：刻度要適用、顯而易見，面板要與視線垂直、不反光、防震且便於讀看，且有順序、一致、距離適中、重要性之區分。
3. 符號顯示：要便於區別、指出符號間的關係、區分重要性等級，並使用彩色形狀、大小等技巧，同時各種符號要有一致性，避免混淆。

圖3-13　波音777駕駛艙目視顯示面板及頭頂操作面板

資料來源：波音公司。

4. 透明顯示裝置應以顯示數字訊息表示必須立刻採取行動或重要系統狀態。
5. 刻度指示裝置用以表示數量及趨勢，以固定刻度、移動指針較佳。
6. 顯示器顯示的影像符合操作人員的需求。
7. 使用大螢幕顯示器應在一組操作人員共同使用時爲主。

(三) 聽覺顯示裝置的設計

1. 聽覺顯示裝置使用時機：
   (1) 顯示的訊息簡短，需要立即反應時。
   (2) 目視顯示太多時。
   (3) 習慣於使用聽覺顯示訊息時。
   (4) 必須以聲音傳遞訊息或以聲音傳遞較佳時。
2. 聽覺警告訊息：

(1) 頻率在200～5,000Hz間最佳。

(2) 音調應與一般有別。

3. 訊號強度：

(1) 配合使用環境。

(2) 勿使操作人員不適。

4. 訊號特性與目標：

(1) 必須可聽到的。

(2) 可以引起注意及分辨。

(3) 需要立即反應者應具備特殊效果。

(4) 不可使用與收音機訊號、電訊干擾、與別人訊號相同之頻率或電碼，或像隨機雜訊之訊號。

5. 訊號之防護：

(1) 不可干擾其他重要功能，或遮蔽別人重要聽覺及視訊。

(2) 有干擾可能時，應使用不同頻道。

6. 口語警告：

(1) 口語警告前引起注意的訊號，口語警告應簡短，係標準語句。

(2) 強度至少比環境背景高出20db（分貝）。

(3) 口語發音應清晰成熟。

(4) 要正式，必要時應加強語調。

(四)控制裝置的設計

1. 一般準則。設計控制裝置時，要考慮的一般準則爲：

(1) 工作負荷、重力（G）負荷、旋轉或延遲控制的選擇等。

(2) 移動方向的選擇。

(3) 控制裝置的安排與分組方式。

(4) 大小、色彩與形狀的選擇。

(5) 控制裝置的標示方法。

(6) 與手的防護手套一致性。

(7) 是否爲觸摸控制方式。

(8) 防止意外的設計方法。

2. 旋轉式控制裝置設計。

3. 直線式控制裝置設計：

(1) 間斷式控制設計。

(2) 連續式控制設計。

(3) 施力式控制設計。

(4) 縮小式控制設計。

4. 標示的設計。

(五) 地面空間設計

1. 一般要求。
2. 立姿工作。
3. 坐姿工作。
4. 控制台。
5. 梯子及出入口。
6. 環境。

(六) 維護度之設計——基本要求

1. 標準化。
2. 特殊工具。
3. 更換模組。
4. 功能組合。
5. 分別調整功能。
6. 功能失常判別。
7. 拆卸設計。
8. 錯誤組合顯示。

人因工程失事案例

1994年4月26日，由台北飛往日本名古屋的華航CI-140班機，註冊編號B-1816、空中巴士A300-600R客機，於20：12：26秒通過名古屋機場外信標台後，副駕駛以自動油門實施34跑道儀降進場。在高度1,070呎的時候，副駕駛不經意碰觸了自動駕駛的「重飛手柄」（Take Off Go Around, TOGA）模式，此時飛機的高升力裝置——翼前緣縫翼（Slats）及襟翼（Flaps）隨即自動伸展15度，飛航導向器的油門設定裝置也改爲自動，該機隨即產生升力增加、高於下滑道（Glide Slope）的狀態。

在不知按到TOGA的情況下，副駕駛推駕駛盤讓機頭朝下嘗試要跨越飛航導向器所設定的油門及俯仰控制。爲了維持下滑道，副駕駛解除了自動油門（但自動駕駛的俯仰動作並未解除）並手動減少推力，導致由自動駕駛控制的機尾水平安定面（THS）與駕駛盤手動控制的升降舵（Elevator）產生對抗。在高度1,030呎時，組員希望自動駕駛能讓飛機回到下滑道上，於是又掛上自動駕駛。自動駕駛立即讓飛機抬頭18度進入了重飛模式（因爲在十二秒前已經按到了TOGA模式），爲了重回下滑道，組員操控升降舵向下，導致自動駕駛的飛航導向器系統選擇讓機尾的水平安定面上仰以維持重飛姿態。正駕駛（當時爲監控駕駛員；PM）提醒了副駕駛（當時爲操控駕駛員；PF）自動駕駛掛上的情況，但未立即改正。在選擇重飛模式的四十二秒後，自動駕駛又再一次解除，但飛機又繼續爬升。八秒之後，由於過大的攻角導致飛機的失速改正功能（Alpha Floor）啓動，此時正駕駛接手操作飛機並向塔台通報飛機需要重飛，失速改正功能爲了防止飛機失速，自動把油門推力加到最大，導致機首上仰至52.6度，正駕駛收回油門以解除失速改正功能，此時空速度掉至78節使飛機在1,800呎失速，墜毀於跑道右邊300呎位置。機上二百六十四人罹難，七人重傷。（如圖3-14、圖3-15、圖3-16）

中國時報

華航名古屋空難 駕駛艙最後通話

「啊！完了、完了」

聯合報

華航墜機主因 機頭拉高太急

圖3-14 華航名古屋空難剪報資料1

資料來源：作者拍攝。

中國時報

最後通話：這樣子飛機會失速

重行降落攻角太大 造成失速

圖3-15 華航名古屋空難剪報資料2

資料來源：作者拍攝。

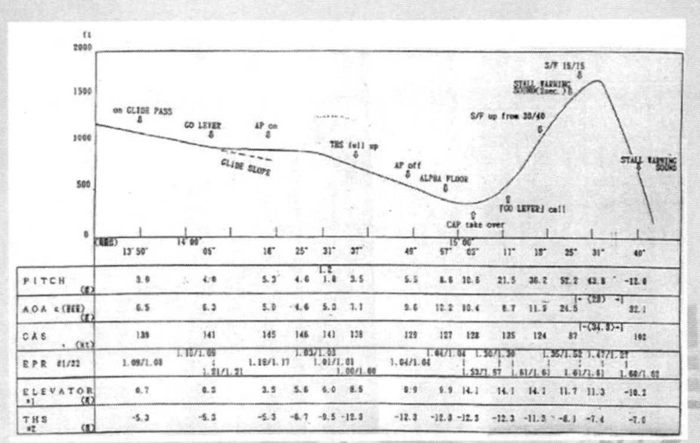

圖3-16 華航名古屋空難之飛航軌跡資料

資料來源：日本-AAIC。

其中，日本飛機失事調查委員會（Aircraft Accident Investigation Commission, AAIC）調查的失事原因爲：

1. 副駕駛不經意致動了自動駕駛的重飛手柄。「不經意」的原因是由於重飛手柄的設計所造成。即使是一般飛行員在正常操作油門手柄時，都有極大可能不經意致動重飛手柄。
2. 當重飛模式掛上時，組員啓動了自動駕駛並繼續進場。
3. 副駕駛爲了讓飛機繼續進場，遵照正駕駛的指示繼續推駕駛盤。
4. 水平安定面的動作與升降舵有衝突，使飛機進入不正常的配平狀態。
5. 駕駛艙內沒有任何可警告或辨識系統可以直接警告組員，調整片位置已經達到不正常或極限的位置。
6. 正駕駛及副駕駛未充分瞭解飛航導向器模式的改變與跨越自動駕駛的功能。
7. 正駕駛在繼續進場的時機判斷不佳，並遲於接手操控，導致飛機大角度的飆升。

8. 在正駕駛接手操控及改正後，正駕駛及副駕駛對飛行狀況的警覺不足。
9. 正、副駕駛協調合作不佳。
10. 航空公司未修改A300-22-6021的服務通告（SB）。
11. 飛機製造商對A300-22-6021的服務通告（SB）並未採強制性，也未告訴航空公司需要優先處理。設計及製造國家的適航機關也未把該服務通告（SB）提升至適航指令（AD）等級。

資料來源：作者參考日本AAIC報告及ASN網站整理。

CHAPTER 4

組員資源管理

第一節　組員資源管理簡介

第二節　組員資源管理案例分析

第三節　組員資源管理模式

 第一節　組員資源管理簡介

從波音飛機公司製作的全球民航機重大失事統計分析中，不難發現全球民航機重大失事原因，飛航組員因素占50%以上之最高比例。

大部分這些事件的起因，係發生單純機械故障或天氣因素在先，由於組員處理複雜混淆程序錯亂，降低了飛航組員間應有之操控技巧，導致意外或失事事件，這些航空失事原因大都被報章媒體稱之為「飛航組員失誤」，但航空工業稱這些事件為組員可防止（Crew Preventable），也就是一再強調——飛機失事是可以預防的。

然而，飛機失事原因中之人為因素，並非單指飛航組員而言，人為因素應包括飛機設計、製造、政府監督（法令規章）、公司航機務政策、管理階層、航管、訓練及飛航組員。任何一項人為因素錯誤，均會影響安全係數，但飛機在飛行中，這些錯誤因素都落在飛航組員雙肩上，處理得當安全降落後再去檢討改進，那些不被人知者占絕大多數，但如果飛航組員在處理過程中，由於未按程序或混淆不清肇致失事，事件的結果就突顯飛航組員因素，大都忽略了飛航組員因素背後所謂的「根因」（Root Cause）。

無可諱言，飛航組員是整個事件處理的主宰也是最後一道防線。如何健全飛航組員間有效溝通、協力合作、決心下達、強化非技術性訓練、結合航務技術訓練、締造有效率與安全及做好飛機失事預防，是當前航空工業與業界不斷努力、尋求突破性克服之課題。

由於航空事故中以人為因素所占比例較高，故國內外航空界普遍認為加強航空人員之管理與訓練，乃飛航安全與品質中最為迫切之課題，進而提出組員資源管理之理論。

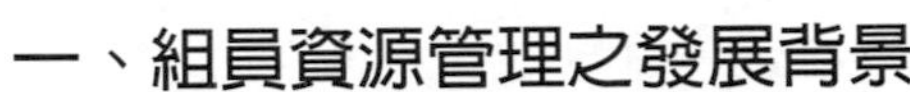

一、組員資源管理之發展背景

70年代，荷蘭航空率先研發該項訓練，規定其相關組員須強制接受訓練。而美國航空太空總署（National Aeronautics and Space Administration, NASA）在AMES的研究中心亦提出人爲因素研究計畫，於1979年舉行第一次駕艙資源管理研習會，隨後於80年代和德州大學聯合開發組員管理訓練教材。1988年12月1日美國聯邦航空總署以ACNO.120-5號通告正式將此訓練命名爲「駕艙資源管理」（Cockpit Resource Management），由美國戰略空軍率先推行。

聯合航空則是最先將駕艙資源管理融入航務訓練課目內的業者，經過近三年之推廣訓練，1993年2月10日美國聯邦航空總署又以ACNO.120-51號通告把駕艙資源管理中之駕艙組員改名爲飛航組員，而成爲組員資源管理（Crew Resource Management, CRM），以便將該計畫之涵蓋層面由駕艙組員擴大至其他相關飛航組員。

二、組員資源管理之定義

國際民航組織將組員資源管理定義爲：「有效地利用所有可資應用的資源，以達到安全與效率的目的。」另外，國際民航組織也採用組員資源管理的概念，作爲疏失管理的訓練工具。美國聯邦航空總署則定義：「組員資源管理可廣泛的定義爲利用所有人員、資訊及裝備等資源，以達到飛航安全與效率的目標。」組員資源管理是由組員辨識重大的威脅，將威脅的訊息傳遞、溝通及實施行動計畫，以避免或降低威脅的一種積極作爲。

「組員資源管理」指的是有效運用全部可供利用的資源，以提升人—機介面與人際互動之績效，預防事故發生並獲得安全、有效率之航務運作。亦即爲一項達到飛航安全有效率的非技術性訓練（Non-technical Training）計畫。

所謂飛航組員除指駕駛艙內之正、副機師與飛航工程師等駕艙組員（Cockpit Crew）外，尚包括空服員、維修人員、簽派員、航管人員、地面人員及其他直接影響飛航任務的人員；所謂資源指的是包括全體空勤組員、維修人員、航管人員、航機系統、標準作業程序、緊急處理程序等軟硬體資源之手段、處置及臨機應變的能力。其中可細分為：

1. 硬體：如飛機本身與各次系統及導航系統（Global Positioning System, GPS）、地面防撞警告系統（Ground Proximity Warning System, GPWS）及各種先進的飛航電子儀器。
2. 軟體：如飛航操作手冊、標準操作程序、飛航及離到場圖、航空氣象通告等。
3. 人力資源：如飛航、客艙、機務、維修、簽派、航管等人員。

三、組員資源管理之理論及原則

第一代組員資源管理理論在發展之初，係著重於駕駛員對自我特質的瞭解與領導決策的溝通和傳達，第二代組員資源管理則以駕駛員本身的工作態度、工作方法作為管理訓練的目標。基本而言，組員資源管理是一種全球性的安全管理對策，因此其技巧會基於文化和操作環境的不同，而有程序及作法上之不同。

分析過去二、三十年民航噴射客機失事及意外事件，發現大部分的事件肇因於領導統御、溝通及航機組員的協調能力不足所致。根據美國航空太空總署的飛安報告系統，將其歸納為七個主要因素：

1. 領導不當。

2. 委派工作及責任歸屬不當。
3. 溝通不良。
4. 處分不當。
5. 優先處理順序設定不當。
6. 可利用資料未善加運用。
7. 部分事故肇因爲機械因素。

四、組員資源管理訓練

組員資源管理訓練並非心理學課程，亦非設計來篡奪機長之權責，最主要的目的在於使飛航相關人員經過一系列情境察覺、溝通技巧、團隊合作、任務配置及決心下達等課程，達成下列目的：藉由瞭解每個人在行為上之特質，來建立團體內關鍵人物領導統御之能力，強化整體環境內之良性互動關係，並達成高效率之安全飛航任務。

CRM的訓練是使飛航組員認知溝通與決策、人際關係、組員協調及領導等飛航安全間之關聯性，以灌輸組員資源管理之觀念。

1. 情境察覺（Situational Awareness, SA）：係指在某一特定時段裡，能準確的感覺出對飛機或組員有影響之狀況。敏捷的情境察覺能力，是危機意識的原動力，也是正確認知周遭情勢環境的時空變化因果事實。換言之，良好情境察覺的能力，在於能明瞭：
   (1) 已經發生了什麼事（What has happened?）。
   (2) 正在發生什麼事（What is happening?）。
   (3) 即將發生什麼事（What will happen?）。
   培養良好的情境察覺能力要素包括：豐富的經驗與訓練、對飛行的深刻體驗、良好的健康與和藹的態度、良好的座艙管理技巧等。

2. 認識錯誤鏈（Identify Error Chain）：指能事先辨別一連串錯誤環節之線索，如發現航務操作尚未達到預期目標、偏離標準作業程序、違反最低高度限制與作業規範等。
3. 著重溝通技巧（Communication Skill）：利用提議（Advocacy）、徵詢（Inquiry）等方式，以清晰簡潔之語氣，在適當時機發出指令，並要求回應動作，以確保在溝通過程中所有需求之傳達獲得有效之回應與接受。

第二節　組員資源管理案例分析

有一則眞實的故事：

兩艘正在演習的戰艦在陰沉的天候中航行了數日。有一天傍晚，海上起了大霧，能見度極差，艦長於是在艦橋上指揮一切。

入夜後不久，艦橋一側的瞭望員忽然報告：「右舷有燈光。」

艦長詢問光線是正逼近或遠離。瞭望員答道：「逼近。」這表示對方會撞上我們，後果將不堪設想。

艦長命令信號手通知對方：「我們正迎面駛來，建議你轉向20度。」

對方答：「建議貴船轉向20度。」

艦長下令：「告訴他，我是艦長，叫他轉向20度。」

對方說：「我是二等水手，貴船最好轉向。」

此時艦長已勃然大怒，他大叫：「告訴他，這裡是戰艦，叫他馬上轉向20度。」

對方的信號傳來：「這裡是燈塔。」

艦長：「!?#@&! ……」

結果當然是該艘戰艦立刻改了航道……。

以上是一位作者親身的海上經歷，頗令人玩味思考。

人類經常在迷濛中喪失自我，這則故事讓我們隨著這位艦長經歷了一次觀念轉移，讓他從象牙塔中脫困，觀念一旦轉移，則整個情況就會完全改觀。

組員資源管理也如同這般，組員間彼此的互補合作、人際關係、溝通技巧，以及在緊急情況下的決策判斷能力都必須靠CRM。或許駕駛艙中的文化長久以來一直為人詬病，但在日常生活中必須認清的一點是，當艦長因為視線不良而昧於實情時，副手必須在生命的關頭上採取擇善固執，而不是等著讓錯誤發生。

「管理」是航空公司航務操作中正駕駛重要的工作之一，駕駛艙文化雖不是那種軍隊中所強調絕對服從鐵的紀律，卻是一種自發性的自律行為。或許有少數人透過經驗與社會制約建立起權威觀念——也就是傳統駕駛艙文化——然後經由這些觀點去看待自己在駕駛艙內的生活與人際關係。這種狹隘的觀念，很容易因為日久玩生的機械式動作產生溝通上的齟齬，因而種下日後災難的後果。

千年來，人類在某些行為上易於犯著相同的錯誤，但這些歷史的借鏡並沒有加深人們的警惕意識，相反的，錯誤卻一再地發生。以今日高科技飛機的自動化，幾乎完全改變了飛航機師在「人與機器」互動關聯中所扮演的角色。飛行員已不再是往昔單純的飛機操控者，而是整體性的飛機運作管理人。倘若一旦疏於機組人員資源管理，而造成的失誤如：不當的督導、過度自信的人性特質、未善盡職守、給副機師操控飛機的時機不當、自認忙中不會出錯、未善用各項檢查表、未按標準操作程序飛行、忽視其他組員工作只企圖表現「個人英雄」以及各種匆忙草率症候群所引發的失誤，都會在環環相扣的錯誤鏈中導致危機。

下列幾個國內外有關組員資源管理的失事案例，也許會帶給各位一些明確的、肯定的組員資源管理需求。

一、荷蘭航空與泛美航空兩架B-747機相撞失事

1977年3月27日，一架泛美航空波音747編號PA1736包機，由美國洛杉磯起飛經由紐約載滿三百七十八位旅客前往北非西岸一個以觀光及度假著名的西班牙屬地——拉斯。另一編號KL4805荷航的波音747，也是一架載著二百三十四位觀光客從荷蘭阿姆斯特丹往拉斯的包機，該機機長范納頓（Var Zanten）是一位資深的教師機師，也是荷航飛行訓練中心主任，該機的飛行計畫是在拉斯落地後，立即載運另一批同數量的旅客飛回阿姆斯特丹。由於拉斯機場當日受到暴徒炸彈爆炸威脅的影響關閉，所有的飛機都轉降至鄰近泰納綠島上的羅斯機場。（如**圖4-1**）

羅斯機場當天異常地忙碌及擁擠，以致於當拉斯機場宣布開放時，停機坪及滑行道擠滿的飛機無法由起飛等候區經由停機坪前方的滑行道滑行至30跑道起飛位置，而必須先經過一段主跑道再切進另一滑行道至30跑道頭。

當時航管指示兩架波音747必須由12跑道等候區，沿跑道滑行

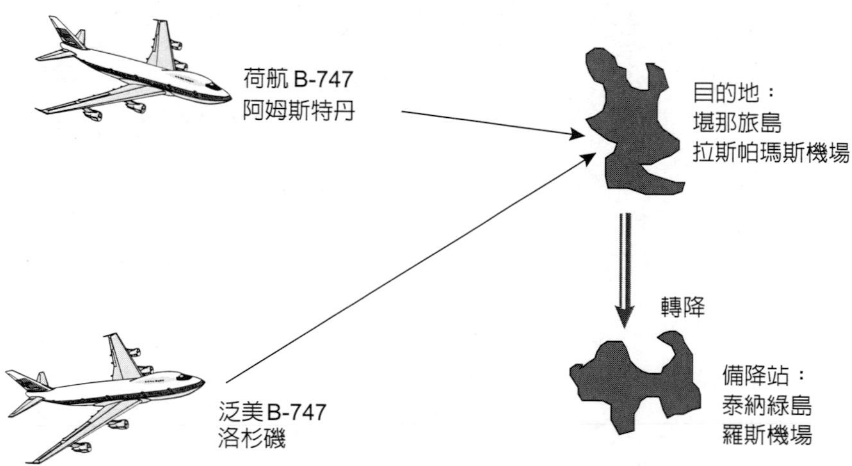

圖4-1　荷航與泛美班機目的地及備降機場

至30跑道，然後180度調頭起飛。泛美的飛機跟在荷航客機之後，但此時天氣逐漸轉壞，荷航在30跑道頭做180度調頭對準起飛方向，副機師複誦了航管指示，但機長可能只專心在他認爲比較重要的事情上，而忽略了航管通話。當他們在跑道滑行時，能見度急遽下降，降至很難辨認出自己所在位置。而塔台也在這時發出通報說：「由於能見度不佳，塔台管制員已無法由塔台目視外物，因此後續無法提供任何滑行指示協助。」

依照航管指示，泛美的飛機應在第三個出口滑出主跑道後，進入滑行道滑行。但由於管制員極重的西班牙口音，使得泛美飛行員無法完全瞭解指示內容。泛美飛機滑到了C-3出口，但由於他們沒有正確地計算出口，所以又錯過了C-3並沿跑道繼續滑行，也沒有發現自己的錯誤。此時他們仍距跑道頭有1,500公尺遠，無法目視荷航飛機。荷航已準備起飛滾行，泛美飛機仍在跑道上滑行，他們相互間都沒有注意到。

在航管尚未完成指示之前，荷航機長就已把航管許可當作起飛許可，並回答說：「是的。」同時，踩上煞車加上油門，使發動機穩定。飛機鬆煞車後，在副機師複誦航管許可的同時，飛機已開始加速滾行，副機師後續複誦聽起來有些緊張及不清：「……我們正在起飛。」（We are now at take-off.）

荷航飛機約在跑道上滾行了約1,300公尺，於接近C-4出口的位置，轟然地撞上泛美飛機（如圖4-2）。荷航的主輪騎上泛美飛機的上方，而其最左邊的一號發動機，則撞及泛美的左邊機翼。荷航的機身橫掠過泛美飛機上方，但主輪則撞及泛美的三號發動機。泛美機被撞的情況並不劇烈，因此部分泛美旅客還以爲是一顆小型炸彈爆炸了。泛美飛機上層的頭等艙及上半部機身在撞擊中全毀，機翼折斷。

荷航飛機主輪在削過泛美機身的撞擊後，距碰撞點150公尺處又落回地面，並向前衝撞了300公尺爆炸起火。

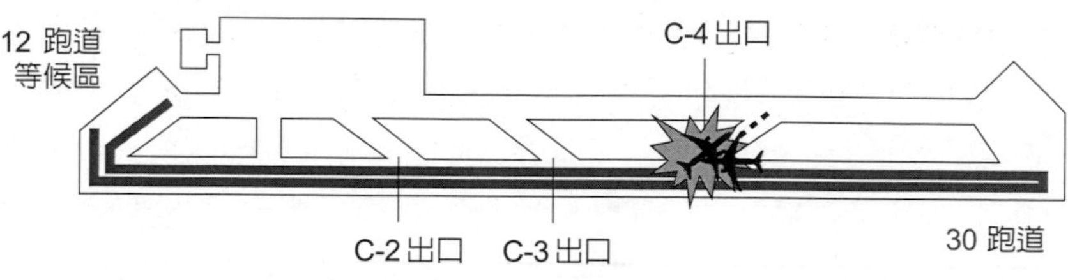

圖4-2　撞擊示意圖

資料來源：作者繪製。

兩架飛機的大火燃燒至第二天才完全撲滅。消防人員從泛美飛機救回了5,000～20,000公斤的燃油。泛美機上的三百九十六人，有七十人逃離飛機，其中有九個人後來死於醫院，共三百三十五人死亡，荷航機上的二百四十八人全部罹難。總計五百八十三人死於911事件發生前全球最嚴重的空難。

本次失事主要原因如下：

1. 因時間壓力太大，導致的「匆忙」症候群（Hurry-up Syndrome），且機長忽略情境察覺。
2. 飛航組員未能即時制止機長之不當行爲，僅含糊其詞。
3. 塔台管制有疏失之處。

其他間接造成失事的重要相關因素：

1. 從整個失事事件來看，充分的證據顯示在航管通話上，有語言口音及用語上的障礙，因此降低了有效資訊的傳遞。
2. 荷航機長在荷航工作時限規定及天氣逐漸轉壞的情況下，感受到極大的壓力。
3. 泛美機長原想在跑道外待命，等待荷航起飛，但航管並沒有獲得這項資訊。
4. 兩架飛機的組員對收聽及瞭解地面滑行管制人員的指示顯得有困難。

5. 一直作為訓練中心主任的荷航機長長久以來離開飛行線所表現出的「訓練症候群」導致了荷航機長對航管指示的疏忽。
6. 荷航組員在一次通話中，同時請求了航管及起飛許可。也可能因為如此，在只獲得航管許可下，誤解成同時獲得兩項許可。
7. 航管在給荷航的航管許可中，包含了「take-off」這個字，可能因此增強了荷航組員誤解為獲得了起飛許可。
8. 航管人員在指示荷航「待命起飛」後，未獲荷航回答，亦未作任何處置。
9. 模糊的通話，同時間發話的衝突及組員觀念不當的應用，使得荷航喪失了三次放棄起飛的機會。

◆事件省思

由這件事所引發的一些啓示，值得後人借鏡。

1. 航管通話應求標準一致。
2. 教師機師不宜多以模擬機為主，應保持適當的線上飛行。
3. 在航管許可中，必須注意take-off用語使用的時機。
4. 除非機場擁有良好的滑行指示燈或其他輔助裝置，再加以地面雷達功能正常，否則在能見度150公尺以下，商用飛機不宜滑行。
5. 飛機滑行時，應視情況打開落地燈。
6. 在換裝及定期複訓中，加強組員資源管理訓練，以強化組員合作能力，減少人為錯誤機會。
7. 飛航組員應加強情境察覺。

二、韓航A300-B4駕駛員於駕艙中吵架

1994年8月10日，一架韓航A300-B4於韓國南部濟州島失事，飛機衝出跑道爆炸全毀，奇蹟似的並沒有造成人員死亡，只有九人受到輕傷，是不幸中的大幸，之後經調查單位公布座艙通話記錄器顯示，加拿大籍機長與韓籍副機師因飛機已落在跑道中央而對是否要放棄降落起了爭執，最後飛機雖然勉強落地但卻導致隨後的災難，此件因鬥嘴造成失事的案例，使得此二位機師被警方逮捕扣押，並被控以業務過失危害旅客性命起訴。

三、韓航801班機B747-300於關島失事

1997年8月6日，韓航801班機B747-300客機於夜間被航管導引至關島亞加納機場06跑道進場，由於關島機場儀降系統（ILS）更新無法使用，改採VOR/DME進場。801班機下降時比正常低了800呎高度，並於高度650呎時撞及海拔709呎高之尼米茲小山，並墜毀於該山谷中，機身斷裂著火。飛機最後的位置在海拔560呎高，離尼米茲山頂VORTAC站250公尺處。

當晚該機以自動駕駛飛行，並超過正常的下降率。組員談到高度，其中有人並說了幾次未能目視機場，副駕駛及飛航工程師都未能大膽地說出如訓練上所教授的方法去警告機長，甚或是力持己見來中止降落。駕艙警告聲音迅速地響起，而就在這難熬的幾秒停頓後，機長終於解除自動駕駛並準備拉起機頭。幾乎在此時，大約50浬外的另一架飛機組員，看到了前方雲內有一團紅色亮光升起。升起的紅光是此班機撞擊尼米茲小山山頂的轟然巨響，共造成機上二百五十四人中的二百二十八員罹難。這個遲疑的瞬間可能造就兩種截然不同的命運，因爲這架巨無霸客機只要再高個幾呎就可以安然通過這座小山。

801班機一直到失事前的那一刻，機長並未把自動駕駛解除。為何副駕駛及飛航工程師沒有對機長提出質疑，而導致次此嚴重空難，這也是組員管理所要強調的要項。

四、1989年B-737花蓮山區撞山失事

1989年10月26日，註冊編號B-180、B737-209客機由花蓮機場返回台北松山，飛機由03號跑道起飛，組員未執行起飛前提示；離場程序應該為右轉，但機長誤以為從21號跑道起飛，而向左轉。飛機於700呎，撞及花蓮加禮苑山，飛機全毀並造成組員七人、乘客四十七人全數罹難（如圖4-3至圖4-6）。

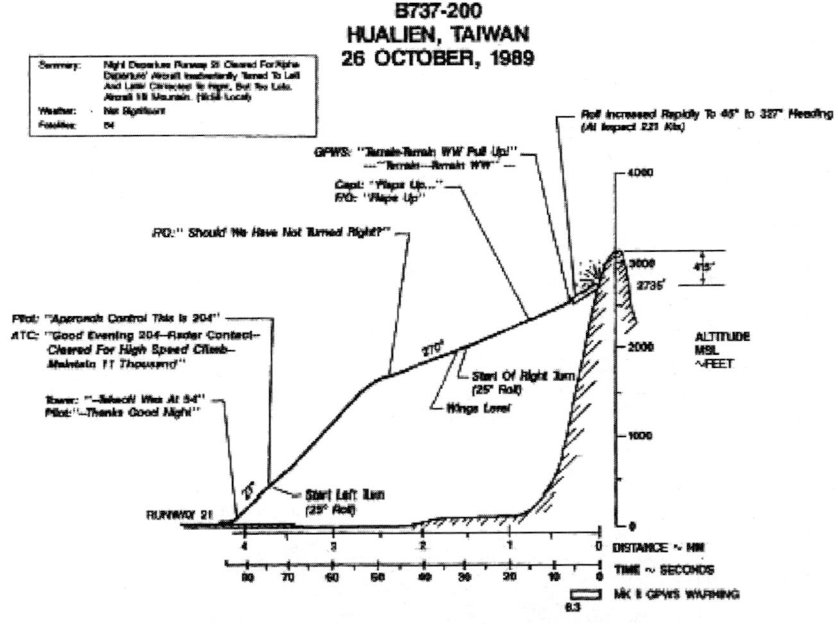

圖4-3　該機之飛行剖面圖及通話記錄

資料來源：飛安基金會FSF，CFIT手冊。

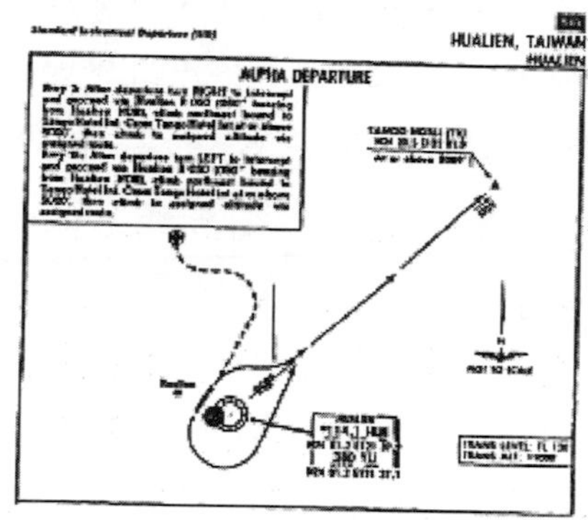

Crashed 737 'turned wrong way'

A China Air Lines (CAL) Boeing 737-200 (B-180) crashed into Taiwan's central mountains on 26 October. The crash happened about ten minutes after take-off from the coastal city of Hualien, on a regular 30-minute flight to Taipei.

The Deputy director of the Taiwan Civil Aviation Authority, Chang Kuang-[illegible], says: "The plane should have turned to the right after it was airborne. How come it went left?"

... Hualien is to make the initial climb to the east over the sea, then turn north and pass over the Chiashan mountains, into which the aircraft crashed. On this occasion the pilot, who has flown 15 years with CAL and had logged 4,500 flying hours, turned left and flew west.

The 737-200 was delivered new to CAL in 1986. Its wreckage is spread widely through several valleys, and no survivors are expected from the 47 ...

圖4-4　該機之飛行軌跡及國外媒體報導

資料來源：飛安基金會FSF，CFIT手冊。

圖4-5　1989年10月26日當班飛行之組員任務表

資料來源：作者拍攝。

附件一
CI204班機座艙錄音抄件：

```
18:49:30    F/O : 花蓮塔台. 中華 204 .請求滑出,
            TWR : 中華 204. 03 跑道.高度表 2998,
            F/O : 03. 2998. 204,
            CAPT: FLAP 5° ,
            F/O : 5° ( 放 FLAP 聲音 ),
            CAPT: 3 號跑道是吧?
            F/O : 3 號跑道没錯,
            TWR : 中華 204.請抄許可,
            F/O : 204 請講,
            TWR : 204,許可到 LK (林口電台),經由 ALPHA
                  離場,TH(報告點),C 到場(程序),保持飛航
                  高度110，SQUAK(雷達識別電碼) 0440,
                  請複誦.
            F/O : CLEAR(許可)LK, ALPHA 離場 TH, C 到場
                  ONE-ONE THOUSAND, CODE 0440
            TWR : CORRECTION(更正),CODE 0340, 204 複誦對的
            F/O : 0340 CODE,
            F/O : FLIGHT CONTROL CK. SIR, (CK LEFT...模糊聲),
                                  - 1 -
```

圖4-6　CI204班機失事報告之錄音抄件

資料來源：作者拍攝。

◆CRM建議

1. 加強組員情境察覺訓練及GPWS警告之正確操作。
2. 加強航空公司的CRM訓練。
3. 加強航空公司對組員的座艙紀律。

五、1993年MD-82高雄機場降落後失事

一架MD-82型客機（如圖4-7）於起飛後，左發動機發生爆震後失效，機長請求航管目視返場，落地時衝出跑道，撞及機場東側圍牆，飛機左主輪及鼻輪折斷，左發動機全毀，方向舵及左機尾部分嚴重受損，機上九人受傷。

該機發動機故障後，飛航駕駛員未按快速參考手冊（QRH）中

圖4-7 MD-82型客機
資料來源：作者拍攝。

有關客艙煙霧排除及飛行中發動機失效程序處置。飛航駕駛員急欲落地，但判斷失誤，飛機轉入五邊轉彎過度，且高度過高、空速過大，未遵守GPWS警告實施重飛，飛機超越跑道5,600呎才觸地。

該機爲三人派遣，後座正駕駛及右座副駕駛均未適時及明確提醒左座正駕駛相關程序及不正常進場情況。飛航駕駛員對交互檢查、狀況警覺、緊急應變、誤失改正及決心下達之判斷力不足。

六、1995年ART-72龜山兔子坑山區撞地失事

1995年1月30日，B22717執行由台北至馬公之單趟加班任務，19：13由馬公空機返回台北，駕駛員於19：41報告目視機場，由台北近場台許可目視進場，飛航組員在19：43最後無線電通訊中告知已收到使用跑道及高度表撥定值的資訊及正繼續進場中。21：08警察單位報告飛機已撞毀於龜山鄉兔子坑。

◆事件原因

1. 正副駕駛兩組員協調不良，副駕駛雖指派爲主操控者，但副駕駛僅單純的依照正駕駛之意志飛行，而忽略PF與PNF之職掌，全程均未按照飛航組員操作手冊（FCOM）之標準呼叫

程序執行，亦未做起飛後檢查、巡航檢查、下降檢查等標準化程序。

2. 失事班次飛航未發現ILS接收器有異常，也無任何ILS地面設施故障情形。ILS接收到假訊號，但飛航組員未參考其他助航設施予以辨別。
3. 在農曆新年氣氛下，前艙組員因無乘客而閒聊，逐漸失去對周遭環境之警覺。
4. 飛航組員對機場附近地形狀況不熟悉。飛航組員可能在飛行中未保持目視情況而未察覺到地障。
5. GPWS未發出聲響警示飛航組員，但無法確定是已故障或被關掉。

七、1998年A300-600R大園失事

1998年2月16日晚間8時06分，天氣能見度2,400呎，05L跑道視程3,900呎，裂雲300呎，雲霧遮蔽3,000呎，華航CI676班機由印尼峇里島返回桃園機場，由於順風較大下降較晚，以致飛機在05L跑道，執行ILS DME進場時，高度過高。在距跑道測距儀（DME）1.2浬距離時，高度仍保持1,515呎（較正常下滑道高出1,000呎）。機長於是決定重飛，當飛機以仰角35度重新爬升至1,723呎時，機長收起起落架並把襟翼設定爲20度，飛機在到達高度2,751呎時（此時飛機的仰角是42.7度，速度45浬）失速。

在重飛當時組員未遵照正確重飛程序，又因組員間溝通不良，專注於外型收放而忽略飛機姿態，航機進入大仰角爬升且改正不果，進入失速後墜毀。該機墜毀於05L跑道左方200呎處的西濱快速道路附近，並撞擊機場外大園鄉沙崙村一帶民宅與一輛路過車輛，造成六位民衆死亡，總計二百零二人罹難，民房、航機全毀（如圖4-8至圖4-10）。

圖4-8　大園空難原址，原建築物已拆除，現已改為一家貿易公司

資料來源：作者拍攝。

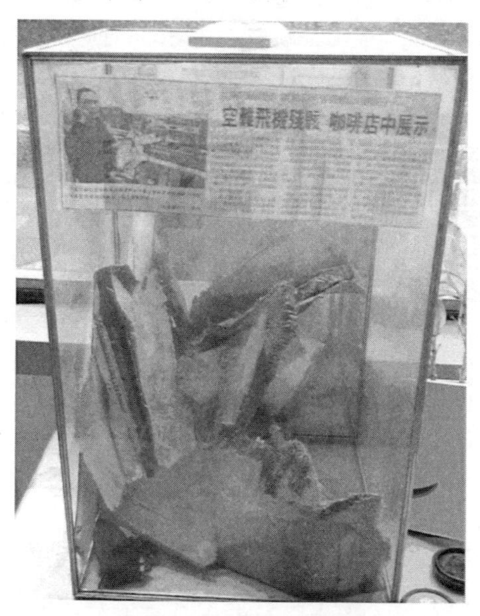

圖4-9　大園空難殘骸

資料來源：作者攝於空難原址對面之奇蹟咖啡屋。

圖4-10　華航AB6機型

資料來源：作者拍攝。

當時還是由交通部民航局主導的調查小組，認為此次失事原因是由下列因素所組成：

1. 整個下降與進場，飛機比正常進場航道為高，駕駛員未能操作航空器有效攔截正常下滑道。
2. 在重飛階段正駕駛與副駕駛間組員協調不良。
3. 因重飛後使用最大推力，飛機有急遽上仰趨勢，組員未能採取適當之制止行動，造成飛機仰角向上增加，直到飛機失速。

◆調查事實資料

1. 飛航組員依現行民航法規及公司規定均有合格證照。
2. 正駕駛與副駕駛係第一次被簽派同組飛行。
3. 飛機依民航法規予以適航給證，裝備及修護、載重與平衡均在允許限制之內。
4. 飛機已執行全部適航指令。
5. 正駕駛完成組員資源管理初始課程，但未按訓練手冊完成年度複訓。
6. 空中巴士公司及中華航空公司對A300-600R機隊組員訓練手冊中，均未要求不正常動作改正訓練。

7. 組員在下降前成功地處理了「配平油箱系統故障」。
8. 飛機在高度21,000呎有三十四秒平飛未下降，係受空域限制，航管並未延遲其下降高度。
9. 進場的下降剖面（Descent Profile），在冬季有強尾風的季節，組員很難依照所設計的下降剖面執行。
10. 下降全程中飛機始終高於正常下滑道。
11. 航管要求下降至4,000呎時，組員未確認收到，而管制員對組員亦未予以確認。
12. 進場台管制員對組員發出更換波道後曾質問飛機是否太高，但正好組員已開始更換波道，以致組員未收到此訊息。
13. 失事當時中正機場天氣符合第一類進場標準（CAT I）。
14. 12：04：02 UTC飛機通過外信標時，較公布之最低高度高1,000呎。
15. 四十秒後於12：04：41 UTC 時，正駕駛說：「高1,000呎。」
16. 在執行落地前檢查時，有一駕駛員對駕駛盤使用了足夠的力量，肇致跨越功能作用，使得自動駕駛解除，隨後組員又取消了自動駕駛解除聲響。
17. 執行檢查表完畢，正駕駛開始重飛，在12：05：13 UTC 時呼出「GO LEVER，重飛」。
18. 中華航空公司內部程序要求，如果飛機落地前在1,000呎高度時未穩定需重飛。
19. 開始重飛後十一秒內駕駛盤及仰角調整片沒有動作。
20. 在重飛期間兩位駕駛員之間對於執行動作雙方未獲共識。
21. 起落架在收襟翼前收起，標準作業程序係要求先收起一段襟翼以後再收起落架，這也導致連續警示聲發生警示。
22. 致動G/A油門後，發動機推力增加至全推力，導致飛機仰角姿態急速增加。

23. 當仰角到達30度機頭向上時，駕駛盤上有一輕微的推仰角向下動作，但不足以抑止機頭向上趨勢。
24. 12：05：34 UTC 時飛機到達仰角40度、速度93浬／時，駕駛盤位置係於10.21度，機頭向下位置，也大約就在整個駕駛盤行程三分之二向前的位置，飛行操縱面在此刻會因空速過低而無效應。
25. 12：05：36 UTC 失速特性發出空氣動力噪音之前聽到失速警告。
26. 飛機完全失速。
27. 仰角急速下墜，高度很快降低，並有明顯滾轉現象。
28. 飛機在撞地前未完全改正其狀態。
29. 部分飛機殘骸撞及地面車輛及建築物，造成大火。
30. 此次失事無人生還。

◆對航空公司失事建議

1. 對飛航組員之訓練必須重行檢討與加強。
   (1) 組員間之相互合作。
   (2) 對操控駕駛員與監控駕駛員職責劃分要明確。
   (3) 接受指令與呼叫程序要肯定果斷。
   (4) 遵守標準操作程序。
2. A300-600R機隊應落實在模擬機實施自動及手動方式重飛，以及各項正常與不正常操作，防止飛機進入不正常姿態。
3. 應強化飛機不正常動作改正訓練，以增進飛航組員處理和改正信心。
4. 應強化飛安文化，加強組員資源管理訓練，以增進飛航組員之間相互瞭解及溝通。
5. 應加強飛航組員瞭解人爲因素對飛行安全的重要。
6. 必須落實現有的訓練及考核制度。

八、2000年新航B747-400桃園國際機場失事

2000年10月31日晚間11時18分，新加坡航空SQ006航班，登記號碼9V-SPK，B747-400客機載有乘客一百五十九人、組員二十人自桃園國際機場飛往美國洛杉磯，於象神颱風過境下，因誤闖施工中之05R跑道，起飛滾行中衝撞施工機具與設施後引發大火導致全毀，造成八十三人死亡及四十四人受傷。

行政院飛航安全委員會（Aviation Safety Council, ASC）公布之可能肇因如下（如**圖4-11**、**圖4-12**）：

台灣優先 自由第一

自由時報

新航空難調查報告：走錯跑道

中正機場標示未盡完善列入風險因素 星國交通部、新航質疑我飛安會報告淡化機場缺陷

圖4-11 新航空難調查剪報1

資料來源：作者拍攝。

焦點新聞 3

中國時報

我民航局：機師錯誤 新航應記取教訓

新加坡方面：無法認同 調查報告不完整

新航空難飛安報告出爐

圖4-12 新航空難調查剪報2

資料來源：作者拍攝。

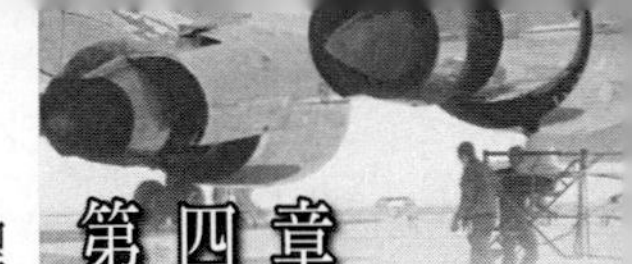

1. 事故當時正值象神颱風來襲，帶來豪雨及強風。台北時間23：12：02，飛航組員由終端資料自動廣播服務（Automatic Terminal Information Service, ATIS）抄收編碼「Uniform」之05L跑道視程爲450公尺。台北時間23：15：22，飛航組員收到機場管制席頒發之起飛許可及風向020度，風速28浬／時，陣風50浬／時。
2. 民航局2000年8月31日發布編號A0606之飛航公告（NOTAM）稱自2000年9月13日至同年11月22日，05R跑道於N4 及N5 滑行道間，因道面施工部分關閉。SQ006飛航組員瞭解05R跑道部分關閉，並且05R跑道當時僅供滑行之用。
3. SQ006未完全通過05R跑道頭標線區，繼續滑行至按預定起飛之05L跑道。航機進入05R跑道後，正駕駛員（CM-1）即滾行起飛，副駕駛員（CM-2）及加強飛航組員（CM-3）並未質疑CM-1之決定。
4. 飛航組員未能複查並確實瞭解其在滑至05L跑道之正確路線上，包括在滑入05L跑道前需先通過05R跑道。
5. SQ006由停機坪滑向離場跑道時，飛航組員曾參考中正機場航圖。然而，該機由NP滑行道轉進N1滑行道，並繼續轉向05R跑道時，三位組員均未確認滑行路徑。
6. CM-1接近離場跑道之期望，伴隨著明顯之滑行道燈光引領其滑至05R跑道，導致CM-1將其注意力著重在滑行道中心線燈上。他跟隨綠色之滑行道中心線燈滑入05R跑道。
7. 趕在颱風進襲前起飛之時間壓力，以及強風、低能見度和溼滑跑道等情況，均潛在地影響飛航組員下達決策和維持狀況警覺之能力。
8. 事故當晚，飛航組員可藉由以下資訊瞭解其所處之機場環境：

(1) 中正機場航圖。
(2) 飛機航向參考資訊。
(3) 跑道及滑行道指示牌。
(4) N1滑行道連至05L跑道之滑行道中心線燈。
(5) 05R跑道中心線燈顏色（綠色）。
(6) 05R跑道邊燈可能未開啓。
(7) 05L及05R跑道之寬度差異。
(8) 05R和05L跑道燈光結構差異。
(9) 目視輔助系統顯示飛機未對正05L跑道左右定位台。
(10) 主要飛航顯示器資訊。

飛航組員失去狀況警覺而由錯誤跑道起飛。

第三節　組員資源管理模式

一、溝通

「溝通」爲資訊、思維和感覺經過簡明清晰的表達彼此瞭解之過程。

(一) 溝通過程與方法

1. 需求。
2. 傳達：清晰簡潔。
3. 接受：聆聽、解讀、評估、行動回應。
4. 回應：勿存害怕；分享資訊而非提出忠告；探究替代方案而非提供答案；重點敘述而非強調原因。

(二) 溝通障礙

會造成干擾阻礙或降低溝通的任何事物。

1. 內在障礙。
2. 外在障礙。

(三) 維持溝通過程之方法

1. 提議：
   (1) 特殊狀況時，提供資訊、意見和建議以徵求對方的認同。
   (2) 提升他人專業性警覺。
2. 徵詢：
   (1) 特定狀況時，徵求對方意見和看法。
   (2) 是提升自己專業性警覺的有效工具。

(四) 落實組員任務提示

班機起飛前的組員簡報及任務提示（如圖4-13），可以增加全體飛航組員對該航班相關的飛航公告、任務分配、飛行計畫、備降

圖4-13　飛行前任務提示

資料來源：遠東航空提供。

機場選擇、緊急程序、駕客艙溝通訊號的瞭解及複習。

因此，組員任務提示的落實可確保組員在整個飛航過程中彼此的溝通默契。

二、團隊建立（Team Building）

飛航組員係結合不同個體爲一任務編組，在不同性格、動機、背景、問題考量下，需共同協力合作完成使命，因此明確界定相關角色與職責，則會更有效率來達成目標。團隊是由有效率組員共同合作，在面對任何飛航狀況挑戰時，會因團隊內成員不同知識、經驗與體認，將更能徹底評估問題，進而獲致更圓滿的解決方案，爲了加強飛航組員團隊工作之效率化，組員對協力合作與組員觀念必須有明確認定。

1. 協力合作（Synergy）：整體會大於個體之總和，也稱爲綜效。例如：2+2=5。
   (1) 妥善運用職權。
   (2) 全體組員參與決策。
2. 組員觀念（Crew Concept）：係由個體編組團隊工作。成員必須奉獻個人專業領域所學知識，盡全力提供協助機長完成公司賦予之使命。
   (1) 分工明確：職務與職責上分工明確。
   (2) 指揮（Command）。
   (3) 領導術（Leadership）。
3. 認識錯誤鏈：
   (1) 航務操作。
   (2) 人爲因素。
4. 異議和批評之處理。
5. 解決爭議之方法。

三、工作負荷管理

飛航組員所擔負工作量是按規定均衡分配，且必須應用所有可能運用的資源，在有效率的情況下完成公司賦予的使命，這些資源包括其他飛航組員、客艙組員以及外界資源，如公司簽派、維修與航管等支援。

1. 工作分配增加效率：
   (1) 自動系統。
   (2) 人工操作。
   (3) 時段分配。
2. 制定優先順序：明確釐定優先操作任務，瞭解主控飛機與次要工作之差異。
3. 完成任務時間管理：
   (1) 足夠時間完成預定任務。
   (2) 瞭解額外工作與時間需求。
   (3) 判斷、決心、風險管理。
   (4) 認識「決心下達」（Decision Making）程序，不驟然下決定。
4. 保持高度情境察覺：
   (1) 在某一特定時段裡，能準確地感覺出飛機或組員有安全影響的狀況。
   (2) 從全球民航機失事原因統計、飛行階段vs.失事及未來飛機失事趨勢瞭解。
   (3) 失事趨勢，增進駕艙情境察覺。
5. 專精程度：
   (1) 恪遵公司頒定之標準作業程序。
   (2) 恪遵民航局頒定之航空器飛航作業管理程序。
   (3) 塡報飛安事件，落實失事預防。

圖4-14　良好的組員資源管理是減少人為失誤的基石

資料來源：遠東航空公司。

(4) 表現專業技術，操作技巧均在可操作範圍。

(5) 表現對飛機各系統的深入瞭解。

(6) 結合航路導向飛行訓練（Line Oriented Flight Training, LOFT），落實複訓，降低人爲因素（如圖4-14）。

四、安全文化

從很多失事案例來看，人們總是在血的教訓發生之後才知道問題出在哪裡，可是那已經於事無補了。另一個嚴重的問題是，隨著時間的飛逝，這些事件並沒有深深烙印在每一位飛航組員的腦海中，甚至有人對此抱持懷疑態度。因此，在CRM的作法上，有必要把根深柢固的駕駛艙文化改變成以「安全文化」爲主的駕艙觀念，當一切都以安全爲前提下，便自然能導正不當的文化觀念。

「文化」這個字眼，通常在飛機失事調查報告裡很少被提及，而且很難證明它會是一個強而關鍵的失事因素，因爲失事報告總是針對事實而論（如飛行員、航管、航站管理、氣象、飛機設計／性能、維修等錯誤），不會深入探究文化的源頭，其實這也許才是問題所在。所以，有必要從瞭解文化及跨文化間的問題著手，最後塑造出和諧安全的文化指標。

(一) 就航空業內包含的文化層次

就航空業內包含的文化層次，可區分為（如圖4-15）：

1. 國家文化（國家、民族、宗教、種族）：國人共享的行為常模、態度、價值觀、習性等。
2. 企業文化（航空運輸、飛機製造、銀行……）：企業內同仁間共享的行為常模、態度、價值觀、習性及公司內不成文的規範等。
3. 專業文化（機師、空服員、機務員、運務員……）：各該專業群體中同仁間因專業之特殊工作屬性而共享的行為常模、態度、價值觀、習性等。
4. 機隊文化（重型機、輕型機、國內線、國際線……）：各種飛機型別或機隊因專業之特殊技術屬性而共享的行為常模、態度、價值觀、習性、榮譽感等。

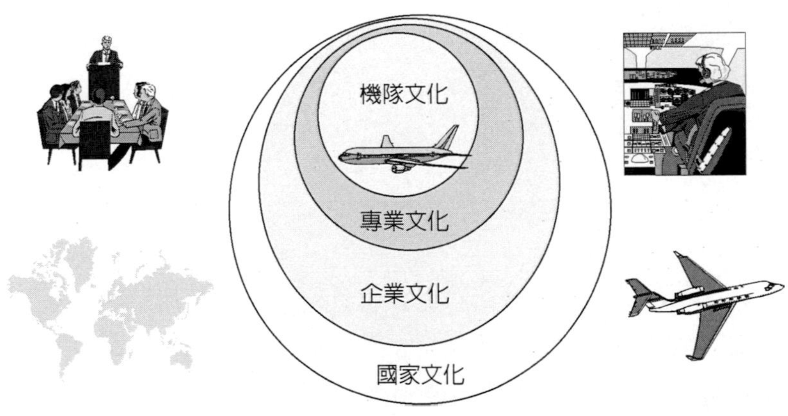

圖4-15 航空業文化

5. 機師經歷次文化（軍中輔導轉業、自訓、外籍……）：各機師來自不相同的個人經歷、各自飛行經驗及背景相異，需加強文化適應（Cultural Adaptation）。

就因爲有這麼多的文化分類，各種跨文化間所衍生之問題也一併浮出檯面，這些包括：

1. 當國家、企業、專業、機隊文化相融結合時：個體對跨文化環境中的限制不感覺困難，而其行爲表現不自覺地正符合各文化的要求，謂之「文化適應」。
2. 只有國家、企業兩種文化相融結合時：部分專業單位在習慣、言行、態度及價值等各方面形成專業文化心向（Professional Cultural Set），會有排拒外單位文化的心理傾向，並且個人在多種文化群體行爲模式中產生失調傾向。
3. 當國家、企業、專業文化極度不相融時：個人在群體中受多種文化影響，遇價值判斷或心態取捨時，會感到內心衝突，稱之爲「文化衝突」（Culture Conflict）（如**圖4-16**）。在此時期個人或小單位之行爲模式常趨向「自我中心」而排拒異己。

在這些糾纏不清的跨文化問題間，通常管理者很難解決這樣複雜的關係（如**圖4-17**）。因此，有必要把複雜的問題簡單化，也就是從頭再造，重新塑造出以「安全文化」來作爲整體企業的標的。

(二) 企業安全文化

當論及企業的安全文化時，管理者要學習如何把多個不安全的文化衝突塑造成單一的安全文化和諧。這種過程在開始時會遭遇到某些方面的阻礙，甚至停滯不前，但其演進不外乎下列四期：從剛開始企業目標不明、員工士氣低落、專業文化衝突、員工缺乏向心力、全員缺乏飛安概念的「混沌期」階段；到企業目標未貫徹至基層、

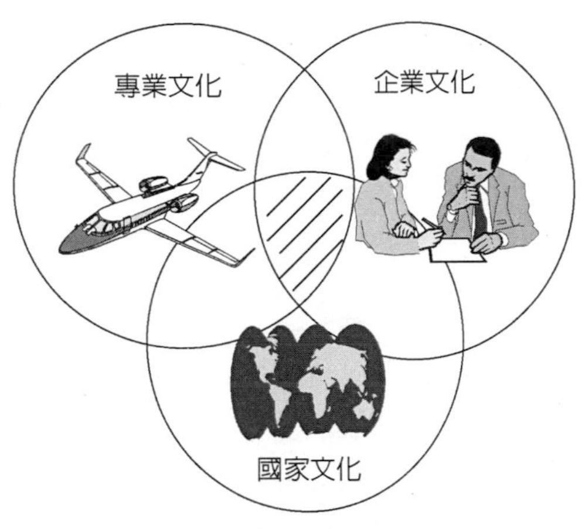

圖4-16　文化衝突

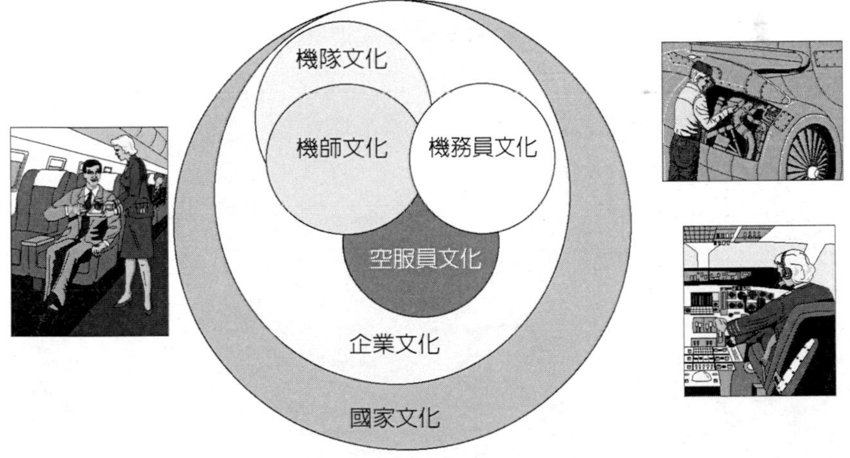

圖4-17　糾纏不清的跨文化問題

中階主管領導乏力、企業內仍有文化衝突、整體協能未能發揮、部分主管重視飛安的「聚合期」；其次是企業目標明確、企業安全文化整合、專業文化無衝突、發揮部分協能、全員認同飛安的「整合期」；最後則是企業目標明確、整體安全文化融合、員工士氣高、向心力強、公司發揮最大協能、全員協力促進飛安的「融合期」。

歷經了這些紛紛擾擾到安全和諧的四個階段後（如圖4-18），才有所謂的由以下八點所構成的和諧安全之企業文化。

1. 強調飛安第一的經營理念。
2. 積極務實地改善不安全作業。
3. 全公司人人以飛安爲己任。
4. 健全的多向飛安建言及反餽溝通管道。
5. 遵守安全規範是生活的重要準則及常模。
6. 旺盛的員工士氣及和諧的勞資關係。
7. 跨部門的飛安稽核制度及自律榮譽心。
8. 全員定期的飛安訓練及隨機的飛安教育。

達成這種和諧安全之企業文化後，其成果必然是相對的展現：安全的營運、優質的服務、快樂的員工、滿意的顧客、安心的股東。

因此，企業成功獲利的前提，便是塑造單一的「安全文化」。

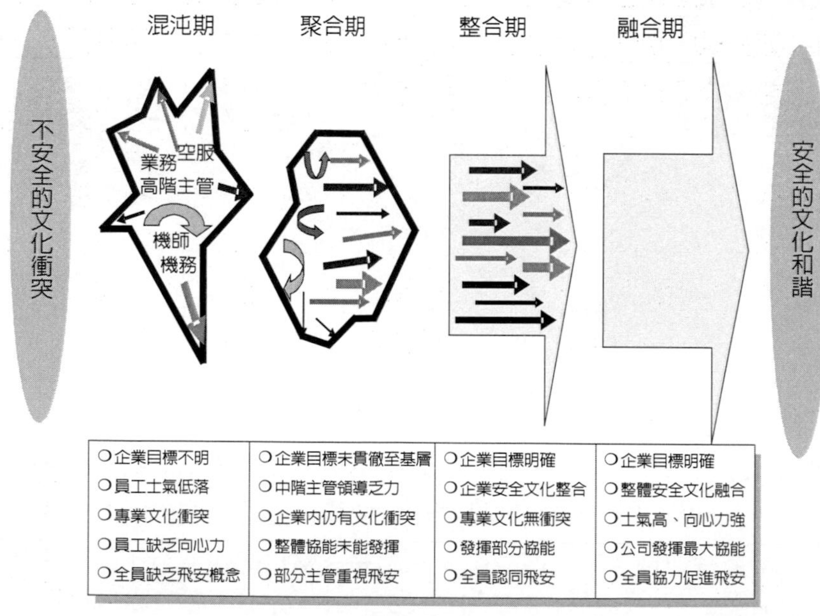

混沌期	聚合期	整合期	融合期
○企業目標不明	○企業目標未貫徹至基層	○企業目標明確	○企業目標明確
○員工士氣低落	○中階主管領導乏力	○企業安全文化整合	○整體安全文化融合
○專業文化衝突	○企業內仍有文化衝突	○專業文化無衝突	○士氣高、向心力強
○員工缺乏向心力	○整體協能未能發揮	○發揮部分協能	○公司發揮最大協能
○全員缺乏飛安概念	○部分主管重視飛安	○全員認同飛安	○全員協力促進飛安

圖4-18　企業安全文化的塑造

CHAPTER 5

飛航管制與飛安

天空何其廣大，卻無法容下一絲絲的錯誤。

第一節　前言

第二節　飛航管制的任務及方式

第三節　空中相撞案例

第四節　與飛航管制相關之飛安事件

第五節　跑道入侵

第六節　空中防撞系統

後　記

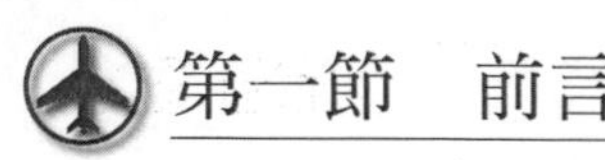

第一節　前言

2006年11月16日，遠東航空公司EF306班機，波音757-200型，登記號碼B-27015，於上午9時04分由台灣桃園機場起飛，目的地韓國濟州島機場。

約於10時04分，該機獲韓國仁川區域航管員下降許可後，由39,000呎經34,000呎時，下降過程中機上防撞警告系統有TA警告出現，韓國區域航管員要求該機停止下降，旋即又呼叫繼續下降，當時韓國區域航管員要求前方一架平飛於34,000呎之泰航THA659航機改變航向至270。約十三秒後遠航EF306班機發出RA警告，駕駛員執行避讓程序，採取緊急下降動作，造成四位乘客重傷及十餘位乘客及客艙組員輕傷，機身上方多處脫漆，乘客座椅三處損壞及天花板脫槽破裂，隨後於10時28分於濟州島國際機場落地。

根據行政院飛安委員會初步調查，事故發生時段爲台灣時間10：06：55至10：07：34（共約四十秒），地點離濟州機場約99浬，飛機四十秒高度變化2,352呎（33,868呎下降至31,516呎），前十秒高度變化1,608呎，飛機俯仰角變化：＋4.3度～－17.8度（約七秒），垂直加速度變化－1.0～＋2.48G（約四秒），事故發生後約二十一分鐘落地。

航空運輸的快捷便利，使得航空客貨運成長屢創新高，加以新飛機不斷加入營運，舊飛機又尚未達到淘汰年限之際，全球民航機起降架次增長迅速（如圖5-1）。

航空器在天空飛航，因速度、天氣以及航空器數量之增加，早已無法單靠駕駛員眼睛，或空用裝備而避免互撞，尤其巨型客貨機之長途飛行，更有賴地面飛航管制單位對其航線、高度、離到場之管制與掌握。

依據我國民用航空法第二條第九款的定義，飛航管制是指爲求

1959～2015年航機離場數

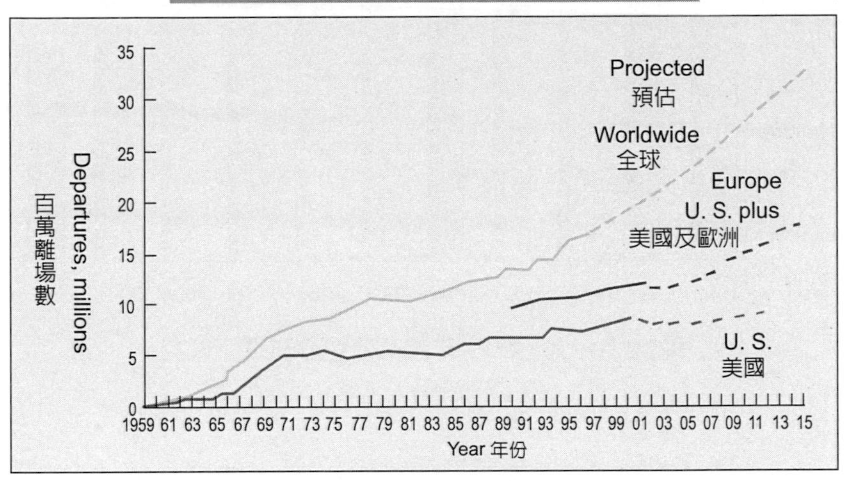

圖5-1　全球民航機起降架次

增進飛航安全，加速飛航流量與促使飛航有序，所提供之服務。

近年來，空中交通愈見頻繁，對飛航管制的要求愈來愈嚴格，使飛航管制的壓力也愈高。此外，近幾年來由於飛航管制的誤失而發生的飛航事件，如失事、空中接近、跑道入侵等也愈來愈多，使得國內外民航主管機關不得不重視飛航管制問題。

而台灣地區自1987年天空開放，空中航行量逐年增長，至1996年後雖國內線逐漸萎縮（如**圖5-2**），但國際客、貨航班仍持續成長（如**圖5-3**），加以近年來國軍二代戰機進駐，空域擁擠更不在話下，空中接近事件時有所聞，再次凸顯此敏感議題。

第二節　飛航管制的任務及方式

航空器在廣闊天空中並非漫無天際地飛航，必須遵循一定航路，遵守飛航規則以及服從地面人員的指揮，這個指揮航空器的作

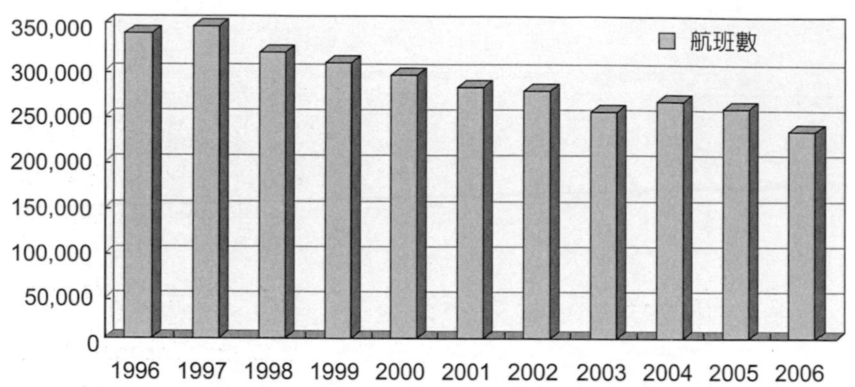

圖5-2　1996～2006年國籍航空公司飛行班次

資料來源：交通部，作者整理繪圖。

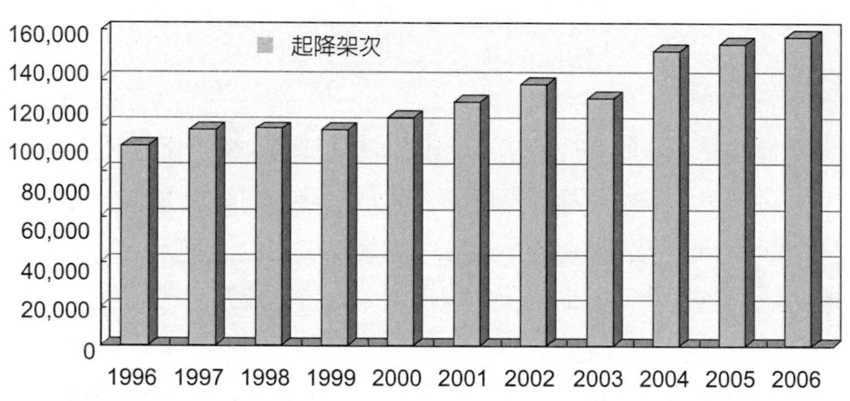

圖5-3　1996～2006年桃園國際機場起降架次

資料來源：交通部，作者整理繪圖。

業，就是「飛航管制」，指揮的地面人員就是「飛航管制員」。飛航管制其實就是「空中交通管理」，負責在航空器起飛、降落及飛航途中，利用雷達及其他輔助性自動化資訊裝備，透過陸空無線通信，提供航空器安全、有序、便捷之專業性服務。

飛航管制業務的所有作業程序及管制技術，都依據並符合國際間的通用標準。飛航管制之區分如下：

一、機場管制

負責機場內、離到場及機場附近空中航線上航機之隔離與管制。以各機場跑道中心點，半徑5浬或10浬方圓為平面範圍、高度在3,000呎或4,000呎以下垂直範圍之空域，由機場管制塔台負責提供航空器起飛、降落、滑行等航管服務。台北飛航情報區內管制塔台有台北、松山、金門、北竿、南竿、高雄、馬公、恆春、豐年、綠島、蘭嶼等。

機場管制包含四個主要席位（Positions）：

1.機場管制席（Local Control／Aerodrome Control）。
2.地面管制席（Ground Control）。
3.許可頒發席（Clearance Delivery）。
4.飛航資料席（Flight Data）。

主要管制方式為管制員目視——目視隔離（Visual Separation）。

二、近場管制（Approach Control）

負責一個或數個機場離到場航機之管制。管制空域之高度自1,000呎以上至20,000呎，或24,000呎以內之空域，負責提供航空器的離到場高度及雷達隔離之航管服務；以無線電及雷達為工具，由各近場管制台提供服務，包括台北近場管制台、台中近場管制台、高雄近場管制台、花蓮近場管制台、台東近場管制台。

每一近場台又因空域劃分而分設許多席位，主要管制方式為雷達（Radar）或人工管制（Manual Control）隔離。

以台北近場管制台為例，其所管制範圍為北至基隆外海，東至宜蘭外海，西至新竹外海，南至後龍所劃成的一個瓢形終端管制空域，高度從1,000～20,000呎，包括桃園國際機場、松山機場、新竹軍機場、桃園軍機場四個主要機場，以及一些陸軍直昇機機場之離到場及過境儀器飛航、特種目視飛航、目視飛航的管制服務作業。分有下列主要席位：

1.新竹軍機席（CSU4）。
2.松山東區席（CSU5）。
3.訓練席（CSU6）。
4.督導席（SP）。
5.松山西區席（CSU1）。
6.中正席（CSU2）。
7.桃園軍機席（CSU3）。
8.通訊追蹤席（FF）。

三、航路管制（En Route Control）

又稱區域管制（Area Control）；在台北飛航情報區內，除各機場管制塔台及各近場管制台負責之空域外，其他之空域皆爲航路管制空域，由台北區域管制中心（TACC）提供航管服務，負責與香港、馬尼拉及琉球等鄰區之區域管制中心聯絡，交換航空情報與交管航機，包括航空器過境、入境申請查核及守助業務。

台灣地區只有一個TACC，位於台北市的公館山區，其主要負責近場台空域以外航路上之管制，以及沒有近場台管制之機場的離到場管制。例如一架飛機雖於台北近場台的平面範圍內，但它的高度高於20,000呎，便歸TACC管制，另外如馬公及金門機場沒有近場台管制，其離到場航機皆由TACC負責。航路管制主要管制方式與近場台相同，爲雷達或人工管制隔離。

台北區管中心共有五個雷達席位：

1. 北部席（North Sector）。
2. 中高席（Central high Sector）。
3. 中低席（Central low Sector）。
4. 南部席（South Sector）。
5. 金門席。

飛航管制員都是以無線電和飛行員通話，通話內容大部分以標準術語（Standard Phraseology）爲主。

管制隔離的依據主要目的有下列三種：

1. 目視隔離：管制員以目視的方式引導航機避免碰撞，此僅限於機場附近的航機，由塔台管制員爲之。
2. 雷達隔離：以雷達爲之。
   (1) 垂直隔離：
      - 高度於29,000呎以下，兩機高度間隔爲1,000呎。
      - 高度於29,000呎以上，兩機高度間隔爲2,000呎。
   (2) 水平隔離：兩機同高度位於雷達天線40浬範圍內，要有3浬以上的隔離。位於雷達天線40浬範圍外，要有5浬以上的隔離。
3. 程序管制隔離：又稱非雷達隔離，靠管制員記錄及飛行員報告爲之，是最基本的航空器飛航隔離方式，亦是每一位飛航管制員所必須熟悉的，因爲在非雷達空域或雷達不足的空域，以及雷達失效時，將成爲主要之隔離方法，以確保航空器之飛航安全。程序管制隔離又區分爲：
   (1) 垂直隔離：與雷達垂直隔離之標準相同。同一航路及航向，交叉或對頭飛航之航空器，在29,000呎以下之高度，保持1,000呎之上下隔離，而超過29,000呎之高度時，上下隔離至少爲2,000呎，此乃爲了飛安的考量，由於飛行高度越高，雷達的精確度可能降低。垂直隔離是最容易隔離兩航空器的方法之一。

(2) 前後隔離：限定航機於某時間通過某點，前後航機之隔離基本上為十分鐘或20浬。

(3) 左右隔離：限定航機飛航於不同之航路上。

上述之隔離方式，有一種存在便有安全隔離，若航機間皆未達上述任一標準，則有危險之虞，稱之為「空中接近」（Air Miss or Near Miss）。

每個航管單位及單位中每個席位都有其管制的空域，而且其管制權是神聖而不可任意侵犯的。管制員自己管制下的飛機不可隨意進入別的席位或單位的空域，除非獲得他人同意，或經由交接（Hand Off）程序，在航機進入其他空域前，將航機管轄權及航機無線電頻率轉換給接管單位或席位。

航管作業是一個團隊工作，而協調（Coordination）便是航管工作的精華。以松山飛高雄之國內航班，申請飛行高度20,000呎的飛機為例，管制員間的交接協調（亦等於飛航駕駛員需作的無線電頻率轉換）為：

首先，由松山機場管制台提供機場管制服務（許可頒發席→地面管制席→機場管制席），再交管至台北近場管制塔台提供終端管制。由於後龍以南為台中近場管制台管制區，故由台中近場台接管。嘉義以南為高雄管制台管制區，再交由高雄近場管制塔台管制，最後由高雄機場管制台機場席引導順利降落，地面管制席引導滑行至停機坪。

而由台灣桃園國際機場起飛至國外之國際班機，首先由台北近場管制塔台（許可頒發席→地面管制席→機場管制席近場台）引導起飛。當航機預備到達20,000呎高度時，由台北區域管制中心接管，引導至台北飛航情報區（如**圖5-4**）邊境，交由臨近國家航路管制中心接管（如日本琉球、香港、馬尼拉）。

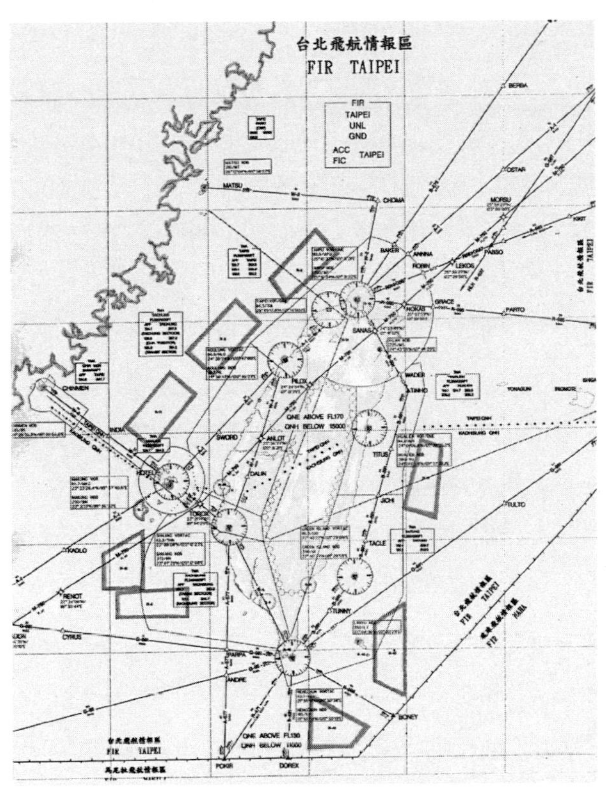

圖5-4　台北飛航情報區航行資料圖

第三節　空中相撞案例

一、英航三叉戟式客機與南斯拉夫DC-9空中互撞

1976年9月10日上午11時15分，南斯拉夫北部札格拉布（Zagreb）上空英航三叉戟式客機與南斯拉夫DC-9在空中互撞，共造成一百七十六人死亡。

事件當時天氣晴朗，無雲，能見度頗佳，英航476班機載有五十四名乘客及九名組員從英國倫敦希斯洛（Heathrow）機場飛往土耳其伊斯坦堡的三叉戟式客機，以指定B5航路高度保持在33,000呎（高空層），預計通過南斯拉夫札格拉布區管中心控管的空域，另外一架南斯拉夫航空公司自南斯拉夫南部Split起飛往西德科隆的DC-9客機，循B9航路自中空層高度要求爬升至35,000呎（高空層），因為航管席位（中空層、高空層）控管及交接不當，就在兩條航路交叉點札格拉布信標台附近導致該慘劇的發生，DC-9客機的左翼穿進了三叉戟式客機的駕駛艙，駕艙組員當場身亡，兩架飛機垂直下墜，殘骸廣布方圓百里，機上無人生還（如圖5-5）。

調查人員指出失事主要原因除了札格拉布管制單位人員紀律鬆懈、工作負荷過重、席位交接不清、未遵守標準作業程序及疏忽之外，兩架飛機上飛航組員在通過航路交叉點的情境察覺不足也可能

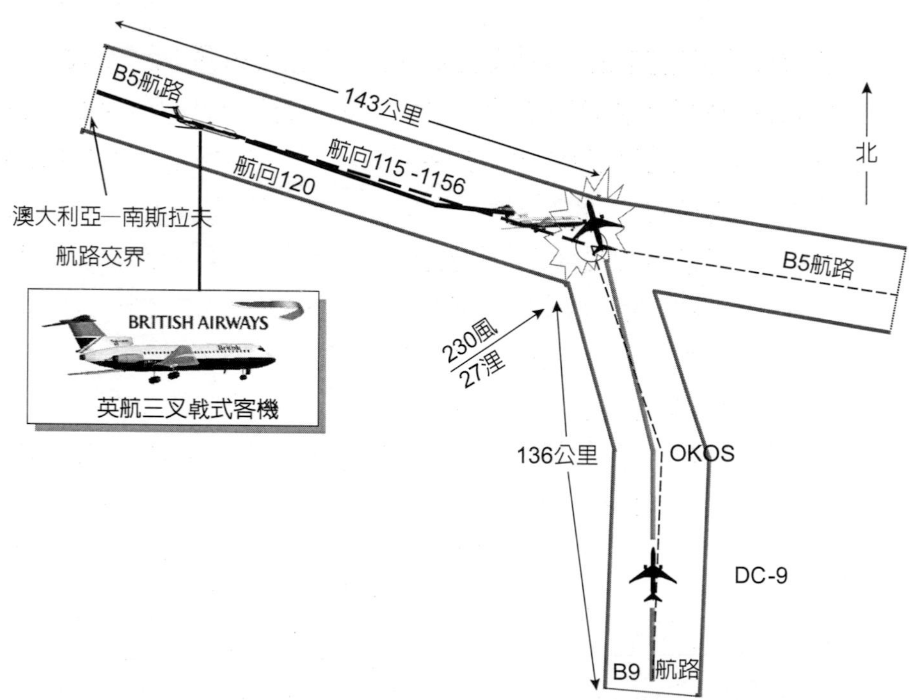

圖5-5　三叉戟式與DC-9客機於南斯拉夫札格拉布航路互撞示意圖

是原因之一，因為在英航三叉戟式飛機座艙通話記錄器裡顯示了相撞前另外那架DC-9與航管的對話，而當時英航副駕駛正獨自玩著填字遊戲，兩架飛機組員顯然都沒有察覺到對方的威脅。

調查人員事後在燒毀的DC-9客機座艙通話記錄器中聽出了互撞後駕艙組員的最後對話（座艙通話記錄器抄本）。

（南斯拉夫語）
「啊！啊！啊！…………」（可怕的叫聲）
「…………………………」（模糊不清的叫聲）
「我們完蛋了！啊！啊！……」
「再見，來世再見………」
「來世再見………………」
「啊！啊！」
「著火」
………

然後是飛機破碎的聲音記錄，最後是寂靜無聲……。

二、波音727與Cessna私人小飛機追撞

1978年9月25日，有一起全球矚目的重大空中互撞事件發生，地點就在南加州聖地牙哥（San Diego）機場上空，一架目視隔離不足的波音727客機與一架西斯那型（Cessna）私人小飛機發生追撞，造成一百五十人死亡的慘劇。

歷史上著名的空難檔案照片裡，總會讓人記取這次失事事件中由一名業餘專業攝影師無意中拍下這架727帶著火球衝向地面的恐怖景象（如**圖5-6**）。以下，是這則事故發生的始末：

聖地牙哥機場是一個位於南加州民航機及私人飛機合用的國際機場，在1978年9月25日（星期一）上午9時許，天氣報告無雲

圖5-6　PSA727與小飛機相撞後之照片

資料來源：翻攝自David Gero, *Aviation Disasters*一書封面。

能見度10浬，附近有很多目視飛行的小型飛機。太平洋西南航空（Pacific Southwest Airlines, PSA）第182班次由沙加緬度起飛經洛杉磯飛往目的地聖地牙哥的波音727型（B-727）客機由機場西北方進來，航管准許該機加入右三邊，實施27跑道（朝西）目視進場。與此同時，有一架由兩位飛行員駕駛的Cessna私人小型飛機剛完成ILS（儀器降落系統）練習，準備降落09跑道（朝東，27跑道的相反方向），該機由機場西邊朝東北方飛行，也就是正好穿越PSA班機的第三邊航線。

大約是在08：59：30開始，PSA總共收到了四次有關於其他飛機位置的報告，第一次塔台告知PSA：「PSA182，12點鐘方位1浬有往北方移動的相關航情（Traffic）」，而Cessna飛機也收到了一次航情動態，但是當PSA飛行員回報：「We're looking!」（看到了）之後，近場台即指示PSA飛行員自行保持目視隔離（Maintain Visual Separation）。在此同時，Cessna飛機所接受的航行指示爲：「保持目視飛航規則（VFR）3,500呎以下，航向070。」塔台也告訴Cessna有一架PSA的B-727在它六點鐘方位。然而，Cessna飛行員可能爲了要目視尋找B-727飛機，而開始朝右偏離航向，以致Cessna對於B-727機已在自己的後面渾然不知………。

根據座艙通話記錄器顯示，PSA飛行員（B-727）似乎對於哪架飛機會造成威脅，也已開始迷惑。其中最主要的原因是：

1.空中飛機太多，導致無法分辨某些角度接近的飛機。
2.B-727當時正在下降且面向陽光，由於駕駛艙視界使然，對於地平線以下的飛機很不容易辨視，也因爲地貌背景過於複雜，小飛機很容易就被混在其中。
3. Cessna飛機因爲偏向，因此在航向與航跡方面，與B-727約略相同，在沒有明顯視覺移動下，完全溶入了地面建築物當中。

B-727機上的PSA飛行員在察覺到失去Cessna蹤影後，仍然相互討論著，但是並沒有向塔台報告。此時，近場台「CONFLICT ALERT」（衝突警告）防撞警告系統開始作用並發出警告聲響，表示這兩架飛機在航管系統中設定的參數已有接近的趨勢，甚或碰撞的可能。但塔台管制員並沒太注意它，因爲727飛行員回答確認它與Cessna已保持好目視隔離，所以這種警告聲在他們眼裡根本就認爲是司空見慣。但是稍早那架偏航的Cessna此時正由B-727右側下方過來，Cessna機由爬升姿態中剛剛改平，B-727當時則正在下降中並壓坡度向右。就在這瞬間，B-727由左後上方「騎上」了那架Cessna飛機。當時追撞的位置在機場西北方3.5浬處，B-727機上的高度指示爲2,350呎，速度爲空速每小時155浬。

在碰撞的那一剎那，Cessna飛機當場解體，兩位駕駛立即身亡，而PSA的B-727客機右機翼前後緣襟翼嚴重受損，飛機燃油由破裂的油箱迸出，二十秒後，B-727伴著火舌向右以200度方位角及每小時270浬（435公里／小時）速度撞擊NORTH PARK這個不少人居住的郊區，地面瞬間火海沖天，共計摧毀二十二棟民宅。而包括B-727機上組員及乘客一百三十五人、地面民衆十三人在這場突如其來的意外中命喪黃泉。

慘劇發生之後，美國媒體大肆抨擊小型飛機對於繁忙機場的威脅性。不過美國國家運輸安全委員會卻對這個說法大表不平，他們認爲PSA飛行員在看不到對方之後，並沒有立即向塔台回報，因此，不管如何，PSA仍有「目視隔離」責任。當然航管也犯了一個錯誤，就是他應該在確認兩架飛機都互相通過之後，再許可PSA降到4,500呎以下。

事故發生不久，美國航空界傳來一個令人意外的消息，就是在事發當時還有另一架「身分不明」的小型飛機也在現場（違規飛行），很可能被航管及PSA飛行員誤認。但當時在整個失事調查過程當中，卻一直無法證實。

兩年後，問題終於釐清，9月25日當天早上九點左右的確是有另一架Cessna 150小飛機在附近飛行，不過NTSB調查認爲這架Cessna飛機的航跡與時間過早，被PSA飛行員誤認的機率微乎其微。因此，NTSB回絕了由美國民航飛行員協會提請NTSB更改調查方向以及改變失事調查結果報告的提議。

此外，在這起失事案件裡，還有一個謎團至今仍未獲得解答，那就是PSA副駕駛曾對塔台說了一句：「OK，我們看到12點鐘另外那一架了！」（OK--- We’ve got that other 12），調查人員一直無法肯定他們所看到的到底是「另外」哪一架？很可能一開始PSA就看錯了也說不定。

至於造成這起互撞失事的確切原因，調查專家在最後做了一個最佳的註解：「驕矜自滿」。

從當時這件失事案例，讓後來的人們學習到一些經驗與啓示：

- 要避免航機接近及互撞，飛航組員除確實要收聽航管指示並複誦外，對於航管通話中語意不清或其他不明航機的動態及疑問，必須立即詢問且再度確認。
- 進場中飛行員應多加強對外顧慮。
- 不論是飛行員或航管人員，必須遵照各項飛航標準作業規定。
- 進場管制台對於本身之防撞警告應有警覺，且必須立即個別通知接近中之航機。
- 該事件中兩架飛機若採取雷達隔離則慘劇不會發生。
- 大型航機上應裝置空中防撞系統（Traffic Alert and Collision Avoidance System, TCAS）。

三、哈薩克航空IL-76與沙烏地航空B-747客機於印度新德里上空互撞

1996年11月12日，一架沙烏地阿拉伯航空公司波音747客機，在印度首都新德里附近上空，與一架哈薩克航空公司的伊留申IL-76客機相撞，兩機共三百四十九人全部罹難。這是航空史上最嚴重的空中飛行碰撞事件。

事故發生在黃昏時的新德里西北部。沙烏地阿拉伯航空公司波音747從新德里英迪拉．甘地國際機場起飛，在下午6時30分向西飛行，共載有二十三位組員和二百八十九位乘客，這次的飛行預計要抵達波斯灣沙烏地阿拉伯的達蘭（Dhahran）。另一架來自哈薩克航空公司俄製伊留申（Ilyushin）76型，登記編號UN-76435，四發動機貨機包機，向東接近新德里，準備降落英迪拉．甘地國際機場，機上有十位組員和二十七位乘客。

當沙烏地航空波音747爬升接近10,000呎時，新德里的飛航管制員指示該機保持14,000呎等待後續爬升。原因是伊留申IL-76報告說他們正通過23,000呎往18,000呎下降中，離新德里機場70浬。管制員許可伊留申繼續下降至15,000呎。

當伊留申報告離機場46浬高度15,000呎之後，管制員回答：「瞭解，保持15,000呎，確認十二點鐘方向有一架沙烏地波音747離你14浬，看到後報告」。當伊留申組員詢問距離，管制員回答：「現在14浬」。他們並沒有收到，管制員再度警告：「13浬內有航機，高度14,000呎。」這時伊留申組員才收到這個訊息。但一分鐘後，下午6時40分，管制員看到兩架飛機雷達光點交會並從雷達螢幕上消失。

在新德里機場西邊100公里，一處乾燥平坦、人煙稀少的農村，目擊者看見了火球和濃煙墜地。飛行員試圖控制飛機，但最終還是沒能擺脫厄運。兩架飛機主要的殘骸散落在數公里廣的棉花及芥菜田中，B-747掉在一處小村莊中，兩架飛機墜毀的地方殘骸散布。地面無人傷亡。

當地唯一的通道是農業道路，因此搶救及檢視殘骸相當困難。當救援隊伍努力到達墜機現場時，當地的村民使用煤油燈來展開搜救。他們連夜在現場找到多具屍體和四名還有一口氣息的B-747乘客，但這四名乘客在送醫途中不幸身亡。

當地警方封鎖現場以進行後續調查。兩架飛機的黑盒子（Black Boxes）很快就找到。兩架飛機在失事時狀況良好，組員也都有九千小時以上的飛行經驗，很明顯的，飛航組員試圖控制飛機，但最終還是沒能擺脫厄運。

空難發生後，人們首先把疑點集中在飛航管制上，認爲1995年發生在西孟加拉邦的空投武器事件，許多民航官員受到警告，飛航管制員因此威脅要罷工。人們懷疑，他們怠忽職守，發出了錯誤指令，不應該允許兩架飛機在同一航線上飛行。

此次失事由印度民航局主導司法調查，發現伊留申飛機未保持航管所指示的15,000呎，反而下降的比此高度還低。在相撞前，飛航資料記錄器顯示飛行高度爲14,500呎，幾秒後又繼續下降310呎。因爲新德里機場當時未裝置二次雷達，管制員無法監控飛機他

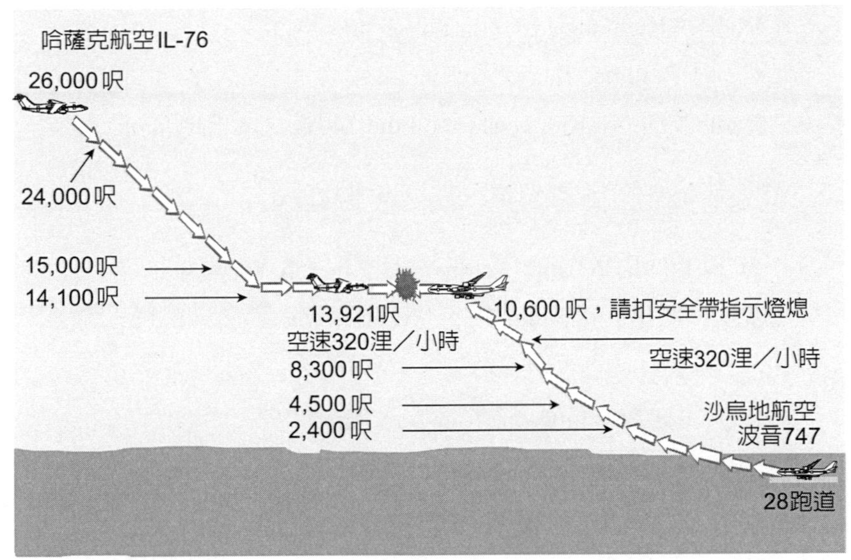

圖5-7　哈薩克航空IL-76與沙烏地航空B-747客機於印度新德里上空互撞示意圖

們所指示的高度（如**圖5-7**）。

但爲何沙烏地波音747飛機上的TCAS設備無法提醒組員避免相撞，爲何兩架飛機的組員忽略了管制員的警告而沒有看見對方，或如果哈薩克的飛機加裝了TCAS是否能躲過災禍，這都是未知數。

印度民航局調查結果顯示，此相撞失事的肇因是哈薩克的飛機未遵照航管指示的保持15,000呎而下降至14,000呎導致。

哈薩克航空IL-76駕艙語音記錄器抄件：

FE：Switch on the heating of the BHA.

Crew：Heating is on.

Crew：Hold the level.

Capt：What level were we given?

F/E：Maintain.

Radio：Keep the 150, don't descend.

Capt：Regime. Sanya Accelerate.

Radio：Get to 150, because on the 140th...Uh that on uh...!

沙烏地航空747客機駕艙語音記錄器抄件：

F/O：Saudi 763 approaching one four zero for higher.

ATC：Roger maintain flight level one four zero stand by for higher.

F/O：Further climb one four zero Saudi 763.

Capt：One four zero.

Capt：Your Assistance Lord.

F/O：Saudi 763 approaching flight level one zero zero for higher.

ATC：Roger Climb flight level one four zero.

F/O：Saudi 763 will maintain one four zero.

Capt：Check minimum en-rout altitude please.

Capt：Oord Your forgiveness, and I witness there is no God but Allah and Mohammed is his messenger.

四、B757-200及TU-154M於瑞士邊境空中相撞

2002年7月1日晚間11時40分左右，一架國際快遞DHL的波音757貨機和隸屬俄羅斯Bashkirian航空公司的俄製圖波列夫TU-154M型客機，在德國南部和瑞士邊界上空12,000公尺的高空中相撞，兩架飛機全毀，共造成七十一人罹難。

俄國圖波列夫TU-154M包機從莫斯科向西飛往西班牙巴賽隆納，有十二位組員和五十七位乘客，在空中與從布魯塞爾往北飛往巴林有兩位組員的波音757貨機互撞。圖波列夫機上的乘客大部分是學校的孩童，正開心的要去度假。此空難發生在德國南邊由瑞士

蘇黎世區管中心負責的空域，肇因是由於夜間值班的管制員及裝備的失效導致。如果兩架飛機各自遵照TCAS的指示，相撞事件就不會發生。

兩架飛機於飛航空層（FL）360巡航在交會的航道上，他們各自的TCAS發出TA警告組員可能的衝突。之後瑞士蘇黎世管制員發現了兩架飛機的衝突，指示圖波列夫下降及迅速下降。片刻之後，圖波列夫的TCAS發出聲音警告「爬升、爬升」。不幸的是，圖波列夫組員選擇遵照管制員指示，而不遵照當時TCAS所發出急促和迫切的避撞諮詢（Resolution Advisory, RA）。

同時間，波音757的TCAS發出下降的避撞諮詢，它的組員立即反應。結果兩架飛機同時下降。當蘇黎世管制員重複他的指示要圖波列夫迅速下降時，情況持續惡化，二架飛機最後在35,000呎附近相撞。如果圖波列夫組員正確地依照TCAS的RA爬升，而不是航管最後的指示，失事將可以避免。

五、巴西戈爾航空B737於亞馬遜雨林上空與小飛機擦撞

2006年09月29日，巴西戈爾航空（Gol） B737-800客機，自亞馬遜州瑪瑙斯市（Manaus）起飛，前往首都巴西利亞，飛經亞馬遜雨林上空時疑似與小飛機擦撞墜毀，殘骸散布亞馬遜叢林，一百五十五人罹難。

此次的空中悲劇是在傍晚發生的，在巴西北邊的亞馬遜叢林，Embraer Legacy 600的商務噴射客機載著兩位組員和七位乘客，與巴西戈爾航空一架幾乎全新的波音737-800相撞。波音737-800飛機栽進巴西北方Para州一處偏僻的叢林，機上一百五十五人全數罹難，此區域很難進行搶救行動。令人驚訝地是，Legacy 600的組員，儘管他們的飛機失掉一邊機翼的部分，但駕駛員仍設法控制並繼續飛向巴西空軍位於叢林深處的Cachimbo基地。飛機完成了一次

成功的緊急降落，Legacy 600機上無人受傷。

兩架飛機是反向飛行在首都巴西利亞及亞馬遜中心——馬瑙斯之間，並且兩架都配備了TCAS 。失事原因仍在調查之中，當時Legacy 600的組員直到碰撞的那一刻都沒有看見波音靠近，只是最後閃過的一個短暫「陰影」。不知在當時狀況下兩架飛機的TCAS在碰撞前是否曾發出任何警告。

根據統計，從1940年代的螺旋槳客機開始，一直到目前的民航噴射機，總計發生二百二十餘起大大小小與民航機相關的空中互撞事件（尚不包括航機地面互撞），這些民航機與小型飛機、軍用機甚至與熱氣球的相撞失事，均造成了爲數不少的傷亡，在此列舉發生在1960年以後（噴射機年代）全球十九起民航噴射機之空中互撞失事事件（依西元時間排列），供讀者參考（如**表5-1**），而所謂的失事事件，是指民航機上至少有一人死亡的互撞失事。

表5-1　全球民航噴射機空中互撞失事事件統計（1960~2006）

日期	地點	航空公司	機型	死亡人數	事件經過
1960 05/19	法國巴黎	阿爾及利亞航空	卡拉維爾（Caravelle）	乘客1	落地時與一架小型單引擎飛機擦撞（卡拉維爾機上有32名乘客）
1960 12/16	美國紐約	聯合航空（UA） 環球航空（TWA）	• DC-8 • 洛克希德－超級星座式（Loockheed-Super Constellation）	UA 83 TWA 50	二機於紐約上空相撞，TWA墜毀於Staten島，UA墜毀於Brooklyn，二機均無人生還。
1965 12/05	美國North Salem	西方航空（EA） 環球航空（TWA）	• 洛克希德－1949H 超級星座式（Super Constellation） • B-707	EA 4	兩架飛機於進場中擦撞，B-707安全降落。

（續）表5-1　全球民航噴射機空中互撞失事事件統計（1960~2006）

日期	地點	航空公司	機型	死亡人數	事件經過
1967 03/09	美國俄亥俄州 Urbana	環球航空	DC9-14	25 (DC-9) 1 (Beech)	飛行中與畢琪Beech私人飛機互撞後墜毀，二機均無人生還。
1967 07/19	美國北卡州 Hender-sonville	Piedmont	B-727	79 (B-727) 3 (Cessna)	B-727起飛爬升中撞及一架Cessna 310私人飛機（B-727當時距起飛機場8浬），二機均無人生還。
1969 09/09	美國印第安那州 Fairland	Allegheny	DC9-31	82 (DC-9) 2 (Piper)	飛行中之DC-9與一架進場中之單引擎Piper Cherokee飛機相撞，二機所有人員全部罹難。
1971 06/06	美國加州 Duarte	Hughes Airwest	DC9-31	49 (DC-9) 1 (F-4)	飛行中與海軍F-4幽靈式戰機相撞，DC-9機所有人員全部罹難，F-4戰機1人生還，1人死亡。
1971 07/30	日本 Northern Honshu	全日空	B727-200	68 (B-727)	與軍用噴射戰鬥機互撞，軍機駕駛安全逃生，B-727無人生還。
1973 03/05	法國 Nantes	Iberia（伊伯利亞）	DC9-31	68 (DC-9)	與Spantax 990飛機空中互撞，DC-9全員罹難，Spantax 990無人傷亡。
1976 09/10	南斯拉夫 Zagreb	Inex Adria 英航	DC9-32 三叉戟（Trident 3B）	113 (DC-9) 63 (Trident) 1 (地面)	空中互撞，二機無人生還，且殃及地面1人。
1978 03/01	奈及利亞 Lagos	奈及利亞航空	F28-1000	16	與訓練機空中互撞，F28無人生還。
1978 09/25	美國加州 聖地牙哥	太平洋南西航空	B727-214	135 (B-727) 2 (Cessna) 13 (地面)	進場中與一架Cessna私人飛機相撞後墜入民宅，兩機無人生還且殃及地面13人。

（續）表5-1　全球民航噴射機空中互撞失事事件統計（1960~2006）

日期	地點	航空公司	機型	死亡人數	事件經過
1986 08/31	美國加州 Cerritos	墨西哥航空	DC-9	64（DC-9）3（Piper）18（地面）	與一架闖入空域之單引擎Piper Archer飛機互撞，兩機無人生還且殃及地面18人。
1992 12/22	利比亞的黎波里(Tripoli)	利比亞阿拉伯航空	波音727-200	157	與米格23戰鬥機相撞，B-727上無人生還。
1993 02/08	伊朗德黑蘭Mehra-bad機場	Iran Air Tours	Tu-154	131	29R跑道離場爬升之Tu-154與正實施VFR 29L跑道進場中之伊朗空軍Su-22戰機空中相撞，Tu-154機上無人生還。
1996 11/12	印度新德里西方60浬	沙烏地航空 哈薩克航空	B747-168B 伊留申IL-76	312 37	B-747從印度新德里機場離場後七分鐘與下降中IL-76貨機互撞，兩機無人生還。
2000 06/23	美國佛羅里達州	Universal Jet Aviation	Learjet 55	3 1	目視飛行起飛中與另一架Extra EA-300S N300XS相撞，兩機墜毀。
2002 07/01	德國南部烏柏林根(Überlingen)	Bashkirskie航空 DHL	TU-154M B757-200	69 2	兩機同高度，Tu-154組員忽略TCAS指示而聽從瑞士天導航管員指示下降，DHL依據TCAS指示下降。
2006 09/29	巴西亞馬遜叢林	戈爾航空(Gol)	B737-800	154（B737-800）	B-737飛經亞馬遜雨林上空時疑似與一架商務飛機擦撞墜毀。商務飛機安全落地，B-737墜入叢林無人生還。

資料來源：作者製表。

由上表空中致命互撞事件中可歸納出四點結論：

1.不管相撞的飛機是大是小，空中互撞的結果幾乎都是同歸於盡，且倖存機率渺茫。
2.在十九起相撞事件中，民航機與軍機互撞占了五件，與單引擎私人飛機相撞占了七件，其他則是同爲民航機互撞七件。軍機與小飛機占了十九起互撞中的三分之二，因此針對這些致命的互撞失事，防範之道在於對這些軍機（例如台灣本島）及小型私人飛機（尤其飛航國外航線）的警覺。
3.十九起致命互撞事件中，八件發生在美國地區，而其中民航機與小型飛機相撞就占了七件，與軍機互撞一件。由此可見：在航空業發達的美國，漫天飛舞的小型航空器對大型航機十足是個威脅。
4.近年來科技的進步雖然使得航機互撞的機率減低，但同時也因民航噴射機速度及載客量的增大，使得空中互撞一旦發生，傷亡人數更會屢創新高。

從以上列舉之統計資料，只能說是空中互撞失事事件中較嚴重的冰山一角（只針對民航「噴射機」），那是因爲有人喪命所以才引起注意，但隱藏在冰山底下那一大塊看不見的空中接近事件才是我們所必要關切的焦點。

鑑之往史，無論是落後國家、先進國家，或者是經驗老到的飛航組員、良好的能見度、成熟穩健的管制員、雷達、自動化電腦及飛機上裝有TCAS，任何空中撞機的機率皆有可能發生，也許天空的浩瀚無垠，讓人們疏忽了對航機相撞的警覺，但歷史的教訓猶在眼前，過多的空中接近事件，相對提高了空中撞機的機率。

全球空中接近事件不勝枚舉，但一起在日本靜岡縣上空的空中接近事件，差一點導致全球最大的空難。

事件原因是2001年1月31日，當時在受訓的航管人員將一架載有四百二十七人自羽田機場起飛往琉球那霸的日航907航班B-747客機，與從釜山飛往成田機場的載有二百四十九人的日航958航班DC-10客機代號相互混淆。當時日航907接受航管指示爬升至39,000呎，日航958正巡航於37,000呎，訓練管制員指示907班機下降至35,000呎（事實上管制員呼錯航班號碼，他是要958下降至35,000呎）。907班機開始下降至35,000呎，並複誦回答管制員（管制員認爲這複誦是來自958班機）。此時907機長目視DC-10航機於40浬外，此時航管雷達上兩架飛機接近衝突的警告（Short Term Conflict Alert, ATCA）燈亮，接手的教官卻錯誤指示907下降到35,000呎。當907航班開始下降時，機上TCAS警告聲響起並指示其爬升，然而該航班機長卻不理會TCAS爬升及加速爬升的RA指示（Climb RA, Increase Climb RA），決定依照管制員的指令下降到35,000呎。同時間958航班DC-10也有TCAS RA的下降警告；機長開始以手控下降，但由於907班機在相同高度也在下降所以958航班機長決定停止下降（如圖5-8）。

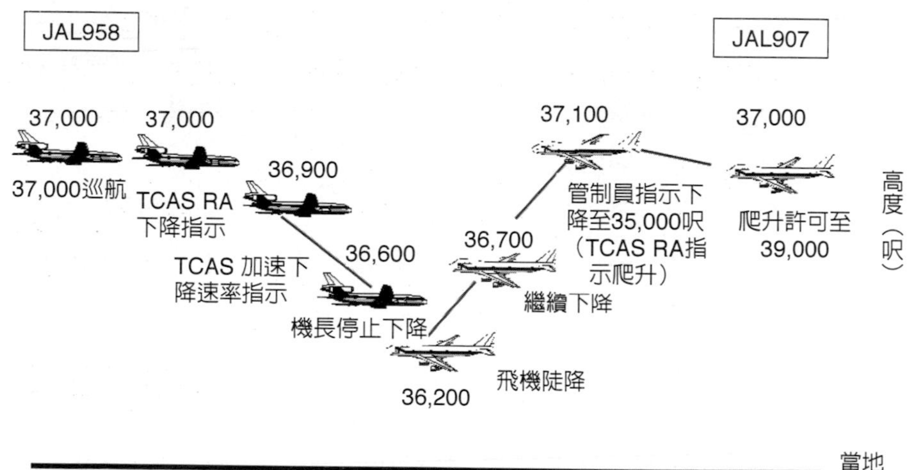

圖5-8 日航958（DC-10）與907（B-747）空中接近示意圖

雙方機長都報告目視對方，但並沒有確認相對的位置及高度，907的機長發現碰撞在即，便猛然推頭俯衝來迴避此一相撞。兩架航機最近距離在靜岡燒津市上空高度36,600呎處，DC-10在B-747上僅間隔10公尺交叉通過。此次事件因B-747航機猛然推頭俯衝，導致女性空服組員二位重傷、十位輕傷，旅客七位重傷、八十一位輕傷，餐車飛起撞擊天花板的重大意外事件。

事實上，當時靜岡縣上空班機相當密集，航管員看到的雷達幕上，不是只有出事這兩架飛機，而是有十四架飛機，在實習的航管員當然會感覺壓力太大，以致失去冷靜的判斷。

 第四節　與飛航管制相關之飛安事件

涉及飛航管制安全之案件可區分爲：「空中接近」、「隔離不足」、「跑道入侵」及「未按規定作業」等項目，茲分別說明如下：

1.「空中接近」：指航空器與其他航空器間接近至500呎以內。嚴重之「空中接近」會造成航機相撞，對飛安構成嚴重威脅。
2.「隔離不足」：指航空器與航空器間或與障礙物間之隔離低於飛航管制程序中規定之隔離，但未達「空中接近」者。通常兩架航機正常隔離應該超過3浬，低於3浬則爲「隔離不足」。實務上而言，「隔離不足」即視爲廣義「空中接近」，兩機距離500呎內，就是嚴重「空中接近」，這兩類狀況都屬於異常狀況。
3.「跑道入侵」：指航空器在起飛、落地時，或將起飛、將落地階段，與另一在跑道上之航空器、車輛、地面人員或異物

有碰撞之危險或隔離不足之情況。

4.「未按規定作業」：指航空器與航空器間或與障礙物間之隔離符合規定，但管制員或駕駛員未按「飛航管制程序」、「飛航規則」、「民用航空法」、「業務手冊」、「工作協議書」等相關規定作業。

而飛航管制作業所面對的飛安風險有四：

1.人爲因素。
2.通訊功能不正常因素。
3.系統功能不正常因素。
4.天氣因素。

以上諸多因素，大部分是屬於管制員人爲因素居多，這當中包括管制員判斷錯誤、疏失、未按程序／規定作業、協調不良或裝備等問題。

1996年11月7日，奈及利亞ADC航空一架載有一百四十三人之波音727客機，於下降過程中因與航管通訊之誤解，導致在16,000呎與另一架欲爬升之飛機對頭，波音727爲閃避過度轉彎導致失控墜毀，機上一百四十三人全數罹難。事故原因爲管制員未遵守雷達隔離程序，且與程序管制員協調不佳導致。

另一起因航管術語使用不當的案例是1989年02月19日，一架飛虎（Flying Tigers）航空公司第66航班波音747-200貨機，在距吉隆坡機場20哩左右時，因爲33號跑道ILS系統關閉，副駕駛發現無法收到33跑道的ILS訊號，只能使用非精確系的歸航台（Non-Directional radio Beacon, NDB）訊號進場。進場管制許可66班機實施33號跑道NDB進場，在重新準備導航設定的時候，正副駕駛之間對於NDB的設定有了不同的見解。最後，飛行員在ILS關閉的情況下執意實施ILS進場。航管許可下降至2,400呎高度（初始高度），

但是卻沒有使用正確的航管術語「Descend to two thousand four hundred」，反而指示「Descend to two four hundred」，飛行員誤以爲直接降至400呎（Descend to four hundred）。由於機場附近高低起伏的地形，因此飛機上的對地接近警告系統（GWPS）曾經斷斷續續的發出「拉起來」（Pull up）的語音警告，但是飛航組員並沒有立即採取因應措施。飛機最後在600呎高度（低於正常下滑道標準1,600呎）撞山，機上三名組員以及一名機務人員罹難，大火延燒了兩天兩夜。

第五節　跑道入侵

一、跑道入侵簡介

此外，近年來「跑道入侵」事件是目前全球航空安全致力解決的重要問題（如**圖5-9**）。美國主管飛安的專家們認爲地面跑道上擦撞是航空業面臨的重大危險之一，雖然美國聯邦航空總署投下龐大財力、人力來減少跑道碰撞的危險，但跑道入侵事件仍舊持續攀升。

美國FAA將「跑道入侵」定義爲：「在機場地面上的飛機、車輛、人員或其他物體間發生相互碰撞，或導致航機於起降階段、或準備起降階段時，發生隔離失敗的危險事故。」

二、跑道入侵案例

國外的跑道入侵事件不勝枚舉，以下列舉一些跑道入侵案例：

圖5-9 「跑道入侵」是目前全球航空安全致力解決的重要問題

資料來源：作者拍攝。

(一) 案例1

1977年在西班牙泰納綠島上的羅斯機場，一架泛美航空B-747客機與一架荷蘭航空B-747客機，在跑道上發生對撞失事，造成兩機共五百八十三人罹難的慘劇，這是民航運輸史上最悲慘的失事，也是全球第一大空難。

(二) 案例2

1991年2月2日晚上六時許，由俄亥俄州哥倫布起飛載有六名組員和八十三名乘客的全美航空1493班機737客機正準備在加州洛杉磯國際機場降落。

此時在地面上一架Skywest航空5569班機正準備起飛，另一架飛行於洛杉磯區域中眾多繁忙的通勤航空之一的Metroliner航空則載了要前往加州Palmdale的十名乘客和二名組員。就在全美航空1493班機許可ILS24L左跑道降落時，同時間Skywest的5569班機也正從登機門往24L跑道滑行。因爲地面管制的緣故，Skywest的5569班機許可滑行進入24L跑道並進入距離跑道頭2,200呎的45號滑行道交岔口。

當Skywest及Metroliner等待起飛許可時，全美航空1493在靠24L跑道頭附近落地，緊接著猛然撞上5569班機。兩架飛機都在跑道上打滑，Metro5569班機更被擠壓在737班機的機身下，撞擊後機身的殘骸飛到了滑行道遠方一棟空建築物的對面。這個失事造成了Skywest的十二名乘客與組員全體罹難，也包含了737班機的機長在內共二十一條人命喪生。

明顯地，這兩架飛機在發生意外的那一瞬間都認爲只有自己在使用跑道。意外發生後爲了確定事件發生的起因，洛杉磯國際機場調出了塔台通聯紀錄和飛航管制程序仔細調查分析。飛機在接到許可頒發席的許可後，可直接跳過地面管制席給機場管制席管制，此行爲因爲不必標記飛機可以降低地面管制席的工作負擔，但相對因爲不給予飛機於機場所在的位置而增加機場管制席的工作負擔。

飛機被允許直接向地面管制員要求在交岔口起飛。因爲Skywest之5569班機正從機場南方滑行，在它前往24L跑道途中已經與地面管制員聯絡，並在與機場管制席聯絡前被允許在45跑道上待命。最初呼叫機場管制席的通話中：「如果可以，我們想要從45滑行道這邊走」，在意外發生之後，機場管制席報告她並沒有聽到「45滑行道」這個部分的傳訊。又因爲飛航管制條例而繞過地面管制席並沒有指示機場管制席飛機的位置，所以機場管制席之後許可5569在24L跑道上滑行與待命。在此同時，另一架飛機Wings West 5006也剛完成降落並試圖離開跑道，組員不愼地轉換無線電頻率並與機場管制席失聯，Skywest的5569班機被允許在24L跑道上待命。

與Wings West5006的聯絡指令後來被重新建立，管制員花費了數秒傳達與失聯相關的非必要訊息。同時間Southwest的725班機正準備起飛，機場管制席也准許它在24L跑道上滑行與等待，緊接在後全美航空1493呼叫請求落地許可「在左邊，24左邊」。機場管制席確認Southwest之725班機在待命，然後准許1493落地。隨即，Wings West之5072班機呼叫請求起飛。但當時在機場管制席前沒有任何這架飛機的飛航管制條，所以機場管制席和其他塔台連忙開始找尋5072班機。

5072班機被發現時仍然在許可頒發席的頻道上，據信5072班機仍在等待第一次連絡。就在飛機被找到的時候，機場管制席看到1493班機落地而且准許725班機滑行至區域待命。就在這個通訊的幾秒鐘後，1493班機和仍在45與24L跑道交岔口待命的5569班機發生碰撞。

1493班機的機長報告這次降落是正常標準的。當機首降低，他報告降落燈開始照射到5569班機的螺旋槳，而且開始看到它的背後航行燈。即使用上最大的煞車仍因爲空間和時間不夠無法躲過撞擊的悲劇。他並沒有報告有聽到另一架飛機在24L跑道上待命。

這位機場管制席的女管制員明顯地在意外發生的幾分鐘前被數件事件分散注意力，以至於准許5569班機在交岔口起飛，並且在給予1493降落許可前准許5569班機待命。5006最初的通訊混淆造成了機場管制席失去了5569班機的位置。下一個5072班機造成的通訊混淆，又讓她的注意力自跑道移走。之後她說自己那時相信，當時在塔台前滑行至24L的5072班機其實是5569班機。

美國運安會指出，導致這件意外發生的許多肇因，主要的因素是在洛杉磯國際機場航管局的程序發生錯誤。美國聯邦航空總署需修訂洛杉磯的飛航管制規定，在工作量高峰期時降低機場管制席上的管制量和在察覺上發生疏失的全部責任。機場管制席也指出在發生事件期間形成困擾和在察覺上發生疏失。運安會也指出在光線不良時，道面照明配置混合及不明顯，違反了跑道周圍的環境規定。

儘管組員沒有依照飛航管制作業，他們仍然都有責任依照目視飛航規則「看見及避讓」（See and Avoid）的規則操作。

(三) 案例3

1999年4月1日，美國芝加哥機場（ORD）一架中國民航B-747客機落地後脫離跑道而誤入錯誤之右滑行道，當欲滑回正確之滑行道時，未經塔台許可，擅自通過主跑道，當時正在起飛滾行的韓航B-747猛然拉起機身躲過碰撞，造成嚴重之跑道入侵接近事件。

(四) 案例4

2001年10月8日，一架北歐航空（SAS）公司MD-87型客機，從義大利米蘭李納特國際機場的36R跑道起飛滾行時，與一架未經塔台許可的Cessna Citation II 型商用噴射機相撞後，衝入機場內的行李處理棚廠，飛機瞬間爆炸起火燃燒，MD機上一百一十人及Cessna上四人全數罹難，同時還造成地面上至少四人死亡。

(五) 案例5

2003年7月16日，一架波音737-86N，註冊編號G-XLAG在英國曼徹斯特（Manchester）機場發生跑道入侵事件。該機載有七名組員及一百九十名乘客正準備從曼徹斯特機場飛往希臘的科斯。機長沒注意到當時06R跑道正在做跑道縮減工程，這是因爲遠處跑道末端有一個因工作進度而移動的橡膠障礙物放在微微突起的地面上，而這超出了機長在06R跑道頭所能用肉眼目視的範圍之外。由於航管與機長間口頭傳遞訊息的差異，飛機沿著AG點航行而不是原來的A點進入跑道，而後機長以一般正常跑道所使用的推力起飛，當飛機快到跑道末端時，機長突然發現有部車子就在不遠處，但飛機已經接近起飛仰轉（Rotation）速度，機長繼續完成正常起飛。飛機在56呎的高度內越過14呎的車子。

我國跑道入侵發生事件（如表5-2）雖無正式的官方統計，但從2000年10月31日新加坡航空公司波音747-400客機在中正機場誤闖跑道造成八十三人罹難的重大失事，2002年1月25日華航CI-011航班在美國安克拉治機場發生誤將滑行道當跑道起飛事件，2003年3月21日復興航空公司在台南機場落地時撞擊工程車失事，以及2005年7月20日復興航空公司在松山機場落地滑行時撞及車道右側之燈柱，已經突顯出國內機場跑道安全的重要性。

表5-2　2000~2005年台灣地區（含國籍航空公司）跑道入侵事件

日期	地點	航空公司	經過
2005/07/19	松山機場	復興航空	地面滑行時撞及機坪照明燈柱。
2005/01/13	松山機場	立榮航空	MD-90客機由跑道轉入滑行道時與一輛工作車碰撞。
2003/03/21	台南機場	復興航空	夜間落地時於跑道上撞擊工程車。
2002/07/20	中正機場	聯合航空	晚間8時50分，聯合航空一架波音777客機在落地滑行時，直接闖進615遠端停機坪。
2002/07/19	中正機場	新加坡航空	中正機場滑行時誤入接駁機坪，以致機翼撞擊兩具飛機尾錐頂桿，飛機右翼前方襟翼輕微受損。
2002/07/08	馬公機場	遠東航空	飛機起飛離地前主輪輾及跑道端指示燈，造成外物擊損左發動機下前緣及內部滑油管路。
2002/01/25	安克拉治	中華航空	由滑行道起飛。
2001/05/23	香港	中華航空	塔台人員未發現飛機使用錯誤滑行道滑行，待進入跑道前機長察覺有異停止滑行，塔台發現錯誤後立即請求跑道頭另一架正在滾行準備起飛的大陸東方航空客機放棄起飛。
2000/10/31	中正機場	新加坡航空	誤闖施工中之05R跑道，起飛時墜毀，83人喪生。

資料來源：作者整理。

三、跑道入侵之預防

有鑑於跑道入侵事件日益增加，FAA認為「飛航組員、地面勤務作業人員及飛航管制人員於航機地面作業期間加強情境察覺，是避免類似案件發生的關鍵」。

根據過去類似案件的調查結果，FAA首先針對飛航組員歸納出應該加強的三個方向——通訊（Communication）、對機場的瞭解（Airport Knowledge）與駕艙程序（Cockpit Procedures），以有效避免事件的發生。

(一) 保持清晰簡明的通訊（Keep Communications Clear & Concise）

飛航組員與航管人員間有效的通訊是地面作業安全的關鍵，尤其在航路繁忙、頻道壅塞的情況下，對於航管指示的明確理解，絕不容妥協。因此，在通訊時要注意：

1.在發話之前仔細聆聽，同時盡可能在監聽無線電時，在自己心裡默默勾勒出一個機場動態圖。
2.在按下發話按鍵前要思考清楚，並與塔台管制員間保持清晰、明瞭、簡潔地溝通。
3.一定要確定自己完全理解塔台管制員所下達的指示，千萬不要模稜兩可或自以為是。
4.對於塔台「跑道頭待命」（Hold Short of Runway）的指示，一定要逐字複誦。

(二) 熟悉所在的機場（Be Familiar with the Airport）

飛航組員應該非常清楚自己航機的所在位置，以及準備將航機滑向何處；看似容易，事實上，航機在地面運作時，是整趟飛航任務中最複雜、最繁忙的階段。因此，備有一張詳盡的機場配置圖

（Jeppesen Airway Manual中的 Airport Layout Chart）會有極大的助益。因此，在滑行或進場時要注意：

1.在滑行或落地前，重新審視手上的機場配置圖。

2.滑行中，要把機場／滑行道配置圖放在手邊，以利隨時取用。

3.隨時警覺機場地面上車輛、人員的動態。

(三)嚴格遵守駕艙程序（Follow Proper Cockpit Procedures）

飛航組員應使用經核准及有效的駕艙程序，以有效提升航機於起降階段及地面運作時的安全。因此，在駕艙中必須注意：

1.在起降階段和地面運作時避免不必要的交談。

2.在駕艙中不斷地觀察窗外動態，特別是航機進入跑道時，更要加強情境察覺。

3.一旦發生迷失的情形，立即通報塔台。

4.適當地開啓機上的燈光設備，使航機能被辨識察覺。

5.如果在不熟悉的機場，千萬不要猶豫，趕緊向塔台申請引導。

6.確定無線電運作正常，並將頻道、音量設定到適當位置。

7.萬一無線電發生故障，要熟悉且謹遵「無線電雙向失效處置程序」（Lost Communication Procedures），並使用正確的判斷。

8.落地後千萬不可把飛機停在跑道上向塔台詢問滑行方向。落地後的第一要務，是將飛機滑離跑道，等滑到等待線（Hold Line）後，再停住向塔台詢問後續指示。

除了上述三項，FAA也特別強調：在低能見度時，更要保持警覺（Stay Alert Especially When Visibility is Low）。

當能見度降低時必須格外提高警覺，而飛航組員和航管人員，要在低能見度下維持相當程度情境察覺的能力，變得格外困難；因此，飛航組員在低能見度期間，必須注意下列事項：

1.駕艙內的工作負荷會增加，同時較易分散注意力。
2.一旦駕艙內工作量增加，對與塔台間通訊的專注會有降低的趨勢。
3.疲勞程度會上升。
4.尤其當下雪及其他不良氣候導致地面標線或指示標誌模糊難辨時，更應加強警覺。

第六節　空中防撞系統

人類的眼睛有許多盲點（如圖5-10），就算在天氣良好的情況下，都有可能看不到其他的飛機，更何況是天氣不良及夜間飛行。因此，飛機在空中除了靠航管人員的指揮保持隔離之外，最後一道防線就是加裝在飛機上的空中防撞系統。

所謂的「空中防撞系統」，顧名思義就是要避免兩架飛機因為航管隔離不足而產生相撞風險的一套機上裝備。

TCAS，國際民航組織亦稱為ACAS（Air-Borne Collision Avoidance System，空中防撞系統）。是美國經長時間的研究開發，主要提供駕駛員最後一道防線，利用電子偵測及追蹤其他航空器是否在危險的範圍內，避免潛在的空中相撞。TCAS的價值被證實有用，儘管只在北美洲航線上使用，但1990年美國航空公司開始裝置TCAS後，就沒有發生空中相撞的事故。

TCAS系統利用飛機的相對運動速度，推算兩架飛機是否過於接近，可讓航機知道與其他飛機的相對位置。

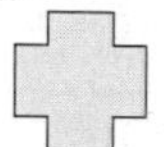

圖5-10　眼睛盲點實驗

TCAS以兩種方式偵測接近或闖入的飛機。第一，TCAS使用唯一的模式C（Mode C）全頻詢問附近具有A/C模式的詢答器（Transponder），然後追蹤其距離、高度、方位資訊，產生航情諮詢（Traffic Advisory, TA）及避撞諮詢。值得注意的是，TCAS並不會偵測只有模式A（Mode A）的詢答器。

TCAS也能偵測由模式S（Mode S）詢答器發射的非主動訊號，然後使用飛機上獨特的24位元（24-bit）處理器詢問各自的詢答器訊號。TCAS使用這些詢問的回應訊號來偵測來機的距離方位及高度。TCAS追蹤來機的距離及高度，並將此資訊提供給電腦避撞邏輯操作來決定是否發出TA或RA警告。TCAS提供入侵者的相對方位，將目標物的位置顯示在航情面板上。

如果TCAS發覺有潛在的相撞危險，它能提供組員垂直動作的目視及聲音諮詢，以避免與侵入者同高度（如**圖5-11**）。

在駕駛艙的顯示面板上，TCAS有兩種形式：

其一為「航情諮詢」顯示，是要告知駕駛員入侵飛機的相對位置及高度，以箭號方向表示來機以每分鐘500呎爬升或下降（如**圖**

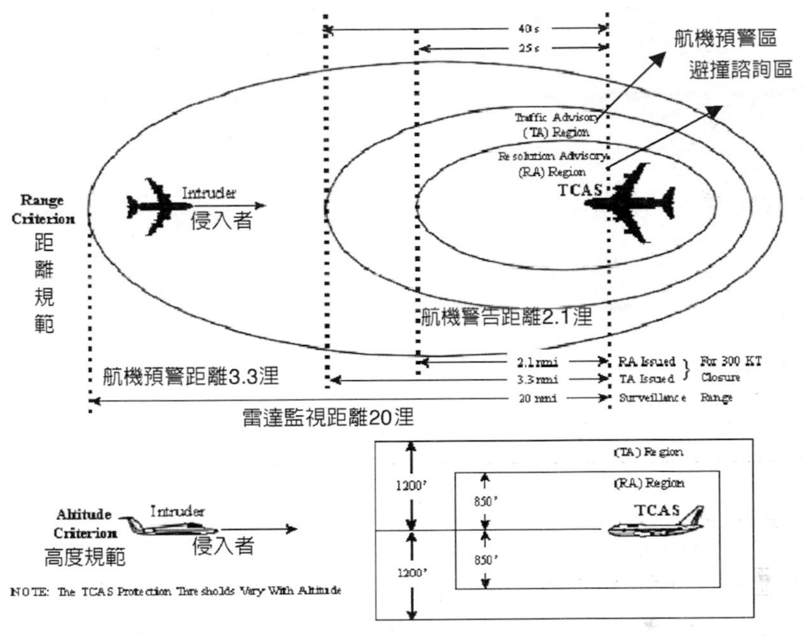

圖5-11　空中防撞警告系統構成偵察概念

5-12）。駕駛艙中，導航顯示面板、氣象雷達螢幕、TCAS面板或TA垂直速度指示面板會提供TA的顯示，以符號及色彩辨識每個入侵者相對的威脅。TA只是提供駕駛員其他鄰近飛機的警示，單獨的TA警示並不需要駕駛員採取避撞行動。

通常有TA警告時，操控駕駛員應立即以目視尋找該航機，而監控駕駛員（PM）則應注意機內TCAS顯示器，並隨時告知操控駕駛員該航機的相關位置、距離及高度，以確保適當隔離。

另一個TCAS的「避撞諮詢」（Resolution Advisory, RA）顯示，是要告知駕駛員立即採取行動以避免可能的碰撞。它是併入飛機的垂直速度指示器上，藉由刻度盤上的紅色及綠色燈亮區，顯示需要的爬升及下降率。

除了圖示顯示告知外，TCAS也以電子合成音提供組員聽覺

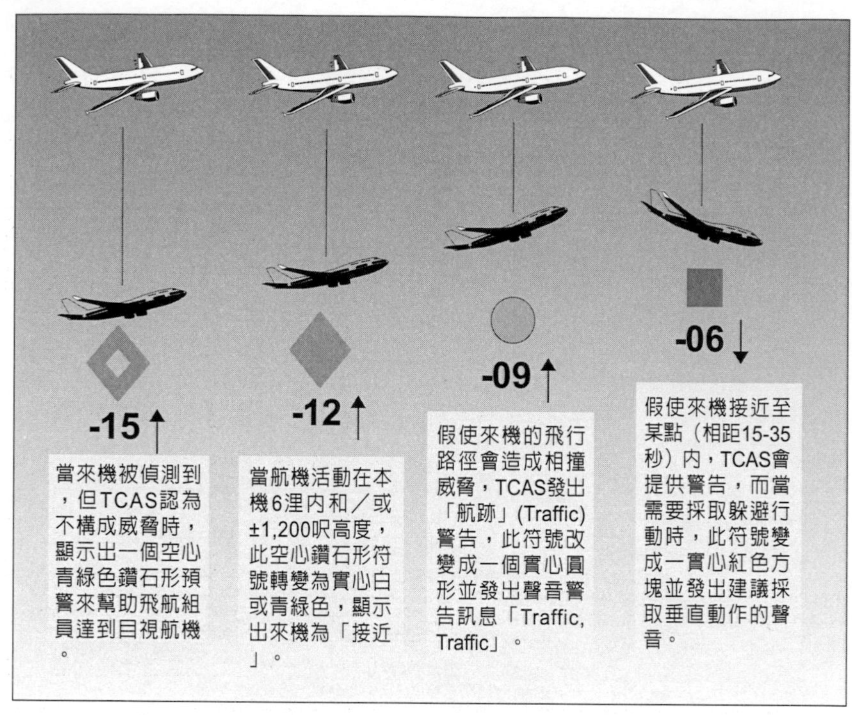

圖5-12　TCAS系統之警告

上的告知。避撞諮詢包括「爬升，爬升」（Climb, Climb）或「下降，下降」（Descend, Descend）正向的語音提示。預期飛機有爬升或下降的動作，會緩慢的轉變到每分鐘1,500呎的爬升或下降率。

隨後RA也許會增強所謂的重複指令，例如：「加速爬升，加速爬升」（Increase Climb, Increase Climb）。它也會視來機動作而減緩指令程度，或甚至下達更嚴重的指令，例如：「下降，立即下降」（Descend, Descend Now）。

一旦出現TA警告，代表距離航機大約二十至四十八秒之後，會有來機接近，如果是RA警告，代表十五至三十五秒內，可能會有飛機入侵，必須立刻避讓（如**圖5-13**）。換言之，當飛行員聽到RA的語音警告時，可反應的時間非常短，根本沒有時間警告後艙

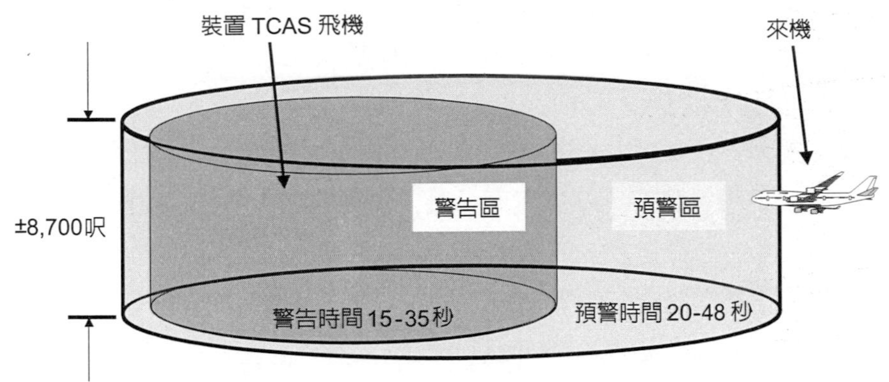

圖5-13　TCAS警告及預警區

的乘客，在激烈的操控下，空服員，旅客都非常容易受傷。

依據TCAS的經驗，當有RA警告時，操控駕駛員應立即飛離危險區域，同時通知航管TCAS警告。監控駕駛員（PM）應幫助操控駕駛員交互檢查駕艙儀表以確保離開危險區域。民航當局建議當RA與航管的指示衝突時，組員應該遵照進一步的RA指示，並立即通知航管。

航空客、貨機一天二十四小時不斷地飛行在擁擠的國際航路上，空中相撞有可能隨時會發生。

澳洲從2000年起規定，最大起飛重量超過15,000公斤或三十人座以上的渦輪商用客機，必須裝置TCAS。

航管程序，如「察覺與避撞概念」（See and Avoid Concept）仍是確保航機隔離最主要的方法。然而，TCAS是提供避免航機衝突的一個重要備份，尤其當與航管失聯時。TCAS顯示設備無論在目前或未來，均將成爲一獨立的安全系統，而被飛行員使用來預防可能的空中相撞。

在全球劃定的國際航路上不斷增加的航行量來看，我們必須特別強調TCAS作爲防撞保護的重要性。然而，要讓此系統能預期運作，必須飛航組員正確的執行此裝備的航情及避撞諮詢。

駕駛員要牢記，TCAS無法偵測出未裝設詢答器的任何大型或小型飛機。因此，特別重要的是裝有詢答器的普通航空業飛機，應當在飛行時開啓，全程使用高度模式。

就因爲TCAS對於預防空中接近及相撞功效頗大，所以在相關的民航法規上也特別注意到了這點，規定必須加裝此種裝備的條文。

依「航空器飛航作業管理規則」（中華民國九十六年一月十七日交通部交航字第0960085002號令修正）第一百二十一條規定：

渦輪發動機之固定翼航空器於中華民國八十七年一月一日以後首次適航且其最大起飛重量超過五千七百公斤或載客座位數超過十九人者，應裝置空中防撞系統。

渦輪發動機之固定翼航空器於中華民國八十七年一月一日以前首次適航且其最大起飛重量超過一萬五千公斤或載客座位數超過三十人者，應於中華民國八十九年一月一日以前裝置空中防撞系統，但有特殊事由經民航局核准者，得延至中華民國八十九年六月三十日以前裝置；如首次適航之最大起飛重量介於五千七百公斤至一萬五千公斤之間或載客座位數介於二十至三十人之間者，應於中華民國九十四年一月一日以前裝置空中防撞系統。

渦輪發動機之固定翼航空器且其最大起飛重量超過一萬五千公斤或載客座位數超過三十人者，應於中華民國九十二年一月一日以前裝置符合國際民用航空公約第十號附約第四卷規範之第二代空中防撞系統，如最大起飛重量介於五千七百公斤至一萬五千公斤之間或載客座位數介於二十至三十人之間者，應於中華民國九十四年一月一日以前裝置符合國際民用航空公約第十號附約第四卷規範之第二代空中防撞系統。

也基於以上第一百二十一條規定之限制，航空公司在購機計畫時，空中防撞系統必須是標準配備，以因應國內外日趨擁擠之空中交通，減低發生空中互撞事件之機率。因為，能多加一道飛安的防線，失事錯誤鏈中的任一環節就容易被打斷，便能拯救數百個家庭揮之不去的夢魘。畢竟，還是那句老話：「安全第一」，是航空業經歷快一個世紀所賴以生存的法則！

飛行員如何在空中目視辨識具有威脅的航機

每架飛機兩側機翼翼尖都有「航行燈」的裝置（如圖5-14），當你坐在飛機裡，面朝機首方向，機翼的左翼翼尖是紅燈，機翼的右翼翼尖是綠燈。遙望著遠方的一架飛機，若看到的是左綠右紅的燈，表示這架飛機正朝著你的方向飛行。反之，若是左紅右綠的燈，則是與你同向。

圖5-14　A330客機之右翼尖航行燈（綠色）

資料來源：作者攝於小港機場。

後　記

書寫本章的同時，令筆者回想起1985年底發生於台南新營上空的一件軍機互撞慘案。當天也是個晴朗的好天氣，而事件發生的地點，就在筆者自家上空，也因此目擊了當時整個互撞失事的慘烈情形。

空軍官校「中興號」教練機因偏離航道撞擊了當時正編隊返場中的一架F-5E戰機，轟然巨響中，教練機瞬間瓦解，帶著火焰的碎片如雨飄落，F-5E則成爲一團火球以拋物線向下墜落，猛烈的黑煙及殘骸碎片滿布整個天空，像極了大災難來臨時的恐怖。兩架飛機中，教練機上的兩位飛行軍官在爆炸的當時立即身亡，而F-5E戰機在被撞擊的剎那，飛行員因彈射座椅被引爆彈出而逃過一劫，但也深受重傷，地面民衆無人傷亡，只有些許房舍受到波及，算是不幸中之大幸。這起總共兩死一重傷的空中互撞事件，讓當時還是高中二年級的筆者震駭不已，也深刻體認飛航管制與飛安的重要性。

航空維修安全

2002年5月25日，一架華航CI611班機，波音747-200型客機，自桃園國際機場飛往香港途中，由於該機先前降落曾經意外撞壞過的傷痕未照規定完善修護，導致在高空壓力下金屬疲勞，裂隙迅速擴大，於澎湖馬公外海空中解體墜海，機上二百二十五名乘客及機組員全數罹難。

飛機維修（如圖6-1）是航空系統中不可或缺的組成要素，隨著科技進步，飛機設備可靠性提高，技術因素引發的安全事故大大減少。相反地，人爲失誤導致的不安全事件卻直線上升。飛機修護是航空安全中的一環，維修人員工作同樣面臨著時間、空間的急迫及壓力，一旦發生人爲疏失，便有可能造成嚴重後果。

全球空運的成長及商業航班迫切的需求，使民航機的使用率倍增，航空公司爲了要達成準點率的要求，維修工作的壓力也隨之而來，不僅導致人爲失誤機率的增加，隨之而來將可能造成整個航空安全體系的瓦解。

美國波音公司統計1996年至2005年間全球民航噴射機有55%的飛機失事是由於人爲因素引起，其中共發生四次因維修因素導致

圖6-1 飛機維修——發動機內視鏡檢查

資料來源：遠東航空提供。

的全毀失事，占總失事次數的3%，其中維修人爲因素是最大的主因。另依據ISASI（2002）的統計，1977年至2001年因維修疏失導致的大型客機失事總數有四十四件，共造成二千二百人死亡。而美國兩次太空梭失事——1986年1月28日挑戰者號及2003年2月1日哥倫比亞號，總共造成十四位太空人罹難，亦歸因於維修人爲因素。

傳統上，飛航安全大部分指向飛航組員人爲因素的表現，或者少數的飛航管制員。但從近年來許多失事案例及研究發現，檢查及維修飛機的機務人員也是人爲因素重要的一環。

1988年以前，政府、航空業界及社會科學家便指出，維修工作是影響飛安的重大因素之一。學者亦指出：「……39%的廣體客機失事事件導因於航空器系統及維修工作的瑕疵，連帶發生的機師失誤，使飛機的問題緊跟著來，如此環環相扣。」

第一節　機務維修作業概況

機務維修人員是指在地面上擔任航空器機體、發動機及通信電子維護工作的人員，民航法上稱之爲「地面機械員」。機務維修是一項專業、高技術性的工作，其工作依地點有內、外勤之分。外勤工作範圍包括航空公司飛航之各航空站（外站），主要於停機坪從事飛行線（停機線）維護工作，停機線維護工作是指飛航前後檢查、每日或過夜檢查、過境維護及飛行前後檢查等，也就是飛行前後對飛機所做妥善的起飛、落地、過境檢查，以及加油、故障排除等作業，以符合飛安條件，飛機才能進行後續之飛行任務。另外，外勤人員對每架飛機做過夜檢查，則依過夜檢查卡逐條逐項執行當天的總檢查。有時亦需對其他代理之航空公司飛機做過境檢查、過境維護工作。

外勤機務維修人員於機坪之維修檢查程序（Ramp Maintenance

Inspections），依據下列四項規定：

1.維修手冊（Maintenance Manual）。

2.飛航日誌（Aircraft Logbook）：包括駕駛員對各項儀器反應之抱怨（Pilot Complains）、各項問題處理遭遇之困難、機械上長期遭遇之困難、已改正完畢之項目（Carry-over Items）、檢查時間限制等。

3.飛機外部檢查：包括機身、機翼、控制面（Control Surfaces）、尾翼、輪胎、起落架、燃料、油及水的滲漏等。

4.飛機內部檢查：包括座位、安全帶、布告牌、指示板、逃生設備等。

內勤人員則是在航空公司維護工場工作，負責飛機三、四級維護工作，亦即對飛機結構及系統依編列之工作項目做一次較重大之預防性檢查及必要修護，其中包括非破壞性檢驗（Non Destructive Inspection, NDI）、試驗量測或校準、航空器翻修（Overhaul）、航空器上每一部分均須試測及檢查、系統組（零）件之翻修與更新等。內勤人員就像是飛機的健保醫生，須從事電子、電氣、儀表、發動機、液壓附件、車床、機工、焊工、輪胎、零件補給及工程品管等工作。

航空器的維修工作難以劃分等級，各航空器原製造廠基於利益因素，也有不同之看法。但是基本上，依據一般性考量，可將航空器維修工作劃分為五個等級（如表6-1）。

第二節　飛機維修相關失事案例

因維修因素導致的意外及失事事件不勝枚舉，以下列舉國內外較為重大之事故，分析如後。

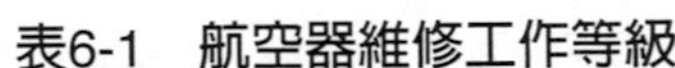
表6-1　航空器維修工作等級

維修等級名稱	維修內容	維修地點
A.停機線維護	日常檢查、飛行前後檢查、過境及過夜檢查等故障排除（Troubleshooting）。	線上維護
B.場站維護	時距較低之定期維護檢查（A、B CHECK）及飛行中發生之故障判斷及修理工作、部分附件自飛機上拆換工作。	場站維護
C.工廠維護	高時距之定期維護檢查及部分改裝工作，包含全機校正、各系統功能測試、結構件拆換等工作。	專業修護工廠
D.附件翻修	附件及零組件拆下執行分解、清洗、檢查、換件、組合並上試驗台檢測功能之工作。	
E.改裝或性能提升	航空器客貨機改裝或為提升其性能或為延長航空器使用壽限之重大結構修理改裝工作。例如： B-747之派龍架修改工作、41站結構加強工作。	

一、未徹底執行結構檢查

1. 1981年8月22日，遠東航空737客機於苗栗三義上空失事，機上一百一十人全數罹難。調查發現機身前貨艙底部鏽蝕廣泛，部分區域已有穿孔、脫層（剝蝕）及組織結晶等現象，又因長期機艙加壓造成材料疲勞裂損，經相互發展擴散而併發結構破壞及碎裂。
2. 1988年Aloha航空公司一架機齡十九年的B-737客機在夏威夷24,000呎的巡航高度發生前機身18呎長的蒙皮剝落，致使飛機緊急迫降，此失事事件造成一位客艙組員罹難，八名乘客嚴重受傷。NTSB發布的失事報告指出，在一連串鉚釘頭周圍細小的裂縫相加下，機身的接縫處開始失效，緊接著進入到大範圍的撕裂。此原因歸咎於航空公司的維修系統出了問題：「Aloha航空公司在檢測飛機重大拆解及疲勞性損傷存在的維修計畫時發生錯誤，最後因而導致接縫失效及機身上部撕離。」

報告中提到，結構檢查的程序是困難且冗長的，這種工作需有「身體、生理及心理上的限制」，大範圍及重複性的結構檢查應該發展自動化及其他科技，以「消除或減少這種人類與生俱來潛在的失誤特性」。

二、未考慮發動機維修程序的改變

1979年5月25日，美國航空DC-10於芝加哥歐海爾（O'Hare）機場起飛時，一號發動機及派龍架脫落，隨後墜地失事，導致二百七十三人罹難。

失事這天爲美國陣亡將士紀念日前的禮拜五，有二百七十一位旅客和組員在這架美國航空191號班機上。這一天爲美國史上重大的客機墜機失事意外。以下爲在1979年刮著大風的春天所發生的墜機意外經過：

191號班機的機長Walter Lux有二萬二千小時的飛行時數，駕駛DC-10有將近八年的時間。副機長爲James Dillard 和飛航工程師Alfred Udovich，他們都有二萬五千小時的飛行經驗。在下午2時50分，芝加哥的歐海爾國際機場許可該機滑行至32R跑道起飛。

起飛時駕艙和客艙似乎一切正常。然而在起飛滾行至6,000呎長時，歐海爾機場塔台的管制員發現飛機一號發動機派龍架的部分組件脫落，並且當飛機開始仰轉時，一號發動機連派龍架從機翼上方飛離，掉落在下方的跑道。在過程中，扯掉了左翼前緣縫翼（Leading Edge Slats）液壓管路。結果，液壓力開始慢慢降低並且前緣縫翼開始慢慢收回，飛機繼續正常爬升。

塔台管制員呼叫：「美航191，你要回場並要在哪一條跑道降落？」但並未獲回應，因爲機上組員都在關心這架損壞的飛機。機長按照美航的喪失發動機程序，抬高機頭並將飛機減速度。

機長操控右滿舵和副翼，這時飛機仍向左滾轉。在高度400呎、空速155浬的情況下，飛機垂直墜落。

失事報告顯示，當發動機脫落時，機長的顯示面板及兩套縫翼（Slat）協調系統並不知情。被切斷的液壓管讓左機翼的縫翼慢慢收回，並且增加左翼的失速。當飛機減速至164浬時，當右翼繼續使用仍在起飛狀態的縫翼產生升力時，左翼因發動機脫落及翼前緣縫翼收回使機翼的空氣動力外型變得異常乾淨。由於一邊機翼失速以及一邊機翼產生高升力，使飛機最後滾轉90度墜落地面。這場空難造成了地面兩人死亡，總計二百七十三人喪生。

美國國家運輸安全委員會在最後的失事報告中提到，由於維修引起的派龍架損壞導致派龍及一號發動機脫落。報告指出，航空公司沒有考慮飛機結構改變的影響而修改搬動發動機的程序，以及維修工程師沒有告知工程單位就隨意修改這些程序。

三、發動機晶片感測器未密封

1993年5月5日，美國西方航空公司洛克希德L-1011客機在飛往巴哈馬群島首都拿索（Nassau）時，機上三具發動機因燃油耗盡熄火，飛航組員重新啟動一具發動機並返回美國佛州邁阿密國際機場落地。

NTSB報告指出，維修技師沒有在三具發動機中每一具安裝主晶片感測器的O型密封膠圈。這是自1981年12月修訂維修程序後，晶片感測器第九次沒有被密封的意外事件。

四、不當之修護動作導致金屬疲勞

(一)日航123空難

1985年8月12日，日本航空123班機波音747-100SR客機，搭載五百零九名乘客及十五名組員，從東京羽田機場飛往大阪途中，在距離東京約100公里的關東地區群馬縣御巢鷹山區附近的高天原山墜毀，五百二十人罹難，是全球航空史上單機死亡人數最多的第一大空難。奇蹟的是，有四名女性生還，包括一名未執勤的空服員洛合由美、一對母女以及一位十二歲女孩。此空難是肇因於1978年日航執行一項不正確的修護動作，使得金屬疲勞裂痕增加導致。

據日本官方的航空與鐵道事故調查委員會調查，該機自東京起飛十二分鐘後，在相模灣爬升時高度23,900呎，突然發生巨響，後機身壓力隔板破裂，導致垂直尾翼有一大半損毀脫離，並扯斷機尾的液壓管路系統，連帶使飛機的橫向及俯仰控制完全失效。機長決定回航至羽田機場，也預備迫降到美軍橫田空軍基地。但經過機長、副駕駛及飛航工程師的努力，仍無法讓飛機解除危機。飛機在8,400呎的高天原山墜毀，前半部撞山起火燃燒，後半部滑落山腰。此次失事導致機上五百二十四名乘客中五百二十人罹難。

調查人員指出，1978年6月2日該機在大阪的伊丹機場落地時曾損傷到機尾。機尾受損後，波音公司的維修員及日航的工程師沒有妥善修補機尾壓力隔板，正常需要二排鉚釘，但維修人員只是將損傷的部分補了一排鉚釘，所以增加了接合點附近金屬蒙皮所承受的應力，使該處累積了金屬疲勞現象，之後日航也沒有執行維修檢查以偵測這個裂痕。待經過一長串的起落後，該處的壓力隔板再也無法承受壓力爆開，造成四組液壓系統故障，導致機師無法正常操控飛機。

(二)華航525空難

2002年5月25日，一架中華航空公司CI611班機B747-200型，登記號碼B-18255，由桃園中正機場飛往香港赤鱲角機場，於台北時間下午3時29分墜毀於澎湖馬公東北方約23浬處海面。機上十九名機組員及二百零六名乘客全數罹難。

根據行政院飛安委員會公布該事故之可能肇因：

1. 根據座艙語音記錄器與飛航資料記錄器記錄、雷達資料、客艙地板通氣閥開關位置、殘骸分布情形與檢視結果，CI611班機接近巡航高度時，很可能因機身後段底部之結構失效而發生空中解體。
2. 該機於1980年2月7日在香港發生機尾觸地事件，該機當日以不加壓方式飛渡返台，次日完成暫時性修理後繼續飛航任務，後於同年5月23日至26日期間完成永久性修理。
3. 該機於1980年機尾觸地事件之永久性修理，未割除該機46段受損處蒙皮，且修理補片覆蓋之區域不足以重建受損部位之強度，不符合波音飛機公司結構修理手冊之規範。
4. 殘骸檢視時，於機身殘骸後段底部第2100站中段附近及S-48L至S-49L縱桁間，發現被修理補片覆蓋之蒙皮上靠近補片邊緣處有疲勞損傷，其中包含一長15.1吋之主要貫穿裂紋及與其相鄰之多處損傷裂紋。大部分的疲勞裂紋生長之起源點爲1980年2月7日事故航機在香港發生機尾觸地事件造成之刮痕處。
5. 由殘餘強度分析結果發現，事故航機在正常操作負載情形下，當裂紋長度超過58吋時，裂紋附近結構之殘餘強度已處於臨界極限。由加強補片上所發現的環狀磨擦痕跡，與斷裂面上的規則亮紋及鍍鋁層擠壓變形現象，本會相信該機於解體前，機身上存在一至少71吋，其長度足以造成機身結構失效之連續裂紋。

6.事故前之維修檢查皆未察覺該機於1980年結構修理之缺失及補片下之疲勞裂紋。

與飛航安全風險有關之調查發現：

1.華航之腐蝕預防及控制計畫因航空器之使用率較預期為低，導致檢查時間延遲，而華航之自我督察系統未能發現此延遲檢查之現象。

2.自1997年11月起，因B-18255機共有二十九項腐蝕預防及控制檢查項目，未依華航維護計畫及波音高齡機航空器腐蝕預防及控制計畫實施檢查，該機在未解決安全缺失之情況下運作。

3.民航局之查核計畫未能發現此排程逾期及華航維護系統之缺失。

4.結構修理之執行門檻並未考量修理、維護、施工品質及航空器使用人後續檢驗標準不同等變數。

5.檢視華航於2001年11月為執行B-18255結構修理評估計畫結構實施補片勘察，於2100站機身補片相片顯示污痕，該補片所覆蓋蒙皮可能有潛在之結構損傷。

6.事故前華航未完整記錄部分早期維修工作，致使該航機維修記錄不全。

7.1988年B-18255於實施期中檢查時，未在第一次結構檢查前清潔艙底區域之防蝕劑。

五、缺乏適當溝通與告知

1985年8月22日，英國Airtours航空公司一架波音737客機在曼徹斯特國際機場因發動機失效及著火失事，導致機上五十五名乘客罹難。

調查人員發現一號發動機（型式為P&W JTD-15）內九個燃燒筒中的一個在修護上雖然有遵照適當的程序，但是維修人員並沒有充分地告知下一次排定檢查前能正常使用的期限。飛機在起飛仰轉時，燃燒筒前半段彈出貫穿發動機罩，刺破機翼油箱控制面板並使飛機起火燒毀。

六、發動機組件金屬疲勞

1989年7月19日，美國聯合航空DC-10型客機在愛荷華州蘇市（Sioux City）墜地失事；1995年6月8日超值（ValuJet）航空DC-9客機在喬治亞州亞特蘭大Hartsfield國際機場因發動機失效失事。在蘇市的失事，二百九十六名乘客中有一百一十二人罹難、四十七人重傷。在亞特蘭大，六十二名乘客中有一名重傷。

兩件失事中都牽涉到具關鍵性的發動機轉動組件失效問題，這些組件隨後發現有金屬疲勞引起的缺陷，而且之前在製造及修護檢查時都沒有發現這個缺陷。

其中，1989年7月19日的例子是：

一架美國聯合航空第232次班機DC-10客機由丹佛飛往芝加哥，當飛機在37,000呎高空巡航時，位於機尾的2號發動機發生爆炸，隨即機上三套液壓系統全部跟著失效，所有的液壓與液壓油量表全部歸零，飛機所有的控制面，如：副翼、升降舵、襟翼、水平尾翼等立刻失去了控制。飛行員利用左右發動機的推力差來控制飛機，增加左發動機推力使飛機右轉；增加右發動機推力使飛機左轉；收兩個油門下降；加兩個油門上升。當時飛機上正好有名乘客是DC-10客機的檢定機師，他也馬上主動到駕駛艙協助，負責控制油門手柄。飛機在航管人員的建議下，決定在途中的愛荷華州蘇市機場降落。最後該機對準一條已經關閉而且只有6,600呎長的22跑道。在落地前一刻，機頭下沉，右翼著地，以空速215浬迫降在跑道上偏左的位置。機身向右側滑後翻滾爆炸起火。

這起空難中，由於駕駛艙組員的努力，機上二百九十六人有一百八十四人生還，生還的乘客中甚至有十三人毫髮無傷。另外，飛機在地面翻滾時，有些人由破裂的機身中被拋落到跑道旁，並於事後自行走回現場。

三個月後，2號發動機的其中一組風扇葉片被人在郊區發現。六個月後，一位農人在農地發現了該發動機掉落的一部分葉片盤。

在檢視所有的殘骸後，NTSB 認爲造成這起空難的主要原因在於2號發動機葉片盤上的一個小缺陷，這是在該發動機葉片盤製造時就已存在，日積月累引發金屬疲勞，導致發動機第一級葉片盤破裂並高速爆開，碎片切斷了1號及3號液壓管，而劇烈的震盪也切斷2號液壓系統。

NTSB 認爲，聯合航空的發動機翻修廠在檢測機件時，沒有將人爲因素列入足夠的考量，以致於這片由奇異（General Electric）公司製造的第一級葉片盤，在已經開始出現金屬疲勞現象時，沒有被檢測出來。

七、發動機派龍架金屬疲勞

1992年10月4日，一架滿載的以色列航空747-200貨機從荷蘭阿姆斯特丹史基浦機場飛往以色列台拉維夫，起飛後六分多鐘當它爬升到6,500呎時，右翼兩具發動機突然斷裂並掉落在地面。飛航組員經過八分鐘的努力，卻無法讓飛機返回機場。飛機最後撞上一棟公寓大樓，造成全機三名組員、一名乘客及地面三十九人喪生。

調查發現，失事原因可能來自於3號發動機派龍（Pylon）保險螺栓金屬疲勞，導致3號發動機脫落，並順勢扯掉旁邊之4號發動機及派龍架，部分前緣襟翼受損，飛機操控受限，以致在返回機場落地前便已失事墜毀。

八、未按照維修手冊安裝

1990年6月10日，英航BAC1-11客機從英格蘭伯明罕（Birmingham）國際機場飛往西班牙馬拉加（Malaga）的航路中發生重大意外。當飛機高度於17,300呎時，駕駛艙發出轟然巨響，在起飛前才剛更換過的駕駛艙左風擋玻璃在空中飛脫，駕、客艙立即失壓，機長被打開的風擋缺口吸出上半身，兩腳盤勾住了駕駛盤，導致飛機急速下墜，此時副駕駛突然要在危機中獨當一面，就在副駕駛把飛機飛往英格蘭的南安普敦（Southampton）機場落地時，其他組員把機長抱住讓他保持在飛機上。飛機最後安全落地，機長重傷送醫並奇蹟似地生還。

調查人員查出更換風擋玻璃的夜間值班維修經理在這航班前一晚的夜班當班時，只憑目測而錯用比維修手冊規定還小一號的螺栓，將其安裝在風擋玻璃的九十個固定點上，導致此事故。

九、未遵照標準作業程序

1991年9月11日，由大陸快遞（Continental Express）公司經營的Britt航空Embraer120飛機在靠近美國德州鷹湖（Eagle Lake）時空中解體失事，造成十四人罹難。NTSB在失事的期末報告中指出，這架飛機的水平安定面前緣在空中飛離，導致安定面過度俯仰，隨後解體。

報告中指出，可能的原因是大陸快遞公司的維修及檢查員在移動及更換水平安定面除冰罩時，沒有遵守標準作業程序。

十、勤務人員疏失

1996年10月2日，秘魯航空（AeroPeru）波音757客機從秘魯首都利馬（Lima）飛至智利首都聖地牙哥（Santiago）航路中失事。飛機在起飛幾分鐘後，副駕駛以無線電告訴利馬塔台，飛機有緊急狀況，飛航組員報告說機上沒有空速及高度指示。飛機最後墜入太平洋，機上七十人罹難。

調查人員指出，地勤人員在清潔飛機時把動靜壓系統的靜壓口用透明膠帶貼上，飛機起飛前沒有把它撕掉。

十一、未按程序安裝金屬條

2000年7月25日，協和號客機在法國巴黎附近墜地失事，機上一百零九人及地面四人罹難。法國失事調查局（BEA）在失事的最後報告中指出，在協和號起飛的前五分鐘，同一跑道上一架美國大陸航空DC-10客機的渦扇發動機反推力裝置整流罩掉出了一個磨損的金屬條（Metal Debris），當協和號客機於跑道上滾行起飛時，由大陸航空客機掉落之磨損金屬條刺破協合號客機主起落架的一個輪胎，輪胎碎片高速撞擊機翼油箱導致油箱破裂，1號及2號發動機失去推力造成失事。

調查人員指出，自DC-10上掉出的這片1.5呎（0.5公尺）的金屬條是2000年6月11日在以色列台拉維夫的「以色列飛機工業」公司執行C級檢查時安裝的，當時並沒有按照製造廠家的程序製造及安裝。而之後的維修工作，大陸航空的機務人員並沒有發現不符合的情形。

BEA調查員亦指出，法航的修護技師在2000年7月定期的維修工作上，沒有正確地安裝左主輪輪軸（Bogie），這是法航的維修技師第一次更改協和號客機的輪軸。然而，維修技師並沒有使用製

造商的修護手冊或手冊上記載的特殊工具，因此在兩組剪力螺栓中缺乏足夠空間可以安裝新輪軸，因為空間的限制，輪軸只能緊靠著往兩邊移動，完全不合煞車系的液壓管路。BEA指出這些不合之處，雖不會直接導致失事，但是已責成管理當局對法航的維修程序重新審查。

十二、主輪輪胎胎壓不足，未作妥善處理

1991年7月11日，奈及利亞航空DC-8型2120班機，自沙烏地阿拉伯吉達國際機場起飛時，由於左主輪輪胎在滾行時爆胎，飛機離地後，飛行員在收起落架時，輪胎上的殘留物起火燃燒，造成左主輪艙失火，艙壓失效，液壓系故障，結構損壞導致飛機失控，造成機上組員及乘客二百六十一人全部喪生。

調查指出，左起落架1號主輪爆破與2號主輪輪胎低壓（3、4號主輪也有可能低於標準）為此失事的主因。在飛機起飛前三十分鐘，同乘的機務員在所有乘客都已登機完畢，發現左起落架內側2號主輪輪胎胎壓不足，需要補充氮氣（維修記錄顯示胎壓自7月7日以後就未曾使用胎壓計測量過）。當時一位機坪督導表示他開車載機務人員到支援單位申請氮氣，但是支援單位回答氮氣已經用完，唯一有氮氣的是沙烏地航空的維修單位，但是地區經理說了一句「算了」，因此對於飛機輪胎壓力不足，未採取任何改善措施。

此外，該公司方面主管曾暗示：「飛機妥善情況將納入人員後續聘用的主要參考依據」，而該機務維修領班為外籍人員，曾表示希望能就工作之便長期定居。另外，飛行員如果沒有收回起落架或者當發覺到飛機有不正常跡象而斷然放棄起飛，這起重大失事便可以避免。

十三、主匯電板故障

1998年3月17日，國華航空SAAB-340客機於新竹外海失事，全機十三人不幸罹難。原因之一歸諸於飛機飛行前檢查時，正駕駛和組員即發現主匯電板故障，起飛組員並沒有完全警覺到在右主匯電板故障時，多項系統將因而失效。

十四、發動機葉片斷裂

1994年10月25日，遠東航空MD-82客機於小港機場起飛後，左發動機風扇葉片斷裂，因擊斷進氣導片之震動，導致發動機進氣整流罩脫離，其產生之廢氣及煙霧經由空調系統進入駕客艙。飛航駕駛員於飛機持續間歇性抖動情況下急欲落地，但判斷及操作失誤，飛機進場高度過高、速度太快，超越跑道一半以上才落地，煞車不及衝出跑道，造成失事。

國內其他與機務維修相關之飛安意外事件，諸如：

1.1998年3月20日，復興航空松山往高雄航班GE555，飛機起飛後引擎整流罩自該機上掉落，飛機安全返降松山。事後調查發現因前一日執行該機之A級檢查，當時測試用之液壓車管路破裂，頓時液壓油噴灑四處，爲避免液壓油漬噴灑至引擎，慌忙中放下引擎整流罩，次日，機務人員及飛行組員於飛行前檢查時不夠確實，未能發現鎖扣處於開啓狀態，而造成此事件。

2.1995年8月4日，復興航空台北往馬公航班GE503，飛行中無異常現象發生，於馬公機場落地後，機務人員實施過境檢查時發現1號引擎外側蓋脫落，並於松山跑道尋獲引擎外側蓋。經事後調查研判，爲機務維修人員實施飛行前發動機檢查後未將引擎蓋所有插銷式鎖扣扣妥所致，且飛行員飛行前檢查不確實，以致未能發現該狀況。

3.1993年12月15日，復興航空台北往高雄航班GE553，飛機進跑道前發現1號發動機滑油壓力指示爲零，其餘警告燈及滑油溫度皆正常，飛行員當時參考最低裝備手冊（MEL），認爲可繼續執行任務至高雄檢修，遂繼續起飛。飛機爬升至7,000呎飛行員發現1號發動機扭力儀表指針劇烈擺動後恢復平穩，數秒後又劇烈擺動，並聽到兩響爆聲及聞到濃煙味，此時檢查儀表滑油壓力爲零，於是飛行員關閉1號發動機，依單發動機程序返降松山。事後調查發現當時該機前一日原先停於機坪檢查2號發動機及加滑油，因調整機位，遂將飛機移至另一機坪繼續檢查1號發動機，於忙亂中發生機務維修人員於加滑油後未將滑油箱蓋復位的情形，而次日飛行前檢查不確實，未發現滑油箱蓋未蓋妥，因而造成此飛安事件發生。

我國交通部民用航空局亦針對國籍航空公司機務相關之飛安事件案例發布飛安指示，茲整理如表6-2。

表6-2　國籍航空公司機務相關之案例及飛安指示

時間	事件	經過
2006/08	飛機維護計畫臨時修訂後，未完成庫存件之清查，造成超過管制時限之庫存定期更換件誤遭取用裝機。	某國籍航空公司相關作業人員，於該機型之飛機維護計畫中定期更換件之管制時限臨時修訂後，因疏漏未發工清查庫存備份件之TSO（Time Since Overhaul），致使超過管制時限之庫存件誤遭裝機使用。
2006/08	航空公司維修人員（含委託維護人員）未遵照最低裝備需求手冊（MEL）及維護能力手冊（GMM）要求，於航機放飛前執行重複檢查項目。	某國籍航空公司航機因出現EICAS 故障訊息，維修人員依據MEL程序，完成故障延遲改正程序放飛後，經追查發現，部分外站委託維護簽放人員，未確實遵照MEL及GMM的程序要求，於每次放飛前執行相關檢查及飛航紀錄本的登錄作業。

（續）表6-2　國籍航空公司機務相關之案例及飛安指示

時間	事件	經過
2005/04	某航機於馬公機場落地後，機務人員執行過境檢查發現4號主輪軸蓋鬆脫。	某航機於執行完成主輪防滑煞車測試工作後，該機維修人員未確實遵照維護手冊規定執行第4號主輪軸蓋固定螺桿上緊動作，致該航機第4號主輪軸蓋之固定螺桿因振動而鬆脫掉落，造成此起主輪軸蓋鬆脫事件。
2005/02	未使用符合規範之程序及工具執行機體結構除膠工作，造成機體結構刮痕損傷，甚而造成金屬疲勞及惡化產生裂紋。	波音公司發布通告陳述二例B-747型機維修檢查時發現機身蒙皮接合處裂紋，其中一裂紋長達30吋。經金相分析後認定該裂紋起始自蒙皮之刮痕損傷處，其肇因為前次執行機身除漆工作時，使用不當的刮膠工具產生刮擦線痕，使該處蒙皮產生金屬疲勞，導致後續裂紋生成。
2004/10	拖機作業未確實遵守航空器維護手冊（AMM）等相關規定，造成地面安全事件。	某B737-800型客機在中正機場執行拖機作業，於滑行道上，拖車欲由原來後推改為拖行，於拖車與飛機分離時發生飛機自由向後滑行，至撞上該公司於滑行道上等待拖往機坪之另一架飛機始停止。本事件造成B737-800型客機左昇降舵及水平安定面結構嚴重損壞，被撞飛機駕駛艙左側結構受損。
2004/06	某航空公司747型客機因人為疏失，造成鼻輪起落架收起及鼻輪門觸地事件。	某架747型客機，於外站由國外委託維護公司在機坪執行液壓系統維修時，維修人員未能使用標準起落架安全銷，於執行起落架系統漏油測試時，造成鼻輪起落架不慎收起地安事件，鼻輪艙受損，2號與3號發動機外罩磨損與外電源接座受損。
2004/03	747-400型機，逾期執行D-check維護工作。	1. 某航空公司B747-400飛機執行D-check的日期，超過民航局核准五年內執行期限，雖然自我督察發現後立刻執行，但是未向民航局主動提報該機已逾期執行。 2. 檢討發生原因：依據過去飛機使用率，飛行時數均較曆日管制先到期，故當時電腦管制只以飛行時數管制，導致D-check維護超過核准五年內執行之曆日管制期限。
2004/01	維護計畫管理機能不足導致維護工作逾期執行。	某國籍航空公司將維護計畫以曆日管制之CPCP檢查工作併於以飛航時間為基準管制之定期檢查工作包內執行，後因機隊內特定航空器之使用率降低，以飛航時間為基準管制執行之定期檢查工作執行週期變長，而導致需以曆日管制之CPCP檢查工作逾期執行。

（續）表6-2　國籍航空公司機務相關之案例及飛安指示

時間	事件	經過
2004/01	國籍航空公司B747-400型貨機火警訊號，以致空中回航事件。	某B747-400型貨機自中正機場起飛後，因貨艙火警訊息及火警燈亮且無法排除，機長決定回航。飛機安全落地後，地面機械員確認該火警訊息為假訊號，檢查發現，造成原因為貨艙火警控制電路板潮濕所致。造成火警控制電路板潮濕之原因調查認為，該機於中正機場機坪裝卸作業時，正逢大雨，致貨盤上嚴重積水，並於裝上飛機貨艙後順勢流進電子艙內，最後導致此事件。
2003/12	某國籍航空A321型機，降落滑行時，鼻輪轉向失效事件。	某國籍航空公司一架A321型機，落地滑行轉彎時，鼻輪轉向無法控制，檢查發現鼻輪扭力連桿APEX PIN斷裂所致。
2003/11	過境檢查未依規定取下起落架安全銷，導致起落架無法收起而回航。	某架ATR-72型機，起飛後因起落架無法收起而回航，落地後發現起落架安全銷未取出，致起落架無法收起。
2003/08	未積極執行製造廠發布之警示技術通報，致飛航中駕駛艙內產生異味造成航機轉降。	某國籍MD-11貨機於飛航途中，飛行員於駕駛艙內聞到異味，且該機控制儀表板燈光異常，為確保安全，轉降至最近之機場。此事件肇因為MD-11面板燈光明／暗控制DIMMER因散熱不良過熱產生異味及失效。
2003/06	維護工作未考量人為因素防止人為疏失。	某國籍航空公司B737-800型客機於執行飛航任務時，駕駛員啓動2號發動機後發現，發動機短軸（N2）轉速表無指示，致使航空器必須拖回空橋修理。調查發現，N2無指示之真正原因為N2接頭未連接妥當。
2003/06	MD-11 FORWARD ENGINE MOUNT 裝錯螺帽	某架MD-11於執行發動機更換時，工作人員發現新發動機上的前固定基座裝上錯誤的自鎖螺帽（件號：NAS1805-14），立即更換成正確的螺帽。由於此兩件號之自鎖螺帽外觀尺寸近似，內牙規格相同，故容易裝錯螺帽。
2003/05	一架B747-400飛機起飛後，因2號發動機滑油指示減少返航。	某B747-400航機於起飛一小時後，發現2號發動機潤滑油量逐漸減少並降至6夸特，飛行員經與修管中心研商後決定返航；檢查後發現發動機附件齒輪箱內視鏡檢查堵頭膠圈斷裂，造成滑油滲漏導致滑油指示減少。

（續）表6-2　國籍航空公司機務相關之案例及飛安指示

時間	事件	經過
2003/05	兩架B747-400型飛機因主起落架感測器支架安裝錯誤，起飛後起落架無法收上，發生空中回航事件。	兩架飛機均曾於事件發生前一日執行過起落架減震支柱的維修工作，且均因維修疏失及督導人員未確實完成工作確認，致發生主起落架之離地感測器支架安裝錯誤，且維修人員亦未依航空器維護手冊執行起落架收放測試，導致翌日第一班飛機起飛後起落架無法收起之空中回航事件。
2003/05	因地勤代理人員作業疏失，造成某國籍航空公司貨機艙壁受損。	此事件之肇因為： 1. 散裝之鋼管類貨品未被妥善固定。 2. 地勤作業人員於交接班時未清楚交接作業進度，以致接班人員認為鐵管已妥善固定於貨盤上。 3. 作業人員未遵守該公司之裝載標準作業程序，未於承載鐵管之貨盤前、後方裝載貨盤作為緩衝。
2002/12	DHC-8-311型兩架飛機於一週內相繼發生單發動機空中關車事件。	兩具由P&WC新加坡廠翻修妥之事故發動機，經送回原製造廠加拿大P&WC公司執行拆檢鑑定，2002/07/19發現1號發動機傳動軸上之軸承受損位移，無法固定斜齒輪及順利將發動機動力傳達至附件齒輪箱，導致空中自動關車；2002/07/24 2號發動機之傳動軸斷裂，發動機動力無法傳達至附件齒輪箱，導致空中關車。
2002/10	ATR-72型機發動機空中關車及班機回航事件。	一架 ATR-72型機，於起飛時發生2號發動機空中關車，該具發動機經送修拆檢後，確認係燃油噴嘴裝置不當，導致噴油嘴反向偏離正常位置而造成部分渦輪葉片損壞及後續之發動機空中關車。
2002/07	B747-400型飛機因液壓油管磨破致起落架無法收起，空中回航。	一架B-747-400型飛機於起飛後發現左側機體起落架無法收起，致空中回航事件。經檢查後發現左側機體起落架輪艙內液壓油管固定架斷裂，液壓油管因振動磨破液壓油外漏，導致左側機體起落架無法收起。
2002/04	清艙作業誤觸釋放緊急逃生滑梯。	一架B-757型機，於委託地勤代理公司執行過夜清艙作業時，清艙作業員為便於鋪設電源線而擅自開啓左翼緊急逃生門，致該逃生門之緊急逃生滑梯充氣釋放。

（續）表6-2　國籍航空公司機務相關之案例及飛安指示

時間	事件	經過
2002/03	某B-747型貨機，執行起落架手柄測試，因未插入起落架安全銷，造成鼻輪起落架收起鼻輪門觸地，機身起落架解鎖位移。	某747型貨機，於機坪執行起落架指示系統測試，維修人員將起落架安全銷確實插妥後，於駕駛艙中操作起落架手柄，之後因故離開飛機。在人員離開期間，其合約航勤服務公司人員依一般離場飛機之程序移除該機起落架安全銷，並將安全銷直接放入收藏箱中，但未知會維修人員。維修人員返回該機繼續執行測試時，未再確認起落架安全銷位置，造成鼻輪起落架被收起，鼻輪門觸地，機身起落架解鎖位移。
2002/03	執行ELT更換工作時，錯誤扳動自動開關，啓動ELT自動發射約十分鐘，造成搜救系統作業困擾。	某國籍航空公司ATR-72型機，執行ELT定期更換工作時，工作人員因疏於閱讀該ELT上之警告標誌說明，不慎扳動自動開關，啓動ELT訊號發射。
2001/12	執行相關維護工作和清潔後未將STATIC PORT上之遮蔽物拆除。	該架飛機起飛前，飛機曾執行維修行動「備用高度／空速表動靜壓功能測試」在準備測試前該機右機身使用MASKING TAPE 黏貼覆蓋於動靜壓口執行測試工作，完工後工作人員未將MASKING TAPE拆除，堵塞覆蓋於動靜壓口，可能造成備用空速／高度表指示產生誤差。
2001/12	B747-400F型飛機發動機派龍後緣液壓艙門飛脫。	調查發現，該機曾於外站執行第4號發動機派龍後緣液壓艙區之故障檢修，執行飛機適航簽證之機務人員，未依照維護手冊程序將派龍後緣液壓艙門關上鎖妥。該艙門鎖扣之扣緊程序，機務人員僅憑藉過去之經驗和記憶來完成。
2001/10	某航空公司747-400型機，起飛滾行時自動駕駛異常的接合。	一架747-400型機起飛滾行時，當飛機加速超過V1後，自動駕駛異常的接合且飛機提前離地，該機模組控制面板曾執行廠商的服務通告以解決自動駕駛異常接合問題，但問題還是發生。
2001/07	某國籍航空公司BN-2型機，空速指示系統故障，經地面檢修後，仍因同系統故障二度放棄起飛。	一架BN-2型機執行滾行訓練時，左右空速表均無指示，放棄起飛，經檢查發現動壓管路之管夾鬆動，重新復位後並上緊，再次起飛時仍因為空速表指示擺動再度放棄起飛。調查發現雖將管夾復位上緊，並未針對動壓管路執行漏氣及可能堵塞之檢查，導致該系統內之水氣積存於管路內，使空速指示不穩定。

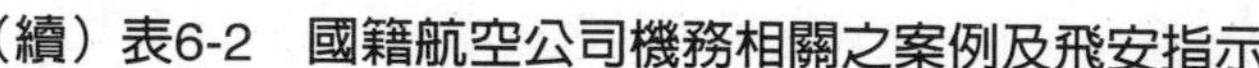

（續）表6-2　國籍航空公司機務相關之案例及飛安指示

時間	事件	經過
2001/05	機身結構鏽蝕。	某國籍航空公司MD-82飛機，於執行C-check檢查時發現後機身非加壓區（STA1380~STA1497）下段結構件多處鏽蝕，應屬列SDR項目範圍。
2001/05	某國籍航空公司A320型機，連續發生兩起左後門逃生滑梯（Slide Raft）解開（Unpacked）事件。	某A320型機，於落地後開啓左後門時發現逃生梯解開而掉落，工作人員欲拉回逃生滑梯時，造成其充氣展開而夾住工作人員，經緊急割破逃生滑梯洩氣後，始平安脫險；但於更換逃生滑梯後，相同位置又再次發生逃生滑梯解開事件。
2001/02	某國籍航空公司747型機，更換起落架下鎖致動筒後，起落架無法收起，造成放油回航。	某架B-747型機，執行過境檢查工作發現左機身起落架下鎖致動筒漏油，在授權人員的督導下由新進人員更換致動筒，但因組裝錯誤，起飛後發現左機身起落架無法收起而放油回航。
2000/11	主起落架門隨動鋼繩斷裂，造成左起落架門無法收起。	某國籍航空公司一架MD-11型機，落地後過境左主起落架門未關閉，檢查發現左起落架門鋼繩因鏽蝕而斷裂，致使左起落架門無法收起。
2000/08	MD-80型機降舵鉸鏈栓之固定螺桿鬆動。	某架MD-80型機於進廠執行C級定期檢查時發現水平昇降舵有數顆安裝昇降舵鉸鏈栓之固定螺桿鬆動，將會影響昇降舵之操控。
2000/08	MD-83型機於巡航飛行途中，空服員在客艙中段聞到濃厚電氣燒焦味，在嚴密監控下安降目的地。	某MD-83型機於巡行飛行途中，空服員在客艙中段區域聞到濃厚電氣燒焦味 ，且發現有一支日光燈不亮，檢查發現，客艙左側第22及23排上方有一支SIDEWALL日光燈管與燈座間有電氣火花燒焦現象。
2000/08	未確依核准之公司維護計畫，落實航空器檢查。	某航空公司直昇機執行飛行任務，飛航中副駕駛艙門突然飛脫，造成技術轉降。可能造成原因為艙門裝置未在定位所致。
2000/08	某國籍航空公司於執行上機身檢查時，因地面裝備故障，導致右側機身蒙皮破損。	飛機拖進棚廠後，維修人員將昇降梯平台車升高並登至機背欲執行遭遇冰雹檢查時，該車輛突然自動下降，維修人員搶救不及而觸及右側機身導致蒙皮破損。檢查發現限制電門進水受潮、線路短路而故障，經更換該限制電門後操作情況回復正常。
2000/07	飛行前故障檢修後未將電子艙門關妥，致起飛後而回航。	某國籍航空公司一架737型機，於飛行前檢查發現有故障，ERI修護人員檢修後，由於與APG人員工作交接不當，未將電子艙門關妥，造成飛機艙壓無法建立而回航。

（續）表6-2　國籍航空公司機務相關之案例及飛安指示

時間	事件	經過
2000/04	建立飛機貨艙裝載貨物固定維護程序。	某MD-90型機落地後過境檢查發現貨艙9G欄網均未安裝，此外中貨艙靠左後方之側隔板之固定螺絲孔破損而鬆開，及放置在前貨艙托運之兩具地面拖車用輪胎未予以固定。
2000/03	飛行前檢查未取下起落架安全銷，致起落架無法收起而回航	某國籍航空公司一架747型機起飛後因起落架無法收起而回航，落地後發現起落架安全銷未取出，致起落架無法收起。
2000/01	未依核准之公司維護計畫落實航空器及其系統、附件、結構、管路電線束檢查。	某國籍航空公司BELL-412型直昇機執行海上運補作業，返航時因滑油回油管喇叭口裂紋，造成滑油壓力下降，滑油溫度上升之不正常情況後，緊急迫降事件。
1999/12	未確實依據法規及公司作業程序規定，詳實評估AD、SB及原製造廠發布之維護需求。	某國籍航空公司因未確實依據本局核准之公司手冊所訂定之程序評估、管制並執行AD、SB以及Maintenance Review Board（MRB）及其Temporary Revision（TR），導致AD未於規定時間內完成之違反法規事件，使受該AD影響之飛機在不適航的情況下飛航，直到本局發現上述情況並通知改正始停機執行。
1999/12	加強原廠技術通報評估以及遵守ICAO ANNEX 6 Chapter8.5有關「後續適航資訊」之規定。	某航機降落松山機場後，發生左起落架減震支柱外筒自上扭力臂裝接座以下之後半部結構嚴重破裂損壞事件，該機進廠檢查時發現，本事件已傷及機翼發動機派龍蒙皮結構，必須執行更換起落架及結構修理。
1999/08	V-2500發動機反推力器移動板組件脫層。	某國籍航空公司於實施過境檢查時發現反推力器右側移動板組件之消音板有脫層現象。
1999/08	某國籍航空公司MD-11型機，降落機場滑進停機坪時，左鼻輪脫落，輪軸受損，造成意外事件。	該鼻輪在裝機時，由新進人員執行，未攜帶工作單，督導領工疏於督導，致左鼻輪襯環（Spacer）漏裝，而導致左鼻輪脫落。
1999/08	某國籍航空公司V-2500型發動機發生Surge造成高壓壓縮段受損事件。	某國籍航空公司V-2500型發動機發生三次空中放砲及兩次空中自動關車事件，經發動機原製造廠（IAE）所做之分析報告顯示，其中三次事件已確認為材質及製造產生的問題，且已發布技術通報改善。
1999/08	某B747-400型機實施輪艙防腐防鏽劑（CPCP）清洗時，造成飛機地面火警事件。	清洗人員未依工作單卡提領適當的清洗溶劑，使用高危險性之清洗溶劑、使用不當的清潔方式，造成溶劑滴落滿地、使用不當之燈車及不當之電動馬達噴灑器產生高熱，溶劑滴落接觸引起火花。

（續）表6-2　國籍航空公司機務相關之案例及飛安指示

時間	事件	經過
1999/08	某國籍航空公司MD-11型機，降落機場滑行時右鼻輪幾乎脫離起落架輪軸，造成意外事件。	該鼻輪在工廠完工組裝時，因工作人員未依公司規定程序施工誤裝鼻輪外軸承，誤裝之軸承無法承受負荷，進而受損導致右鼻輪幾乎脫離起落架輪軸。

資料來源：交通部民用航空局飛安公告，作者整理。

第三節　導致失事之維修因素

一、維修人為因素

(一) 維修人爲失誤

◆維修人為失誤統計

1988年Aloha Airlines Flight 243班機位於24,000呎的巡航高度時，18呎的機身蒙皮突然剝落，迫使機師緊急迫降，此意外造成一位客艙組員死亡；經過NTSB的失事調查，將失事的肇因歸爲該航空公司的維修系統管理出了問題，並首次提及維修管理的實行能力之良劣，是影響維修效能及飛航安全的重要因素，因此，航空公司甫警覺到維修和維修人員（ATMs）是造成飛安事故的潛在因子，至此才眞正開始重視維修人爲因素的議題。

相關研究指出，人爲維修失誤經常發生。全球民航機20%～30%的渦輪發動機空中關車事件，歸因於維修失誤，估計每次關車的損失超過五十萬美金。美國航空業單單這些維修及地勤人員失誤，每年就要損失十億美元。

歐洲一份1996年至1999年飛機簽派及維修安全計畫的研究，調查了航空維修技術人員（Aviation Maintenance Technician, AMT）的工作環境及習慣。這個研究由歐盟提供資金，並與愛爾蘭都柏林的Trinity大學共同合作。在二百八十六位維修人員的調查中，有34%的人表示他們使用維修手冊規定外的一種方式來完成維修工作，10%的人在執行工作時有遵照手冊但卻沒有查閱。

美國的研究也有相同的發現，位於堪薩斯Wichita州立大學的美國國家航空研究所的研究，調查了維修人員對維修文件的正確性及使用性，當問及他們是否同意「在執行一項程序時，維修手冊敘述的是最好的方式」，其中有62%，三百七十七位受訪者表示他們用他們自己認爲的方式來完成一項程序而不按照手冊上所寫的方式。維修人員在調查中也表示，他們使用的手冊來自於不同的製造商。

2001年澳洲運輸安全局（Australian Transport Safety Bureau, ATSB）對維修人員的調查中就指出，經常發生的失誤包括安裝不正確及使用錯誤的零件，以及在修護工作時忽略某些步驟。

ATSB調查「高承載」（High-capacity）（高承載指的是營運的飛機機位在三十八人座以上者）的航空公司維修作業三百四十件失誤事件，大部分的事件發生在當地時間03：00、10：00及14：00左右。比較起來，有高承載飛機航空公司的維修人員大多在10：00及14：00工作。然而，調查結果發現，當把這個結果對照目前的維修人員數量，很明顯的，一天當中凌晨比其他時間較有失誤發生的可能。

◆維修人員常犯的十二項人為失誤

飛機維修人員在維修飛機時，隨時都有可能犯錯，以螺帽與螺栓爲例，拆卸方法只有一種，但組合時卻有四萬種方式可能出錯（如圖6-2）。

圖6-2 螺帽與螺栓的組合

1995年加拿大運輸部召開的研討會中，針對維修人員常犯的十二種錯誤進行探討，並研擬預防改善措施，以作爲日常工作改善，並提醒修護人員經常保持高度警覺。

這項計畫是由維修人爲因素（Human Performance in Maintenance, HPIM）計畫所發展出來的，HPIM的發展是特別回應1989年3月10日在加拿大安大略省Dryden市發生一架Air Ontario航空福克28型客機失事的調查建議。這架飛機從Dryden市政機場29跑道起飛後撞到962公尺的地障，飛機全毀，機上六十九人中有二十四人罹難。這是除了維修失誤外，類似Aloha航空失事一樣逐漸受到重視的議題中，非常有名的一起失事。Dryden失事調查最後使得航空公司及管理當局經常用來對有關結冰安全的關切方式產生重大改變。

依此計畫，加拿大運輸安全部訂出十二項因素——維修人員經常犯的十二項人爲失誤（The Dirty Dozen），對已經完成HPIM訓練而在線上工作的員工而言，這些因素以漫畫圖畫的方式，列在海報上可隨時提醒員工。

加拿大運輸部所提出的十二項維修人員常犯的人爲失誤爲：

1.溝通不良：缺乏明確的直接陳述及良好的積極傾聽技巧（如圖6-3）。

2.自滿大意：自我滿足加上喪失對危險的警覺（如圖6-4）。

3.專業知識不足：對現有工作缺乏經驗與訓練（如圖6-5）。

4.分心：轉移注意力，或有精神與感情上的困擾及不安（如圖6-6）。

「晚班人員：蓋板雖然尚未復原，但我想白班接班人員應該會把蓋板的螺絲上妥吧！？」

圖6-3　溝通不良

「維修人員：那個地方我至少檢查過一千次，從來沒發現過任何問題，不會有問題的！」

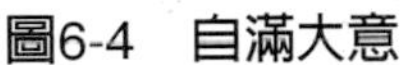

圖6-4　自滿大意

「維修人員：這已經是被弄彎的第三根了，到底怎麼回事？」

圖6-5　專業知識不足

「維修人員甲：喲呵！你太太的電話！」

圖6-6　分心

5.團隊合作不佳：缺乏達成共同目標所應有的協同合作（如圖6-7）。

6.疲勞：勞動或工作所造成之疲倦，神經質的耗弱，暫時喪失反應能力（如圖6-8）。

7.資源不足：未能使用或取得現有工作所需之適切工具、裝備、資訊及程序（如圖6-9）。

8.工作壓力：在並無勝算的情況下，急欲完成某事，致產生急迫感（如圖6-10）。

「我以爲你要飛機向右轉！」

圖6-7　團隊合作不佳

「維修人員：終於上完這『全天班』了！」

圖6-8　疲勞

「維修人員：左滑橇沒有庫存了，所以我想裝個浮筒，這樣做應該行得通吧！？」

圖6-9　資源不足

「機長：快點！不然班機又要延誤了！」

圖6-10　工作壓力

9.缺乏主見：對自己的主張、期望及需求缺乏正面溝通（如圖6-11）。

10.心理壓力：精神上、感情上或身體方面的壓力，緊張或苦惱（如圖6-12）。

11.缺乏警覺：在觀察時未能保持機警或警惕心（如圖6-13）。

12.積非成是的慣例——自訂工作標準：在執行例行工作時，未使用手冊而被普遍接受的不當做法（如圖6-14）。

「維修人員：飛機漏油！」「老闆說：飛機是我的，而且那不是嚴重的缺失，沒關係！」

圖6-11 缺乏主見

試車時，維修人員心不在焉的想著：「我們剛才弄壞了一架飛機！不知道會被扣薪水？還是吃官司？」

圖6-12 心理壓力

「所有的規定都說：滅火器要裝置在容易拿得到的地方。」

圖6-13 缺乏警覺

「別管維修手冊怎麼說！大家都這樣做，而且比較快！」

圖6-14 自訂工作標準

HPIM當初規劃是想要做出每個月可以輪流在修護場所展示的十二項因素海報，目的是保持維修人員對人爲因素的警覺，這就是爲何要提出十二項而不是十三項的原因。

上列十二項因素中，每項因素背後都有一起以上的失事案例引以爲鑑，以溝通不良導致失事的案例爲例，交接班的修護人員對工作狀況不當的溝通，使得1991年9月11日，一架美國大陸快遞Embracer EMB-120客機從德州Laredo到休斯頓飛行途中發生空中解體，機上十四人全數罹難。

NTSB指出，這架飛機的水平安定面前緣在空中脫離，失事的原因是：「大陸快遞維修及檢查人員沒有遵守這架飛機正確的水平安定面防冰罩維修及品保程序，導致部分牢固的左水平安定面前緣在空中快速飛離，飛機機鼻立刻朝下超過下傾角並且解體」。報告中指出，在工作交接時，接手的機務人員沒有被告知正在執行防冰罩修護的工作，包括已經從水平安定面的左前緣配件頂端拆下螺桿。

(二) 欠缺溝通與瞭解

維修人員常犯的溝通心理障礙有三：

1.頭腦預置（Mind Set）：事先將腦內的思維設置於某種預定的任務。例如：將修護程序選擇設置於預想的範圍而非手冊上的規定。

2.心智盲塞（Mental Constipation）：心智偏向於例行習慣的動作而拒受外界訊息的變異。例如，例行習慣性的修護動作不會因外界資訊的更新而改變。

3.專業本位：自我的專業優越及固執己見，拒絕外來的建議及改進。很容易因看不見的盲點而犯錯，卻仍渾然不知。

這些溝通不易的問題，長久以來一直存在航空的維修體系當中。

研究報告顯示，維修人員通常無法全盤瞭解公司的政策及目標，如此一來也就無法瞭解自己所應扮演的角色。

社會科學和管理者的參與，在航空維修中已變得十分重要。1995年Maurion以及他的同事從系統思考和組織分析的角度，瞭解並預防航空事故的再發生，他們強調在複雜的系統中擁有適當的資格以及正確觀念的重要性，他們認為個人發展在受到限制時，其表現可能是不佳的，因此需要和別人交換資訊並重視其他人的意見。

(三)維修人力

維修人員不足也是引起維修失誤的原因之一。FAA在其「航空維修及檢查人為因素」策略計畫中，引用美國航空運輸協會（ATA）的統計，顯示出1983年到1995年美國最大航空公司的旅客延人里程成長了187%。在同時期，維修的成本增加187%，航空公司的飛機數目增加70%，然而，航空公司僱用維修人員的數目卻只增加了27%。很明顯的結果是，航空維修人員必須提高效率來與增加的工作量互相配合。

二、維修文化

(一)指責文化

機務維修人員因其專業的技術本位（Craftsmanship），常會有一種恃才傲物（Pride of Workmanship）的特性，雖然是一個工作上的群體，但是仍然與航務部門飛航駕駛員的個人主義及平等主義非常類似，因為有這些特性，機務人員在溝通上留下很多改善的空間。

個人主義和自我意識會限制信任別人的能力。飛機修護所引起的不信任氣氛使得不願相信別人更形嚴重。這種氣氛就是研究人員及維修專家所指的「指責文化」。也就是，假使你承認錯誤的話就會被處罰與指責。因此，錯誤不會主動被報告。通常機務人員還會有額外的考量是，報告一項錯誤將會導致任何維修程序的改變、工作量增加或使失誤的情況更加惡化。

這種指責文化並不是航空維修上所特有的，在1990年代中，人爲因素的研究人員發現類似的文化也存在於美國航太總署甘迺迪太空中心準備太空梭發射的人員身上，工作人員認爲只要被人發現錯誤將會被停薪。

ATSB調查發現，在飛機已損壞的意外事件中有88%呈報給官方，但是半數較不嚴重的意外事件（包括錯誤已經被偵測出及改正過）並沒有報告。調查中指出，沒有被報告的一項原因即是這種指責的文化。

現在的安全習慣總認爲意外事件及失誤是用來辨認及消除安全威脅的機會。像這種意外事件經常不報告的文化，有潛在的安全風險存在。

要改變航空維修組織文化，必須具備正確的觀念與作法，包括：(1) 系統是在個人之上，但是透過人員的溝通合作就會成功；(2) 溝通技巧的訓練會使個人受益；(3) 強而有力的組織文化需要高階管理者和工會的支持；(4) 將航空安全視爲組織文化的一部分，則安全性可大幅改善。

實際上航空維修文化的改變，需要採用系統思考和組織文化的變革，包括管理行爲的改變、組織結構和工作態度的改變、公司策略和政府政策的改變以及價值觀的改變，以上這些都需要人與人之間的溝通與合作。

(二)「黑書」文化

機務人員經常使用一種個人蒐集的技術資料，以及執行例行修護工作的捷徑——稱為「黑書」（Black Books），這些「黑書」在世界大部分國家的民航法規中是不合法的，其中部分的原因是因為沒有辦法追蹤控制這些筆記本是否包含目前最新的技術資料。

幾乎每一個在飛機或其修護工廠工作的人員都可能有一本「黑書」，這是目前維修現況中，對於工作及維修場所不易取得厚重的修護手冊及一些無法在手冊上找得到的維修資料或經驗，而保有自己記錄下來的規範。這種遊走在法規邊緣的作法，航空公司管理階層及民航主管機關應予正視，並設法督導及解決。

三、維修工作環境

飛機維修工作的環境不良也是造成維修人為失誤的主因之一，茲依據英國民航局之研究歸納有以下幾項：

(一) 照明不足

飛機維修工作很重要的是必須要有足夠的燈光提供維修人員檢查及修護，但在夜間機邊工作的維修人員通常只能靠著手電筒微弱的光源及航站部分的燈光做維修檢查，很容易在照明不足的情況下忽略許多重要的步驟及情境察覺。加拿大EMB-120客機失事調查發現，當班機務人員在夜間修護棚廠外執行右側水平尾翼防冰靴安裝及檢查時，棚廠內可提式燈光的拉線範圍不夠讓他在機邊來回移動，也就沒有看到已經拆下的左側水平尾翼防冰靴的螺栓，導致後來防冰靴的脫落失事。

(二) 噪音

機務人員常會遭受來自修護棚廠工作、發動機試車等間歇性的噪音干擾，這不僅造成人員溝通時的障礙，也會對工作人員的神經系統產生不良的影響，其中最嚴重的就是疲勞。

(三) 有毒物質

現今飛機結構使用如複合材料及密封油箱的密封劑以及化學品等危險物質的情況非常普遍，另外一些非破壞性檢驗方法（如X光）也有潛在的風險。機務人員應該被告知及訓練處理危險物質的危險性。航空公司也應提供如隔離衣、橡膠手套及護目鏡等防護裝備。

(四) 工作平檯及工作梯

工作平檯必須適合工作人員作業的高度，以避免疲勞發生。另外，因為飛機結構位置不同，維修人員有些時候必須站立在離地數十呎高的位置執行維修，若不小心自工作平檯或工作梯跌落，可能造成嚴重受傷。此外，也應避免在濕滑地面擺放工作梯（如圖6-15）。

研究證實，有效的溝通是確保良好工作績效的主要因素，缺乏溝通的公司，通常員工的士氣會比較低落，而且離職率較高。因此，溝通及協調變得相對重要。

圖6-15 機務人員維修之工作梯

資料來源：遠東航空提供。

第四節　維修失誤肇因與安全管理

一、維修失誤肇因

飛機修護錯誤（不當維修）不僅必須付出安全和經濟的代價，更是飛機失事諸般因素中的一環。根據1982年至1991年所發生的二百六十四件飛機全毀失事分析，發現其中因修護人員所產生的錯誤占了三十九件（約15%），造成一千四百二十九名乘客喪生，經統計分析其肇因分別如下：

1.修護人員未確實執行附件拆／裝所占比例約爲23%。
2.製造廠商維護／檢查錯誤所占比例約爲28%。
3.航空公司執行維護／檢查政策錯誤所占比例約爲49%。

根據一家發動機製造廠商資料顯示，發動機發生問題在意外事件中也占有一定比例，如：

1.20%～30%的發動機在飛行中熄火是肇因於修護錯誤，而每次熄火都會造成大約五十萬美元的損失。
2.50%的飛行誤點肇因於修護錯誤，而每延誤一小時便會造成一萬美元的損失。
3.50%的取消飛行也是肇因於修護錯誤，而每取消一次飛行便會造成五萬美元的損失。

截至目前爲止，似乎沒有人能夠確定到底維修錯誤因素占飛機失事／意外的正確比例，概估大約在6%～25%之間（或者更高），如果我們將這些百分比換算成生命及財產的損失，那就更嚇人了。

根據統計，最常見的飛機維修問題包括：

1.組成件安裝不正確。

2.裝置錯誤零件。

3.電氣線路缺點（包括接錯線）。

4.鬆散物件（工具等）遺留在飛機上。

5.潤滑不當。

6.整流罩，進入蓋板及折流板未固定。

7.燃油／滑油蓋及加油蓋板未固定。

8.起飛前未移除起落架地面插銷。

另外，因維修失誤而導致之飛安事件，以下爲眞實案例：

- 案例1：1991年，美國一架通勤飛機因停機線維修工作不當，導致失事，十四人死亡。
- 案例2：1992年，一架環球航空747客機因一故障組合件之無效修理，於紐約甘迺迪機場起飛時失事，飛機全毀。
- 案例3：1994年西北航空於日本東京機場落地時，因之前不當之檢查工作，造成飛機落地時發動機在跑道上拖行重損。
- 案例4：機務維修人員於檢查發動機時，遺留塑膠踏墊於發動機進氣道，以致飛機啓動後，踏墊被發動機吸入導致第一級葉片受損，停機檢修。損失費用：六百八十萬台幣，地停時間：2日，更換發動機。
- 案例5：一架B737-300加油完畢，油箱蓋板未關妥，飛航途中油箱蓋板不斷拍打前緣襟翼，飛機受損。損失費用：五萬美元。
- 案例6：2002年2月7日某國籍航空公司編號B-18709波音747-400型貨機清晨四點在貨運機坪檢修鼻輪起落架時，鼻輪起落架突然回縮，導致機首下傾，機務人員利用氣墊撐高機首時，又造成機身後傾，進而導致機尾昇降舵配平片被千斤頂刺穿，造成約20公分之破洞。

二、維修安全管理原則

(一) 安全管理原則

1. 不安全情況及失事事件，均爲管理系統中已存在某些錯誤之表徵。
2. 不安全的行爲是正常人對環境反應的結果。正常人所做正常事，在某一不正常環境下，往往發生失事事件。
3. 管理工作即在於使之引導至安全行爲之環境。
4. 關鍵在於管理程序中律定之責任歸屬。
5. 有效之安全系統，必須做到：
   (1) 強化督導功效。
   (2) 涵蓋中層管理。
   (3) 高階管理人員之承諾。
   (4) 使員工參與。
   (5) 有彈性。
   (6) 積極的認知。

(二) 飛安口訣機務篇

1. 守紀律，莫取巧。
2. 按程序，交接好。
3. 依手冊，確遵照。
4. 合作無間飛安保。

第五節　維修資源管理

為了解決維修人為因素問題，1980年代晚期，航空業界將社會心理學、組織心理學、工作社會學與人類學等學科，大量應用在航空器維修上，將以上的知識結合起來，稱為「維修資源管理」（MRM）。

美國聯邦航空總署對MRM的定義為：「使維修作業保持有效溝通與安全的一個過程」，而美國航空運輸協會則把MRM定義成「飛機及附件維修中，為增進安全及幫助維修人員預防失事及意外事件所發展及維持的一種維修人為因素計畫」。

另依據美國學者泰勒對於MRM的定義，有兩個比較創新的解釋：(1) 透過人力資源管理與合作來改善飛安；(2) 透過頻繁的溝通活動達到改善的目的。

也就是說，MRM不只重視航空維修技術人員或是其管理者之個人人為因素；相反的，MRM所關心的是整體人為因素系統，其中包含航空維修技術人員、管理者與員工，一起分工合作來提升飛安品質。維修資源管理的最終目的是要教導及強化所有人員朝向零失事的境界。

而維修資源管理訓練課程的設計，係透過工程師、經理與管理者之間開放與誠實的溝通，提出有關人為疏失與問題的解答。

維修資源管理訓練的目的，就是機務維修人員彼此共同協力工作，並運用可得到的資源來減少維修工作上所發生的錯誤，以提升安全。維修資源管理主要的實施內容包括：

一、溝通技巧

維修作業通常被歸類成非同時間的溝通，例如：修護手冊、備

忘錄、諮詢通告、適航指令、工作卡及其他非立即性的紙本。大部分的資訊傳遞是靠這種非口語的形式。因此，MRM需要這種獨特的非同步訓練。

二、人為失誤預防

維修人員失誤的結果通常不會立即顯現（潛伏的失誤），這會影響未來維修人員在實施失誤避免時的訓練方式。

三、安全文化的塑造

要改變航空維修組織文化，必須具備正確的觀念與作法，包括：

1. 加強溝通合作。
2. 溝通技巧的訓練。
3. 高階管理者和工會的支持。
4. 把航空安全視爲組織文化的一部分，則安全性可大幅改善。

另外，採用系統思考和組織文化的變革，包括管理行爲的改變、組織結構和工作態度的改變、公司策略和政府政策的改變以及價值觀的改變。

四、人為因素訓練

因爲知道會發生潛伏失誤的可能，MRM把大部分的重點放在航空維修作業組織的觀點。MRM強調社會及組織因素要納入在資源管理中，這比人因工程所關心的還更深入。

五、工作安全

除了強調人的情感狀態會影響人為的表現外，MRM也重視因維修工作地點及範圍所需要的人為技能，包括了勞工健康及工作場所的人體工學概念。

六、 人際關係與團隊合作

維修作業是結合分布在機棚、各自獨立、不同專業領域的一個大的工作群體。除此之外，維修工作可能需要許多專責部門（如棚廠、工作站、規劃部門、工程師、管理部門）共同完成。因此，MRM必須同時強調團隊內部合作的技巧。

七、情境察覺

相對於飛航環境而言，維修環境非常忙亂且變化緩慢。在情境察覺方面，機務人員必須有能力推斷在錯誤發生後幾小時、幾天及幾週後的結果。因此，情境察覺的教導必須量身訂做以契合模擬MRM特性的維修環境。

八、領導統御

組織內的管理階層或小組長通常扮演中間者的角色，維修主管不僅對內要熟練地處理單位內部的行為，也要對外處理不同單位間任何狀況下的維修問題，因為這些外單位可能因經歷及專業而有所堅持。因此，好的MRM計畫必須把對外的部分考慮進來。

CHAPTER 7

客艙安全

客艙安全涵蓋甚廣，從登機前的地面準備工作開始、旅客登機、飛機後推、滑行、起飛、航行、下降、落地後靠回空橋的每一個階段，客艙內所有的安全相關事項。因此，客艙安全，乃是一個領域的集合名詞，而非一項特定的功能。此一集合名詞代表於意外事件發生時，對整個航機內工作中之組員及乘客之存活與損傷降至最低之所有環節。且由於此特性，客艙安全之討論範圍涵蓋航空產業許多層面，無論是飛機設計、客艙配置、營運、客艙服務、維修、人員訓練與保安等，皆有涉及客艙安全的部分。故可謂：「客艙安全之目標乃在藉由將客艙內環境中之危險因子降至最低，以減低航機失事後對乘員所可能造成之傷害並提供乘員生還機率。」

依據加拿大運輸部（Transport Canada）對客艙安全之廣義解釋：「為包含機身之耐撞毀性（Crash-worthiness）、客艙作業（Cabin Operation）、人因（Human Factor）、心理（Psychology）、生活機能（Bio-Dynamics）、生理（Physiology）、人體工學（Ergonomics）及教育（Pedagogy）等範圍。」加拿大運輸部認為加強客艙安全之目的是為減少失事後之傷亡，並提供乘客與組員於機坪登機及航機運作時有一個安全的環境，包括客艙結構、出入口、座位排列、設備及人員之協助撤離等。

客艙安全所涵蓋項目有下列九項：(1) 生還因素；(2) 客艙緊急逃生程序；(3) 醫學病理；(4) 客艙結構及適航；(5) 消防搶救；(6) 保安（囚犯、劫機、爆裂物、危險品）；(7) 特殊旅客處理（急救、身心障礙旅客、滋擾、嬰兒、失能）；(8) 職災安全（藥物、衛生）；(9) 一般安全程序要求及處理（手提行李、電子用品、亂流）。

IATA安全報告指出客艙安全管理應包含下面六項：(1) 客艙設計及作業（Cabin Design and Operation）；(2) 裝備（Equipment）；(3) 程序（Procedures）；(4) 組員訓練（Crew Training）；(5)

人爲因素（Human Performance）；(6) 乘客管理（Passenger Management）。

因此，客艙安全之相關議題應包括：客艙緊急疏散、空中緊急醫療程序、客艙中非理性或粗暴乘客處理、幼兒安全設施、隨身行李規定、客艙乘客隨身電子用品規定、逃生門設計、氧氣及灑水系統的有效性、乘客身心因素及乘客教育、駕客艙組員聯合訓練、組員輪値調動、安全與服務對立認知協調、組員訓練課程設計、及意外事件調查等。

廣義來說，航空公司客艙安全作業重點，包含下列四項：(1) 緊急逃生——陸上／海上迫降；(2) 飛航中異常事件——客艙失壓、亂流、保安事件等；(3) 保安事件——劫機、爆裂物；(4) 異常旅客處理——如滋擾、酗酒旅客、急救及電子用品。

故不論從法規或對客艙組員的定義及要求看來，客艙安全確實爲客艙組員在訓練上的一大核心，不僅攸關每趟飛行的執勤安全，其重要性更顯露於突發狀況之危機應變處理。復加上近幾年劫機恐怖攻擊事件頻仍，航空公司更將旅客安全維護列爲首要任務，因此，安全教育及緊急狀況處理，在客艙組員的基礎訓練及年度複訓中都有吃重的角色。

依台灣飛行安全基金會統計，2005年國籍航空客艙異常事件統計「旅客生病受傷」有五百一十七件，比重約占40.3%，比其餘異常事件如：性騷擾、酗酒、使用電子產品；較2004年大幅增加14.8個百分點，傷病案例有逐年增加之趨勢（如**圖7-1**）。

按飛行階段區分，大多數事件發生於飛機巡航時，其次是登機時，故飛航中客艙巡視更顯重要。

另依據民航局飛安公告，有關客艙安全的案例尚包括：

1.某航空公司於航機完成C級檢查後，未配置乘客安全提示卡、緊急發報機飛航，造成違規事件。近期曾發生數起航機

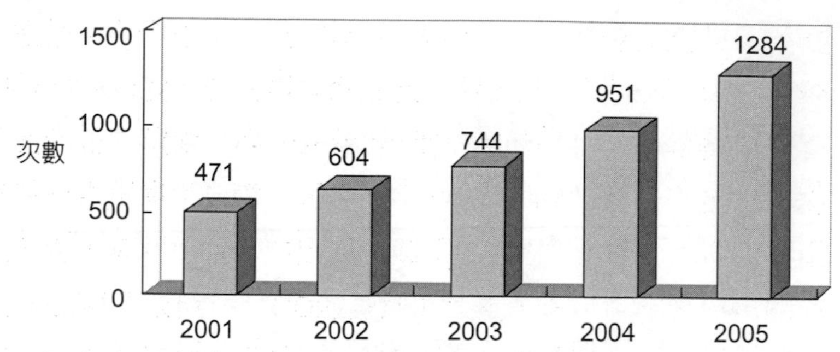

圖7-1 2001～2005國籍航空公司客艙異常事件統計

資料來源：飛安基金會，《飛行安全季刊》，第44期。

於起飛及降落時，未完成安全示範提示及客艙組員未就座案例，造成違規事件。經查由於飛航組員及客艙組員間之協調溝通不良，造成組員未確實依照標準作業程序作業，顯示公司未發揮整體系統面之運作、管理、整合及人員之訓練。

2.某國籍航空公司發生航機嬰兒乘載人數超過機載嬰兒救生衣數量，造成違規事件。經查該公司因電腦離場作業管制系統部分功能未趨完善，作業人員間之橫向協調溝通不良、組員不熟悉及未確實遵照公司發布之作業手冊作業等因素，導致違規事實。

3.某國籍航空公司由香港飛台北之班機，未完成客艙「緊急逃生示範」情況下飛機即行起飛。請確實遵守起飛前完成客艙「緊急逃生示範」之規定，以維護旅客之權益。本章以相關案例探討較為嚴重的客艙安全議題。

 第一節　客艙組員職責

在客艙中，客艙組員在客艙安全中扮有舉足輕重的角色，民航

局航空器飛航作業管理規則（2004）第一章第二條第十一項對客艙組員之定義爲：「由航空器使用人或機長指定於飛航期間在航空器內從事與乘客有關安全工作或服務之人員，但不能從事飛航組員之工作。」

國際民航組織（2002）亦指出：「所謂客艙組員是航空組員的一部分，其在飛機上所擔任的任務是廣泛的，除了於機上提供服務：如餐飲服務、免稅品販賣、客艙清潔及一般的醫務協助之外，尙包括乘客在緊急事件發生時的安全。」

客艙組員一般職責如下：

1.客艙組員應該根據政府及公司所規定有關起飛前、旅客登機、滑行、飛行中、落地後和組員換班的法規及標準作業程序。

2.當穿著制服時一切行爲舉止不僅代表個人的榮譽，還代表整個公司的形象在內，一般人會以客艙組員的行爲舉止來對該公司作一直接的評判。注意自身的形象，要時常提醒自己注意周圍的環境和責任，以良好的禮貌和替乘客設想的服務代表公司對外。

3.客艙組員需維護人、機及全體組員之安全，當客艙組員發現不正常狀況時，應立即報告機長，並等候機長命令。

4.客艙組員需隨身攜帶緊急及客艙組員手冊，並必須充分瞭解及熟背緊急程序，雖然緊急情況並非常有，但一旦發生時則非常急迫，也許已沒有多少時間再去熟習與瞭解裝備或基本的緊急程序。所以客艙組員表現必須穩重，因爲在緊急情況發生時，客艙組員的穩重可以排除乘客的慌張。倘若有必要疏散時，客艙組員要迅速把旅客安全的撤離。

5.當飛機遭遇事故迫降後，客艙組員第一件事是將乘客在飛機外集合聚集，清點乘客及組員人數，禁止乘客吸菸及再返回機內，並在專業人員到達之前，安撫受傷及情緒不穩的旅客。此外，不可以讓任何人移動飛機殘骸及貨艙行李；非經過公司上級的允許不可私自對外發布新聞，由公司公關室發布新聞；一切聽從機長指示，不可提及任何有關受傷及損壞的責任歸屬，更不要提及有關的任何賠償。

第二節　電子用品

一、相關案例

1993年3月，一架大型的飛機在達拉斯國際機場附近的巡航高度上飛行時，1號羅盤突然向右偏了10度，客艙組員對旅客是否使用攜帶式電子設備進行檢查，發現某位旅客剛打開了筆記型電腦，空服要求這位旅客關上電腦，1號羅盤回到正常位置，十分鐘後，組員要求旅客再次打開他的電腦，1號羅盤再次迅速右偏8度，隨後手提電腦被禁止使用，1號羅盤指示正常。

這是美國航太總署（NASA）在其航空安全報告系統數據中記載的一個典型事例。此報告中申明，全體駕駛艙成員認爲筆記型電腦對1號羅盤的工作產生不利影響，報告中總結：在沒能證實可能安全使用這些設備前，所有的航空公司應禁止旅客使用便捷式電子設備。

1993年1月，從丹佛到紐約的航班，飛機在巡航高度失去所有羅盤的準確指示。機長請客艙組員至客艙巡視，並要求所有旅客關上他們的電子設備。客艙組員回報，大約有二十五名旅客正在使用小型無線電收聽一場足球賽，另有一名旅客正使用手提電腦。五分鐘後羅盤仍不能使用，在第二次檢查中，客艙組員發現仍有人收聽無線電。機長立刻透過廣播系統要求所有使用電子設備的旅客關上各自的設備。九十秒後，羅盤指示正常。二十分鐘後羅盤又開始從正常偏離20～30度，機長再次命令旅客關上無線電，兩分鐘後，羅盤開始回到正常位置。從1986年2月到1996年6月，NASA的航空安全報告系統中蒐集了自願上報（幾乎全由飛行組員上報）的報告約六萬九千份，有兩份報告中出現了如「旅客電子設備」、「手提電腦」或「磁帶播放機」（CD隨身聽）等詞，其中五十二份（約占總數的0.008%）是飛行組員懷疑旅客使用的攜帶式電子設備干擾了航空器系統。不正常的儀表讀數在攜帶式電子設備關上後又回到正常讀數，這種情況幾乎占報告的一半。最嚴重的情況是當攜帶式電腦再次打開，問題又重複出現。

根據美國航空無線電技術協會收到的三十三起報告中，有六起存在打開—關上—打開攜帶式電腦設備會產生影響的事件。應該說，在機上使用攜帶式電子設備，在特定條件下會對機載電子設備的正常工作造成嚴重干擾，這方面的證據已經十分確鑿。美國的航空無線電技術委員會於1988年9月發布了一個建議：即禁止在起飛和降落期間使用攜帶式電子設備。所闡述的理由是：減少航空器電子設備干擾的可能性，同時也可減少攜帶式電子設備在飛機中的反射波對旅客造成傷害的機會，以及防止旅客將注意力放在攜帶式電子設備上而忽視安全簡介。

二、攜帶式電子設備對飛機的影響

攜帶式電子設備發出的電磁訊號可能會干擾航空電子系統，特別是對無線電導航和通信設備。同時，飛機的鋁製機身會對反射信號起屏蔽作用，增加航空電子設備的敏感性。攜帶式電子設備發出的信號可透過天線、電線或直接與航空電子設備產生耦合。某些專家認爲，應採取措施消除航空電子設備多種受干擾的問題，系統應設計成具有良好的抗攜帶式電子設備干擾的能力。

一般情況下，受影響的航空電子設備生產廠商有責任將抗干擾性設計到他們的產品中，由於掌握的技術、性能價格及對設備製造商的要求不同，產品的抗干擾能力會相差很大。

攜帶式電子設備使用的頻率包括調幅無線電的幾十千赫到電腦使用的133兆赫。若考慮到這些信號的諧調，那麼攜帶式電子設備發射頻率幾乎包括了航空器使用的導航、通信頻率的全部範圍。更麻煩的是，不同類型的航空電子設備各有不同的靈敏度。當某頻帶與受影響頻帶接近時，發射源可能導致該頻道上的導航信號完全被干擾。有些類型的接受機可能對調幅H號或發射機數量比較敏感。

航空電子系統使用的頻率帶分布在幾千赫到幾千兆赫的電磁波譜上，歐米茄導航設備的工作頻率爲10～4,000赫；VHF/VOR使用的頻率範圍從108～118兆赫；328～335兆赫是進場時下滑道系統使用的頻率範圍；1兆赫以上是測距儀（DME）以及防撞、全球定位和駕駛艙氣象雷達系統使用的頻率範圍。

最有可能受干擾的是天線系統，天線被安裝在機身不同地方，以接收導航和通信訊號。雖然新型飛機上的裝備多半具有抗干擾功能，但不可避免的仍有一些老舊裝備及飛機是屬於易受干擾的設計。飛機不能無限地增加這些儀表的抗干擾性，因爲這些儀表用來接收非常微弱的信號，飛機依賴接收機的敏感性來接收天空中的微弱信號。正是因爲如此，那些帶上飛機的電子設備就可能干擾這些接收的訊號。

一旦天線收到信號，信號通過共軸電纜，傳到位於駕駛艙地板下方的通信或導航接收機上。這些接收機的輸出信號又傳給駕駛艙指示器或飛機的其他計算機上。大多導航信號可能輸送到駕駛艙指示器上，也可能輸出到自動駕駛電腦上。通常，從天線到接收機電線沿機身蒙皮內側布置，離持有攜帶式電子設備的旅客相距不到一公尺。客艙內側薄薄的絕緣材料通常是玻璃纖維，它根本不能提供攜帶式電子設備與電線間的屏障。

來自便攜式電子設備的大部分干擾是由於便攜式電子設備發射的訊號被天線吸收，進而傳送到駕駛艙儀表或導航電腦而造成的。

另外，飛機的蒙皮（鋁）是一個基本的反射體。有學者認爲，在飛機上某個位置，在某些便攜式電子設備發射的頻率上會產生駐波。結果可能是信號密度甚至比自由空間中的密度還大。

爲了預防萬一，保障航空電子系統免受干擾，在商業航班上全程禁止使用無線電頻率（Radio Frequency, RF）主動發射機，如無線電、遙控玩具以及對講機。大多數航空公司把這個禁令擴大到便攜式無線電和電視接收機。雖然這些設備不是主動發射機，但調幅無線電接收器的震盪器產生1兆赫的信號，電視機的震盪器產生800兆赫。調頻接收機生成的信號一般從998.7～118.7兆赫，包括VHF導航頻帶的頻率。因此在飛行中禁止旅客在機上使用無線電話、電腦等電子設備，這一規定是合乎科學的，也是保障旅客生命安全的重要措施。

三、乘客在飛機上使用電子裝備確證會影響飛行安全

長久以來乘客在商用客機上使用手提式電子裝備（Portable Electronic Devices, PED）總是被歸咎於某些不正常現象（自動駕駛A/P、自動油門A/T跳開或飛機自動轉彎等）的主要原因，然而卻一直沒有確切的證據，曾有飛行組員在不正常狀況發生時，將某一PED關閉後現象即立刻消除，但將此PED移到不同的飛機上做同樣的操作卻又不能複製同樣狀況。

英國民用航空局爲了測試PED對機上電子裝備的干擾情形，特別在Gatwick機場以一架英航波音737及一架大西洋維京航空（Virgin Atlantic）波音747作實驗，在客艙內使用行動電話及電子裝備，結果發現電子訊號不但攪亂了航行裝備，行動電話的通話更在駕艙內產生了假警報，造成飛行員採取不必要及有潛在危險的緊

急行動。

當局建議航空公司應考慮增設一種裝備，即在駕艙中裝設偵測使用PED的設備，飛行中一旦偵知有乘客使用PED時，能即刻對客艙發出警告（類似安全帶燈號、音響）將PED關掉以維飛安。

雖然各國對機上使用PED之規定不盡相同，但最佳的方法則是不斷地教育乘客，提出相關規定使其瞭解飛行中使用PED是危害飛行安全的。

PED可分爲「主動」或「非主動」發射電磁訊號兩種，所謂主動發射就是必須藉向外發射訊號來完成功能者，茲分述如下：

1.主動發射的PED有：
 (1) 行動電話。
 (2) 遙控玩具。
 (3) 雙向傳呼機。
 (4) 雙向無線電。

2.非主動發射之PED定義是「不需藉向外發射來完成功能者」。但就像任何電流或電子裝備總會有一些輻射外洩，根據輻射特性的不同對其他電子裝備運作產生干擾。例如，將一AM（調幅）收音機緊貼放在一個日光燈旁邊，對無線電接收將會產生靜電干擾。非主動發射的PEDS有：
 (1) 收錄音機。
 (2) CD唱盤。
 (3) 電子遊樂器及玩具。
 (4) 手提式電腦。
 (5) 掌上型電子計算機。

我國交通部民航局現行對機內（分國內線與國際線）旅客使用電子用品規定，茲分述如下：

國內線全程禁用以下之用品：

1.個人無線電收發報機（Citizen Band Radios）。

2.行動電話（Cellular Telephones）。

3.各類遙控發射器，如電動玩具遙控器等（Transmitters that remotely control devices such as toys）。

4.CD唱盤（Portable Compact Disk Players）。

5.其他發報類電子用品（Transmitting Devices）。

6.錄影機（Audio or Video Recorders）。

7.放影機（Audio or Video Playback Devices）。

8.電子遊樂器（Electronic Entertainment Devices）。

9.電腦及周邊設備（Computers and Peripheral Devices）。

10.計算機（Calculator）。

11.調頻收音機（FM Receivers）。

12.電視（TV Receivers）。

13.電子刮鬍刀（Electronic Shavers）。

國際線全程禁用以下電子用品：

1.個人無線電收發報機。

2.行動電話。

3.各類遙控發射器，如電動玩具遙控器等。

4.CD唱盤。

5.其他發報類電子用品。

四、未來發展

美國聯邦航空總署和聯邦通訊委員會（Federal Communications Commission, FCC）正在考慮解除飛機上使用手機禁令的提議，如果最終能實行，將是一項對全球航空業起重要的指導性作法。

一直以來，主管機關限制飛機上旅客使用手機出於兩個原因：

其一爲手機發射之信息會干擾飛航管制的無線電通訊網路；其二是手機電磁輻射干擾導航和機上通訊系統。航空業界相信，隨著無線電技術的發展日趨發達，應可消除上述兩種顧慮。

FCC採取了第一個步驟，建議解除目前飛機上不許使用手機的禁令，但美國空服員協會卻有63%的會員反對此項規定，其理由爲一旦解除手機限制，打手機會影響其他乘客的安寧，且在緊急狀況下也影響安全指示的傳遞。根據FAA的規定，航空公司必須能夠證明電子設備不會干擾飛機的駕駛安全才能使用。爲了實現機上使用手機的目標，FAA曾委託技術委員會對飛機上使用電子設備進行研究。

其實在美國國內航班上，乘客亦可透過機上提供的語音服務與外界聯繫，但費用卻十分昂貴，每分鐘約四美元，另加四美元接線費。

FCC準備重新分配目前使用的無線電頻率，試圖進行拍賣，引入更多公司能夠提供空中互聯網高速度語言連接服務，這樣有望降低費用，才是治標的辦法。

事實上，在國際航班上，無線語音通訊服務已經相當普遍。美國波音公司旗下的波音聯網（Connexion by Boeing），早就開始在德國漢莎航空等許多國際航班上提供高速互聯網服務，每次飛行收費三十美元，用戶更可以透過網路電話進行語音通信。但這些服務始終較昂貴，非一般旅客願意支付，解除禁止在航機上使用手提電話，肯定是最受歡迎的舉措。

第三節　經濟艙症候群

「英國一名年約三十歲的女性，在二十小時的長途飛行後，步出機場便癱瘓，經急救無效而死亡，其致命因素爲經濟艙症候

群。」（如圖7-2）

「經濟艙症候群」（Economy Class Syndrome）一詞起源於坐飛機時在經濟艙裡長時間蜷縮雙腿、血液不循環，導致容易發生靜脈栓塞症狀，並非因爲飛機經濟艙太小的座位所導致。

醫學正式名稱爲「深度靜脈血栓」（Deep Venous Thrombosis, DVT），起因於長時間坐在狹窄空間裡，少活動，引起血液黏稠，靜脈回流不順暢，出現血栓，嚴重甚至逆流到肺部造成肺栓塞，可能虛脫猝死。當你晚上睡覺的時候，假如你壓著你其中的一條手臂睡覺，某些姿勢將會使你失去手臂的知覺，這是同樣的觀念。

哪些是特定的高危險群？有靜脈曲張者、患有癌症者、吸菸者、個人的腳部凝血問題、有過腳部或骨盆手術者、腳部有受傷者、六十五歲以上老人、肥胖者、孕婦、過高者、糖尿病患、注射荷爾蒙者、受藥物控制者、心血管疾病患者，都可能因爲腳部循環不好，增加血液凝結、靜脈栓塞的可能。其他如抽菸者、吃口服避孕藥者，也必須多加留意。

經濟艙症候群奪命

飛行廿小時 澳洲準新娘死於肺栓塞 醫師指吃阿斯匹靈可減少不幸

圖7-2　經濟艙症候群致命案例

資料來源：作者拍攝。

有趣的是，是否易得靜脈栓塞與血型也有關係！最新一項研究指出，AB型的人血液易凝固，是罹患高危險群，而O型人的血最不易凝固，罹患機率相對較低。

至於如何預防經濟艙症候群，茲分述如下：

1.長途搭車或久坐，應適時起身活動，做簡易的活動、健身操等，活動筋骨，減輕身體的僵硬，減輕腿部血液循環不良，最好能每隔兩小時站起來活動筋骨。由於飛機內的含氧量較低，做深呼吸運動有助於將足夠的氧氣輸入血液中。

2.選擇靠緊急出口的位置，或是靠窗、靠走道的位置。

3.有專家研究，搭機前服用阿斯匹靈可降低靜脈血血小板凝集之現象，進而降低靜脈血栓的發生。

4.補充足夠的水分相當重要！每天至少2,000c.c.～2,500c.c.的水不可少，如此一來，可幫助血液循環，也可以增加起身如廁的機會，若是坐著無法動彈，不妨原地進行腳踝轉動、上踮下壓或抬膝放下的運動，均能預防血栓產生。

5.在飛機上還得留意升降時壓力改變過快，也容易造成血壓突降、頭暈，甚至昏倒，一名三十歲女性便曾因爲飛機起飛不久後，想藉由喝點紅酒放鬆，結果起身還未達廁所，便在走道上突然昏倒。

6.多喝水及果汁，避免抽菸、喝酒及含咖啡因飲料。但有貧血或血壓低的女性，在飛機剛起飛沒多久時，壓力迅速變化，應避免飲酒、咖啡或茶等含咖啡因飲料，以免體內水分流失過多，出現頭昏暈、昏倒的可能。

7.穿較寬鬆的衣服，最好的莫過於裁縫師爲自己量身訂做的尺寸，它將可以預防血液不流通，讓血液流得順暢。

8.高危險群旅客，宜在搭機前聽取醫生的建議。

9.不要交叉你的腳，或是只坐在椅子的邊緣，這些都會造成血液循環不良，而導致血液無法流向你的腳。

10.做適合機上的舒展活動，尤其是腿部肌肉的運動。預防經濟艙症候群的健身操如下：

(1) 全身活動：小腳、大腿、雙手、前臂、頸部、肩膀、臀部，先縮緊五秒，再放鬆五秒，重複做幾分鐘。

(2) 聳肩運動：雙肩上下做聳肩運動，以及向前、向後做肩環繞運動。

(3) 頭頸運動：頭部緩緩地做向前、向後運動，以及向上、向右繞圈運動。

(4) 肢體運動：上半身向左、向右做轉身運動。

(5) 手部運動：高舉右手，儘量向上舉；再換左手做重複動作。

(6) 腿部運動：小腿上下伸腿運動，活絡膝蓋。抬高雙腳，並做些伸長的動作，並且保持三分鐘，然後再把腳放下，抓緊腳趾頭三分鐘。

第四節　空中亂流

在非致命性的意外中，旅客及客艙組員最常因飛機上的亂流受到傷害。在美洲地區每年約有五十八位乘客因未繫安全帶遇到亂流而受傷。

「亂流」是飛機於飛行過程中，飛航組員、空服組員以及乘客感受到飛機搖動或震盪的現象。

一、亂流的成因

一般而言，亂流可分為「有形亂流」和「無形亂流」兩種，現分述如下：

(一) 有形亂流

有顯著的雲層為其特徵，其成因有二：(1) 熱力不平衡；(2) 山岳波。

◆熱力不平衡

地面受強烈日光照射，低層空氣受熱膨脹上升，上層冷空氣下降，形成對流現象；若潮濕空氣包含其中，則會形成塔狀積雲。在這類雲層中飛行，有著強烈的亂流，能使飛機發生劇烈顛簸，所以駕駛員在此種情況下，最好繞雲而飛，或在其上空飛行。

◆山岳波

當空氣在山的向風面沿坡上升時，風速隨山的坡度而增加，至山頂時達最大值；通過山峰後，遂迅速下降，產生下降氣流；但在離開山峰約5～10哩的下風處，空氣又開始上升，並形成滾軸雲（Roll Clouds），此雲成波狀水平發展。航行中的飛機應避免進入山岳波中飛行，但如駕駛的是高速飛機，盡可能向下風處飛行，否則會損壞機身結構，而遭失事。山岳波形成之亂流，其顯著的特徵為「莢狀雲」（Lenticular Clouds，即外形略似雙凸透鏡或豆莢狀之雲）。

(二) 無形亂流

多在晴朗天氣中產生。此種亂流之成因有二：(1) 地形地物的影響；(2) 高空風切現象。

◆地形地物的影響

1.地面有障礙物：此種障礙物後方的亂流，以整個天空而言，雖微不足道，但在飛機降落時也應加以注意。

2.地表性質不同：由於地表性質不同，受熱程度各異，如砂地、岩石地面以及耕地，較之草地或有植物的地面，受熱快速，遂形成強度不等的對流，飛機飛臨此種地表，應立即改正高度。

3.海岸線兩旁：因海面與陸面受熱程度不同，會產生亂流。尤當炎夏午後，此種現象更爲顯著，也應加以預防。

◆高空風切現象

所謂「風切」（Wind Shear），是指風向或風速隨高度而改變的情形，有水平與垂直兩種。據統計，近75%的高空亂流都與風切現象有關。另外，高空常有噴射氣流產生，此種噴射亂流也是飛行時須注意的亂流現象之一。

二、亂流種類

(一) 噴射氣流

第二次世界大戰美軍轟炸日本東京時，飛行員發現在對流層下方，有時速達數百公里，由西向東的高速氣流，即所謂的高空噴射氣流（Jet Stream）。噴射氣流可作如下的定義：「它是一股猶如狹帶狀的高空高速風。」此種蜿蜒如帶的高速氣流，常存在於20,000～45,000呎之間，其核心時速至少要超過60哩，通常此種氣流長達數千哩，寬數百哩，而厚度也超過1哩。中緯度上的噴射氣流常出現於極地對流層頂（Polar Tropopause）與熱帶對流層頂（Tropical Tropopause）相鄰的陡坡區。對流層頂是氣象術語，指對流層與同溫層的交界面，其上之氣溫不再隨高度之增加而減小。

噴射氣流全區之風速型態：大致在核心下方風速穩穩地增加，至中緯度30,000～40,000呎附近爲最大。因風切與風速常相攙並進，故噴射氣流愈強大，其核心上下的風切亦愈大。

(二) 晴空亂流

在噴射氣流與附近較慢的氣流之間的交界處，由於風速之間相差懸殊便形成晴空亂流。所謂的「晴空亂流」，一般多發生於無雲天空中之亂流。

晴空亂流一詞，常用以解釋飛機在「高空」時所遭遇的顛簸（垂直方向加速）現象。這是由於高層大氣中隱匿的一種無法覺察但為駕駛員所關切的力量。它事先毫無跡象，可能突然會使飛機在空中顛簸而失事。

紀錄尚不止此，空軍方面此種情形也很多，許多航空公司也正根據駕駛員的資料，在編製一些令人難忘的紀錄。有些專家並不相信晴空亂流僅是一種上升或下降的氣流及渦旋式的亂流而已，他們相信晴空亂流也有可能是一種由於電力作用所引起的一種駐留波型的層流（Laminar Flow）。不過，並不是所有的晴空亂流都發生在萬里無雲的天空，而在晴朗天氣飛行中所遭遇的顛簸，也不一定是「晴空亂流」。有時在陰霾天氣時飛行遭到的騷擾，也可稱為晴空亂流；而且在低高度遭遇到機械不穩性騷動，或乾燥性的熱對流，縱使發生在萬里無雲之時，亦不得稱為晴空亂流。

晴空亂流與雷雨區亂流之間的差異，最大的不同是前者不容易被偵測，到目前為止，航空科技仍然無有效偵測晴空亂流的方法，大部分晴空亂流的強度為中度亂流，偶爾會發生重度到極度的亂流，發生的機會極少，但是由噴射氣流所造成的輕度亂流只要遭遇到，便會持續好一陣子，飛行員是以變換高度，上升或下降高度，但如此一來耗油量就會增大，除非必要我們不會輕易地改變飛機最理想的巡航高度。

根據統計，晴空亂流一般多出現在噴射氣流的邊緣，高空槽附近，或相對於噴射氣流之地面低壓系統的東北方或北方；即使沒有明顯的噴射氣流存在，由於風切區伴有強烈低壓和高空槽脊之等高線劇烈彎曲，也常會碰上此類晴空亂流，一般多發生在二、三萬呎或以上的高空，且多分布在風向或風速變化較大的地方（如冷暖空氣交界處、氣流輻合輻散處等），由於發生亂流時的天氣多屬良好，機上的雷達探測發揮不了功能，目前此類型亂流的掌握與預報仍是我氣象人員亟待努力突破的重要課題。

(三) 機尾亂流

船行進時會留下尾流，飛機也一樣，會在機尾處造成氣流波動。獨木舟的槳在水中滑的時候會形成漩渦與渦流，機翼也一樣，在切過空氣產生推力時會在翼尖製造螺旋狀的機尾渦流。

由於機翼面積有限，空氣流經機翼面後就形成螺旋氣流，從機翼下面向上面捲，在翼尖處向外捲，形成翼尖渦流（Vortex）。我們通常看不見機尾渦流，但有時可看見發動機的排氣凝結尾（如**圖7-3**），因爲噴射發動機燃料燃燒後形成的水蒸氣凍結而成的冰晶微粒捲在機尾渦流的漩渦中，所以看來像飛機尾部噴出的煙狀尾跡。

三、亂流案例

◆ 案例1

2006年2月28日，一架從夏威夷飛東京載有三百六十六人（含組員二十人）的日航B-747客機於起飛後一小時，突然遭遇亂流，兩位旅客輕傷，其中一位男性乘客頭部撞擊書報雜誌架，一位女性乘客上廁所途中身體失去平衡瘀傷，這兩位乘客於飛機落地後，接受機場醫療室處理傷勢。

圖7-3 排氣凝結尾

資料來源：作者拍攝。

◆ 案例2

2005年6月10日，國泰航空公司一架CX906航班載有三百五十二位乘客和十七名組員從馬尼拉飛香港的B747-400客機，飛行途中遭遇亂流，十五人輕傷，傷者包括正在供應餐點和飲料的空服員，大部分傷者是受到擦傷和輕微的割傷。班機於午夜降落香港後，七名組員和八位乘客被送往醫院。

◆ 案例3

2005年3月28日，長榮航空公司BR2196班機，機型A330-203，國籍標誌及登記號碼B-16306，自桃園國際機場起飛，目的地為日本東京成田國際機場，該機為定期航班，載有二百五十一名乘客，十六名組員，於當地時間18：03，由巡航高度37,000呎降至34,500呎時，突然遭遇亂流，共計旅客四十六名，客艙組員十名受傷，客艙天花板受損。在取得東京航管協助下，於當地時間18：29時降落於成田機場，受傷旅客除一位旅客頸椎受傷外，其餘受傷人員在經醫師包紮檢查後隨即出院。

◆ 案例4

2005年2月7日，中華航空公司CI150D班機，機型A300B4-622R，國籍登記號碼B-18579，自中正國際機場起飛，目的地爲日本名古屋國際機場，該機爲定期航班，載有二百六十四名乘客、十八名組員，於台北時間11：08，於M750航路上MOMPA，33,000呎之巡航高度時遭遇亂流，導致三名乘客及五名客艙組員受傷，其中兩名乘客遭致腓骨及胸骨骨折。

◆ 案例5

2001年11月12日，美國航空的一架空中巴士在紐約皇后郊區墜毀，二百六十五個人喪生。這架雙發動機噴射客機起飛時狀況良好，卻在起飛後六十七秒遇到問題，由於前面一架B-747的機尾亂流及駕駛員操控問題，使飛機的水平尾翼因壓力過大斷裂。接下來的三十八秒飛機開始向下俯衝並解體，最後墜毀在挪卡威區，機上人員全數罹難，並殃及地面五人罹難。

◆ 案例6

1997年8月7日，遠東航空台北飛高雄130班次波音757客機，於飛經彰化溪州上空高度23,000呎，空速每小時290浬，遭遇強烈亂流，歷時五秒，三名空服組員骨折，旅客均安。

◆ 案例7

1997年12月7日華航636班機，由菲律賓馬尼拉飛回台灣中正機場途中，於下午五時於恆春南方55浬，飛行高度33,000呎遭遇亂流，四人受傷。

◆ 案例8

1997年12月28日晚，美國聯合航空826班次波音747-100客機，搭載三百七十四名乘客及十九名組員自日本東京成田機場起飛前往美國夏威夷，就在上餐之後兩小時，於台北時間22：05，在距成田機場東方約1,800公里之太平洋上空，高度33,000呎遭遇強烈的晴空亂流，導致飛機瞬間陡降1,000呎（300公尺），造成一位三十二歲的女性乘客死於腦部內出血，一百一十人受傷。

◆ 案例9

1996年12月5日，美國航空公司一架噴射客機在科羅拉多遇上晴空亂流，十六名旅客受到重傷，其中還包括一名七個月大的嬰兒。

◆ 案例10

1996年9月5日，法航7474-400，靠近Ouagadougou, Burkina Faso，強烈的亂流造成二百零六名乘客重傷，其中有三名旅客因機上的電視螢幕砸傷造成傷重不治。

◆ 案例11

1990年10月3日，東方航空DC9-31，於美國佛羅里達，飛機在31,000呎高時遇上晴空亂流，一名旅客受傷，三星期後不治死亡。

◆ 案例12

1982年8月16日，華航747，靠近香港時，飛機遇上嚴重的亂流，造成機上二百九十二名乘客中兩人喪生。

◆ 案例13

1981年7月10日，NLM CityHopper F28-4000於荷蘭Moerdijk起飛後，飛機進入暴風雨活動的區域。當飛機出現在雲層時機翼已斷裂，強烈亂流對飛機結構造成損害，機上組員及乘客全數罹難。

◆ 案例14

1980年5月10日，印航737-200，靠近印度Ramrur Hat，飛機在途中遇上強烈亂流，造成一百三十二名乘客中的兩人喪生。

根據統計，全球亂流發生最多的地區在美國，原因是匯聚於北美山區上空的噴射氣流與洛磯山脈相互作用，以及在中大西洋的加勒比海與墨西哥灣流的影響。其他比較集中的亂流則位於西太平洋邊緣，也就是東北亞地區，台灣飛往日韓及香港的航班經常遭遇亂流，相較之下西歐地區的天空則比較平靜。

根據美國聯邦航空總署統計發現，三分之二的亂流事件都發生在30,000呎以上的空中。從1981年至1997年間，影響航空器的重大亂流報告有三百四十二件，共造成三名乘客死亡、八十名重傷及七百六十九名輕傷。兩名死亡的乘客在安全帶指示燈亮起時並未繫緊安全帶。在1995年6月發生兩件嚴重的亂流事件之後，美國聯邦航空總署建議在旅客就座的任何時間內一律要繫上安全帶。

在這些亂流案例當中，我們歸納出一個「亂流莫菲定律」——「飛機在遭遇亂流時，大部分是在乘客喝酒用餐時」。也許這也是上天在考驗所有空勤組員的執勤技巧及乘客的腸胃耐力吧！

四、亂流之傷害及預防

依照美國聯邦航空總署的研究，亂流是最常造成空服員與旅客嚴重受傷的主因，以美國某家大型航空公司爲例，平均每月有二十四位空服組員受傷，每年有一架商用噴射客機因亂流而受到嚴重損害。尤其是緊扣安全帶指示燈亮時，空服員仍必須執行客艙安全檢查及察看旅客是否已繫上安全帶。

統計顯示因亂流而受傷者大部分爲乘客、客艙組員，而不是飛行員。亂流所造成的最常見傷害是腿、踝、腳、肋骨的骨折及背和脊椎的受傷；而機內的鬆動物品（如餐車）亦會造成嚴重的傷害。

亂流大部分傷害發生在那些不繫安全帶以及缺乏警覺的乘客，加上空勤組員間及與旅客文化及語言上的溝通問題，使得亂流傷害更形嚴重。

在亂流預警（Turbulence Notification）的溝通上，駕駛艙及客艙間需有良好雙向資訊的溝通，以及駕駛員對客艙所受亂流之影響程度的高度警覺，加上客艙組員的決心下達，才能有效預防。

機長對於任何預期的亂流，均應先作廣播說明告知客艙長其影響時機和強度，可讓乘客及組員先有準備。機長預期亂流強度甚強時，應明確告知客艙組員，停止服務，同時就近座位坐下，並扣緊安全帶。低空進場時，如亂流強烈，機長除以鈴聲告知客艙組員外，應同時廣播，要求組員就座。

駕駛員與客艙組員的有效溝通，需使用專門用語及燈號來描述亂流的嚴重性。

(一) 專門用語

1.Code 2——輕度亂流：空服員目視檢查客艙，繼續小心的服務，並請旅客不要離開座位。

2.Code 4——中度亂流：空服員目視檢查客艙，並用P. A. 廣播請旅客繫緊安全帶，停止客艙服務。

3.Code 6——重度亂流以上：立刻停止服務，並用P. A. 廣播，請旅客繫緊安全帶。

(二) 燈號

溝通訊號（Communications with Flight Attendants-Chime）；組員安全帶指示燈（Seatbelts Switch）聲響訊號涵義：

1.飛行中指示燈亮（Switch ON）：前方氣流不太穩定，乘客請就座並繫好安全帶。

2.飛行中指示燈亮三響：前面有亂流，組員停止服務，立刻就座並繫好安全帶，並由客艙長作通過亂流之廣播。

3.起飛前Attend Call乙響：表示Cabin Ready。

在大型客機內，遇亂流時，不同的艙內位置有不同的嚴重程度，當駕駛員通知客艙組員氣流不穩定時，如果客艙中感覺亂流更嚴重時，應立刻坐下並告知駕駛員。

旅客們就座時，應該隨時繫好安全帶，這樣不僅可以提升客艙組員的情境察覺，亦可預防受傷。

第五節　客艙失壓

2005年8月14日，一架希臘賽普勒斯載有一百一十五名乘客及六名組員的太陽神航空公司，編號HCY522波音737-800客機，在當地時間9：00時自賽普勒斯的拉納卡（Larnaca）起飛，預計目的地是捷克首都布拉格，中繼站爲雅典。10：30班機進入希臘領空後，由於沒有回應雅典機場管制人員的呼叫，兩架希臘空軍F-16戰機依照標準程序升空查看，當時飛機的飛行高度是10,668公尺，當戰機接近這架客機時，F-16飛行員目睹客機駕駛艙內已無生命跡象，正駕駛不在駕艙內，副駕駛則癱倒在儀表板上，飛機顯然處於自動駕駛狀態，客艙氧氣罩已全部落下。兩架戰機一直護航，直至客機在雅典以北約40公里的沿海城市格拉馬提科撞山，機上一百二十一人全部罹難，墜毀處距離民宅僅四百公尺。

根據調查，該機起飛前有一具加壓系統失效（機上配置兩具），依最低裝備需求手冊（MEL）規定是可以派飛，然而飛行高度必須低於25,000呎，以免另一具加壓系統故障，致使組員反應不及，然而該機被F-16攔截時高度爲34,000呎，一旦兩具增壓系統均失效，而飛行員處置不當，則情況立即惡化。另外，依規定駕駛艙應有兩人，但飛機平飛狀態時，允許一人操作，另一人可以上洗手間或短暫離開，然操作之飛行員必須戴上氧氣面罩，以免缺氧，該機34,000呎被F-16攔截時，僅有一人在副駕駛位置上，且未帶氧氣面罩，並失去知覺趴在駕駛盤上。

2006年5月11日，大韓航空公司KE0691班機，國籍標誌及登記號碼爲HL-7297，機型A300-B4622R，機上載有一百一十七名乘客、九名客艙組員與正副駕駛員，於韓國當地時間8：46時自仁川國際機場起飛，目的地爲桃園國際機場。該機於10：17，高度32,000呎，於B-576航路上，離SALMI交接點南方約30浬，座艙出現艙壓調節器失效警告，同時艙壓垂直速率表上升至2,000～3,000呎，艙壓高度上升至10,000呎。飛航組員依緊急程序下降高度並通知航管人員，航機於高度10,000呎改平，艙壓控制經重置後恢復正常。該機於11：04在桃園中正國際機場落地，人機均安。

空氣本身就有重量，每單位體積的空氣重量稱爲空氣密度，空氣密度隨著高度的增加而減少。而占大氣21%的氧氣，也隨著高度的上升而逐漸減少。

這就是爲何現代飛機需要艙壓系統的原因。就是讓飛機裡面的空氣壓力，也就是氧氣的壓力保持與地面相同，以供人員正常呼吸。

例如：飛機飛行在8,000呎的空中，大約比阿里山還高一些的高度，此時不需要艙壓系統，因爲正常人可以忍受如此輕微的缺氧狀況。但如果飛機在30,000呎高空飛行，高度比全世界第一高峰聖母峰還高，如果沒有艙壓系統，那麼客艙內的壓力與外界一樣低，人員會因缺氧而昏厥，進而死亡。

有了艙壓系統，飛機雖然在35,000呎高空飛行，但是實際上機艙內的壓力，保持在地面8,000呎相當的壓力，這8,000呎就是艙壓高度。艙壓高度是指飛機經過加壓之後，機艙內所保持的相對壓力高度。

至於爲何不讓飛機保持與海平面（0呎）相同的壓力，那是因爲飛機結構承受力有限，過大的壓力差會讓機身結構加速疲勞。

艙壓來自於機上的空調系統，自發動機（或輔助動力發動機APU）調節過的空氣注入機艙，這是壓力的來源。但是空調氣源不斷的灌入機艙，使機艙壓力增大，於是有一種稱爲「出氣閥」（Outflow Valve）的裝置，駕駛員可以視需要以手動或自動的方式開啓或關閉。

當飛機起飛後，外界壓力隨著飛機爬升而降低，如果沒有加以控制，那麼當飛機到達10,000呎以上時，機內的壓力將會與外界相同。因此，出氣閥會適度的關閉，以避免機內的壓力外洩。而艙壓力以PSI 來表示（每立方吋的磅數）。

爲了保持相同的艙壓高度，出氣閥會適當的開啓關閉，以釋放壓力。所以，出氣閥在正常時候，是不斷地依照設定的艙壓高度而自動的半開、半關。它並非只有「開」與「關」兩種位置，而是會自動調節。

飛機的結構設計是承受艙內壓力比外界壓力大的正壓，如果飛機因故產生了負壓（艙內壓力比外界壓力小）到達某種程度，那麼放氣閥便會自動全開，將壓力釋放，以保護機體。

客艙失壓時，旅客座椅上方氧氣面罩會自動落下（如圖7-4），旅客應立即戴上以防缺氧昏迷。

客艙失壓簡單說來，就是機艙內的壓力無法保持，一般原因如下：

1.機體破損，例如爆炸、艙門飛脫等。

2.所有的「供氣」的來源（發動機或APU）失效。

3.出氣閥失效（無法在需要的時候關閉）。

4.壓力（高度）感測器失效。

圖7-4　失壓時旅客座椅上方的氧氣面罩會自動落下

資料來源：作者拍攝。

第六節　行李掉落

一、行李受傷事件

美國每年估計約有四千五百次客艙受傷的事件是因爲行李掉落而引起，且每年全球大約有一萬次類似的事件發生。

這些傷害可分爲兩大類：一是因爲掉落的行李而造成乘客及客艙組員受傷；另一個則是因爲搬運或裝卸行李而造成客艙組員受傷。

若在飛行中搬動行李或是行李架塞滿無法負荷時，行李可能會從座椅頭頂上的行李架上掉出來。

重物掉落在人體的頭部上會引起短暫的知覺喪失，例如：頭痛、頭昏眼花、頭皮組織的血液凝結、擦傷、撕裂傷或是皮下出血。在最初的治療之後，有將近50%的MBTI（最小的創傷腦傷）

病患發現有後遺症的症狀，例如：持續性的頭痛、頭昏眼花、疲勞、易怒、耳鳴、專注能力減少、挫敗感、思考緩慢、失眠、記憶障礙、焦慮、對噪音敏感、視力受損、對光線敏感與沮喪。

以美國某家航空公司B-757客機1990年代中期所發生的四百六十二次行李掉落事件的統計發現，有三百九十七次砸到人。在那些砸到人的案例當中，有六十七次的受傷是挫傷，五十三次是撕裂傷，二百七十七次沒有造成傷害。超過90%的受傷案例都跟坐在走道座位上旅客頭部的傷害有關。

這些從客艙頭頂上行李架掉落的物品可分爲五類：

1.公事包、背包和其他的行李。
2.手提電腦。
3.裝有輪子的行李，例如：裝有輪子的小推車，摺疊式嬰兒車和輪椅的零件。
4.運動用品。
5.箱子、畫框和奇形怪狀的物品。

根據統計，箱子、畫框和其他奇形怪狀的物品，最有可能會在這些事件發生時引起82%的挫傷或是撕裂傷。

此外，沒有明顯的撕裂傷或立即的症狀並不一定代表沒有受傷發生。一些特殊的病人在剛開始的時候或許不會顯示症狀，且在最初創傷後的四十八小時內或許會惡化。但有20%～60%之間的病患，在他們受傷之後的三個月內依然有著持續的症狀發生。

除了旅客因爲掉落的行李而可能面臨到的受傷危機之外，美國某家航空公司的統計也發現，連續十八個月內，共有一百次客艙組員因行李問題而受傷，因而導致七百零四個工作天的損失，其中六十八次的受傷是發生在客艙組員把行李放上去的時候，另外的十七次則是發生在客艙組員協助旅客的時候。

二、行李托運

對於短程航線或某些長程航線，許多旅客通常不願意辦理行李托運，其中的理由或許是：

1.怕麻煩，下了飛機領行李還要等半天。
2.一下子就到了。
3.內有貴重物品，會被摔壞。
4.躲避超重收費。

如果行李不托運，那麼乘客除了必須把行李扛上飛機，另外也必須要有適當的位子放置，但是一般飛機上的行李架都有一定的尺寸限制和重量限制，如果行李過大，就沒有辦法放到行李箱內，勢必要在客艙找到一個適當的位子放置。客艙內其他地方如走道、廚房、緊急出口等，會阻擋客艙組員及其他乘客通行，是完全禁止放置的。

在大部分的時候，如果行李不會太大，客艙組員會請乘客置放在前方座位底下，以不影響到該乘客通行爲原則。但是如果這位乘客帶了大件行李上機，擺在自己的座位底下，剛好卡住腳下的通道，那麼在緊急狀況發生時，此排乘客逃生路線就會受到阻礙。

爲了正確計算飛機的載重平衡數據及安全考量，許多航空公司對於手提行李都以一件爲限，超過規定的大小就必須托運，或購買該艙等的一個座位放置。手提行李有大小限制，以歐盟2006年11月6日後的規定爲例：手提行李不得超過長56公分×寬36公分×高23公分（22吋×14吋×9吋），有些機場（倫敦希斯洛國際機場）甚至規定出境只能攜帶一件手提行李上機。

某些乘客常常會抱怨客艙組員不幫忙放置大件行李，但是站在客艙組員的立場是乘客不遵守規定托運，卻要求客艙組員協助一起違規。站在確保飛行安全的立場，乘客似乎應該瞭解並遵守規定。

 第七節　非理性旅客

根據台灣飛行安全基金會的統計，2004年國籍航空客艙異常事件中與非理性旅客有關的有七百零六件，2005年增加爲七百六十七件，統計全球航空公司因客艙旅客所引起的相關安全案件有逐年增加的趨勢，不只對客艙組員、乘客及航空公司產生莫大困擾，更讓航空安全埋下了一顆不定時炸彈。

旅客在客艙中非理性的行爲，國際上通稱爲「Unruly Passenger」或「Disruptive Passenger」，或稱「Air Rages」案件。香港稱爲「難受管束之行爲」旅客，澳門稱爲「在航空器內攪亂秩序，破壞紀律或進行搗亂的乘客」。而依字意解釋：Unruly指行爲不能或難以控制，通常不願服從或不願接受紀律約束，且有漸趨瘋狂、固執或任性等情事。Rage指盛怒或失去控制與理智之人，言語或行爲粗暴，並有意圖報復傾向。

IATA明確定義旅客有下列行爲者皆屬犯罪行爲：

1.暴力或以暴力恐嚇者。
2.違反刑法與航空法規者。
3.有不爲他人接受或使人不安，或干擾組員服勤之任何行爲，如酒醉但未達暴力程度者。暴力係指任何毆打或作勢恐嚇毆打之行爲。

非理性旅客多因旅客於登機前或在航行中各種不愉快事件累積而成。茲區分如下：

1.登機前因素：
(1) 於報到途中車行不順。
(2) 在櫃檯劃位久等及諸多安排不如人意。
(3) 海關、移民及檢疫過程延誤或頻遭刁難。

2.航行中因素：

(1) 手提行李放置與座位糾紛而起。

(2) 受藥物、酒醉、禁菸影響。

(3) 組員應對不當。

(4) 心理因素，如懼高或懼飛症。

(5) 機上解送之人犯。

英國的統計發現，這些非理性涉案者多為經濟艙旅客，以團體旅客居多，並以三十餘歲單獨搭機之男性較多，近半案件因手提行李放置與劃位糾紛而起，三成案件因旅客不遵守組員指示行事，並以機上酗酒與機上吸菸較普遍，暴力案件則多因酗酒與受藥物影響所致，其他案件為竊盜、性騷擾、詐欺等案。

第八節　空中緊急醫療程序

一、乘客或組員死亡

如果乘客或組員在飛機上死亡，飛航組員應告知簽派單位和航空站。

二、乘客或組員發病或受傷

如果乘客或組員發病或受傷，客艙組員應：

1.實施必要的急救。

2.獲得該員之相關資訊（例如：年齡、性別、體重、過敏症、藥物治療、食物或酒精消耗和徵兆）。

3.通知機長。

機長和客艙組員判斷是否要由醫療人員協助。如果需要醫療幫助，客艙組員可廣播請求在飛機上所有醫生、醫務人員或護士的協助。考慮到可用的醫療資源和發病症狀或受傷的程度，機長再決定是否飛回機場的必要性。

三、飛航中緊急醫療行動計畫

在實施醫療的情況下，依循一套組織好的行動計畫是很有幫助的。此計畫須包括下列要點：

1.確認每一組員／提供醫療者之角色和責任。
2.血液含有病毒／廣泛的預防。
3.評估病患。
4.緊急醫療的類型。
5.利用航空器內醫事專業人員。
6.利用地面醫師。
7.使用醫療器材。
8.處理機內死亡事件。

四、血液含有病毒／廣泛的預防

任何緊急醫療的管理須包含預防帶病毒血液、預防有傳染性物質之使用及棄置的保護措施。傳染的危險來自於乘客的體液、污染的衣物或其他使用過的急救物品，另一項危險是由尖銳物品（如針頭等）所造成的傷口。

1.預防：
(1) 使用個人保護器材，如簡易型口罩及手套。
(2) 洗手。

2.感染性物質之棄置（在處理乘客後，棄置所有受污染的物品，然後立刻以肥皂及水搓洗雙手）：

(1) 棄置於鮮明顯眼的容器內。

(2) 以廢料袋妥善棄置。

3.接觸後之行動計畫：

(1) 立刻取得醫療諮詢。

(2) 追蹤治療。

(3) 將事件報告主管。

4.病患之評估：應以一套有系統的方式評估病患及情況。評估須包含下列內容：

(1) 現場安全。

(2) 初步檢查：重傷的評估，包括呼吸道、呼吸、循環、出血。

(3) 進一步檢查：包括病史、醫療現況、過敏，以及由頭到腳評估（可知的外傷，如骨折）主要的病癥。

五、緊急醫療

飛航中最常見的緊急醫療包括：

1.血管神經類（暈厥）。

2.心臟的狀況：胸痛、心臟停止。

3.呼吸的狀況：哮喘、缺氧、呼吸道阻塞。

4.神經的狀況：中風、癲癇。

5.腸胃：作嘔／嘔吐、腹痛、腹瀉、暈機。

6.行爲上／心理上的失調：藥物濫用、恐慌性攻擊。

7.其他：糖尿病、眼睛受傷、流鼻血、電擊傷、燙傷。

六、症狀與治療

飛航中最常見的緊急醫療之一般症狀和基本治療如下：

(一) 暈厥

癥狀：頭暈目眩或暈眩；臉色蒼白、發冷、盜冷汗；噁心；有時候手腳發抖；短暫的失去知覺。

治療：

1.接觸並檢查是否出冷汗。
2.使患者躺平，將腿抬起超過心臟，用毛毯或枕頭墊於頭下。
3.鬆開過緊的衣物。
4.如可能的話，徵詢地面醫師的建議。若患者持續感覺暈眩，考慮提供氧氣。

(二) 心臟病

癥狀：胸痛；麻木或刺痛感傳至頸部、下巴、肩部或手臂；臉色蒼白或變灰、發冷、盜冷汗；噁心；呼吸困難；曾有心絞痛之病史或已知危險因素。

治療：

1.安撫乘客。
2.以高流量供應氧氣。
3.預做心跳停止之準備。
4.要求其他組員取得醫療器材（如心肌震顫消除電擊器AED）。
5.如可能的話，徵詢地面醫師的建議。

(三) 哮喘

癥狀：乾咳；喘氣和胸部緊；呼吸困難；嘴唇、耳垂和指甲發紫。

治療：

1.評估乘客的呼吸。
2.安撫乘客。
3.詢問乘客是否攜有藥物；若有，則請其服藥。
4.協助乘客身體前傾，手臂趴於餐桌上。
5.鬆開過緊的衣物。
6.以高流量供應氧氣。
7.如可能的話，徵詢地面醫師的建議。

(四) 癲癇

癥狀：眼睛上翻；失去知覺；手、腿僵硬，背部弓起；隨後會痙攣，行動無法控制；大、小便失禁。

治療：

1.安撫乘客。
2.鬆開過緊的衣物。
3.將枕頭與毛毯圍於乘客四周以避免受傷。
4.一旦發作過後，檢查乘客呼吸道，確保呼吸順暢。
5.以高流量供應氧氣。
6.如可能的話，徵詢地面醫師的建議。

(五) 噁心與嘔吐

癥狀：感覺作嘔；嘔吐；面色蒼白、出冷汗。

治療：

1.提供乘客嘔吐袋。
2.提供乘客冷、濕的毛巾擦臉。
3.提供乘客清水和碎冰，以預防脫水。
4.如可能的話，徵詢地面醫師的建議。

七、使用機內醫事專業人員

1.廣播請求醫事專業人員協助。
2.若航空公司有規定，檢查其證書。
3.將醫療器材給予自願協助的醫事人員。
4.如可行的話，讓機內自願協助的醫事人員與地面醫生共同合作。
5.取得相關的資料以做報告（姓名、地址等）。

八、使用地面醫生

如有地面醫療服務，儘快取得，並提供下列重要資料：

1.班機資訊。
2.目的地。
3.預計到達時間。
4.機內醫療資源。
5.傷患資料：年齡、性別、醫療事件的說明、過敏症、病史、主要病因、評估、主要病癥、提供的急救與反應。

九、利用飛航中之資源

飛航中之緊急醫療處理，包含航機內適當資源的使用。這些資源包含下列事項：

1.緊急醫療箱：急救箱（First Aid Kit）、緊急醫療箱（Emergency Medical Kit, EMK）、加強緊急醫療箱（Enhanced Emergency Medical Kit, EEMK）。
2.電擊器（AED）。
3.抽取（抽痰）器具。
4.氧氣：攜帶式氧氣瓶；航機內醫療氧氣；氧氣面罩、氧氣管。
5.電子醫療器材。

十、機內死亡

飛航中死亡事件對乘客和組員雙方都是難受的。以下指引將幫助航空公司人員在機內處理死亡事件：

1.盡可能讓屍體隔離不受打擾。
2.以毛毯覆蓋屍體：如可能時，應將防水材料放置於屍體下，以防體液滲出。
3.如有任何電子用品，如電毯等若與逝者相連，應留在原來位置（記錄急救程序開始和停止的時間）。
4.安排醫療人員接機。

十一、醫療及緊急裝備

醫療箱內容，包括：

1.醫藥箱：由飛航／客艙組員使用於較簡易之醫療行爲（如圖7-5）。

(1) 一吋膠帶。

(2) 防菌棉片。

(3) 阿摩尼亞吸入劑。

(4) 四吋繃帶。

(5) 四十吋三角巾。

(6) 手臂固定夾板，非充氣型。

(7) 腳固定夾板，非充氣型。

(8) 四吋繃帶捲。

(9) 一吋標準型膠帶捲。

(10) 剪刀。

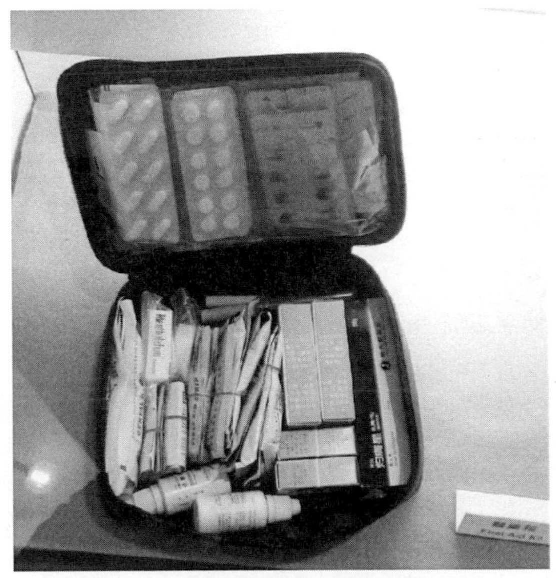

圖7-5　長榮航空客機上之醫藥箱

資料來源：作者拍攝。

2.緊急醫療箱：由組員在地面醫師或專業醫護人員指導下，使用於緊急之醫療行爲。

(1) 聽診器。

(2) 血壓計。

(3) 注射器／針頭。

(4) 導氣管。

(5) 復甦裝置（人工呼吸器）。

(6) 心肺復甦術用面罩。

(7) 靜脈注射組。

(8) 生理食鹽水。

(9) 防滲透手套。

(10) 不含麻醉劑之止痛藥片。

(11) 抗組織胺劑藥片（治感冒、過敏症用）。

(12) 抗組織胺劑注射劑（治感冒、過敏症用）。

(13) 阿托品（抗痙攣用）。

(14) 阿斯匹靈藥片。

(15) 支氣管擴張劑。

(16) 葡萄糖。

(17) 腎上腺素。

(18) 利多咽（局部麻醉劑）。

(19) 硝化甘油藥片（冠狀動脈擴張劑）。

(20) 基本使用指引。

3.加強型緊急醫療箱：由組員在地面醫師或專業醫護人員指導下，使用於機內多種不同之醫療行爲。其藥品內容與緊急醫療箱相同。

第九節　乘客搭機安全

一、最安全的座位統計

在空難中，並沒有所謂絕對安全的客艙座位能讓乘客毫髮無傷，無論你是坐在飛機前面、中間或是後面，並沒有很大的差異。但根據全球三十二件民航噴射客機死亡失事中生還旅客的位置統計（如表7-1），大部分的失事發生在進場和落地階段，生還旅客的座位以飛機的前面及後面占大多數（如表7-2），約占所有生還的86%（如圖7-6）。

表7-1　全球民航噴射客機死亡失事生還旅客座位統計

日期	機型	座位數	生還人數	階段	最安全座位
1965/11/11	Boeing747	91	48	LA	後面
1967/11/20	Convair CV-880	82	12	LA	後面
1969/01/13	DC-8	45	30	LA	前面
1970/05/02	DC-9	63	40	ER	後面
1970/11/27	DC-8	229	182	TO	前面
1972/12/08	Boeing737	61	18	LA	後面
1972/12/29	Lockheed L-1011	176	77	LA	前面和後面
1974/01/30	Boeing707	101	4	LA	中間
1974/09/11	DC-9	82	12	LA	後面
1975/06/24	Boeing727	124	9	LA	後面
1976/04/27	Boeing727	88	51	LA	前面
1977/04/04	DC-9	85	22	ER	後面
1978/02/11	Boeing737	49	7	LA	後面
1978/12/28	DC-8	189	179	LA	後面
1982/01/13	Boeing737	79	5	TO	後面
1983/06/02	DC-9	46	23	LA	中間
1985/08/02	Lockheed L-1011	163	29	LA	後面
1985/08/12	Boeing747	524	4	ER	後面
1985/08/22	Boeing737	137	82	TO	前面

（續）表7-1　全球民航噴射客機死亡失事生還旅客座位統計

日期	機型	座位數	生還人數	階段	最安全座位
1987/11/15	DC-9	82	54	TO	後面
1988/08/31	Boeing727	108	94	TO	前面和中間
1988/09/15	Boeing737	104	69	LA	後面
1989/01/08	Boeing737	126	79	LA	前面
1989/07/19	DC-10	296	185	LA	中間
1990/12/03	DC-9	44	36	TA	前面
1991/02/01	Boeing737	89	67	LA	後面
1992/01/20	Airbus A.320	96	9	LA	後面
1992/03/22	Fokker F-28	51	24	TO	前面和後面
1994/04/26	Airbus A.300	271	7	LA	中間
1994/07/02	DC-9	57	20	TO	後面
1999/06/01	DC-9	145	134	LA	前面和後面
2000/10/31	Boeing747	179	96	TO	前面和後面

表7-2　飛航階段與生還旅客座位統計

飛航階段	前面	中間	後面
ER（航路中，下降）	0	0	3
LA（進場和落地）	5	4	13
TA（滑行）	1	0	0
TO（起飛和開始爬升）	5	1	5
總計	11	5	21

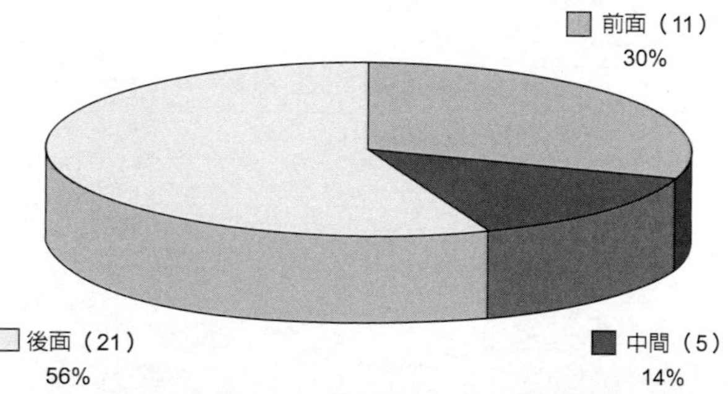

圖7-6　全球民航客機死亡失事事件客艙生還旅客座位位置百分比

資料來源：http://aviation-safety.net/airlinesafety/paxsafety/safestloc.php，作者繪製。

從高空掉落奇蹟生還之世界紀錄

1972年1月26日，一架DC-9客機飛經捷克上空33,000呎（10,160公尺）時，因恐怖分子引爆炸彈炸毀，機上旅客全部喪命。奇蹟的是，一位南斯拉夫籍的女性客艙組員Vesna Vulovic隨著飛機殘骸自高空墜落冰凍堅硬的地面，落地時她已折斷雙腿、腰部以下失去知覺，救難人員從機外發現她凸出的雙腳，立即將她送醫救治，三天後她終於清醒，並以英語說出第一句話：「可否給我一根香菸！」幸運的是，她並未遭受心理創傷，對飛行也不懼怕，之後雖轉任行政部門，但她表示自己還能在全球各地自由地飛行，經過此事讓她的人生更豁達。

二、旅客飛航安全十大守則

(一) 選擇直航班機

大多數的意外事件發生在起飛、爬升、下降和落地階段，每多一次的起落就增加一次的失事機率，所以避免中轉班機而選擇直航班機可以降低意外事件發生的機率。

(二) 選擇大型客機

目前超過三十人座的飛機都在嚴格的法規下設計和檢查驗證，大型飛機給予乘客會有較多的保障及較高的安全標準。

(三) 注意及聆聽起飛前的簡報

雖然起飛前簡報的資訊似乎都是重複的，但依據你每次飛行坐的位置不同，最靠近你的緊急出口位置就有所不同。

(四) 儘量避免重物放在行李架上

在氣流不穩時，行李架可能無法承受太重的物品。所以當你或其他乘客無法將物品舉起放入行李架時，不妨將它存放在其他地方。

(五) 就座時隨時繫好安全帶

就座時隨時將座椅邊的安全帶繫緊，當飛機遭遇到無預警亂流時，可能給予你必要的保護。

(六) 聽從客艙組員的指揮

客艙組員在飛機上首要的工作就是維護安全，因此當他們要求乘客做好繫安全帶等事情時，先按照他們的要求做好，有問題稍後再問。

(七) 勿攜帶任何的危險物品

有相當多的危險物品是不允許帶上飛機的，包括：汽油、腐蝕物、有毒氣體等危險物品。

(八) 讓客艙組員來提供服務熱飲

客艙組員皆受過訓練，能在客艙中狹窄的走道上供應熱茶或咖啡，因此讓他們來提供熱飲服務較為安全。

(九) 不要喝過多的酒

在客艙內的壓力就如同美國丹佛的氣壓，所以在機上喝下的酒會比在地面的影響更強烈。

(十) 隨機應變

遇到緊急情況時，例如事先能預期的緊急撤離，請遵循客艙組員及飛航組員的指示，儘速離開飛機。

三、空難逃生五大要訣

(一) 選擇最方便之逃生座位

搭機劃位時最好離緊急出口越近越好，若沒辦法離出口太近，也要算一下離出口隔有幾排座位，因為空難發生時往往是濃煙密布，無法目視判斷，這時只能壓低身體（如圖7-7），用摸的出去，因此上機時注意緊急逃生的路線及出口位置非常必要（如圖7-8）。

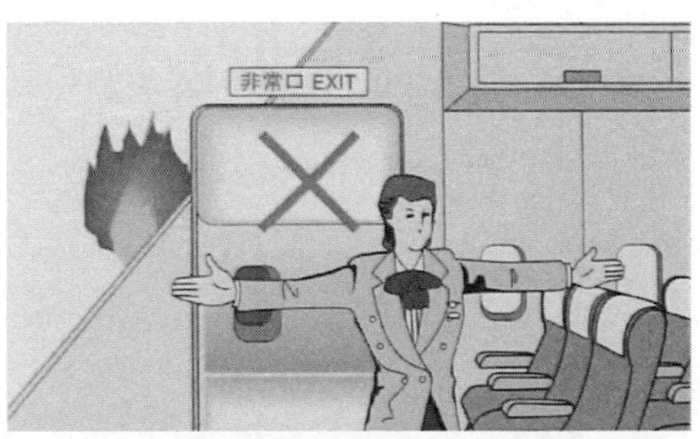

圖7-7　客艙濃煙逃生方式

資料來源：作者攝自日航747機上安全須知卡。

圖7-8　B757-200客艙緊急出口指示燈圖

資料來源：作者拍攝。

(二) 扣緊安全帶

在飛行中，安全帶（如圖7-9）把人固定在座椅上，以避免突然的亂流晃動機身為乘客帶來傷害；在地面上則是為了應付飛機在落地或地面滑行時突然的煞車所帶來的傷害；在緊急狀況發生時，飛機迫降所造成的撞擊力，是大到人類難以想像的地步，把自己固

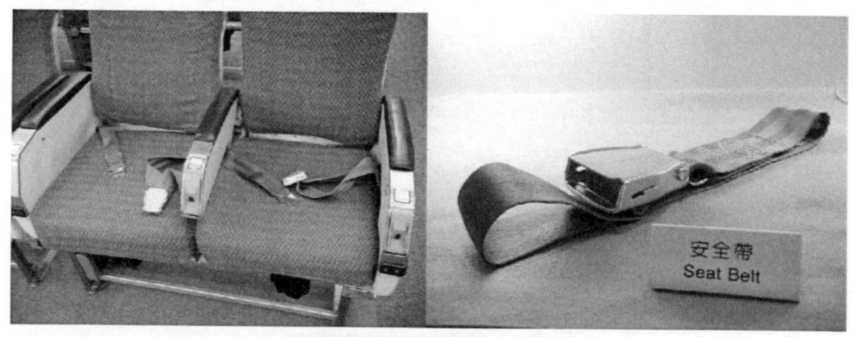

圖7-9　客艙安全帶

資料來源：作者拍攝。

定住，避免被撞擊時的力量彈擊是安全帶的目的。安全帶必須繫得越緊越好，尤其在起飛落地時最好要繫緊到有點痛的程度，以避免意外事故時人從椅子上往上或往下滑動，安全帶反而可能切斷身體而成爲致命兇手。大部分的飛機都有嬰兒專用的安全帶（嬰兒固定裝置），它的使用方法是一個特製的環帶把安全帶和大人的安全帶扣在一起，再用一般扣安全帶的方法扣住嬰兒。

另外，飛機起飛或落地前，客艙組員會要求乘客把椅背豎直、餐桌收回及打開遮陽板。椅背豎直是爲了預防在狀況發生時，把後方乘客的逃生通道卡住。餐桌收回除了保持自己這一排逃生通道暢通之外，另外，在迫降時的撞擊加上餐桌的橫切面，是足以把一個人切割成兩半的，所以要求起降時餐桌收回的原因就在這裡。打開遮陽板則是保持良好的視線，以確保乘客可以在緊急狀況發生時瞭解機外的情形（緊急事故時，機外情形可能是有煙有火，也有可能是水，那麼就不能從這個方向逃生），決定由哪一個方向逃生。

(三) 熟記逃生指示說明

除了每個座椅前方袋內的安全須知卡（如圖7-10）外，法規規定每一班飛機上都需有逃生示範，早期是客艙組員親自示範，先進的機種則有錄影帶的播放示範，無論是哪種方式，不外都在告知旅客如果發生緊急事故時機上的逃生出口位置（如圖7-11）及逃生方法。逃生出口（如圖7-12）位置每架飛機都不一樣，連同型的飛機也有可能因爲客艙座位配置不同而有不同的位置（如圖7-13），所以觀看示範或是研讀安全須知是非常必要的。

此外，飛機發生狀況需要逃生的情形有兩種：一種是陸上逃生，另一種是水上逃生，這兩種狀況表示飛機在緊急狀況後著陸的地點；不管哪一種方式，要脫離危險的機內獲得安全都必須透過逃生滑梯（Slide）（如圖7-14、圖7-15），部分小型機種因離

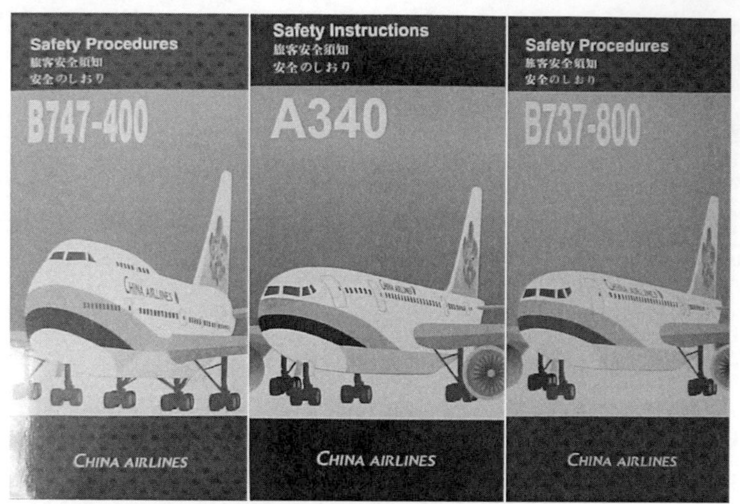

圖7-10 華航B744、A340、B738之安全須知卡

資料來源：作者拍攝。

圖7-11 B757-200逃生門

資料來源：作者拍攝。

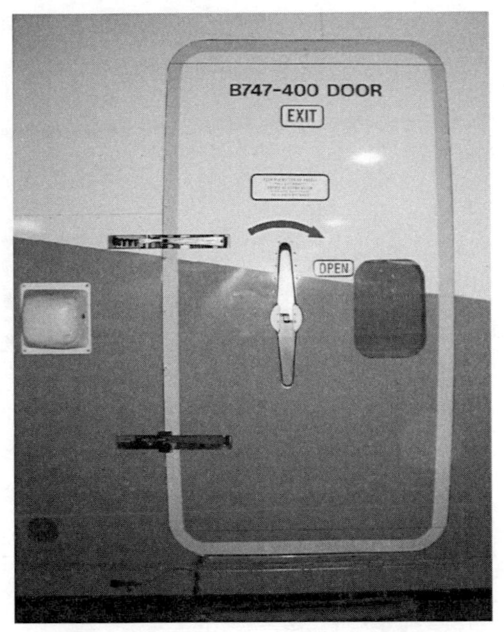

圖7-12　B747-400逃生出口外視圖

資料來源：作者拍攝。

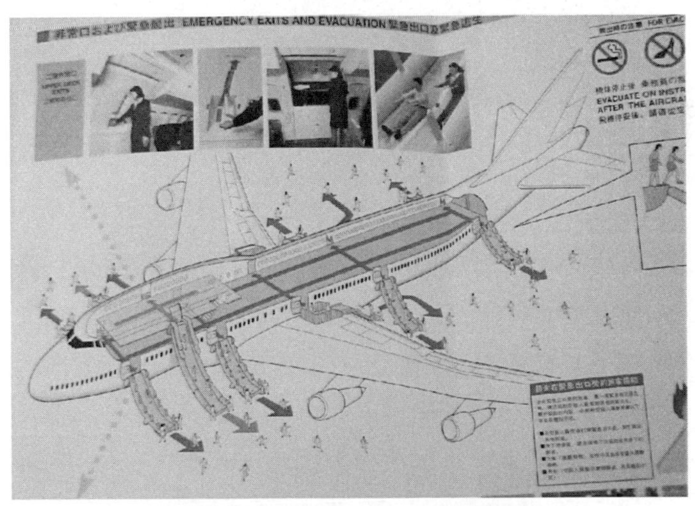

圖7-13　日航B747逃生門位置

資料來源：作者攝自日航747機上安全須知卡。

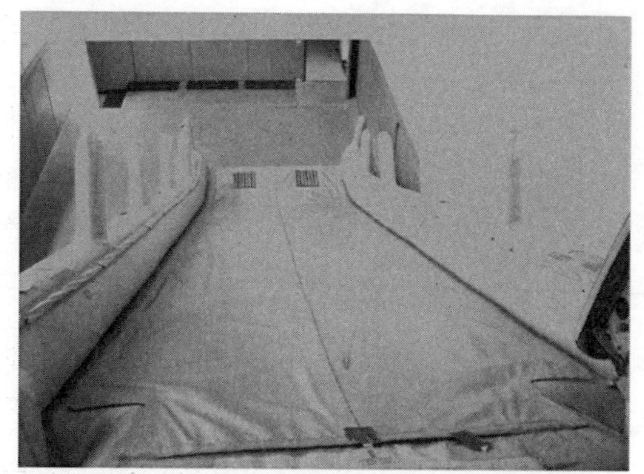

圖7-14　華航AB6逃生滑梯

資料來源：作者拍攝。

圖7-15　遠航MD-82機尾逃生滑梯

資料來源：遠東航空提供。

地面不高，所以沒有滑梯設計；在水上迫降（Ditching）時（如圖7-16），就要穿著救生衣，救生衣的穿著（如圖7-17）需先注意飛機落水狀態，若飛機飄浮於水上，必須於逃生門口跳離飛機前才可充氣，以避免行動受限制而阻礙逃生，若飛機已沉入水中，必須先游出飛機再行充氣，否則就會受困機內而溺斃。陸上迫降（Force Landing）則不需要穿著救生衣，只要弄清楚安全逃生方向及按照客艙組員或是見義勇為的旅客（Able Body Man, ABM）指示跳下滑

圖7-16　水上迫降逃生演練

資料來源：作者拍攝。

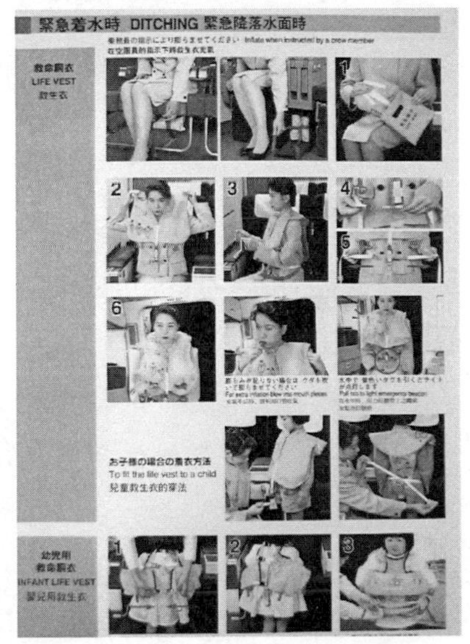

圖7-17　水上迫降救生衣穿法

資料來源：作者攝自日航747機上安全須知卡。

梯逃生（如**圖7-18**），跳下滑梯時需注意雙手往前水平伸直或交叉抱胸，切勿觸及滑梯任何部位，否則可能因下滑速度過快傷及手掌或失去重心而自滑梯上跌落受傷。

圖7-18　陸上迫降經由滑梯逃離飛機之方式

資料來源：作者攝自日航747機上安全須知卡。

(四) 穿著不易燃燒之衣服、鞋襪

搭機服裝穿著以舒適寬鬆、天然纖維爲主，如棉製品、毛織品、丹寧布和皮革製等衣物。這些布料的纖維能在機上緊急逃生或發生火災時提供最好的保護。合成纖維，如人造絲、聚酯和尼龍（特別是針織品、絲襪）則容易助燃。最好穿著長褲或長袖衣物，避免穿著短袖衣物或裙子，因爲此類服裝無法提供身體最完整的保護。

飛機發生狀況時，要脫離危險的機內獲得安全，都必須透過逃生滑梯，絲襪如果與滑梯磨擦，非常容易產生灼傷；在逃生過程中因爲絲襪屬於尼龍製品，不但容易著火，且遇火後會黏貼皮膚，造成更大的傷害。

此外，搭飛機最好穿著平底鞋、綁鞋帶的鞋子或球鞋，以皮革或帆布製造的鞋子最適合，因爲這些鞋子可以幫你跑過著火的殘骸。在經由逃生滑梯逃生前請先脫掉高跟鞋，高跟鞋不僅會減慢逃生速度，更可能因一些危險物品（如碎玻璃或金屬碎片）造成自己受傷的風險；避免穿著涼鞋也是同樣的道理。

(五) 不要隨身攜帶大包小包物品

乘客想在搭機時攜帶更多的行李上飛機，他們認爲既然已經支付班機的費用，即表示有權利攜帶手邊的行李登機，以確保其安全。殊不知限制隨身行李的大小和重量是安全上的重要考量。

在飛行中，萬一飛機遭遇到亂流、失事或者是更嚴重的毀壞，這可能是因客艙受到隨身行李猛烈撞擊引起。不安全的行李愈多，風險也就愈高。

因此，當你攜帶及放置行李時要有安全的意識，勿將行李疊放於座位上方的行李箱，重型行李請放在座位前方，勿放於上方置物櫃。因緊急逃生時，置於座位上方行李箱裡的大小行李有可能會跌落造成自己或其他乘客受傷。如果有緊急逃生的必要時，將行李留在機上即可，尋找自己的行李只會妨礙到其他乘客的逃生安全。眼鏡、項鍊、戒指等尖銳物品，會在跳滑梯過程中刺破滑梯，造成其他人無法使用滑梯逃生（如圖7-19、圖7-20）。

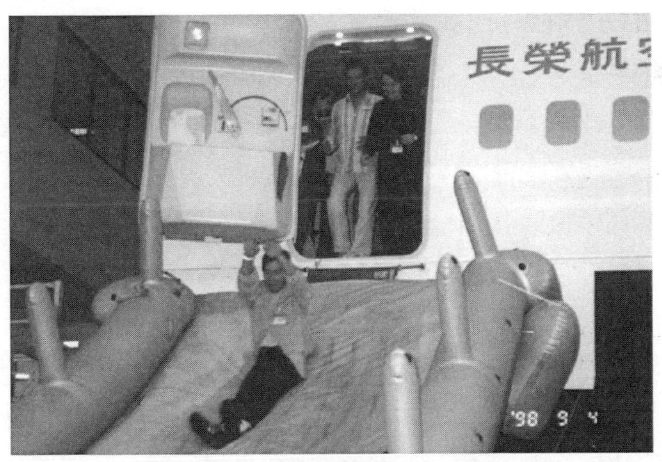

圖7-19　B-747緊急逃生演練

資料來源：作者拍攝。

圖7-20　B757-200緊急逃生演練

資料來源：作者拍攝。

第十節　客艙生還因素

一、影響生還因素的五大要點

1.機身結構：結構強度應可承受多方向一定力量的撞擊。

2.固定設備：如安全帶可使乘員在遭受衝擊時，不致撞擊四周外物；安全帶之固定點應有足夠強度。

3.減震能量吸收：起落架減震設計及坐墊應可吸收一定能量；生雞蛋自1呎高處落到2吋厚海綿板會破裂，但由2呎高處落到特製吸能板則可不破。

4.乘員周遭環境：航機撞擊後，駕駛員的腳因方向舵間隙改變遭夾住。

5.失事後生還因素：具備良好逃生設備，設計上避免失事後漏油造成立即起火。

二、具生還因素的條件

1.需要有足夠的空間：免於碰撞。

2.較小的G力：主要在於能量的吸收，如機身吸收大部分的G力，地板與座椅承受與吸收部分G力，椅墊與安全帶吸收部分G力，面朝後之椅背吸收部分G力，兒童座椅亦可吸收部分G力，機上分隔板與椅背減少第二次撞擊。

3.未於失事後立即起火。

4.失事發生於機場附近。

三、自我保護方式

1.立即在地板蹲下來。

2.緊抓固定物。

3.採取就近尋找空位或試圖回位方式。

4.對旅客文化性及組成有較深理解。

5.克服語言障礙。

四、逃生滑梯

(一) 逃生滑梯簡介

逃生滑梯包含：可充氣滑梯本體、氣體儲存瓶及閘門組件、包覆組件、上下兩獨立高壓氣體充氣空間（如圖7-21）。

逃生滑梯落海後之逃生器材包含：生還器材、天蓬、絞鏈環、位置燈、充氣閥及停泊輔助。

逃生滑梯必須符合下列要件：

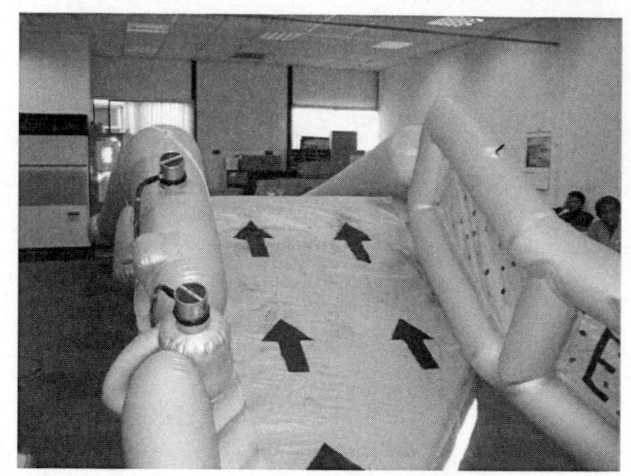

圖7-21 逃生滑梯測試

資料來源：作者攝於遠東航空。

1.強風下仍能展開。

2.抵抗液體腐蝕。

3.抵抗環境腐蝕。

4.抵抗煙火及有毒氣體腐蝕。

5.能在-40℉～160℉溫度下正常操作。

(二) 逃生滑梯的相關組件

1.充氣系統：儲氣瓶藉著背帶連結於滑梯下門檻，儲氣瓶經閥門連結至軟管。閥門上有一個溫度補償壓力表，維持瓶壓低於限制值。該軟管連接一防逆閥門及吸氣器。該防逆閥門防止滑梯壓力回流。吸氣器由下述組件所組成：

(1) 圓柱形混合管：混合儲氣瓶之主要氣體及周遭次級氣體。

(2) 噴嘴段：導入儲氣瓶之主要氣體。

(3) 圓錐入口段：導入周遭次級氣體。

(4) 拍動閥：充氣完成後阻擋氣體洩漏。

(5) 壓力表。

2.掛鉤桿：連結航空器門檻及充氣滑梯，當門邊操作桿呈現「Armed」狀態，掛鉤桿插入溝槽。當落水後該滑梯需與航空器分離，由掛鉤桿包覆層下之手動拉桿可分離滑梯及航空器，繫留線允許滑梯漂流。

3.燈光系統：包括三個主要組件，即燈具、電力系統、啓動線。燈具：置於纖維套筒中該套統環繞滑梯，靠近掛鉤桿時由包覆層保護。電力系統：五年有效之電池置於尼龍纖維製袋，連結至儲氣瓶帶。當滑梯充氣連動啓動線時，燈光自動啓動。啓動栓應隨時插入電池中以保存電池壽命。

4.重新登機拉繩：1吋寬之白色帶子，上端靠近門檻，下端爲魔鬼氈，功能爲緊急撤離後重新登機時使用。

5.順序展開限制器：功能爲維持滑梯依摺疊順序展開，避免滑梯於機身下展開，並確定滑梯觸地時充分展開。

6.洩壓閥：滑梯門檻端之上下套筒設置壓力洩放閥，提供定溫下最高壓力之控制。

7.攀附帶：提供落水人員攀附滑梯之帆布帶，位於較低浮筒旁。

8.手動打氣筒：滑梯無法自動充氣之備份系統，拉柄由白色三角形帶子組成連結至充氣閥。

9.手動充氣閥門：充氣閥連接至門檻端之上下兩組充氣套筒，手動充氣幫浦置於生還包中，充氣洩壓閥爲一彈簧裝置，當轉接器接盒放開時會自動開合，加壓時使用轉接器壓入閥中，加壓幫浦致適當壓力。

10.登船輔助繩：門檻兩端紅色線幫助落水生還者爬上滑梯。

11.海錨：控制漂流率與方向。

12.位置燈：兩盞位於上浮筒對角端之位置燈，協助夜間辨識滑梯位置，水控啓動之電池位於下浮筒下方。

五、客艙緊急裝備檢查表

1.水性滅火器／設備——手把與瓶身之金屬封條完整。

2.海龍滅火器／設備：

(1) 指針於綠色區域。

(2) 安全插銷於定位且封妥。

3.急救箱——封籤完整。

4.擴音器——按下扣板能聽到聲音。

5.防煙面罩——密封且溼度顯示窗顯示正常。

6.可攜式氧氣——儀表指示合乎航空器使用人需求之最低標準。

7.緊急定位發報機——就定位。

8.嬰兒救生衣——許可情形下確認機內數量。

9.其他裝備：

(1) 手電筒。

(2) 手斧／利於橇開之棍棒。

(3) 可攜式氧氣瓶。

(4) 防護手套。

(5) 防煙罩。

(6) 煙霧偵測器。

(7) 洗手間垃圾桶之自動滅火器。

(8) 緊急燈光。

機坪安全

第一節　機坪安全簡介

第二節　機坪事件之成本

第三節　機坪事件案例

第四節　機坪安全事件之預防

第五節　認識及預防外物損傷（FOD）

第六節　結語

2005年12月26日，美國阿拉斯加航空編號AS536班機依預定行程前往加利福尼亞州布班克市，在西雅圖的塔科馬國際機場起飛不久後，這架麥克道格拉斯的MD-83型飛機（註冊編號N979AS）在爬升至26,000呎高空時突然發生客艙失壓狀況，緊接著因失壓而產生巨響，所幸飛機駕駛員緊急下降至氧氣較濃密的高度，並返航降落於原機場。雖然乘客及機組人員飽受驚嚇，但沒有造成任何人員傷亡。在檢查飛機結構時，工程師在飛機左邊貨艙門的附近發現直徑1呎的大洞。調查發現，此損傷是由機坪工作人員在這架飛機起飛前，被其所駕駛的一輛行李車或履帶車撞擊機邊所造成的。這起事故使得飛機的蒙皮出現一道小擦痕，當時這小插曲並沒有立即通報且在機組人員毫無預警的情況下，飛機就起飛了。當飛機爬升到較高的高度時，機體內外壓力差使得這道小擦痕裂成了大洞，最後形成了可怕的艙壓失效。

此案例凸顯了機坪安全（Airport Ramp Safety）事件的危險性。

飛機是世界上最安全的運輸工具之一，但機坪卻是世界上最危險的工作場所。

機坪危機是一個非常棘手的問題。當一架飛機地停時，大量的工作車與機身及機翼近距離作業。餐車、空橋及扶梯、行李裝載車、拖車以及油罐車等，都有可能在飛機地停時間撞到機身，不僅代價高昂，且對生命安全造成潛在的威脅（如圖8-1）。

從1903年發生第一起因韋伯萊特意外損壞其飛機機翼上的結構事件開始，這個問題在航空界就一直不斷地發生。目前全球的航空公司、機場、安全小組和航空主管機關都一起參與，以協助教育機場工作人員瞭解此類飛機意外事件的潛在危險。

全球每年因機坪意外事件造成航機、裝備、設施損壞及人員傷亡之損失，保守估計爲四十億美元，大約是十五架B747-400客機（如圖8-2）的金額。

圖8-1　機坪存在著許多危機

資料來源：作者攝於高雄小港機場。

圖8-2　747-400客機（日航）

資料來源：作者攝於桃園國際機場。

每一個機坪每年所需的車輛服務，估計平均超過一百萬車次（如**圖8-3**）。人爲疏失是機坪意外事件的主要因素，而機坪意外事件是可以避免的。

圖8-3　機坪車輛服務每年平均超過一百萬車次

資料來源：作者攝於桃園國際機場。

第一節　機坪安全簡介

一、機坪安全定義

機坪是屬於航空站空側（Airside）的一部分，空側除了包含供航空器起飛、降落的操作區（Maneuvering Area）之外，尚包括供航空器上下旅客、裝卸貨物或郵件、加油、停放或維修之區域，稱之爲機坪（Ramp, Apron）（如圖8-4）。

圖8-4　高雄小港機場國內線機坪

資料來源：作者拍攝。

機坪安全是指在機坪作業時所發生對人員、飛機及裝備造成安全之地面損傷事件（Ground Damage Incidents, GDI）（如圖8-5）。

完整之機坪作業程序包括：

(一) 航機到場

1.人員提前準備，做簡報，確認機型。

2.檢查場面清潔（FOD）。

3.檢查個人證件及保護裝備。

4.檢查車輛裝備及準備位置。

5.機坪淨空。

(二) 引導停靠

1.確認航機停止位置。

2.引導手勢需正確。

3.夜間使用引導棒亮度要夠。

4.如為燈號系統引導，應知緊急關斷鈕位置。

圖8-5　機坪安全

資料來源：作者拍攝。

(三) 人車接靠

1.待發動機關妥、防撞燈熄滅、航機輪擋擋妥（如圖8-6）、防護錐（如圖8-7）置妥，耳機員與駕駛員確認後人車才能接靠。

2.車輛接近航機，先停再靠，倒車需指揮。

3.車輛停妥應放置輪擋、煞車或腳架（如圖8-8）。

圖8-6　航機輪擋

資料來源：作者拍攝。

圖8-7　防護錐

資料來源：作者拍攝。

圖8-8　腳架

資料來源：作者拍攝。

(四) 開艙

1.客艙門開啓前，客艙內外人員需先相互確認，避免逃生滑梯打出，艙門把手需歸位。

2.後空梯開啓前需確認梯下無人。

3.貨艙門開啓後需扣妥以免掉落，艙門把手需歸位。

(五) 卸載

1.滾帶車行進間滾帶需放平，滾動時不得在上面走動（如圖8-9）。

2.滾帶接靠位置要正確，避免損傷機身及貨艙（如圖8-10）。

圖8-9　滾帶車行進間需放平

資料來源：作者拍攝。

圖8-10　滾帶車作業情形

資料來源：作者拍攝。

(六) 地面作業

1.同時有許多車輛、裝備、人員分屬不同公司，在機邊作業，必須有人管制協調。
2.車輛在發動的情況下不得無人看管。
3.視線不佳時應開警告閃燈及近光燈。
4.遵照行車路線及速限規定。
5.勿阻擋加油車出路。

(七) 裝載

1.小心輕放，勿損傷貨物及貨艙。
2.確實按分艙表裝載。
3.確實使用攔貨網、隔艙網及綁帶（如圖8-11）。

(八) 關艙

貨艙門關妥密封，把手歸位，蓋板蓋妥（如圖8-12）。

圖8-11　攔貨網

資料來源：作者拍攝。

圖8-12　關貨艙門動作中

資料來源：作者拍攝。

(九) 航機後推

1.拖桿接妥，插銷上妥（如圖8-13）。

2.A員與駕駛員確認，航機鬆煞車、撤輪擋，機邊無人車時才能後推（Pushback）（如圖8-14）。

3.須派足夠人力，至少A員、拖車駕駛、翼尖及機尾人員。

4.後推人員需自處於安全位置。

5.後推轉彎角度勿太大。

圖8-13　航機後推作業1

資料來源：作者拍攝。

圖8-14　航機後推作業2

資料來源：作者拍攝。

(十) 航機離場

1.後推至滑行道定位後，航機踩煞車、上輪擋、下拖桿、A員與駕駛員確認、撤輪擋、拔插銷（如圖8-15）。

2.人員退至安全位置，舉插銷及飄帶（如圖8-16）。

3.目視航機通過，檢查機身有無異常。

4.檢查場面清潔，輪擋及安全錐不可留置機坪。

圖8-15　上輪擋、下拖桿

資料來源：作者拍攝。

圖8-16　人員退至安全位置，舉插銷及飄帶

資料來源：作者拍攝。

二、機坪上的危險

1.貨物裝卸之平衡：貨機之主要上下貨是在後面的側邊貨艙門（Side Cargo Door），因爲如果前面沒有貨而後面又在上貨，可能會因爲載重平衡問題而使機頭上仰而機尾下墜，所以B-747、MD-11貨機及客貨機（Combi）在航機停妥到位之後，會在機尾加上尾錐頂桿（Tail Stand）或是在前輪加上繩子，以防止出現事故。

2.強風：影響操作，可能造成人員傷亡或航機損傷。預防之道：(1) 注意機坪作業風速限制；(2) 航機及車輛裝備固定，注意開關艙門，撿拾外物。

3.下大雨及大雪：影響視線及地面濕滑。

4.閃電：人員有觸電之虞。

5.光：(1) 燈光（場站照明燈、車輛頭燈）、陽光刺眼或不足；(2) 直接影響視線，間接造成眼睛疲勞、視線不清。

6.噪音：機坪爲噪音環境最大之地，一般汽車喇叭100分貝，飛機發動機至少120分貝，音量大於90分貝就會傷害聽力，聽力一旦受損就無法治癒，因此機坪工作人員必須戴耳塞，但需留意會影響聽覺。

7.標線、號誌：標畫、設置不當可能讓航機引導錯誤。

8.外物（FOD）：造成航機或人員傷害者。

9.空橋：未收妥、操作不當或維修不當皆可能造成危害（如圖8-17）。

10.航機燃油箱排氣口（Fuel Vent）：位於翼尖下緣，加油時排出油氣，若遇加油異常燃油溢漏時由此洩出，因油氣重於空氣，會下沉至地面，易被人員吸入，有害人體。人員、車輛及裝備勿停放於其下方。

11.航機輪胎及煞車：航機剛滑入機坪時，輪胎及煞車溫度尚未降低，可能導致起火（如圖8-18）。

圖8-17　空橋可能造成危害

資料來源：作者拍攝。

圖8-18　航機輪胎高溫會引起火災

資料來源：作者拍攝。

12.發動機、螺旋槳：噴射發動機進氣口吸力強，人員或物體靠近可能會被吸入造成損傷，排氣口則會噴出強大炙熱氣流，溫度可飆升至700～900℃，即使怠速空轉（Idle），氣流速亦可達160km/h，發動機外罩溫度亦高，人、車、裝備皆不可靠近，務必保持安全距離。各機型之危險區域範圍不同（如圖8-19、圖8-20）。

圖8-19　發動機啓動時進氣口異常危險

資料來源：作者拍攝。

圖8-20　發動機排氣口後方異常危險

資料來源：作者拍攝。

13.航機客艙門、貨艙門、後空梯：客艙門開啓前，客艙內外人員需先相互確認，避免逃生滑梯打出，艙門把手需歸位。機尾後空梯（如圖8-21）開啓前需確認梯下無人。貨艙門（如圖8-22）開啓後需扣妥以免掉落，把手需歸位。

14.重物：搬運行李貨物時不斷地搬、抬、推、拉、轉，易造成傷害。背傷爲永久性傷害，疼痛逐漸加劇，嚴重時需手術治療。需用正確之方法與姿勢（如圖8-23、圖8-24）。

圖8-21　遠東航空MD-82客機後空梯旅客下機作業

資料來源：作者拍攝。

圖8-22　貨艙門開啓

資料來源：作者拍攝。

圖8-23 勤務人員搬運行李上滾帶車

資料來源：作者拍攝。

圖8-24 勤務人員搬運行李上機

資料來源：作者拍攝。

15.有害物質（Hazardous Materials）：航機運作及其附近有許多具有毒性、腐蝕性、刺激性之有害人體健康的物質，如紅色之液壓油、機身清潔劑、發動機廢氣、廢水等。預防有害物質之傷害應設法降低或消弭其危害，或以其他物質取代，工作時應有保護裝備。要確實認識有害物質，以及溢漏或意外時的緊急應變處理程序。

16.危險品（Dangerous Goods, DG）：共九大類，包括易爆物、氣體、易燃液體、易燃固體、氧化物、毒性物質及傳染性物質、輻射性物質、腐蝕性物質、其他危險物質及物品。

17.車輛裝備：機坪車輛種類多，複雜度高，風險也高，包括扶梯車（如圖8-25）、行李車（如圖8-26）、滾帶車（裝卸行李貨物，如圖8-27）、衛生車（如圖8-28）、水車、氣源車、電源車、空調車（如圖8-29）、餐勤車（如圖8-30）、航機拖車頭（如圖8-31）、加油車（如圖8-32）、貨盤、盤櫃（如圖8-33）、拖車及空橋等。其中如滾帶車、空調車需特別注意其具動力設備（Power Take Off）部分，運轉時需有人員就近看管，且不得停於禁止停放區內。車輛在等待航機到場時勿太接近。停放時應放置輪擋、腳架、煞車，並應遵守車輛裝備之操作程序及各項安全規定。且平時應定期保養，每日使用前應檢查油、水、胎壓、滅火器及測試煞車、腳架及升降功能。

圖8-25　扶梯車

資料來源：作者拍攝。

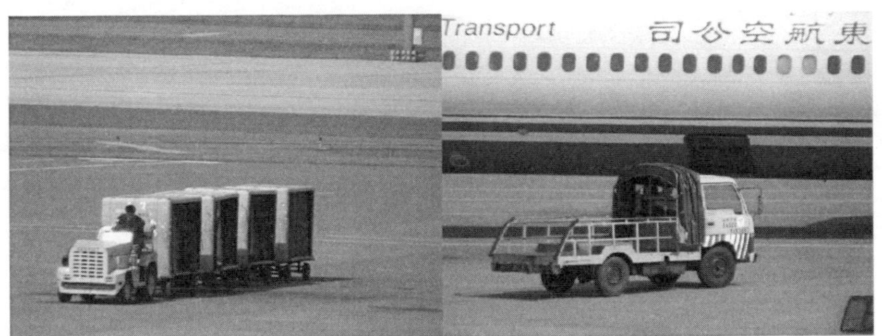

圖8-26　國際線（左）及國內線（右）行李車

資料來源：作者拍攝。

圖8-27　正在裝卸行李之滾帶車

資料來源：作者拍攝。

圖8-28　衛生車

資料來源：作者拍攝。

圖8-29　空調車

資料來源：作者拍攝。

圖8-30　餐勤車

資料來源：作者拍攝。

圖8-31　國際線俗稱大螃蟹之航機拖車頭

資料來源：作者拍攝。

圖8-32　加油車

資料來源：作者拍攝。

圖8-33　盤櫃

資料來源：作者拍攝。

18.機坪加油作業：加油可能造成航機、人員及停機坪的災難，因此需依加油相關程序，考慮乘客滯留機上加油、發動機運轉加油之情況及溢油處理，油車停放疏散之出路是否無阻礙，燃油箱排氣口籠（Igloo）附近人員禁止接近，緊急關斷鈕（Emergency Cut-Off Button）位置及其他注意事項，例如：打雷時應停止作業。一旦油車或加油意外事故發生，應立即通報（如圖8-34）。

19.機坪火災：機坪最可能發生航機輪胎、發動機、車輛裝備火災，因此滅火器配置、緊急電話號碼、緊急應變程序、

圖8-34　機坪加油作業

資料來源：作者拍攝。

訓練及演練都需落實。機坪發現火災的第一件事：不論撲滅與否，先通知消防單位。

20.飛機後推作業（如圖8-35）：據波音公司產品安全部門對民航噴射機安全事件（Boeing Product Safety Jet Transport Safety Events）的統計資料顯示，飛機後推作業構成一項深具潛在性的危險，自1964年至1992年12月，全球共發生

圖8-35　港龍A330客機後推

資料來源：作者拍攝。

三十一件因飛機倒推或前拖作業時，地勤人員遭到飛機鼻輪及主輪輾傷的意外事件。

飛機倒推或前拖作業共分三個階段進行：首先是定位及扣接推車及拖桿（如圖8-36、圖8-37），其次是實際倒推或拖進的動作（如圖8-38），最後是解開拖桿（如圖8-39、圖8-40）。在這三十一件意外事件中，有十八件造成人員

圖8-36　扣接推車

資料來源：作者拍攝。

圖8-37　拖桿

資料來源：作者拍攝。

死亡的意外；三十一件意外事件中，81%是發生在飛機倒推或拖進的進行過程中，其餘則發生在扣接及解開拖桿的過程。這些意外事件縱使未構成死亡事件，其輾傷的程度也是非常嚴重，甚至需要實施腿部切斷手術。隨時隨地提高警覺，避開機輪的運作範圍，是防止這類意外事件的首要之道。

圖8-38　後推

資料來源：作者拍攝。

圖8-39　解開拖桿1

資料來源：作者拍攝。

圖8-40　解開拖桿2

資料來源：作者拍攝。

根據一份1991年地面意外事件統計發現，有兩件與拖機作業的進行有關，另一件則是發生在飛機機長尚未經地面工作人員告以全部清除指示（All Clear Signal）之前，出奇不意地滑出，致使該機鼻輪輾斃這名工作人員。

從過去發表的統計資料分析，每百萬架次離場飛機拖機作業的意外傷害率，65%是由鼻輪（如圖8-41）肇禍，主輪（如圖8-42）肇事只有7%。這類意外事件發生的最大原因是漫不經心與缺少注意，十三件意外是未能注意到飛機拖動的改變；四件意外是因工作人員滑倒或跌倒在飛機鼻輪移動的範圍內而受傷；三件是因工作人員從拖車上滑下來或跌落受傷。事實上，拖車本身除操作人員外是不得載人的；兩件是拖桿脫開後，飛機逕自向前衝出而傷人；兩件是拖車操作人員在機翼下自己駕駛不慎引起的；一件是作業人員被自己所戴的通訊耳機電線絆倒，失去平衡導致；另一件是拖車作業人員不慎踩滑了煞車踏板而受傷。

另一項統計資料分析意外事件的機型種類，結論是飛機機身離地高度越低，其意外事件發生的機率越少，如B-727及B-737型機只

圖8-41　A-330鼻輪

資料來源：作者拍攝。

圖8-42　MD-82主輪

資料來源：作者拍攝。

發生三起意外事件，其餘都發生在B-747、B-767、B-757、A-300、DC-8及DC-10等機身離地高度較高者，人員比較容易接進機底，而減少了警覺性。

1992年曾發生兩起B-757拖機意外事件，一件是因爲天雨，一名工作人員於飛機推動時在機翼避雨，而被鼻輪輾到右腿。另一件是因爲一名工作人員在機翼下查看，結果機輪碰到其足踝，鼻輪輾過小腿，致其膝蓋以下部位被迫截肢。

三、機坪意外事件的地點及原因

根據統計，發生機坪事件的地點，有58%是在飛機到站時，有35%是飛機後推離站時，剩下7%是其他（如轉換登機門）（如圖8-43）。

飛機快到站時，機上駕駛員不再與塔台管制員以無線電聯繫，而是靠著地面人員指揮的手勢或航廈的電子導引系統來進入停機區。在進入此區時，通常也是機坪中車輛、裝備最多，最擁擠的地方，因此占所有事件的43%。在這個登機門停止區中發生的事件，有48%是飛機到站時發生，31%是離站時發生。

統計所有的機坪事件原因，包括：

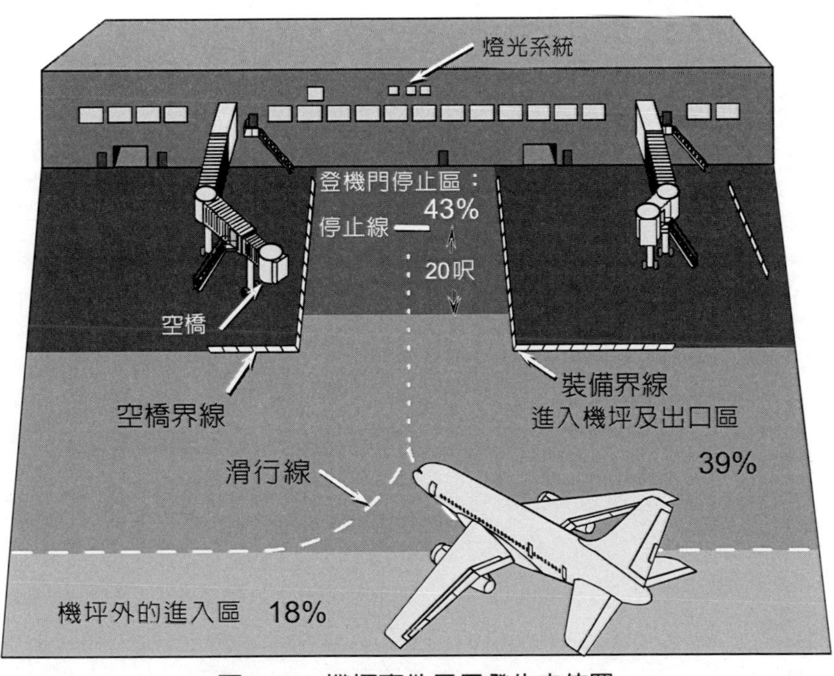

圖8-43 機坪事件最易發生之位置

1.沒看見或看不見。
2.未依程序。
3.空間誤判。
4.未遵守安全規定。
5.缺乏判斷。
6.未遵守行車規定。
7.缺乏紀律。
8.天候。
9.分心。
10.未訂程序。

第二節　機坪事件之成本

「安全」當然是機坪安全的首要考量，但是機坪事件也為機場的財務帶來大量的衝擊，每年都造成航空產業數百萬英鎊的損失。這不只爲飛機及旅客帶來許多的不便，更會造成航空公司負面的形象。

根據國際飛行安全基金會（Flight Safety Foundation, FSF）取自飛安基金會及國際空運協會部分的地面事故預防計畫資料最新的估算顯示，每年因機坪事件所需負擔的費用總額高達一百億英鎊。

根據統計，平均每一千次航班就會發生一次機坪事件，每一萬次航班就會發生機坪人員受傷。假設全球航空公司機隊每年有大約三千三百萬次的航班，這暗示著每年會發生三萬三千次的機體損傷事件和三千三百次的受傷事件。FSF估計，平均每次事故所導致航空器地停時間是3.5天，相當於三百架飛機以上的機隊一整年無法運作。所有因航空器損傷的修理費用、航空器地停期和航班取消的損失大約就要五億英鎊，幾乎與人員受傷損失的費用不相上下。一般而言，當機體損傷的修理費用是在保險理賠的門檻之下時，這龐大的修理費用幾乎是由航空公司獨力負擔。

雖然大部分的航空公司與地勤公司簽訂的合約中可以概括承受飛機地面事件所導致的直接維修成本，但標準的IATA地勤合約卻不承擔替代之包機龐大的費用，或因班機延誤而產生照顧乘客的費用。

飛機最易發生損傷的區域及其更換或修理的費用非常驚人，其中一組鼻輪十萬英鎊，一付整流罩八萬英鎊，升降舵七萬七千二百四十六英鎊。而飛機所需修理的相關費用也很高，以一架需一天維修時間而停飛的受損波音757飛機爲例（如**圖**8-44），這些包括十八萬英鎊的總成本，以及向其他航空公司租用包機以填補其三個航班而產生的費用，還需加上支付二百三十五位乘客住宿而產生之一萬四千英鎊的費用。

機坪事件發生當時，我們往往只看到立即的影響及費用。一般

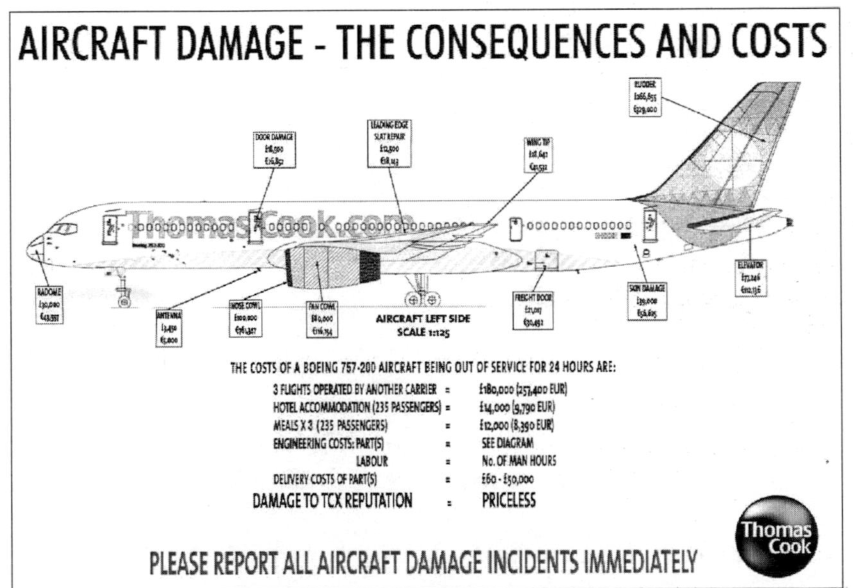

圖8-44　B-757飛機各部分維修費用

資料來源：*Airliner World*，2006年9月號。

行業中，直接成本：間接成本＝1：4，但在航空業中，直接成本：間接成本＝1：10

直接成本（Direct Costs）：包括造成航機、車輛、裝備、人員之損傷，以及可直接評估之項目，如停機費、備用航材、維修工時、零件更換等。

間接成本（Indirect Costs）：包括機坪事件後續的影響及費用，可能發生在公司各個部門，由不同預算支應，遠高於直接成本。包括：營收損失、利息、替代機、簽轉他航、旅客食宿電話、場站費用、替代人力及加班費、搶救清理、事件調查費用、工傷總成本、保險費提高、全體處理事件人員之加班費、空機飛渡、消防待命或處置費用、保險費門檻之增加、航機與組員之重新派遣、班次延誤或取消之損失、傷患後續醫療費用與求償、傷者及家屬身心創傷、貨物及旅客行李之賠償和公司商譽與形象損失等。

實際成本（True Cost）遠高於直接成本。以下表不同之飛機受損部位為例：

金額：新台幣

事件	修復費用	營運損失
升降舵遭扶梯車碰撞受損 （停機3.5天、35架次）	12,300,000	5,300,000
左副翼遭扶梯車碰撞受損 （停機4.5天、41架次）	8,100,000	6,000,000
左後機身遭扶梯車碰撞受損 （停機1.5天、14架次）	120,000	2,200,000
1L客艙門遭扶梯車頂損 （停機5天、59架次）	820,000	7,400,000

修復費用係按實際修復之材料、人工時數、試飛等費用計算。
營運損失＝停機日數 x 平均班次 x 平均載客數 x 平均票價

並非所有損失都能由航空公司保險來承擔，大部分保險公司只給付超過自負額（Deductibles）部分的損失，例如：

廣體機	約USD 1,000,000
窄體機	約USD 500,000
渦輪螺旋槳機	約USD 250,000

例如：美國某航空公司航機所發生的二百七十四件地面事件中，二百七十三件之直接成本平均爲二十五萬美金，而其自負額爲一百萬美金。

以一家獨立的英國包機航空公司——Astraeus Airlines爲例，說明因機坪事件所產生的實際費用。在2005年的一個星期六早晨，一個忙碌的週末航班計畫的開始，一架波音737飛機被一輛履帶車撞擊貨艙門框而受損。這架飛機需停飛四天待修，且因是在旺季期間，此家航空公司找不到任何的替代飛機來塡補這個航班空缺。爲此事故必須付出包含處理排班時產生的費用和維修費，共高達一萬四千八百英鎊。雖然，隨之產生的包括因乘客過夜而需支付的五萬二千英鎊之旅館住宿費，以及因欲恢復班表而包機所產生出超過十三萬英鎊的額外費用等，共二十四萬二千英鎊的費用，但這些費用是無法從保險公司或向地勤公司索賠的。

絕大多數的機坪意外事件損失低於自負額，等於「自我保險」。這些損失由誰來承擔？當然是由航空公司的收益（Profit）而來，而這些收益及盈餘的損失，則是由員工的薪水、紅利、獎金、福利以及股東股利來分攤。

對航空公司而言，地面損傷事件產生非常龐大的費用，更糟的是，對其旅客也造成極大的不便，而對航空公司的名譽損害更是無法預估。

 第三節　機坪事件案例

全球機坪事件多如牛毛，以下列舉一些國內外之案例供參考：

1.2006年11月8日，某國籍航空公司機長於桃園國際機場後推開車程序中拉了手煞車手柄。飛機瞬間停止，但拖車正處於大油門推力，導致拖車前之拖桿剪力螺栓（Shearbolt）完全斷裂，拖桿頭還連在接掛頭上。班機從13：45 delay到16：41。

2.2006年8月27日，中國東方航空一架空中巴士A-320型客機在北京首都機場滑行進入停機坪時，不愼與一架南方航空的波音777客機（如圖8-45）擦撞，東航A-320客機的垂直尾翼和南航777客機的右翼都受到損壞，所幸無人傷亡。

3.2005年6月6日上午9時35分，一架聯合航空UAL830編號N794 機型B777-200班機，於桃園國際機場後推時，2號左艙門與空橋拉扯脫落後卡在空橋上，2號艙門絞鏈斷裂，機上一百五十名乘客於事故後安全下機。事故原因爲二位旅客較晚登機，故艙門尚未關閉，但飛機卻開始後推約6～7公尺。

4.2005年2月25日，松山機場一架MD-80s於加油完畢後被倒車之加油車碰撞，該機翼尖燈罩損壞，加油車油罐後方擦傷，原因爲當時下雨視線不佳，加油車駕駛於倒車前未確認距離，且加油車助理於倒車時未作有效溝通（無口哨、指揮棒）。

圖8-45 中國南方航空波音777客機

資料來源：作者攝於桃園國際機場——兩岸直航包機。

5.2005年1月13日晚間，松山機場一架MD-90客機由跑道轉入滑行道時與一輛工作車碰撞，導致MD-90右翼前緣刮傷115公分，原因爲當時下雨視線不佳，塔台地面管制員同時許可航機與工作車通過該路段，工作車於穿越滑行道時恰巧電瓶故障拋錨，塔台管制員未確實掌握工作車動態，且工作車駕駛員未使用手電筒警告，MD-90駕駛員在遇工作車時閃避但未煞車導致碰撞受損。

6.2004年5月17日，某國籍航空公司編號B22602班機搭載一百八十四名乘客，由台北飛往台南，於上午9時50分準時進入台南機場，10時4分滑進停機坪停妥後，地勤公司陳姓作業員駕駛樓梯車對準後方機門時，突然間油門控制閥失效，煞車失靈撞及飛機後方機尾的水平翼。

7.2003年1月19日，紐約拉瓜迪亞機場一架A-319由停放區移往停機坪時碰撞空橋，導致空橋嚴重毀損，六名機坪作業人員受傷，且A-319 起落架折斷，發動機、機翼皆嚴重受損，另一架停靠在旁的B-757客機也間接被撞傷。

8.2003年9月12日，一架DC-9客機停於機坪，旅客正登機中，被一輛後推拖車碰撞損傷，拖車碰撞機鼻雷達罩，拖車駕駛被困在拖車與飛機之間，最後拖車駕駛傷重不治。

9.2001年，長榮航空一架編號B16412波音747-400客機，原預定於洛杉磯當地時間晚上11時55分由洛杉磯飛回台北，因一架正在滑行的馬來西亞航空客機的噴射氣流將一輛散裝車吹起，擦撞到長榮航空班機一號發動機尾部。

10.一架B-757後貨艙上貨時，因裝貨不愼將貨艙撞擊出兩個小洞（1.5吋及1.0×0.75吋），依規定航機尙未修復完成不能放飛，除非此貨艙不裝貨且掛上警告牌，但因該班機客滿，故航空公司決定調度飛機來疏運旅客，總共延誤了九十分鐘。後來此飛機空機飛渡至維修基地進行維修。此延誤造成一百八十五位旅客的不便及飛行組員對值勤時間的抱怨。雖然維修費用不高，但損失的時間及旅客的不悅卻不容忽視。

11.一輛加油車在無人協助下獨自向飛機方向倒車，結果撞上一架B737-400航機右邊的發動機罩，經臨時性的修復後放飛。損失費用：四萬五千美元。

12.班機延誤抵達，導致原停機坪貨櫃拖車停靠位置被平台車占據，一輛拖著三個貨櫃的車輛，由前往後從B-747三號及四號發動機間穿越，剛過機翼，車輛駕駛員向左轉，第二個貨櫃拖車隨即撞上四號發動機。駕駛感覺撞上物品，立即停車、倒車，結果又再度撞上發動機。損失費用：5,055,000美元，停飛十九小時。

13.2001年1月17日，航勤公司扶梯車於飛機後推前撤離時撞擊B-757客機水平安定面，扶梯車駕駛員未立即報告，飛機駕駛員也未察覺異樣，航機落地後發現水平安定面撕裂。

14.2000年10月31日象神颱風夜，梯架車因未及時平放綑綁且輪子未煞停，至強風吹襲移動後，撞損某國籍航空公司航機。

第四節　機坪安全事件之預防

一、機坪安全作業事項

1.危險區域：

(1) 注意移動中車輛及機翼下之發動機——勿在發動機間開車、活動。

(2) 注意飛機垂直移動量——當飛機重量增加時高度會下降，

各個起落架減震柱會被壓縮10～24吋的高度，並會影響空橋、行李輸送帶車等運作。

2.機坪上執行作業中的車輛之黃色警示燈應保持閃亮。

3.空橋——需特別注意此項設備：

(1) 空橋因載重變更之變化會自動上下移動以配合機門高度。

(2) 注意空橋輪胎方向，某些空橋在某特定方向移動速度比其他方向快。

(3) 與航機機身之攻角指示器、動靜壓管（Pitot Static Tube）和總溫感測器保持適當距離，損壞任一元件皆可能造成飛機停飛（如圖8-46）。

4.機坪車輛速度：

(1) 確實遵守行車速度規定及在障礙物間的行車安全。

圖8-46　A-330機身之攻角指示器❶動壓管❷與總溫感測器❸

資料來源：作者拍攝。

(2) 行李拖車應慢速且小心駕駛。

(3) 接近飛機應減速慢行，TWA航空公司限制車輛在距離飛機75呎範圍內速限3哩，只有駛離飛機且貨物已卸下的情況下方能恢復正常速度。

5.天氣狀況：依天候狀況慢速行駛及開啓大燈及霧燈。

6.交通狀況擁擠時：確定所駕駛的行李拖車能與其他車輛保持安全距離。

7.考量適當煞車距離：美國航空建議分別在距離航機50呎及8呎處要特別注意。

8.行李拖車長度：遵守作業程序所規定之板車數目。

9.機坪設計：機坪排水坡度影響所有未固定可移動式的作業車輛。

10.車輛停靠：

(1) 適當停放位置——以不影響交通爲原則。

(2) 利用煞車及輪擋固定車輛以確定不會滑向飛機發動機或排氣方向。

(3) 遠離發動機進氣或排氣方向。

二、機坪安全管理

機坪意外事件常是由於這些處在危險工作環境裡的人員忽略了危險的存在。因此，訓練工作人員讓他們瞭解拖、推飛機的潛在性危險是非常重要的。在繫上、扣解拖車或拖桿時，隨時提高警覺注意拖車或飛機可能預期不到的移動；在飛機拖動時，工作人員務必要瞭解拖車或飛機會出奇不意地改變移動方向，鼻輪因而可能輾傷人員。各項的訓練情況要不斷地變化模擬，也要時時檢討各種預防技巧，以減少潛在性危險。雖然，訓練畢竟無法完全消弭所有意外的發生，但以下各項方法可以防止意外的可能發生：

(一)個人保護裝備及安全

包括所有在機坪作業的人員、飛行員、旅客等，機坪存著許多危害個人安全的潛在因素，有些會造成立即的危險（如吸入發動機），有些則是長期的影響（如噪音）。因此對操作人員必須加強宣導安全，建立危害區的概念，如以下幾點：

1.保持生理及心理生活的正常。
2.頭部保護。
3.聽力保護。
4.下背保護。
5.注意危險區域（發動機前後）。
6.雙重檢查飛機煞車系統。

因此，個人保護裝備（PPE）如安全帽、耳罩、高度反光衣褲（如圖8-47）、安全鞋、手套（不戴戒指珠寶）、車上安全帶、高空作業安全索、通訊頭盔採用無線（Cordless）裝置預防電線繫絆等的保護，就可以避免意外事故及職業傷害。

圖8-47　華航地勤工作人員之反光背心

資料來源：作者拍攝。

(二) 車輛：機坪行車安全

1.行車前檢查（Pre-trip Inspection）。

2.機坪及機邊正確操作。

3.行車後檢查（Post-trip Inspection）。

4.行車安全五訣竅：

(1) 參考視線提高。

(2) 取得寬廣視野。

(3) 保持靈活雙眼。

(4) 預留應變空間。

(5) 確保他人看到你。

5.確實遵守各場站法規。

(三) 機坪的安全工作態度

1.遵守：多瞭解機坪作業的法規與SOP，並遵守各項標示與規定。

2.溝通：無論當飛機滑入或滑出機坪時，都藉著勤務、機務、飛行機師等的團隊合作，才能完成地面作業，因此，瞭解其他人的職掌，增加溝通的次數，清楚地表達自己的意思，才能充分地相互配合。由於機坪範圍廣闊而且發動機吵雜，所以溝通時建議多配合利用手勢。

3.觀察：隨時注意四周環境、飛機和車輛的動態，以避免進入危險區域及機器設備的移動路線中。

4.反應：許多有礙安全的徵候和事件都是發生在實際執行作業時，因此，做好危險預防工作，仰賴於團隊中所有成員充分提供有關（潛在）危害安全的因素，進而建立預防措施。

5.體諒：多想想其他人的處境，隨時注意，譬如說，旅客可能不瞭解機坪的危險性，任意在機坪上行走。

(四) 良好的訓練及管理

1.訓練：定期與不定期實施作業人員複訓。

2.管理：

(1) 強化幹部對作業環境的瞭解，蒐集案例加強意外防範觀念。

(2) 釐定飛機四周及機身底部行動工作規定。

(3) 劃定飛機轉彎危險範圍區。

(4) 確定機輪鎖定位置。

3.建立公開且誠實的事故回報系統：本章前言所舉之阿拉斯加航空公司意外事件就是因爲機坪工作人員並未回報飛機結構上的受損（也許他們只是滿腦子想著自己的工作），這可能是一個致命的問題。英國民航局認爲：「目前航空業機坪安全事件的當務之急是降低機體上被發現卻沒回報損壞的百分比。」當局必須讓所有可能影響飛行安全的意外事件回報，並使報告人免責，避免因而受到懲罰。

第五節　認識及預防外物損傷（FOD）

一、定義

FOD（Foreign Object Debris）——外物。

FOD（Foreign Object Damage）——外物損傷。

FOE（Foreign Object Elimination）——外物消弭。

航空器於操作運行中任何石頭、碎布、紙張、繩子、衣物、垃圾、螺釘／栓、工具等物體，導致機體、發動機及人員損傷者，稱之爲外物（損傷）。簡單來說，就是任何物件出現在不應出現的地點，且可能造成航機或人員傷害者（如車上棄置雜物、輪擋安全錐未收妥）。

- 案例1：一架B-737起飛時組員聽到發動機有巨大聲響，落地後檢查發現進氣道內有報紙。
- 案例2：紐約機場一架DC-10因輪胎壓到外物彈至發動機，導致兩組發動機失效及其他輪胎爆破，並使液壓系損壞。
- 案例3：飛機輪胎捲起之外物使發動機或襟翼損壞。紐約甘迺迪機場B747-400落地後機務工程師發現後緣襟翼被外物卡住，倘若未發現此項缺失，可能導致飛機起飛後無法操控，最後失速墜毀。
- 案例4：直昇機降落時，下洗氣流捲起地面外物導致一號發動機吸入外物返航。
- 案例5：某國際機場DC-10客機發現塑膠桶滾過主跑道，該機起飛滾行時，三號發動機吸入塑膠袋迫使該機放棄起飛。

二、FOD之損失

全球航空界每年因FOD造成的損失大約四十億美金，除了直接成本的維修費用外，間接成本尚包括：

1.航班的延誤、取消，導致客源的損失。
2.飛機排班及組員派遣問題。
3.人員受傷潛在的責任及保障問題。
4.增加航空公司基層員工及管理者額外的工作量。

三、FOD來源

1.因強風、流水或發動機尾流自他處吹來。

2.雷擊於地面。

3.輪胎夾帶。

4.機場工構／基礎工程：混凝土塊、建築物／建築材料、道面損壞／疲勞、車道與飛機滑行道交叉處。

5.行李或人員身上掉落：航空公司員工、勤務人員及下機旅客因物品未放置妥當可能導致被風吹落造成FOD。例如：筆、硬幣、通行證、帽子、汽水罐、紙張等。

6.加油、餐勤、清艙、維修、行李運送及貨運等作業。

四、FOD之預防

1.外物消弭。

2.治標方法：

(1) 清掃／撿拾。

(2) 磁棒（Magnetic Bars）吸附。

(3) 車輛振盪器（Rumble Strips）：放置在車輛進入機坪之入口處，利用振盪方式以避免車輛輪胎夾帶之石頭及雜物進入機坪。

(4) FOD蒐集桶。

3.治本方法（如圖8-48）：

(1) 不亂丟製造：帽子、證件勿掉落，報紙、垃圾勿隨手扔（如圖8-49）。

(2) 隨手撿：航機到場前及離場後；隨時隨處看到就撿（如圖8-50）。

圖8-48　機坪人員的責任：不只負責該做什麼，也負責什麼不該做

圖8-49　英國航空公司的預防FOD海報——別餵跑道吃零食

圖8-50　英國航空公司的預防FOD海報

4.注意事項：

(1) 某些飛機APU進氣口因爲接近侍應艙門（Service Door），業、勤務人員於作業時容易因物品放置不當導致APU吸入異物。

(2) 業、勤務員應隨時處理旅客掉落之物品（例如掉落在機坪上乘輪椅之殘障人士之物品），以免造成FOD。

(3) 機坪上行李腳（輪子）及鐵絲應特別注意。

(4) 工程承包商對機場之FOD規定可能不瞭解，因此應對其車輛載具所夾帶的泥土、石塊等外物加強防範。

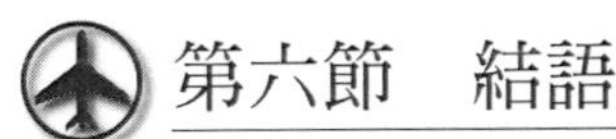

第六節　結語

機坪是飛航安全的開端（Flight Safety Begins on the Apron）。

各類機坪事件的發生，多爲航空公司或地勤代理公司不良管理與訓練所造成，當中不難發現最大問題爲「執行面的落實」。教育、訓練及督察等方式，僅可提供基礎的改善，重點還是必須要有良好的「管理」，才不致於上下階層認知落差過大，或是基層橫向聯繫協調不良，間接或直接影響執行面，造成飛地安事件的產生。

重視機坪安全的目的是降低機坪作業的風險，保護航空站、航空公司及地勤代理公司的人員生命與財產。企業經營的目的是獲取利潤，機坪安全使得利潤不會平白損失。機坪安全的維護，要靠航空公司、航空站、地勤代理公司及民航主管機關的共同努力。

CHAPTER 9

航空保安／危險物品

第一節　航空保安

一、航空保安簡介與定義

「飛航安全」與「航空保安」向來是航空安全的兩大重要主題。

2001年9月11日美國紐約雙子星大廈被恐怖分子劫機撞毀後，航空保安的重要性日漸受到重視。2002年5月21日，一架由美國芝加哥飛往香港的聯合航空班機在安全降落香港機場後，機場保安人員發現七枚黑色條狀炸藥暗藏於洗手間的置物櫃內，機上三百多名乘客差點送命。2002年7月4日，美國加州洛杉磯機場，一名持手槍的民眾在以色列航空櫃檯前瘋狂掃射，造成嚴重傷亡。

2005年9月7日，疑似精神異常的美籍男子阿爾皮薩，在美國佛羅里達州邁阿密國際機場一架等待起飛的美國航空班機上突然抓狂，聲稱自己背包內攜有炸彈，而客艙內的美國聯邦空中警察趨前盤問時，阿爾皮薩即從機艙走道一路狂奔到機外空橋，空警也尾隨追出，要求阿爾皮薩趴下並卸下背包，但他不從，慘遭空警擊斃。

2006年08月10日英國警方逮捕二十一名企圖劫機炸毀飛機的嫌犯，阻止一場英美二十架客機遭鎖定的「空中大屠殺」，當局並把反恐指標升到最高警戒層級，隨即在英國各機場加強查驗行李，由英國出發的國際航線都因此誤點，歐洲空中交通也跟著大亂。

受全球各地頻傳恐怖攻擊事件影響，大眾也更清楚維持一個安全且有效率之運輸系統的重要性與適切性。911事件讓世界各國開始加強及落實機場安檢程序，並購置高科技的偵測儀器，也訂定更嚴謹的安檢管理制度，以確實執行反恐行動。美國不僅設立專門培訓安檢人員的機構，更立法規定航空公司必須加裝飛機內部防彈和防爆的相關設備。

「飛航安全」一般是指飛航組員、天氣、機械、場站等環境因素所造成之飛航意外事故及預防工作。

「航空保安」則是指人為蓄意破壞所造成的機上及機場之犯罪與危及航空安全和飛航秩序行為的防範，屬於治安防護上之工作及問題，諸如劫機、破壞事件、偷竊、酗酒鬧事等事件以及證照查驗、通關安全檢查、機邊警戒等工作。就因為危害航空保安的因素多為人為意圖，就如同是犯罪案件般，且造成的破壞與傷亡極為嚴重，所以更顯現其預防的困難。

「飛航安全」與「航空保安」兩者關係密切，均可能造成嚴重的航機破壞及人員傷亡。

二、航空保安的範圍

依我國「國家民用航空保安計畫」中對民用航空器「非法干擾」的定義，包括：

1.使用暴力、暴力威脅，或任何其他恐嚇方式，非法劫持或控制航空器，或企圖從事此行為。
2.在航空器中或機場內劫持人質。
3.在機場或航空設施所在地強行侵入航空器內。
4.在航空器或機場內出示武器、危險裝備或涉及犯罪目的之物品。
5.傳遞不實訊息，以至於危害或可能危害飛行中或停靠地面之航空器、航空站及其設施、旅客、飛航組員、地勤人員或一般民眾。
6.用任何方法破壞使用中之航空器，或對航空器造成損害使其無法飛行或將危及其飛行安全。
7.用任何方法在使用中的航空器內放置或使他人放置任何會破

壞航空器，或對其造成損壞使其無法飛行，或對其造成損壞而將危及飛行安全之裝置及物品。

8.破壞或損壞航空導航或飛航設備，或妨礙其正常運作，以至危及或可能危及飛行中航空器之安全。

9.在國際機場內對他人使用暴力而可能造成嚴重傷害或死亡。

10.破壞或嚴重損害國際機場設施、航空器，或干擾機場運作，以至危及或可能危及機場安全。

由上可知，航空保安的範圍廣泛。以下就班機飛航中之保安措施及機場航空保安工作加以說明：

(一) 班機飛航中之保安措施

◆機上非法干擾的處理

班機飛航中的干擾行爲來自劫機、威脅或挾持人質、疑似爆裂物及非理性旅客（酒醉滋擾、暴力滋事、舉止異常、鬥毆、性騷擾侵犯、吸菸、霸機）等四大項。

客艙組員在面對旅客非法干擾時的行爲處理原則如下：

1.瞭解事件發生的原因，避免事件繼續發展擴大並報告機長。

2.勸導並告知相關法規。

3.具沉著之態度處理後續事宜。

4.蒐集相關證據，並完整記錄人、事、時、地、物。例如：

(1) 事件起始原因。

(2) 滋擾旅客基本資料及特徵描述。

(3) 是否持有武器及武器種類。

(4) 是否造成人身傷害或財產損害。

(5) 機上發生位置。

5.視情節輕重予以勸導或隔離，甚或請求機長決定是否授權對其實施約束看管。

對於以上這些非法干擾行爲發生時，機長必須處理並設法解決。這是依據國際民航組織公約第6條附約4.5.1節中對機長的定義：「在飛行時必須對飛機的運行和安全及機上所有人員的安全負責」及東京公約第6條：「當機長有合理證據相信某人在機上曾經或有可能觸犯某項犯罪，或其行爲有違本公約第1條第1款情事時，得對某人採取含『限制』（Restrain）其行動在內之必要措施，以保障航機或機上人員、財物與設施之安全，或維護機上安寧秩序，或將該人遞交有關單位處理或將其遣送下機。」我國「民用航空法」第45條：「航空器在飛航中，機長爲負責人，並得爲一切緊急處置。」及「航空器飛航作業管理規則」第3條：「飛航中遇有危及航空器或人員安全之緊急情況發生時，機長得爲一切緊急處置。」亦有相關規定。

因此，機長的處理應依據下列原則：

1.優先考量乘客、組員及裝備的安全。遇有問題乘客時，客艙組員應優先作好溝通及處理，除非必要，駕駛員仍應以操控飛機安全爲主要工作。
2.必要時請求其他乘客之協助。
3.如乘客僅屬行爲不當時，機長應將事件經過通知航空公司航務中心。如屬嚴重犯罪行爲，機長應儘速通報航管，請求航警支援。
4.當嚴重危害到其他乘客或飛航安全時，機長應儘速就近機場降落，並通知相關單位處理。
5.機長應將對外聯絡及處理情況告知客艙組員。

此外，全體飛航組員對非法干擾旅客之約束：

1.除機長認定情況尚不足以構成「約束」行爲之必要性而可予

以列入繼續觀察外，機長得授權客艙組員對旅客實施約束行爲。械具箱內補繩、塑膠束帶之使用，需得到機長認可及同意後方可使用。

2.將被約束的旅客座位移離其他旅客，或疏散其座位附近的旅客，且被約束的旅客座位不可靠近緊急逃生出口。

3.約束有暴力傾向的旅客時，客艙長可藉助其他組員或具有警察（保全）、軍人、航空公司人員身分的旅客協助看護。

◆配置空中武警或隨機空安人員

空中武警（Sky Marshal, Air Marshal或Flight Marshal）簡稱「空警」，是一支受過嚴密訓練的部隊，負責保護飛機免於恐怖威脅，其任務是偵測、嚇阻且擊退針對航空器、機場、旅客與飛航組員的敵意行動，空警是法律有明文保障、配備槍械、有逮捕權之執法人員（Law Enforcement Officers）。空警執勤時並不穿制服，混入乘客中避免引人注意；空警在空中執勤時，一旦發現異狀，不但無法獲得支援，還得在短暫時間內設法制伏歹徒或做出攸關生死的決定。

配置空中武警的目的有二：(1) 警告劫機者勿生歹念，意圖劫機，因爲機上已有武裝人員戒護駕駛艙，維護航機安全；(2) 加強旅客對搭機安全之信心，放心旅遊。

以美國的聯邦空警（Federal Air Marshals）爲例，美國於2001年遭911恐怖攻擊後，即大幅擴張空中武警編制。美國空中武警由聯邦空中武警局管轄，隸屬國土安全部。美國聯邦航空法規（Federal Aviation Regulation, FAR）第108.14條亦有「載運聯邦空警人員」（Transportation of Federal Air Marshals）之規定：「聯邦航空總署在指定之客運班機與包機上應配置一定數額之空安人員維護航機安全。執行公務時，航空公司應免費優先提供座位供其搭乘，空安人員基於任務需要亦可自行選擇座位。」空警配備的槍彈是經特殊設計的「預置破片彈」，即子彈擊中目標就爆炸，不會穿透物體破壞機艙結構。

我國在1993年以前，爲防制持用武器劫持民用航空器事件，國籍之民用航空器上均由航空公司派遣持有武器之「空安人員」隨機執勤，但於1993年取消。911事件後，爲因應國際上航空保安要求，飛往美、英等國之國籍航空公司已於重點航班上配置航空公司自行派遣的空安人員及防制暴徒之電擊棒。但航空公司空安人員並不具備司法警察身分，配置必要武器之適法性或於機上處理相關安全事件必然引起爭議。另外，航空公司配置空安人員增加之費用更讓原本受經濟衰退影響不景氣的航空業雪上加霜，加以如欲配合相關航空保安之投資，則必有國籍航空業者無力負擔而面臨經營之危機。未來，國籍航空公司機上空安人員將由我國航空警察局派遣的空警取代，避免航空公司自行派遣空安人員的相關衍生問題。

◆強化航機之安全

911事件後，配合美國聯邦航空總署之要求，各航空公司飛美航班之波音及空中巴士客機，已改裝及加裝機上之安全設施，其中包括強化及更新駕駛艙門之設計（如圖9-1）、詢答器（Transponder）劫機電碼輸入模式軟體的改良，裝置駕、客艙遙控警告系統及加裝客艙監控系統（如圖9-2）等措施。

(二)機場航空保安工作

我國機場保安工作均由內政部警政署航空警察局執行，包含安檢工作、入出境管制（證照查驗）、機場塔台、油庫、機坪、跑滑道等管制區管制哨之警衛安全、刑事偵防等工作。

機場保安工作範圍廣大，茲以航空公司櫃檯作業、證照查驗、安檢線、候機室、登機門及登機作業、航空器周邊及地面滑行、起降區等之保安工作分別介紹如下：

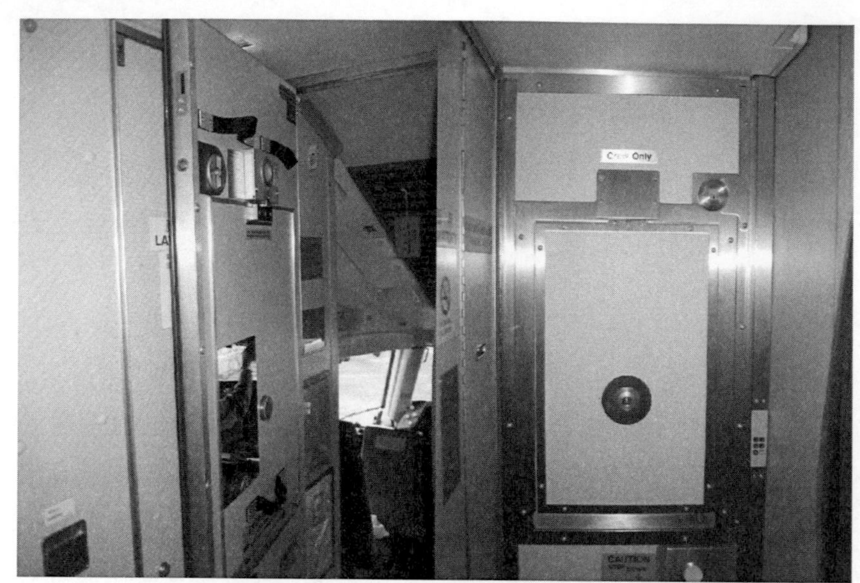

圖9-1　波音757客機之防爆艙門

資料來源：作者拍攝。

圖9-2　波音777之客艙監控系統

資料來源：波音公司。

◆航空公司櫃檯作業保安工作

航空公司櫃檯作業保安工作，包括（如圖9-3）：

1.旅客身分核對：櫃檯人員需抬頭確認旅客所持之身分證明文件與旅客本人是否相符。
2.旅客行李托運：旅客交寄行李時，應持登機證及身分證明個別辦理，櫃檯人員確實詢問相關保安及危險物品問題。
3.航空公司登機證、行李條及機票之保管：劃位櫃檯於空櫃時，應將登機證（含劃位儀器內）、行李條及機票收妥，並妥適控管。

◆證照查驗保安工作

證照查驗保安工作，包括（如圖9-4）：

1.重點人士查驗：加強中東、回教人士、中共人士等重點地區人士之查驗工作，詳加注意來台目的及其在台地址是否詳細，並執行逾期旅客離境前之清查，瞭解其在台逾期居留、停留的原因。

圖9-3　航空公司櫃檯作業保安工作

資料來源：作者攝於高雄小港機場。

圖9-4　證照查驗保安工作

資料來源：作者攝於高雄小港機場。

2.強化巡守：派遣人員於入、出境查驗大廳加強巡守，發現可疑分子，立即提供查驗人員加強查驗，防制國際恐怖分子入境進行滲透、危害、破壞。

3.過境監護：加派人員實施過境旅客監護及人蛇之查緝，尤其對於過境前往美、英國之旅客，派遣幹員在登機門附近加強查察。

◆安檢線保安工作

安檢線保安工作，包括：

1.托運行李檢查：將班機集中於指定櫃檯報到，並於起飛前三小時派遣警力執行手檢作業後，再進行X光儀透視檢查（如**圖9-5**、**圖9-6**）。

2.嚴密隨身物品檢查：於乘客尖峰時段加開安檢線，對所有旅客攜帶物品進行嚴密檢查，嚴禁攜帶任何刀類登機，對於行動電話，一律通過X光儀檢查，加強檢測所有瓶罐及爆裂物。

圖9-5　托運行李

資料來源：作者攝於高雄小港機場。

圖9-6　托運行李X光儀透視檢查

資料來源：作者攝於高雄小港機場。

3.人工複查：於重點班機起飛前派遣警力至登機門前，再對旅客進行全身檢查及隨身行李人工複查。

4.過境旅客人工複查：對重點班機過境旅客，由航空公司集中引導至指定登機門，進行全身檢查及隨身行李人工複查，並對中東籍旅客加強檢查。

◆候機室、登機門及登機作業保安工作

候機室、登機門及登機作業保安工作，包括：

1.旅客登機之確認：國內線旅客登機時，確認旅客所持之登機證是否爲該航班，以防旅客誤搭起飛時間近似之同公司其他班機，並確認旅客所持之登機證與身分證明文件記載是否相符。

2.機坪登機之處置：若不使用空橋，於機坪登機，運務人員應緊臨機門，並確實核對旅客所持之登機證及身分證明文件，以防旅客誤搭班機、旅客繳交登機證後卻未上機、或遭有心人士矇混上機等情事發生。

3.艙單與機上人員之核對：旅客登機完成，於班機後推前，運務人員應確實核對艙單記載與機上人員是否相符，確認後始得放行。

4.托運行李數量及位置：機坪作業人員、報到櫃檯人員及登機門前之運務人員，應對所搭載之托運行李數量及所存放之盤櫃號碼、盤櫃在機上之位置有一記錄系統，以利將應上機而未上機旅客之行李於最短時間卸載。

◆航空器及周邊管制區保安工作

航空器及周邊管制區保安工作，包括：

1.班機之管制：航空公司班機指派保全人員管制上下航機之人員，並對其所攜物品進行檢查。

2.高威脅航班之清艙檢查：地勤公司清艙人員配合航警徹底檢查如座椅下方、救生衣、椅墊、洗手間等高威脅航班之清艙檢查，航警局並於重點班機起飛前一小時派遣至少四名警力，輔以防爆檢視對全機進行嚴密之清艙工作，並預留警力於現場管制無關人員進入航機，直至班機艙門關閉爲止，並加強空廚及餐車之安檢作業。

3.空廚餐車之接收檢查：航空公司人員於空廚裝載上機時（如**圖9-7**），檢查其封條之完整性。

4.機上空服用品之管理：注意刀叉、筷子、酒瓶（杯）、餐車等容易成為攻擊武器。因此目前入境美國班機，已將機上金屬製品之用餐刀具除奶油刀外，全面改用塑膠製品刀具。

5.離站旅客之疏導及控管：若離站旅客下機時不經空橋而由機坪離站，指派適當人員對離站旅客進行疏導及控管，以防到離站旅客混雜。

6.機邊警衛：對上下班機之工作人員，進行身分辨識、身體檢查及攜帶物品查察，且對過夜班機由航空公司上鎖，並於退離空橋或拖至外機坪後，全程派遣機邊警衛，並加強巡邏及管制。

◆地面滑行、起降區等保安工作

地面滑行、起降區等保安工作，包括：

1.管制作為：對管制崗哨、公務門、工作門，依警力狀況，全

圖9-7　空廚裝載上機

資料來源：作者攝於高雄小港機場。

日或於尖峰重點時段，派遣雙哨服勤，並加強巡邏密度，彌補固定崗哨勤務間隙，及突擊檢查出入管制崗之人、車及貨物（如圖9-8、圖9-9）。

2.於各航空站公務、工作門，加裝金屬門、X光儀。

◆其他管制區及非管制區保安工作

其他管制區及非管制區保安工作，包括：

1.未裝載上機貨物之控管：貨物於未裝載上機前，應有適當

圖9-8　航空警察之機場周邊巡邏

資料來源：作者攝於高雄小港機場。

圖9-9　航空警察之機場道邊巡邏

資料來源：作者攝於高雄小港機場。

控管，以防未經授權人員進行非法干擾行為（如圖9-10、圖9-11）。

2.管制區車輛之放置：停放於管制區之車輛，應於明顯處（如擋風玻璃）放置車輛通行證，無人看管時，車上鑰匙需收妥。

3.管制區內危安物品之控管：管制區內之危安物品（如辦公場所之剪刀、刀片等）應妥適控管。

圖9-10　未裝載上機貨物之控管

資料來源：作者攝於高雄小港機場。

圖9-11　美國運輸保安署上機貨物保安海報

資料來源：www.tsa.gov

4.航廈內外安全：航警局於航廈內之管制區、非管制區，增派步巡警力，加強重點航空公司櫃檯、辦公處所，以及班機報到櫃檯、候機室之巡守；另於航廈外加強車輛巡邏密度，並與地區駐衛警、駐軍單位巡邏會哨，加強橫向聯繫。

三、劫機事件

(一)案例

劫機事件是航空保安頭號敵人，航空史上從1931年2月第一起劫機事件一直到近來都仍有所聞。根據統計，全球至今共有一千零二十五起劫機事件。通常劫機不外乎政治目的（如要求釋放人質、政治庇護等），或左激進派組織的作爲。1990年代，中國大陸客機曾多次被劫持飛往台灣，近年來著名劫機事件有2001年蓋達組織策劃實施的911恐怖襲擊事件（如表9-1）。

表9-1　歷史上重大劫機案例

時間	航空公司	機型	經過	傷亡人數
1948/07/16	澳門航空	水陸兩用飛機PBY-5A	一架國泰航空租給澳門航空運輸公司的水陸飛機，於澳門新口岸起飛後隨即被4名中國男子劫持，但遭遇乘客激烈反抗。最後劫機者槍殺機長，飛機隨即失控墜毀於海面。這次事件是歷史上首次非政治劫機事件，亦是世界上首次導致墜機的劫機事件。	22人死亡，1名劫機者生還。
1969/12/11	大韓航空	YS-11	飛機於南韓釜山機場起飛後遭劫機，劫機者要求前往北韓。抵達北韓後，乘客及空服員11名連同飛機至今未遣返。	
1970/03/31	日航	B-727	該機上共有115人，遭9名劫機客劫持四天，最後劫匪成功流亡北韓。此事件是由日本赤軍派策劃，是日本最早的劫機事件。在這次劫機事件中，日本的運輸政務次官被作為人質。	

（續）表9-1　歷史上重大劫機案例

<table>
<tr><th>時間</th><th>航空公司</th><th>機型</th><th colspan="2">經過</th><th>傷亡人數</th></tr>
<tr><td rowspan="2">1970/
09/06</td><td>以色列
航空</td><td>B-707</td><td>該機從以色列台拉維夫經荷蘭阿姆斯特丹至紐約，阿姆斯特丹起飛後於接近英國海岸時遭2名巴勒斯坦籍旅客持槍劫持，在與組員扭打中，其中一位劫機客丟出一顆手榴彈於客艙走道上，幸未引爆，後來機上空安人員擊斃1位劫機者，飛機緊急降落在倫敦希斯洛機場。</td><td>這是一起由巴勒斯坦人民解放陣線PFLP策劃，意在解救被關押戰友的劫機事件。</td><td>1名劫機者遭擊斃。</td></tr>
<tr><td>泛美航空</td><td>B-747</td><td colspan="2">該機載有153位乘客與17位組員，於阿姆斯特丹起飛後遭2名劫機客劫持，飛機轉降至黎巴嫩貝魯特，另外7名劫機客後續登機，飛機繼續前往埃及開羅，落地後所有旅客下機，隨後飛機被暴徒引爆炸毀。</td><td></td></tr>
<tr><td rowspan="2">1970/
09/13</td><td>環球航空</td><td>B-707</td><td colspan="2">該機搭載141位乘客與10位組員，於9月6日法蘭克福起飛後遭到劫持，飛機隨後飛往安曼北方的一處空軍基地，在釋放機上所有人員後，飛機於9月13日被炸毀。</td><td rowspan="2"></td></tr>
<tr><td>瑞士航空</td><td>DC-8</td><td colspan="2">該機搭載143位乘客與12位組員，於9月6日瑞士蘇黎世起飛後遭到劫持，飛機隨後飛往安曼北方的一處空軍基地，在釋放機上所有人員後，飛機於9月13日被炸毀。</td></tr>
<tr><td>1973/
07/20</td><td>日本航空</td><td>B-747</td><td colspan="2">巴勒斯坦游擊隊與日本赤軍的混合部隊，劫持了阿姆斯特丹飛往東京的日航客機，強迫於利比亞落地。人質解救後飛機被爆破，劫機者受政府默許逃亡成功。</td><td></td></tr>
<tr><td>1976/
06/27</td><td>法國航空</td><td>A300-B4</td><td colspan="2">以色列台拉維夫飛往巴黎的139航班遭巴勒斯坦人民解放陣線和德國Baader-Meinhof Gang集團的劫機，途經利比亞，釋放了除猶太人以外的人質後，於烏干達降落。烏干達獨裁者阿敏總統支</td><td>2名人質死亡。</td></tr>
</table>

（續）表9-1　歷史上重大劫機案例

時間	航空公司	機型	經過	傷亡人數
1976/06/27	法國航空	A300-B4	持PFLP，將103名人質關押於機場候機室。7月3日深夜，以色列特種部隊實施了稱為「恩德培行動」的人質救援行動。有2名人質死亡，其餘人員全部救出。	
1977/10/31	德國漢莎航空	B-737	該機由西班牙領土馬約爾加島飛往法蘭克福，遭自稱為黑色九月的德國紅軍（BAF）和PFLP合夥策劃的集團劫機，被迫於索馬利亞降落。10月17日，由慕尼黑慘案而設立的西德特種部隊國境第9警衛隊（GSG-9）透過突襲將人質全員解救。	
1983/05/05	中國民航	三叉戟Trident 2E	航機是由瀋陽飛往上海的296航班，被卓長仁、姜洪軍、高東萍、王豔大、安偉建及吳雲飛等6人，自中國大陸劫持到南韓江原道春川市。機上有9名機組人員，96名乘客，其中3名日本人。6名劫機客後轉赴台灣。	
1985/06/14	環球航空	B-727	希臘雅典飛往義大利羅馬的847航班，在地中海上空遭2名伊斯蘭激進派分子劫持，1名美國乘客遭射殺。此後，美國政府為報復此事件，將利比亞領導人卡扎菲住宅炸毀，其女兒在內的數名人員遇害。	1人死亡。
1986/05/03	中華航空	B-747F	中華航空334班次波音747貨機，在飛往香港降落前遭機長王錫爵劫持轉降中國大陸廣州白雲機場，是少見的民航機駕駛員自行劫機的案例。	
1990/10/02	廈門航空	B737-200	廈航8301班次從廈門飛往廣州，起飛後1名劫機客進入駕艙，稱手上握有7公斤炸藥，欲劫持該機飛往台灣或香港。所有組員除機長外被迫離開駕駛艙，機長在廣州上空繞了三十分鐘騙劫機客已到香港準備落地。在最後進場階段劫機客發覺被騙於是與機長扭打，試圖搶奪飛機的控制權，飛機重落地後側偏削過一架停在地面的西南航空波音707客機後，並撞上在跑道頭等待區等待起飛許可的中國南方航空波音757客機的左翼及上機身。	廈門航空機上82人死亡，22人生還。中國南方航空機上46人死亡。1名汽車駕駛員死亡。

（續）表9-1　歷史上重大劫機案例

時間	航空公司	機型	經過	傷亡人數
1999/07/23	全日空	B747-400D	一架ANA 61航班國內線客機在東京羽田機場起飛不久遭1名手持菜刀的男子劫持，劫機者威脅空服員後，闖入駕駛艙要求副駕駛離開，飛機飛往Yokota的美軍基地，飛行途中劫機客又要求駕駛飛機，但遭到機長嚴詞拒絕，結果劫機者用刀刺死機長，後來副駕駛及組員衝進來制伏劫機者後，飛機由副駕駛飛回羽田機場降落。據稱劫機犯熱衷模擬飛行，且對飛機以及飛機操作系統有異常的興趣導致此事件發生。機上乘客及組員517人安然無恙。	機長1人死亡。
2000/09/26	中國國際航空	B-737	載有143名乘客的客機由內蒙古包頭飛往北京的客機，被1名年輕劫機者衝進駕駛艙，用刀刺傷機長。機上保安人員制止了劫機行動，並打死1名劫機者。飛機後來被迫在山東省濟南市降落，機上全部乘客都安全無恙。這是中國大陸首次發生國內航班上的保安人員打死劫機者的事件。	劫機者1人死亡。
2001/09/11	美國航空（11號班機）	B767-200	蓋達組織恐怖分子挾持美國聯合航空93號班機、175號班機及美國航空11號班機、77號班機，對紐約世界貿易中心、五角大廈進行恐怖攻擊，其中美航11號班機及聯合175號班機先後撞上世貿大樓北塔及南塔，美航77號班機則撞上華盛頓特區的五角大廈。聯合93號班機則因機上乘客及機組員的奮勇抵抗而在賓夕法尼亞州郊區墜毀，後來證實該機的目標是美國國會山莊。	機上92人地面1,530人死亡。
	聯合航空（175號班機）	B767-200		機上65人地面612人死亡。
	美國航空（77號班機）	B757-200		機上64人地面125人死亡。
	聯合航空（93號班機）	B757-200		機上44人死亡。

資料來源：ASN網站、維基百科及作者整理。

(二)防止劫機傷害要領

飛機在地面或空中遭劫持，飛航組員應有下列認知：

1.航機遭劫持威脅時，應以組員、旅客及航機安全爲優先考量，除非經辨別確認歹徒所持武器爲假武器、假爆裂物，並獲機長同意指示組員一同反制外，切勿激怒歹徒或輕舉妄動。
2.歹徒暴露劫機意圖時，不可驚慌尖叫，保持冷靜沉著應對，不可衝動或盲目反抗，並避免受挾持充當人質。
3.利用機上通信設備，報告機長並通知所有組員，設法瞭解劫機企圖、所持武器或爆裂物種類、劫機人數及暴徒特徵。
4.通報技巧是非常重要的，客艙組員應藉由暗號、暗語通知機長，機長應立即通知塔台及航務中心（視情況使用明語、暗語或電碼7500/7700）。
5.安撫旅客，保持鎭靜，誘導說服歹徒，使飛機返航或降落地面處理。
6.男性客艙組員儘快乘機拆除身上所有與公司有關之證件、標誌、徽章等物品。
7.劫機時不讓暴徒進入駕駛艙是最重要的基本原則。

四、在日漸增加的劫機威脅中旅行的十大忠告

911之後，面對全球空中運輸系統的軍事行動威脅，所有的旅遊者應採取明智的舉動來確保自身的安全。本書參考AirSafe網站，提供下列十項建議：

(一)注意四周

當你在機場或飛機上時，注意你的四周，特別是那些出現不正

常行爲的人或狀況。

(二)告發不正常的行爲

如果在機場或飛機上發現看起來很奇怪或是不適當的行爲，甚至是一些似乎違反安全上的行爲，通知執法單位的代表或該組織的任何人。

(三)不要預設立場某人可能造成威脅

任何年齡、性別或國籍的人都有可能意圖做出一些違反航空系統的非法行爲。不應該因爲他的外表就斷定某些特定類型的人會傷害他人。

(四)遠離可疑的環境

如果在機場遭遇潛在的危險，最好在聯絡執法單位前就離開現場。可能的話通知附近的人也一起離開。包括無人的行李袋、可疑的行爲或不平常的騷動，都具有潛在的危險。

(五)坐在座位上時確保已繫上安全帶

當你坐著的時候，繫上安全帶可提供額外的保護，例如當飛機遇到亂流或出現不正常的操作時。

(六)注意聽從空服員的指示

空服員首要的任務就是確保安全，所以如果出現任何緊急狀況，請遵照空服員的指示。

(七)熟悉所搭乘飛機的環境

就座後的第一件事就是檢閱安全須知卡，計算出離最近的緊急逃生門有幾排座椅（逃生門通常在飛機前方、中間或後方），並確認座椅後方的電話是否可用。

(八)記住無線裝置的基本規則

手機、呼叫器和其他無線通訊裝置，只能在乘客進入登機門前使用，在飛機尚未降落且艙門未開啓前，勿使用這些通訊裝置。

(九)緊急時使用無線裝置的計畫

在飛行中出現緊急情況時，應該具備使用任何通訊設備的知識，包括飛機上椅背後的電話。如果出現需要使用的情況，可使用手機或其他私人無線裝備向外求援。在美國可打FBI電話：1-886-483-5137。如果你是空服員或航空公司員工，請聯絡航空公司中適當的單位或部門，如簽派部門或聯合管制中心。

(十)團隊合作

如果飛機上發生危險情況，最好儘快通知組員或其他乘客共同解決。不論是平常的緊急狀況、劫機或其他對飛機的蓄意威脅，個人力量的影響力通常小於團體合作的行動力。

五、在新航空保安規則下旅遊的十大忠告

911後，搭機旅客面臨到各地機場安全檢查的提升（如圖9-12），包括飛美國的班機需要延長時間檢查，還增加了各式各樣的檢查內容。增加安全檢查會使等待時間與等待線變長，以及增加在登機門、運務櫃檯審查的等待時間。以下十項建議可以幫助旅客處理這些新情況，並儘快通過安檢。

圖9-12　各地機場安全檢查的提升

資料來源：作者攝於高雄小港機場。

(一) 儘早抵達機場

大部分航空公司會建議在班機起飛前兩小時抵達，但可以根據個人的需求增加或減少此時間。假如需要去劃位櫃檯托運行李或其他一些特別的需求，或此次旅行與小孩、嬰兒或殘障者一起出國，就要儘早到達。

(二) 確認有適當的身分證明文件

進入機場的安全區或飛機需要有身分證明的文件。基本上，由某一層級的政府單位核發並有最近照片的身分證明就足夠了。例如：駕照、身分證、軍人補給證或護照都可以，但是由學校或私人機構所核發有照片的身分證明文件是不被接受的。在美國國內，如果旅客沒有適當的身分證明文件，某些航空公司可以允許用兩種沒有照片的身分證明文件，而此身分證明文件必須是要某政府機關所核發的。若有其他任何疑慮時，可以詢問所搭乘的航空公司。

(三) 在抵達機場前拿到機票或登機證

如果可能，在到達機場之前準備好紙本機票、電子機票收據的影印本或登機證。如果能遵照以下的方法並只攜帶這些文件，就可以避免在劃位櫃檯前面排隊而直接到登機區域。確定所搭乘的航空公司可以允許拿到登機證，或可以在登機門或在機場安全區裡的乘客服務區換成登機證。

(四) 避免使用劃位櫃檯

在機場中，排隊排最長的通常是劃位櫃檯（如圖9-13）或外圍行李托運登記櫃檯（Curbside Check In）。如果沒有任何東西需要檢查或不需要在劃位櫃檯處理任何事情的話，可以避免到這些櫃檯去，同時也避免任何需要檢查的文件。通常航空公司會限定乘客只能帶一件行李和一件私人物品，例如公事包或筆記型電腦。旅客應向所搭乘的航空公司再三確認允許攜帶物品的詳細規定。並且記住許多物品，例如：球棒、高爾夫球包和其他平常的物品不能攜帶上機而必須托運。

圖9-13　運務櫃檯經常會有冗長的等待

資料來源：作者攝於高雄小港機場。

(五) 在起飛之前檢查隨身行李

如果你還沒有在911之後搭乘過飛機，在你的背包裡也許會有禁止攜帶上飛機的物品（如瑞士刀之類）。在搭飛機之前花一些時間來清空你的隨身行李，以免帶到不該帶的物品，此舉動也可避免在機場發生令人尷尬的情況。

(六) 使行李易於掃描

爲了使掃描行李（如圖9-14）的程序能夠儘快完成，應該遵照下列幾項步驟：

1.避免把行李緊緊的打包，如此一來可以讓掃描機輕易的掃描。
2.把機票、登機證和身分證放在容易拿到的地方。
3.確保行李中的任何電腦或電子產品能夠正常運作。

(七) 不要對安全檢查感到驚訝

除了金屬探測器和X光檢查儀外，在機場也許會有其他數種檢

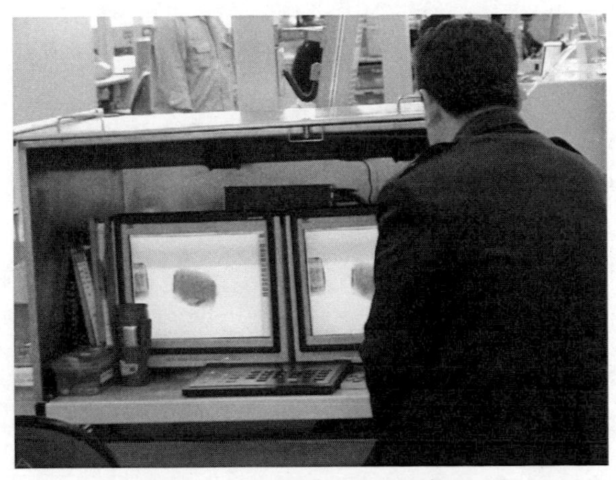

圖9-14　托運行李X光掃描

資料來源：作者攝於高雄小港機場。

查儀器。例如武裝人員、炸彈探測器、緝炸彈犬和在登機門前的身分證件檢查。在其他物品之中，旅客也許會被要求將筆記型電腦從包包拿出，並接受X光檢查。或許也會被要求脫掉你的鞋子並接受檢查，也可能被要求測試隨身包包、鞋子或衣服是否有炸藥殘留物。當有其他新的安全威脅發生時，這些安全檢查會隨著安全的必要性而增加。

(八) 不要以爲是針對個人

除了每個人都會面臨到的標準安全檢查外，旅客也許會被機場安全人員和航空公司員工帶到旁邊進行更進一步的安全檢查。大多數的檢查都不是針對個人。如果你覺得被挑到很不公平，則應該花時間努力將個人的經驗提出並製成文件，向航空公司、機場當局或相關部門提出申訴。

(九) 瞭解所搭乘航空公司的政策

瞭解航空公司對於安全、運務和其他相關乘客議題的尊重，是非常好的想法。向航空公司要求安全指導方針的影本，以及他們的政策中飛機誤點時相關乘客賠償的影本。如果在旅程中需要任何特殊的需求或需要航空公司準備任何特殊設備，請最少在搭機前一天聯絡航空公司並詢問相關問題。

(十) 保持正面的心態

即使事情都進行的非常順利，在空中飛行常常是一種壓力。新的安檢規定的確會使乘客沒辦法在預定時間上飛機，並造成不便，也會使乘客情緒緊張、生氣和沮喪。請記住這些檢查都是爲了實際可能存在的威脅，這些檢查可以減少劫機或恐怖分子對安全的威脅。

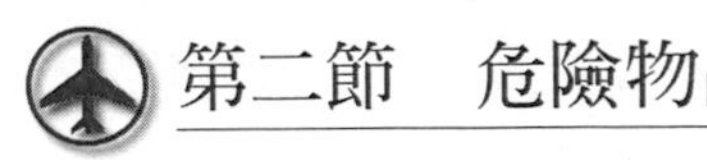

第二節　危險物品

一、危險物品定義

很多普通的東西每天在家中或工作時都隨處可見，看起來似乎都是無害的。但是，當運輸工具是飛機時，這些物品就有可能會變成是非常危險的。在飛行時，氣溫和壓力變化會造成物品破裂，引起有毒的煙或開始起火燃燒……。

隨著航空貨運運量的成長，航空器裝載危險物品的比率隨之增加。根據統計，美國每天就要空運二萬五千至五萬個具有危險性的物品，而飛航中最易引起危險者，常以危險物品之裝載，危險物品運送與航空運輸安全之航空保安息息相關。民用航空器以運送客貨郵件爲其經常性業務，如夾帶危險物品，足引起生命財產的損失，故各國立法均有嚴格規定。

我國民用航空法第43條規定：「航空器，除經民航局核准外，不得裝載武器、彈藥、爆炸物品、毒氣、放射性物料或其他危害飛航安全之物品。航空人員、航空器上工作人員及乘客不得私帶前項物品進入航空器。於航空器關閉艙門並經航空器工作人員宣布禁止使用時起至開啓艙門止，亦不得使用干擾飛航通訊之器材。前項干擾飛航通訊器材之種類，由民航局公告之。」另外，第102條規定：「違反第43條規定者，處五年以下有期徒刑、拘役或新台幣十五萬元以下罰金。因而致人於死者，處無期徒刑或七年以上有期徒刑；致重傷者，處三年以上十年以下有期徒刑。」

所謂危險物品（Dangerous Goods, DG），依航空器飛航作業管理規則第2條第24款定義，是「指航空器運載時，可嚴重影響乘員身體健康、財產或飛航安全之任何物品。」國際航空運輸協會所制定之危險物品規則（Dangerous Goods Regulations, DGR）則定義危險物品爲：「空運時對於人體健康、安全或財產造成重大危害，屬於IATA危險物品分類標準的物質或物品。」危險物品亦可稱之爲管制器材、限制物品及危險物質，國際民航組織DOC9284-AN/905文件及國際空運協會危險物品處理規則中均有嚴格規定。

911事件後各國對危險物品的重視程度逐漸增加。在客運方面，嚴格禁止客運乘客隨身攜帶危險物品；在貨運方面，大型盤櫃只收受熟客或表現良好貨主托運之貨物，郵件及快遞貨物等小件貨品需通過機場X光掃瞄機的檢查。

一般看似正常的貨物行李常具有潛在的危險性，因此危險物品不但包括明顯的危險性物質，例如：酸、鹼、放射性物質、毒物和易爆物等；同時也包括一些常見的東西，例如：磁鐵、輪椅（裝有濕式電池）、含壓縮氧氣瓶的呼吸器、以乾冰保存疫苗、家用物品（油漆、噴霧劑、漂白劑）等。

航空公司客機不接受載運任何可能危害人體健康及飛行安全之貨物行李，且保留隨時修改危險品處理規則的權利。

二、危險物品分類

根據國際航空運輸協會編定的「危險物品規則」定義，危險物品共分爲九大類，每一大類皆有其規定之機種、限制數量、特殊裝載、標誌、裝置位置（如**圖9-15**）。

1.第一類：爆炸物品。
2.第二類：氣體；壓縮的、液化的、高壓溶化的，或是超低溫冷凍的。
3.第三類：易燃液體。
4.第四類：易燃固體。
5.第五類：氧化物；過氧化物。

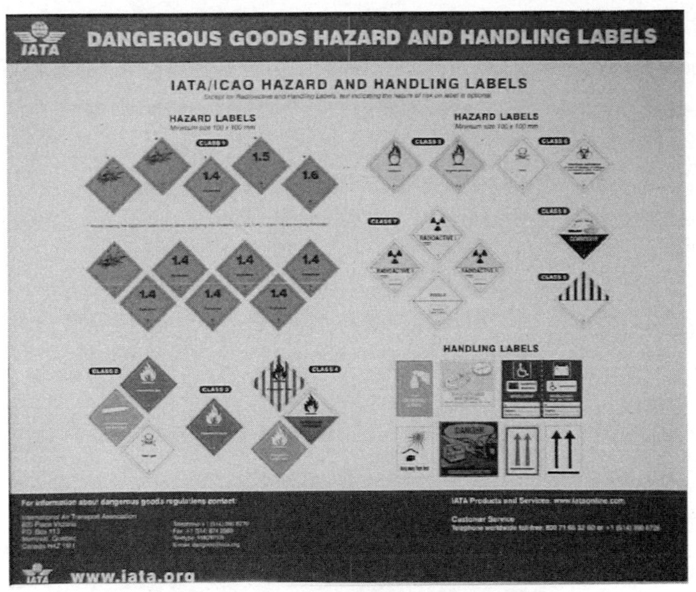

圖9-15　IATA九大類危險物品標籤

資料來源：作者拍攝。

6.第六類：毒性和傳染性物品。

7.第七類：放射性物質。

8.第八類：腐蝕性物質。

9.第九類：雜項危險品。

茲以表9-2說明之。

危險物品又可因其潛在之危險性將包裝分爲三類：

1.等一類：非常危險 。

2.等二類：中度危險。

3.等三類：低度危險。

表9-2 IATA危險物品分類

<table>
<tr><th>類別</th><th>名稱</th><th>分組</th><th colspan="3">物品描述</th><th>舉例</th></tr>
<tr><td rowspan="6">第一類
(Class 1)</td><td rowspan="6">爆炸物品
(Explosives)</td><td>1.1</td><td colspan="3">具有巨量爆炸危害的物質和物品。</td><td>火藥</td></tr>
<tr><td>1.2</td><td colspan="3">具有射出危害，但無巨量爆炸危害的物質和物品。</td><td>飛彈</td></tr>
<tr><td>1.3</td><td colspan="3">具有起火危害，以及輕微的爆破危害，或者輕微的射出危害，或者兩者皆俱，但無巨量爆炸危害的物質和物品。</td><td>燃燒彈</td></tr>
<tr><td>1.4</td><td colspan="3">不致引起重大危害的物質和物品。</td><td>爆竹</td></tr>
<tr><td>1.5</td><td colspan="3">具有巨量爆炸危害，但很不敏感的物質。</td><td>爆破用炸藥</td></tr>
<tr><td>1.6</td><td colspan="3">無巨量爆炸危害，且極不敏感的物品。</td><td></td></tr>
<tr><td rowspan="3">第二類
(Class 2)</td><td rowspan="3">氣體
(Gases)</td><td>2.1</td><td colspan="3">易燃氣體</td><td>噴劑、乙炔</td></tr>
<tr><td>2.2</td><td colspan="3">非易燃、無毒性氣體</td><td>壓縮空氣</td></tr>
<tr><td>2.3</td><td colspan="3">毒性氣體</td><td>溴甲烷、殺蟲劑</td></tr>
<tr><td rowspan="4">第三類
(Class 2)</td><td rowspan="4">易燃液體
(Flammable Liquids)</td><td rowspan="4">未分組</td><td>包裝群組
(Packing Group)</td><td>閃火點
(Flash Point)</td><td>開始沸騰點
(Initial Boiling Point)</td><td></td></tr>
<tr><td>I</td><td></td><td>≦35°C</td><td>乙醚</td></tr>
<tr><td>II</td><td>＜23°C</td><td rowspan="2">＞35°C</td><td>甲苯</td></tr>
<tr><td>III</td><td>23°C≦閃火點≦60.5°C</td><td>煤油</td></tr>
<tr><td rowspan="3">第四類
(Class 4)</td><td rowspan="3">易燃固體、自燃物質、遇水釋放可燃氣體之物質</td><td>4.1</td><td colspan="3">易燃固體(Flammable Solids)</td><td>安全火柴</td></tr>
<tr><td>4.2</td><td colspan="3">自燃物質(Substances Liable to Spontaneously Combustion)</td><td>磷、活性碳</td></tr>
<tr><td>4.3</td><td colspan="3">遇水釋放可燃氣體之物質(Substances Which, in Contact with Water, Emit Flammable Gases)</td><td>鎂粉</td></tr>
</table>

（續）表9-2　IATA危險物品分類

類別	名稱	分組	物品描述	舉例
第五類 (Class 5)	氧化物 (Oxidizing Substances)、過氧化物 (Organic Peroxide)	5.1	氧化物質(Oxidizer)	硝酸鈉
		5.2	有機過氧化物 (Organic peroxides)	有機過氧化物B型、漂白劑
第六類 (Class 6)	毒性和傳染性物質	6.1	毒性物質(Toxic Substances)	砷
		6.2	傳染性物質 (Infectious substances)	醫療廢棄物
第七類 (Class 7)	放射性物質 (Radioactive Material)	未分組	依放射性物質之最大幅射劑量，區分為：第Ｉ級——白色；第II級——黃色；第III級——黃色；第III級——黃色且專載運輸標籤。	鈾235、鈾238、碘131、銫137、鈷60、氘、氚
第八類 (Class 8)	腐蝕性物質 (Corrosives)	未分組	腐蝕性物質	硫酸、硝酸、醋酸、水銀、酸鹼電池
第九類 (Class 9)	其他危險品 (Miscell Aneous Dangerous Goods)	未分組	此類物質或物體在運送途中，呈現其他類危險貨品所未涵蓋之危險。本類別包括：其他限制性物質、磁性材類和雜項物質或物體。如磁化物（磁鐵）、具防盜裝置之公事包或小型手提箱、具攻擊性及刺激性物品（如刀劍棍棒類、弓箭、防身噴霧器等）、其他可能危害到機體結構以及飛航安全的物質或物品及其他因固有的特性若未經過適當的包裝處理就不適合空運的物品。	石棉、乾冰、消費者用品、化學或急救箱、環境有害物質、救生器材、內燃機、易燃氣體或易燃液體驅動之車輛、聚合珠粒、電池驅動之設備或車、酸性亞硫酸鋅、大蒜油等

參考資料：2005 IATA DGR、航空貨運承攬公會危險貨品空運初訓課程講義，作者整理。

三、危險物品事故

(一) 危險物品失事

所謂危險物品失事，係指於空運危險物品時，造成人員之死亡或重傷害，或財物重大損害之事件。失事造成重傷害，係指下列情形之一者：(1) 受傷後七日之內須住院治療四十八小時以上者；(2) 骨折。但不包括手指、足趾及鼻等之骨折；(3) 撕裂傷導致嚴重之出血或神經、肌肉、筋腱之損害者；(4) 任何內臟器官之傷害者；(5) 二級或三級之灼傷，或全身皮膚有百分之五以上之灼傷者；(6) 證實曾暴露於感染物質或具傷害力之輻射下者。以下列舉國內外因危險物品失事之案例供參考。

◆貨機裝載之危險物品起火冒煙，導致墜毀

1973年11月3日，泛美航空波音707貨機自紐約甘迺迪機場飛往德國法蘭克福，機上裝載危險物品。

起飛後不久，機長報告駕駛艙內有連續的煙霧產生，隨後飛機變得無法控制，因爲這個緊急狀況使得機長向航管要求返航回紐約落地。

三分鐘後，機上濃煙越劇，機長改變了原意，要求在波士頓機場緊急降落，航路管制員告訴機長該機正通過一處空軍基地，那時距波士頓尚有45哩，因爲波士頓機場能提供維修，爲了不必要的困擾，所以機長沒有考慮在此軍事基地降落。

飛機在降落波士頓機場最後進場階段失去控制（由於抗偏器失效及機長錯放擾流板及襟翼位置）後墜毀，機上組員3人全部罹難。

NTSB調查發現，在緊急狀況下由於濃煙阻礙駕駛艙組員的視界，導致機長無法有效改正不正常狀況，雖然濃煙的來源不甚確定，但NTSB相信源頭來自於貨架上的硝酸洩露後與附近包裝的鋸

層產生了化學作用，形成高熱後冒出濃煙。

歸究失事的另外原因之一是飛航組員是否瞭解危險物品禁運的規定。而當時航空業界普遍存在的問題是：缺乏對於運送危險物品的規定、法規層次的複雜性、司法權的重疊以及政府當局監督不周。

◆劫機客攜帶汽油

1976年6月13日，一架VC-8客機載有三十二名乘客及六名機組員自台南飛往台北，巡航途中遭遇一名劫機旅客攜帶兩瓶汽油及一把尖刀進入機身中段右側洗手間點燃火源，欲劫持該架班機前往大陸，洗手間起火後客艙產生濃煙且蔓延至右側三號發動機導致起火，劫機者在短時間內被空服人員及旅客制伏，但因機上濃煙導致一名孕婦休克及所有人員呼吸困難、眼睛紅腫，飛機最後安降松山，飛機三號發動機火焰被地面人員撲滅，機組人員及乘客安全逃生。

◆朝聖客攜帶汽油或煤油爐

1979年11月26日，巴基斯坦航空（Pakistan International Airlines, PIA）740班機載有十一名組員一百四十五名乘客的波音707客機，自沙烏地阿拉伯吉達（Jeddah）飛往巴基斯坦喀拉蚩市（Karachi），飛機起飛後十八分鐘欲爬升至37,000呎，空服組員報告在後機身艙門有火警發生，機長自30,000呎許可下降至4,000呎，幾分鐘後無線電中斷，隨後發現飛機墜毀在距吉達市125公里處海拔3,000呎的岩石區上，爆炸起火，機上無人生還。從發現客艙起火到飛機墜毀總計十七分鐘。

有證據顯示：機長在知道客艙起火後，延誤了返回吉達機場落地的時機，而航管在許可該機下降時並未注意該區有海拔3,000呎的地障，飛機最後在下降過程中高度8,000呎時失控。

調查發現：客艙火源可能來自機上回教朝聖客洩漏出的燃油或

煤油爐，因爲壓力差導致油氣從密封不佳的墊圈漏出。第二種可能是機上電氣設備著火，但是707機上有電器保護裝置，讓人很難理解爲何火勢會蔓延如此迅速。第三種可能是恐怖破壞，但是尚沒有明確證據顯示。

調查報告建議巴基斯坦航空應重新審視訓練政策，包括對客艙組員加強任何不正常狀況時報告的重要性，而這個報告動作必須迅速且確實，特別是在起火時機。此外訓練政策也應強調這種面臨危急狀況時飛航組員採取緊急程序不應有所遲疑的重要性。

調查單位同時也建議沙烏地阿拉伯航管單位重新檢視航管程序，以確認航管人員對所有空域最低安全高度是否明確認知，以及類似在該緊急事件中是否能夠立即指定切換至不同的通話頻道。

◆鎳鎘及鋰電池之悶燒導致墜海

1987年11月28日，南非航空295班機波音747-200載有十九位組員與一百五十九名乘客，自中正機場起飛往南非首都約翰尼斯堡，航路中繼點預計停留模里西斯，在飛行了9.5小時後，機長告知模里西斯進場管制台機上發生火警，並已燒毀許多電子裝備，要求緊急下降至14,000呎，航管許可下降至15,000呎。就在與航管通話後三分鐘，這架巨無霸噴射機便一頭栽入距模里西斯機場東北方250公里的印度洋中，殘骸廣布5,000公尺的深海內，全機人員無一生還，墜機時間約在晨昏前，天氣報告良好，能見度10公里。

調查顯示，火源來自於B-747貨艙中上層貨架右邊前貨板區，置放在其上的貨物燃燒後波及機身結構及部分客艙，這些貨物可能是裝有鎳鎘及鋰電池的電腦主件，悶燒後包裝其上的厚紙板及塑膠物使火勢在煙霧感測器警告以前就變得無法控制，燃燒後產生的濃煙及有毒氣體擴散至駕艙及客艙，飛行組員在下降過程中可能使用了氧氣面罩，但濃煙阻礙了視界並導致組員失能及飛機失控。

跡象顯示，組員曾進入貨艙中滅火，由於火燄燒毀了電線導致燈光盡失，而組員的氧氣面罩耐不住高熱並阻擋視界，因此並無法撲滅。

另外的失事原因可能是：火燄也影響了飛機結構及系統，高熱並損毀了機身蒙皮及控制面，特別是升降舵、方向舵、方向舵調整片的操縱滑輪鋼繩及水平安定面的手動操控。

飛機失事後第二年，FAA發出一項有關於B貨艙的適航指令，規定貨物必須要有一定的大小及夠大的容積以方便進出。此外，航空業者也可以把B貨艙改良升級成C貨艙，或在B貨艙內加裝防煙警示器及其他可以撲滅火勢的裝備，或者限制放在B貨艙的貨物必須要有防火材料包裝的規定。

◆前貨艙氧氣罐未依危險物品程序存放，導致飛機空中失火墜毀

1996年5月11日，一家以低成本取勝的美國超值航空（以壓低票價，僅提供一包花生米與飲料著稱，又稱「花生米航空公司」）第592班機載有五名組員以及一百零五名乘客的DC-9客機，自佛羅里達州邁阿密國際機場飛往喬治亞州亞特蘭大市，飛機自邁阿密09L跑道起飛後不到十分鐘，機長就因駕駛艙產生煙霧而要求返航，航管指示該機航向邁阿密12跑道進場，就在下降高度到達7,207呎、速度260浬、航向210度時，飛行資料記錄器（Flight Data Recorder, FDR）停止了作用，十五秒之後飛機機頭向下以75～80度俯角、每小時352浬速度墜毀在機場西北方25公里Everglades沼澤區中，機上乘員全數罹難。

調查結果顯示，火警從前貨艙開始，是因為前貨艙內放了一百四十四個氧氣瓶，還有兩具MD-80的輪胎，托運氧氣瓶的SabreTech公司在托運前，並沒有將這些未用完的氧氣瓶按危險物品的標準規定予以包裝、標示，最後氧氣瓶因不明原因而在空中點燃。

前貨艙起火之後，大火從客艙的第五、六排地板竄燒而出，客

艙傳出「失火了！」的叫喊聲，機上電力系統也因而故障，導致飛航資料記錄器與座艙語音記錄器訊號中斷。

美國國家運輸安全委員會的報告指出，整起事件的關鍵在於：

1.地勤代理公司SabreTech公司在托運該班機貨物前缺乏對貨物適當的準備、包裝、標示及確認，且沒有對這些尚未用完的化學氧氣裝備作追蹤，導致氧氣瓶因不明原因在空中點燃。
2.ValuJet與SabreTech簽訂的長期合約當中，雙方當初對維修、維修訓練及危險物品之要求及訓練都有嚴格的規定，但ValuJet未嚴格監督SabreTech是否依照維修計畫合約規定處置危險物品。
3.FAA並未規定必須在D貨艙裝置煙霧警告器及防火裝備。

NTSB認爲美國聯邦航空總署沒有適當地對ValuJet重大維修計畫及責任作檢測：包括ValuJet是否有對本身所簽訂的合約作監督及對地勤代理商SabreTech維修站的認證。

此外，FAA在事後也沒有針對這件因化學氧氣裝備起火所潛在的危險提出一套因應計畫。而ValuJet也沒有確認是否公司本身及維修合約代理商都瞭解運輸業對裝載危險品的標準規定及接收適當危險品的訓練。

◆未按程序包裝危險物品，導致747貨機報廢

1996年1月，一架美國南方空運公司（Southern Air Transport, SAT）B747-200貨機裝載危險品自波哥大（Bogota）飛往邁阿密，落地後赫然發現裝載的水銀（Mercury）洩漏，當時水銀並沒有按照危險物品的規定包裝，因此產生極爲嚴重的後果。

水銀在室溫下是一種銀白色具有強烈侵蝕力的毒性金屬，對人體有巨大的危害，它具有比水高六倍的高表面張力，因此形狀不易改變。飛機上洩漏的水銀會呈球狀散布在貨艙中，甚至沿著貨艙壁

滑動至飛機機身結構內，因此該架飛機經航空公司及英國倫敦保險市場評估後，面臨報廢的命運，而當時正是B747-200貨機市場最看好的年代，航空公司平白損失了一架B-747，貪圖載運危險物品的下場就是如此。

就在這架飛機發生危險品洩漏的前幾天，一架非洲貨運公司的DC-8貨機也同樣是因載運水銀而洩漏，幸運的是水銀只漏在貨艙的盤櫃內，沒有擴及到飛機機身，該機因此逃過一劫（*AIR CARGO NEWS,* APRIL 12, 1996）。

◆落地飛機因客艙危險物品爆炸，導致失火全毀

1999年8月14日中午12時34分，立榮航空MD-90客機由台北飛往花蓮機場21號跑道落地滾行時，客艙內部左側前段突然發出爆炸聲，隨即冒煙起火燃燒。駕駛員將飛機煞停在跑道上，並立即施放逃生滑梯，進行乘客緊急疏離程序。機身上半部全毀，九十名乘客及六名組員安全撤離。十四名乘客受重傷，另十四名受輕傷，受傷乘客大部分為灼傷，僅一位係遭爆炸碎片擊中受傷。一名重傷乘客為古金水哥哥古金池，於住院四十七天後，因重度灼傷引發後遺症死亡。

當時檢方根據行政院飛安會的報告：「失事之飛機上有易燃品（汽油）被裝入漂白水及柔軟精瓶內，以矽膠封住瓶口，攜進行李袋內帶上飛機，放在置物箱中。自瓶中溢漏之汽油，揮發散布置物箱空間，與空氣混合成油氣，因飛機落地時之震動，導致接在蓄電池上之電線短路而引爆油氣燃燒。」一度懷疑是古金水攜帶的漂白水瓶內裝汽油與機車蓄電池產生電弧（正負極接觸產生火花）而爆炸，而把古金水以違反「民用航空法」第43條移送法辦。但後來經過花蓮高分院調查發現，台北松山機場安檢人員、班機飛航組員與九十名乘客都沒有聞到「汽油味」，坐在古金水後面的一位東華大學教授也出面作證爆炸發生在他後面並不在古金水位置上面，而

安檢也沒有檢查到古金水攜帶的行李內有機車電池，不能就此認定古金水所攜帶的物品發生爆炸，因此以「證據不足」做出無罪的宣判，還他清白。

此事件暴露了帶上飛機的汽油與機車蓄電池均屬於危險物品，但卻安然通過安檢儀器及安檢線。實有必要加強航空公司及航警局安檢人員對危險物品的相關訓練及提升安檢裝備。

(二)危險物品意外事件

危險物品意外事件則指不限定於航空器上，在運送危險物品時發生危險物品失事以外事件，造成人員傷害、財物損壞、著火、破損、外溢、液體之滲漏、輻射或包裝無法維持完整之其他事件。任何與危險物品運送有關的事件，導致嚴重威脅航空器或機上人員者，亦視同危險物品意外事件。

1.某航空公司於桃園國際機場落地後，地勤作業人員發現主貨艙內貨盤所裝運之液態桶裝貨物洩漏至貨盤及地板上。事件原因係該票桶裝危險物品中，有一桶底部因木墊板凸起約0.5公分之釘子戳破該塑膠桶底，導致液體洩漏至貨盤及地板上。（交通部民用航空局飛安公告ASB No: 94-001/DG）

2.某托運人購置甲苯以膠水名稱，交某航空貨運承攬業者收運併裝後，以「Elect Goods」名稱交國籍某航空公司空運至澳門，於2003年7月18日飛機抵達目的地後，發現貨艙危險物品滲漏事件。調查發現該托運人未依國際空運協會危險物品處理規則托運人責任規定，對該危險物品予以分類、識別、限制、包裝、標示、文件及申報。而航空貨運承攬業者收運及併裝後，也未依航空貨運承攬業管理規則第20條及危險物品處理規則1.3.3.2.6規定，確認其收運及併貨運送之危險物品符合危險物品處理規則各項規定，以「Elect Goods」名

稱交航空公司空運。（交通部民用航空局飛安公告92-001/DG）

四、危險物品處理

航空公司通常不接受載運任何可能危害人體健康及飛行安全之貨物行李，但是基於人道救助或特殊因素，得報請總公司核可後，以個案依國際航協（IATA）危險物品規則編製公司危險品處理手冊。且航空公司保留隨時修改危險品處理規則的權利。

除經民航局核准外，未經適當分類、識別、包裝、標記、標籤、運送文件及不符合CAA、ICAO及IATA手冊規定之危險物品，航空公司不得托運或接受空運。

航空公司應在其危險物品手冊內清楚標示接受「裝載危險物品」或「不裝載危險物品」（如圖9-16）的政策，若接受裝載危險品，就必須有下列之規定：

1.危險物品限制（Limitations）。
2.危險物品分類（Classification）。
3.危險物品標記（Marking）。
4.危險物品標籤（Labeling）。
5.危險物品包裝（Packing）。
6.運送文件／證明（Shipping Documents/Certification）。
7.收運程序（Acceptance Procedures）。
8.緊急應變程序（Emergency Response Procedures）。
9.訓練計畫（Training Programs）。

危險品之裝載，由各場站貨物裝載員負責，並應持交一份危險品裝運單由機長簽字、認可，俾掌握物品裝載之艙別位置、性質及限制。

圖9-16 航空公司不裝載危險物品之標示

資料來源：作者拍攝。

第三節　搭機各類違禁及管制品

911後，隨著國內外機場安檢規定的更新，各類違禁及管制品也隨之複雜，所有搭乘國際線班機（含國際包機）之出境、轉機及過境旅客，應儘量簡化隨身行李，並於搭機前事先檢查身上及手提行李是否符合相關規定。茲將攜帶各項違禁及管制品的規定分類說明如下，以供參考。

一、可攜帶上機之液狀、膠狀及噴霧類物品規定

旅客出國搭機時，通常會將較大件之行李交由航空公司托運，並攜帶小件之隨身行李上機。但自2007年3月1日起，旅客出國搭機

或從其他國家出境，身上及隨身行李內所放置之液體、膠狀及噴霧類物品，須符合以下規定，否則僅可放置於托運行李內交由航空公司運送：

(一) 我國規定

我國規定（2007年3月1日實施之新規定，如圖9-17）：

1.旅客身上或隨身行李內所隨身攜帶之乳液、飲料、牙膏、髮膠及醫療用藥等液體、膠狀及噴霧類物品之容器，其體積不可超過100毫升，並允許旅客隨身攜帶空瓶（如保溫瓶等）上機。

2.所有液體、膠狀及噴霧類物品容器均應裝於不超過1公升且可重複密封之透明塑膠袋內（旅客須自行購買），所有容器裝於塑膠袋內時，塑膠袋應可完全密封。

圖9-17　我國2007年3月1日後之安檢規定海報

資料來源：作者攝於高雄小港機場。

3.前項所述之塑膠袋每名旅客僅能攜帶一個，於通過安檢線時須自隨身行李中取出，並放置於置物籃內通過檢查人員目視及X光檢查儀檢查。

4.旅客攜帶搭機時所必要但未符合前述限量規定之嬰兒奶粉（牛奶）、嬰兒食品、藥物、糖尿病或其他醫療所需之液體、膠狀及噴霧類物品，應先向航空公司洽詢，並於通過安檢線時，向安全檢查人員申報，於獲得同意後，可不受前揭規定之限制。

5.常見旅客攜帶之液體、膠狀及噴霧類物品通常包括礦泉水、飲料、香水、漱口水、隱形眼鏡清潔液、乳液、牙膏、髮膠等，若旅客欲將前述物品放置於身上或隨身行李內攜帶上機，則均需符合前述之限量規定，至於固態化妝品，如口紅、護唇膏、粉餅等，則不受限制均可攜帶上機，惟部分膠狀或液狀類之口紅、唇蜜、粉底液等化妝品，則仍需符合前述有關之限量規定。

6.旅客通過安檢線後於機場管制區免稅商店內所購買之液體、膠狀及噴霧類物品原則上不受限制，惟如欲於其他國家轉機之旅客，因各國之規定略有不同，因此，提醒旅客於購買前先向免稅商店服務人員洽詢有關之規定。

(二) 美國運輸保安署規定

美國運輸保安署（Transportation Security Administration, TSA）規定（如圖9-18）：

1.旅客若要隨身攜帶液狀、膠狀或噴霧類物品，必須將所有（液狀、膠狀、噴霧類）物品放置在一個1 quart（1公升）可封鎖式的透明塑膠袋內（如圖9-19），而且袋內單一物品的大小不能超於3 oz（90ml）（如圖9-20）。此外，物品必須

圖9-18　美國運輸保安署之可攜上機物品規定

資料來源：美國運輸保安署www.tsa.gov

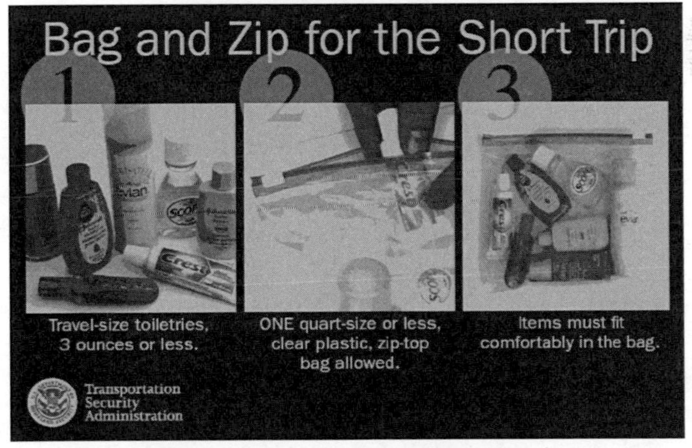

圖9-19　可封鎖式的透明塑膠袋

資料來源：美國運輸保安署www.tsa.gov

適當的放在塑膠袋內，且不許裝得太過擁擠。當旅客行經安檢站時，裝有上列物品的塑膠袋必須要封好或關好，而且經X光掃瞄時必須與隨身行李分開放。

2.以下物品若是沒有放置在一個1 quart可封鎖式的透明塑膠袋內或是袋內單一物品的大小超於3 oz，則必須在通過安檢站時申報。

圖9-20　透明塑膠袋內單一物品的大小不能超於3 oz

資料來源：美國運輸保安署www.tsa.gov

(1) 嬰兒配方／牛乳（包括母乳）以及放置在容器（如箱、盒、罐等）內的嬰兒食品。注意：旅客必須有嬰兒或幼兒隨行。

(2) 藥物（液狀、膠狀或噴霧類）。

(3) 液體（包括果汁）或是膠狀類的糖尿病患必需品或其他醫療必需品。

3.其他液體、膠狀或是噴霧類物品可以放置在托運行李中。

4.旅客在行經安檢站後所購買的液狀（包括飲料）、膠狀或是噴霧類的物品可帶入機艙。

二、禁止攜帶上機的物品

禁止攜帶上機的物品如**圖9-21**、**圖9-22**、**圖9-23**、**圖9-24**所

示，包括九大類危險物品（如圖9-25）。

1.易燃品類：汽油、柴油、去漬油、煤油、罐裝瓦斯（丁烷）、噴漆、油漆、大量塑膠製簡易打火機、打火機油、工業用溶劑、火柴等，及其他於常溫下易燃之物品。

圖9-21　禁止攜帶及托運之危險物品標示1

資料來源：作者攝於高雄小港機場。

圖9-22　禁止攜帶及托運之危險物品2

資料來源：作者攝於高雄小港機場。

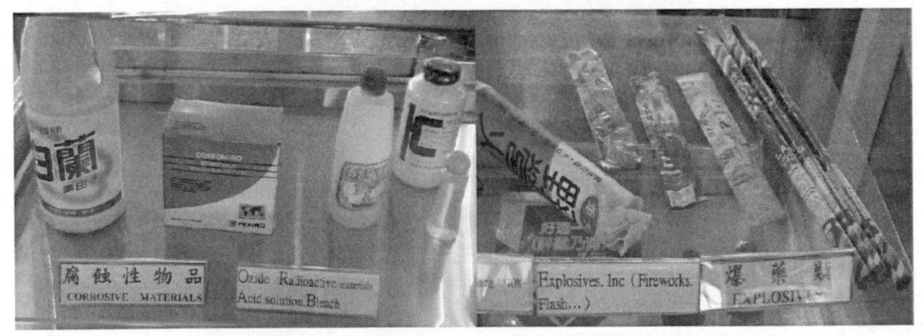

圖9-23　禁止攜帶及托運之危險物品3

資料來源：作者攝於高雄小港機場。

圖9-24　禁止攜帶及托運之危險物品4

資料來源：作者攝於高雄小港機場。

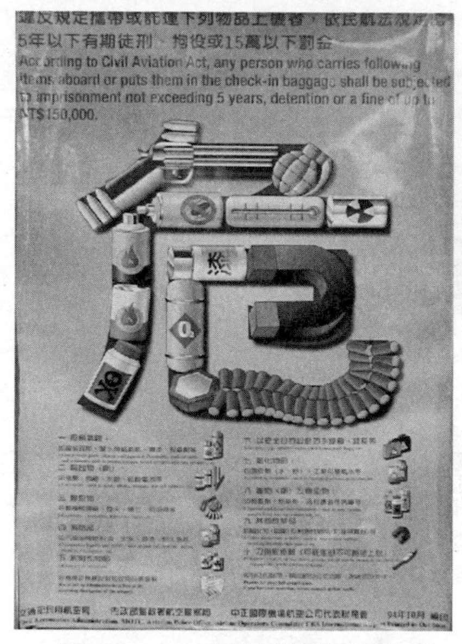

圖9-25　九大類危險物品告示

資料來源：作者攝於高雄小港機場。

2.高壓縮罐：殺蟲劑、潤滑劑、瓦斯罐、簡易氧氣罐、充氣後之潛水鋼瓶等，以高壓充填之瓶罐類物品（病患旅程中所需之醫療用氧氣瓶、操縱義肢用之二氧化碳瓶，裝填量在230公克以下者得攜帶上機）。

3.腐蝕性物質：王水、硫酸（鉛酸電池，但經分離接頭及妥善絕緣、防漏處理之電動輪椅動力用電瓶得予以托運）、硝酸、鹽酸、苛性鈉、水銀、氟化物及其他具腐蝕作用物品（但在有防止破損包裝狀態下，醫療人員得隨身攜帶乙支溫度計、氣象人員得隨身攜帶乙支氣壓計上機）、水管清潔劑。

4.磁性物質：永久磁鐵等會產生高磁場之物質。強力磁鐵，例如：喇叭和實驗室設備中的物質。

5.毒性物料：各類具有毒性之化學原料、毒氣、除草劑、殺蟲劑、砒霜、氰化物、農藥及活性濾過性病毒（醫學實驗室樣品、帶病毒的生物、細菌培養物）等。

6.爆藥：C4、TNT、CEMTEX、PETN、代那邁、特出兒、硝化甘油、黑火藥、急造爆藥、各類引信、雷管、底火、煙火、鞭炮及照明彈等。

7.具防盜警鈴裝置之公事包及小型手提箱，或電壓超過2伏特之鋰電池：具防盜警鈴裝置之公事包及小型手提箱。

8.強氧化劑：漂白粉（水、劑）、工業用雙氧水、肥料、游泳池和溫泉化學藥劑、玻璃纖維修補工具包等易產生劇烈氧化作用的物質。

9.放射性物質：鈾二三五、鈾二三八、碘一三一、銫一三七、鈷六十、氘、氚等本身具游離輻射能量之物質、核種。

其他依國際空運協會規範之影響飛航安全物品，如乾冰（結冰的二氧化碳）：若爲包裝易腐爛的東西可以以有開口的袋子帶上機，但限制在4磅（1.8公斤）以下。

三、禁止手提上機必須托運的物品

禁止手提上機必須托運的物品如圖9-26、圖9-27所示。

圖9-26　禁止手提必須托運的物品1

資料來源：作者攝於高雄小港機場。

圖9-27　禁止手提必須托運的物品2

資料來源：作者攝於高雄小港機場。

1.旅遊用品類：髮膠、定型液、醫用含酒精之液態瓶裝物、防蚊液等，每瓶不超過0.5公升（斤），總量不超過2公升（斤）者，得托運上機（旅客得隨身攜帶一瓶不超過0.25公升之髮膠或定型液）。

2.含酒精飲料：在完整包裝（未開封）狀況下，酒精度（%VOL）不超過70%者，得攜帶總量5公升以內上機，超過5公升者必須托運，但酒精度超過70%者必須比照危險物品貨運方式辦理。

3.工具棍棒類：各種質料之棍棒或尖銳物品，如斧頭、棒球棒、高爾夫球桿、撞球桿、滑雪杖、曲棍球球棍、釣魚竿、鋤頭、鎚子、螺絲起子、鋸子、水果刀、剪刀、菜刀、西瓜刀、生魚片刀、開山刀、鐮刀、美工刀、鑿子、冰鑿、大型魚鉤、鐵鍊、厚度超過0.5公釐之金屬尺、長度超過5公分之金屬釘、飛鏢、強力彈弓、運動用弓箭、觀賞用寶劍、防身噴霧器、滅火器、玩具槍等可能轉變為攻擊性武器之物品，及經中央主管機關核准之槍炮彈藥刀械管制條例及警械許可定製售賣持有管理辦法所屬之各類槍械、彈藥、刀械類武器、警棍、警銬、電擊器（棒）等。

4.其他經人為操作可能影響飛航安全的物品。

四、干擾飛航通訊器材種類

搭機旅客於關艙門後經航空器上工作人員宣布禁止使用個人電子用品時起至開艙門止，須遵守下列規定：

(一)國內線全程禁用以下電子用品

1.個人無線電收發報機。
2.行動電話。
3.各類遙控發射器，如電動玩具遙控器等。
4.個人視聽用品，如CD/MD/VCD/DVD/MP3/唱盤與TV Receiver。
5.攝影裝備，如Video Camera and Portable VCR。
6.電子遊樂器。
7.電腦及周邊設備，如Laptop/PDA/Electronic Dictionary/Calculator。
8.收音機。
9.其他發報類電子用品。

(二)國際線全程禁用以下電子用品

1.個人無線電收發報機。
2.行動電話。
3.各類遙控發射器，如電動玩具遙控器等。
4.其他發報類電子用品。

(三)國際線起飛及降落階段（飛行高度10,000呎以下）禁用以下電子用品

1.個人視聽用品，如CD/MD/VCD/DVD/MP3/唱盤與TV Receiver。
2.攝影裝備，如Video Camera and Portable VCR。
3.電子遊樂器。
4.電腦及周邊設備，如Laptop/PDA/Electronic Dictionary/Calculator。
5.收音機。

五、禁止攜帶入境的物品

1.偽造之貨幣、證券及印製偽幣印模。
2.槍械（包括獵槍、空氣槍、魚槍）、藥、毒氣、刀械、子彈、炸藥以及其他兵器。
3.毒品危害防治條例所列毒品及其製劑，罌粟種子、古柯種子及大麻種子。
4.所有非醫師處方或非醫療性之管制物品及藥物（包括大麻菸）。
5.槍型玩具及用品。
6.侵害專利權、商標權及著作權之物品。

7.法律規定不得進口或禁止輸入之物品。例如：土壤、新鮮水果、未經檢疫或從疫區進口之動植物及其產品、未經檢疫之鮭、鱒、鱸、鯰、鯉魚、繁殖用種蝦等。

8.保育類野生動物及其製產品者，未經中央主管機關之許可，不得進口。

六、禁止攜帶出境的物品

1.未經合法授權之翻印書籍（不包括本人自用者在內）、翻印書籍之底版。

2.未經合法授權之翻製唱片（不包括本人自用者在內）、翻製唱片之母模及裝用翻製唱片之圓標暨封套。

3.未經合法授權之翻製錄音帶及錄影帶影（音）光碟片及電腦軟體（不包括本人自用者在內）。

4.古董、古幣、古書等。

5.槍械（包括獵槍、空氣槍、魚槍）、子彈、炸藥、毒氣刀械及其他兵器。

6.宣傳共產主義或其他違反國策之書籍、圖片、文件及其他物品。

7.偽造或變造之各種幣券、有價證券、郵票、印花稅票及其他稅務單照憑證。

8.毒品危害防治條例所列毒品及其製劑，罌粟種子、古柯種子及大麻種子。

9.依其他法律禁止出口之物品（例如：偽禁藥、動物標本、果樹苗等）。

10.保育類野生動物、珍貴稀有植物及其製產品者，未經中央主管機關之許可，不得出口。

七、旅客攜帶電訊管制物品

1.電信器材部分：旅客攜帶電訊管制器材入出境，須先向交通部電信局領取電訊器材進口護照或出口憑證，持證向台灣桃園國際機場會同海關辦理查驗手續，簽章放行。

2.電信管制器材項目：

(1) 整架收發信機。

(2) 發射機。

(3) 接收機。

(4) 對講機。

(5) 搖控器。

(6) 汽車行動無線電話。

(7) 雷達。

(8) 無線電麥克風。

(9) 能構成干擾或具有發射性之電機。

(10) 反測速器。

(11) 電信加密器。

CHAPTER 10

航空公司線上安全管理

第一節　航空公司飛安管理目標與政策

第二節　航空公司飛安管理單位編制

第三節　航空公司飛安教育訓練

第四節　航空公司飛安報告系統

第五節　航空公司飛安督導考核

第六節　航空公司飛安會議

第七節　航空公司各類飛安資訊

第八節　外物消弭

第九節　事件調查

第十節　航空公司線上安全稽核

第十一節　國際航空運輸協會作業安全查核認證

第十二節　安全管理系統

 第一節　航空公司飛安管理目標與政策

一、訂定航空公司飛安目標

航空公司各單位共同之飛安目標爲確保各項飛航相關作業零失事及零重大意外事件發生。

二、擬定航空公司經營理念及飛安政策

首先，以長榮航空爲例，其經營理念訂爲「飛航安全快捷，服務親切周到，經營有效創新」，而爲達成「安全第一，服務至上」的經營目標，該公司強調致力於飛航安全標準作業程序的建立、健全的營運管理、工作紀律的落實、嚴密的內控系統、組織功能的強化、安全意識的塑造，以建立優質的飛航安全文化。遠東航空經營理念則爲：「飛安第一，顧客至上，員工爲重，品質爲先」。華航則以整體安全爲基礎，追求公司的健全成長，其品質政策爲：「安全第一，以客爲尊；團隊合作，追求卓越」，經營理念則與遠東航空相似：「飛安第一，顧客至上，員工爲重，品質爲先」。

由上可見，在民航局所強調的「飛航安全，世界一流。民航服務，顧客滿意」共同願景下，航空公司在訂定作業計畫及實際運作時，應以「飛安第一」爲最優先考量。

其次，建立整體飛航安全文化。以長榮集團爲例，其企業文化則爲「挑戰，創新，團隊」。

第三，建立飛安自願報告系統，並採免責方式處理，除非當事人出於另意。

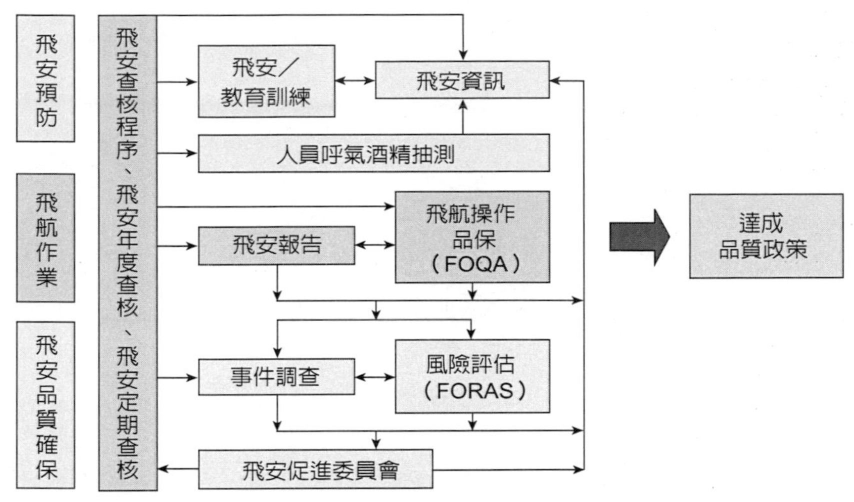

圖10-1　華航飛安管理流程

資料來源：http://calec.china-airlines.com/newman/e_course/4_3-23safety.htm，作者繪製。

三、確保飛安管理品質

民航業者應該整合飛安管理功能，並且經由各項飛安管理作業程序，嚴格把關、監控各項飛安相關環節。以華航爲例，其管理流程概分爲：「飛安預防」、「飛航作業」、「飛安品質確保」、「飛安查核作業」等四階段，以循環的管理流程進行彼此之間的相互回饋、檢討、修正、改進，進而達成「安全第一，以客爲尊，團隊合作，追求卓越」的品質政策（如**圖10-1**）。

第二節　航空公司飛安管理單位編制

一、飛安管理組織編制

1.航空公司編制安全管理或飛安部門，直接隸屬總經理，負責飛安相關作業、規劃、執行、檢查及調查。目前國籍航空公司飛安部門編制名稱如下：

- 中華航空公司：安全管理處飛安室
- 長榮航空公司：航行安全室（航安室）
- 遠東航空公司：安全管理處飛安部
- 復興航空公司：安全管制室（安管室）
- 立榮航空公司：航行安全室（航安室）
- 華信航空公司：安全管理處飛安室

2.飛安部門依業務性質及航空器飛航作業管理規則第11條規定，設置全職且適任之飛安主管及專兼職之飛安專業人員。其中，飛航作業管理規則第16條規定，飛安主管除應熟悉與其業務相關之各類手冊、營運規範及相關民航法規外，並應具備下列各條件：(1) 曾接受國內、外航空安全管理專業課程並領有結業證書；(2) 擔任航務、機務或飛安相關職務三年以上之經驗。以華航爲例，安管處長爲最高飛安主管，兼職之飛安機師及專職之飛安工程師則處理各項飛安管理業務（如**圖10-2**）。

3.另航空公司也依需要設置飛安諮詢委員會或飛安促進委員會，研討制定公司飛安政策及重大飛安議題，爲航空公司飛安最高決策單位。委員會係任務編組，通常由總經理擔任主任委員，委員爲各單位主管，委員會執行秘書爲飛安部主管。

二、飛安部門工作重點

航空公司飛安部門的工作重點包括：

圖10-2 飛安部門組織及執掌

1.飛安政策制定及督導執行。

2.年度飛安工作計畫及預算編列。

3.飛安相關法規頒布。

4.飛安教育訓練擬定、規劃、執行及監控。

5.失事預防手冊、安全管理手冊、IOSA飛安手冊之編修訂、失事 意外事件預防建議及相關作業執行。

6.規劃飛安促進會、飛安月會與各類飛安會議召開及提案處理。

7.機長報告、內部飛安報告、異常報告等各項飛安報告調查處理及資料統計分析運用。

8.航務／飛安相關地勤／空勤各類飛安查核作業。包括定期及不定期飛安督考及檢查，發現缺點、督導改正及複查。

9.飛航相關人員呼氣酒精與藥物檢測。

10.外物損害預防及消弭。

11.飛安專業人員培育。

12.FOQA、FDAMS等飛航資料統計、運用、分析、建議及列管。

13.國內外各類飛安會議參與及飛安資訊交流網路建立。

14.飛安資訊編撰及發布、建立及管理飛安資訊系統。

15.飛安風險辨識與管理（FORAS）。

16.修護系統監控。

17.失事／意外／危險事件調查。

18.績效指標系統評估（PIS）。

第三節　航空公司飛安教育訓練

訓練是確保各專業人員維持專業品質的最佳方式，尤其航空科技日新月異，飛安管理方式及知識也隨著時代演進，因此無論是新進或在職員工，均需接受爲期三至六小時不等之飛安教育訓練，以對飛安知識、技術及法規有更深入之瞭解，確保執勤之作業及飛航安全。

飛安教育訓練包含新進人員初訓、飛航組員複訓、飛安管理訓練及飛安專業人員訓練。

一、新進人員初訓

1.飛航駕駛員飛安概論：

(1) 時數：三小時（配合「強化品質計畫」——AQP地面學科實施）。

(2) 內容：飛安基本觀念、飛安相關作業簡介、CRM概論及案例說明。

2.空服員飛安概論：

(1) 時數：三小時（配合新進空服員地面學科實施）。

(2) 內容：飛安基本觀念、飛安相關作業簡介、CRM概論及案例說明。

3.機務維護及一般作業人員飛安概論：

(1) 時數：三小時（配合新進人員訓練課程實施）。

(2) 內容：飛安基本觀念、飛安相關作業簡介、CRM概論及案例說明。

二、飛航駕駛員年度飛安複訓

1.時數：三小時（配合年度駕客艙聯合複訓實施）。

2.內容：飛安概論、CRM及案例研討。

三、空服員年度飛安複訓

1.時數：三小時（配合每年度一次的駕客艙組員聯合複訓實施）。

2.內容：飛安概論、CRM及案例研討。

四、飛安管理訓練

1.對象：各單位主管及業務相關人員。

2.時數：依實際情況由飛安部門主辦專案實施。配合台灣飛行安全基金會或相關單位飛安管理課程專案實施。

3.內容：飛安管理、組員資源管理、人爲因素、機坪安全、機務管理、全面品質管理（Total Quality Management, TQM）、ISO-9001、安全管理、風險管理、國際空運協會安全督查（IOSA）、案例研討等。

五、飛安專業人員訓練

1.對象：飛安部人員及各單位飛安業務相關人員。
2.時數：配合國內外各相關學院課程專案實施。
3.內容：飛安管理、人因工程、失事調查、維修安全管理、ISO、IOSA、安全管理等。

第四節　航空公司飛安報告系統

一、機長報告

爲確保航空公司飛航安全，並發掘各項潛在不安全之相關因素，機長或其指定代理人執行飛航任務期間，對任何與飛航安全、場站作業、旅客服務、裝備設施、飛航管制及飛機維護等直接或間接影響飛安之事項，或對公司具有正面建設性建議，依事件情況，將人、事、時、地、物相關資料詳盡塡具「機長報告單」（Captain’s Report），以期保障飛航安全，提升整體作業效率，促進公司營運與發展。

下列各項情況爲強制性報告事項，機長或其指定代理人必須立即塡寫機長報告：

1.液壓系故障。

2.起落架故障。

3.飛操系故障。

4.空調加壓／氧氣系故障。

5.輪胎爆破／煞車輪組故障。

6.艙門警告燈示及有洩壓情況。

7.近地警告系統（GPWS）警告。

8.失速（STALL）警告。

9.航機於地面或空中機身外部組件脫落或損壞。

10.放棄起飛。

11.空中關車。

12.偏離航道。

13.非因天氣原因之轉降。

14.緊急降落。

15.鳥擊。

16.雷擊。

17.嚴重亂流。

18.空中接近。

19.航管違規。

20.重落地。

21.炸彈威脅。

22.劫機。

23.組員失能。

24.航機地面損壞事件（包括與地面飛機、車輛、設施、建築物擦碰或地面作業不當發生之事件）。

25.與地面其他航機相撞。

26.填報不滿意報告（UR）。

27.飛行過程中刮傷表面。

28.任何與飛安相關事項或建議。

機長或其指定代理人發現相關情況，依事實將人、事、時、地、物詳盡填具機長報告單，交由各站航務簽派員處理，航務部督導編號登錄後，立即電傳總經理室、飛安部門及航務部門飛安官，正本轉送飛安部門辦理。機長報告均以最速件方式傳遞，如屬緊急情況，則機長或其指定代理人先行以電話告知航務部門值日主管或飛安部門。

飛安部門爲機長報告承辦單位，於收到機長報告後，將初步處理情況面報相關主管，並依報告內容分送相關單位協助辦理。各單位處理情形回覆後由飛安部門綜合彙整，在不涉及各項獎懲建議下，提出檢討及建議事項，以機長報告結報單向上呈報，並於飛安月會提出綜合分析報告，且將處理情形影本送事件相關單位與提出報告之機長。

凡具參考價值之機長報告，由飛安部門彙整發布飛安指示、飛安通告或列入飛安教育訓練教材，供相關單位及飛航組員參考。每季（年）彙整機長報告，經統計分析後，提出專案報告，並供相關單位作業參考。

二、異常事件報告

爲確保航空公司各項飛航相關作業安全運作，各單位發現任何與飛安有關之異常情況，均應由單位主管即刻轉報聯合管制中心或航務部門守望席督導。相關人員接獲異常事件報告，依作業流程以電話通報總經理及相關單位後，再詳填「異常事件通報表」送總經理室、飛安部門及相關單位。

異常事件報告包括：航務部門異常事件報告、機務部門維護作業報告、空服部門客艙長報告、運務部門異常事件處理報告等。

三、飛安自願報告

爲鼓勵航空公司全體員工因主動提報預見可能發生之危險情況或尙未經他人（或單位）發覺，或已發生之可能影響飛航安全或業務正常運作之違規或疏失事項，以改善有關飛航、裝備、設施、法規、訓練管理等可能危害飛行或地面安全之處，不但個人可獲免責處理，團體亦可因經驗共享，而預防或避免類似事件再度發生，確保公司飛航業務安全運作，稱爲「飛安自願報告」。

「飛安自願報告」也是民用航空法第112條之一：「對第111、112條（違規處罰條文）未發覺之違規，主動向民航局提出者，民航局得視其情節輕重，減輕或免除其處罰。」所規定之條文。

對任何違規或疏失事件發生，當事人應於四十八小時內以電話或書面主動報告單位主管或飛安部門主管。單位主管或飛安部門主管應儘速轉報總經理及相關單位，爭取最高免責處理，並絕對保護當事人個人隱私權相關事項。飛安部門應依據報告事項發布飛安指示或協調相關單位加強注意改進。對任何違規或疏失事項，凡以自願報告方式提報者，均以免責爲最優先考量處理（除非當事人出於另意）。對法律條文明定之違規事項，凡以自願報告方式提報者，均以免責、最低或減輕罰責爲優先考量處理。

第五節　航空公司飛安督導考核

一、飛安督導考核作業

飛安部門「飛安檢查及督導考核作業」（簡稱飛安督考）是爲落實航空公司各飛航作業相關單位均按手冊規定執行業務，所實施的定期與不定期檢查，以確保各項業務均按手冊標準正常運作。

「飛安檢查及督導考核作業」類別包括：

(一) 定期飛安督導考核

1.每工作日的停機線作業飛安檢查。
2.每一年對飛航作業相關單位及國內外各場站執行一次飛安督導考核。

飛安部門應於年度飛安督考覆查完成後，依各單位受檢情況，綜整相關統計分析資料及建議事項，呈報總經理核示。

(二) 不定期飛安督導考核

◆停機線作業飛安督導考核

係依據民航局航務檢查員手冊「JOB FUNCTION 4 停機坪檢查」主要內容實施，其範圍包括：

1.航務中心各類飛航公告作業。
2.飛航組員飛行前任務提示。
3.飛航駕駛員飛行前 360 度檢查。
4.飛行紀錄本（LOG）簽註。
5.隨機各項參考資料及書籍。
6.隨機急救及消防裝備。
7.停機線維護人員飛行前（後）檢查。
8.停機線勤務人員飛行前（後）作業。
9.停機線消防裝備。
10.停機線 FOE 作業。
11.停機坪運務作業。

◆駕、客艙隨機飛安督導考核

係依據民航局航務檢查員手冊「JOB FUNCTION 5 駕駛艙航路

檢查」及「JOB FUNCTION 16 客艙航路檢查」主要內容實施，其範圍包括：

1.飛行前組員任務提示。
2.機外檢查。
3.飛行前座艙檢查及整備。
4.飛行前客艙檢查及整備。
5.起飛前空地勤組員作業。
6.發動機啓動／滑行／起飛／離場程序。
7.飛行中各項程序及組員合作。
8.進場／落地／滑行／關車程序。
9.落地後空地勤組員作業。
10.落地後飛機檢查及相關作業。

二、酒精檢測作業

酒精會影響人員判斷力，尤其飛航組員身為飛安的守護者，一旦執勤前飲酒小酌，在地面上雖不構成酒醉誤事，但在高空中艙壓及氧氣量比地面低，酒醉影響的程度將是地面的數倍，因此不可不慎。

酒精檢測的目的爲確保飛行安全，避免相關飛航作業人員於任務前飲酒影響飛安。這是依據飛航作業管理規則第180條規定：「航空器使用人應訂定相關之麻醉藥物及酒精測試規定，並執行抽檢飛航組員、客艙組員、簽派員及維護人員等相關飛航作業人員，檢測紀錄應存檔備查。民航局得以定期或不定期方式對前項飛航作業人員實施酒精檢測。酒精檢測檢查標準如下：血液中酒精濃度不得超過百分之零點零四或吐氣中酒精濃度不得超過每公升零點二毫克。檢測不合格者，不得從事相關飛航作業，拒絕檢測者，亦同。」

其中，檢測的標準是依照民航局規定：「血液中酒精濃度（%BAC）之執勤標準必須在0.02%以下始合格，若在0.02%以上者，暫停其該班次之飛行任務。」

因為血液中酒精濃度必須抽血才能檢驗，因此一般都以吐氣酒精濃度（EBT）標準來測量，也就是一般公路警察常使用於測試民眾喝酒的酒精測試機。

在實務上，若發現吐氣酒精濃度EBT超過標準，可經由下列公式換算成血液中酒精濃度：

吐氣酒精濃度（毫克／每公升）×0.21＝血液中酒精濃度（%BAC或毫克／100ml）

被測人若超過0.02%BAC不及0.04%BAC者，須等待血液抽檢低於0.02%BAC始可放行。酒精檢測紀錄至少應保存十二個月以為備查，飛航組員每年抽檢比例應有30%以上。

航空公司可自訂更嚴格的酒精檢測標準：如使用之酒精測試器顯示數值為%BAC，則酒精檢測合格標準為血液中酒精濃度不得超過0.02%BAC。以華航對管制飛航組員喝酒為例，執勤時呼氣酒精濃度不得超過0.1毫克／每公升。長榮航空呼氣酒精濃度則不得超過0.2毫克／每公升。

大多數航空公司都規定：「相關飛航人員（含飛航駕駛員、空服員、簽派員及線上維修員）於任務報到前八小時或十二小時內不得飲酒。」其中，駕駛員及簽派員更嚴格規定著公司制服時（包含任何配件足以辨認為航空公司制服）及執行任務時，禁止飲酒也不得喝任何含酒精飲料。

因此，酒精檢測時機通常區分為下列幾個時段：

1.機場不定期抽檢：由各單位實施自測抽檢。

2.外站不定期抽檢：外站飛航作業相關人員及駐防空勤組員，由飛安部門不定期攜帶酒精測試器至各外站執行抽檢（如圖10-3、圖10-4、圖10-5）。

3.節慶假日或特殊關鍵時刻：由各單位或飛安部門加強實施不定點抽檢。

圖10-3　飛航駕駛員酒精檢測

資料來源：作者拍攝。

圖10-4　空服組員酒精檢測

資料來源：作者拍攝。

圖10-5　外站維修員酒精檢測

資料來源：作者拍攝。

酒精檢測紀錄由施測者及受檢人員簽名，各單位綜整紀錄備查，並將每月受測人數及測試統計資料送飛安部門彙整。

若經酒精檢測不合格，並查證爲飲酒所造成者，輕者依航空公司員工手冊記大過處理，重者如外站駐防空勤組員抽檢數值超過0.02%BAC（含），除立即取消當日任務外（組員或班次調整由派遣單位負責），華航的處理是第一次處以停飛一個月，第二次則開除。若經民航局抽檢單位舉發超過標準者（民航局0.04%BAC或桃園國際航空站0.02%BAC），除民航局處分外，並依員工手冊工作規定解僱處理。如拒絕實施抽檢，視同檢測不合格，取消當日任務並記大過處理。

2003年9月25日，一架由台北飛往安克拉治，並由安克拉治飛往紐約的某國籍航空公司機長，在安克拉治機場通關接受酒精檢測時，因爲血液酒精含量爲0.087毫克／100ml，超過標準上限0.04毫克／100ml兩倍多，因此被禁止擔任該航次由安克拉治到紐約航段的機長。後來該國籍航公司於同年10月21日召開人評會，以危及旅客安全、傷害航空公司商譽等理由，開除該名機長。民航局也在隨

後撤銷該員飛行執照，這是民航局因酒駕問題撤銷機師飛行執照的首例。

由上可見，民航主管機關及航空公司對飛航組員飲酒的慎重。

三、麻醉藥物檢測作業

麻醉藥物檢測是爲防止毒品及藥物濫用，侵害航空從業人員，危害飛航安全。這是依據飛航作業管理規則第180條規定：「航空器使用人應訂定相關之麻醉藥物及酒精測試規定，並執行抽檢飛航組員、客艙組員、簽派員及維護人員等相關飛航作業人員，檢測紀錄應存檔備查。民航局得以定期或不定期方式對前項飛航作業人員實施麻醉藥物及酒精檢測。麻醉藥物檢查標準如下：麻醉藥物檢測：尿液樣本反應呈陰性。檢測不合格者，不得從事相關飛航作業，拒絕檢測者，亦同。」，以能達到預防及警惕效果。

航空運輸從業人員以採驗尿液來實施麻醉藥物檢驗相關事宜，其主管機關爲民用航空局。

檢測藥物種類包含安非他命、嗎啡類（鴉片類）、大麻、古柯鹼、天使塵（PCP）以及其他影響飛行安全之藥物。

檢測時機：

1.受僱檢測：指於飛航駕駛員、簽派員、線上維修員於受僱前體格檢查時實施之尿液檢驗。
2.懷疑檢測：指被懷疑施用或持有毒品可能時實施之尿液檢驗。
3.意外檢測：指不預定日期實施之尿液檢驗。通常於航空器失事或意外事件發生後，通知受檢人依指定時間及地點報到，接受採集尿液。
4.不定期檢測：指非預定日期實施之尿液檢驗。通常於四小時前通知受檢人依指定時間及地點報到，接受檢驗。受檢人有正當事由無法依時限接受採驗尿液時，應於一個月內另行通知採驗尿液。

5.隨機檢測：指以抽驗方式實施尿液檢驗，通常於體格檢查時實施。

受檢人如尿液檢測結果若呈陽性反應，航空公司應立即停止所有任務派遣，並接受複檢醫學評估。如確有藥物成癮或用藥情事，依航空公司工作規則等相關規定予以開除。若受檢人拒絕接受尿液採驗時，則依照相關規定處分，並仍需接受尿液採驗。

四、自我督察作業

我國「民航政策白皮書」民航政策二「確保飛航安全」策略二：建立業者全面自我督察系統。

「自我督察」是指各單位藉自我業務檢查，先期發現作業規章與程序是否周延與落實，以確保作業之有效執行。自我督察作業即是各單位自我業務檢查及其缺失之處理、改進、追蹤與覆查。

實施自我督察作業的目的是爲使航空公司各飛航作業相關單位運作符合民航局與國際民航組織法令規章，確保各項作業均能遵守規則與程序，以不同等級自我檢查之方式，航空公司配合各項稽核業務建立至少二級之自我督察體系，以瞭解各單位飛安品保作業情況，保證公司各項飛航作業安全進行。

以航空公司爲例，通常設有三級自我督察制度，分別爲：

1.第一級：各業務單位之自我業務督察（評估）。

2.第二級：各品保單位（飛安、機務、服務品管）之品質保證自我督察。

3.第三級：總稽核室階層之各單位程序遵循督察。

自我業務檢查是由各線上作業相關單位（航務部門、機務部門、空服部門、運務部門、安管部門）及各場站自行定期檢查其作業規章與相關程序是否周延，並檢查其作業是否落實執行。各單位及場站依其組織編制與作業現況訂定各單位「自我督察作業」手冊。

飛安品保業務檢查則由飛安部門對各線上作業相關單位及各場站實施飛安品保業務檢查，重點爲法規、手冊、訓練及飛安相關業務是否符合規定，並檢查自我督察是否確實執行與有效改正。

此外，航空公司應適時修頒「自我督察手冊」及「內部稽核實施細則」，並積極落實自我督察系統之督察員、稽核員、查核員等之相關培養訓練。經由自我督察系統，持續不斷地自我檢視、自我評鑑與改善行動，確保各單位執行各項法令規章及作業程序，均能符合相關的法規或規範，以達到品質保證的目的。

五、飛航作業品質保證計畫

(一) 簡介

「飛航作業品質保證」（Flight Operation Quality Assurance, FOQA）作業是藉由定期解讀分析航機飛行資料數據，以發現航機或飛航駕駛員之不正常狀況及趨勢，進而及早作預防與改進，避免意外事件發生，達到確保飛安目的之飛安風險管理。

飛航作業品質保證系統在不同的製造商及國家各有不同的名稱，如在美國稱之爲Flight Operational Quality Assurance Programs，英國則稱之爲Fight Data Monitoring。若FOQA作業採用美商聯合訊號公司（Allied Signal）的系統稱之爲「飛航資料擷取管理系統」（Flight Data Acquisition Management System, FDAMS），採用法國空中巴士的稱之為LOMS（Line Operation Monitoring System）系統。

FOQA飛行資料分析系統建置之目的，在於建立各機隊標準化作業及給予飛行訓練的改進參考，更經由長期趨勢分析來發掘任何影響飛行安全之因素及監控航機及發動機之性能，以確保飛航安全。其資料的應用可分為下列幾項：

1.航機油耗分析。
2.發動機性能分析及系統可靠度分析。
3.飛行操作分析。
4.航機即時的作業監控。

(二) FOQA系統相關之裝備

1.航機狀況監控系統（Aircraft Condition Monitoring System, ACMS）：為FDAMS作業主要系統，可監測自數位飛行資料擷取單元（DFDAU）之各類資料，並依設定條件蒐集與記錄相關資料，產生各類報告，供相關單位參考。
2.數位飛行資料記錄器（Digital Flight Data Recorder, DFDR）：俗稱「黑盒子」，大多裝置於飛機機身尾段（如**圖10-6**），連續記錄飛航相關資料，主要為失事調查之用。依使用記憶體不同，可分磁帶（Tape）及固態式記憶體（Solid State Memory）兩種型式，磁帶式讀取速度較慢，約需二十五小時，固態式則十至二十分鐘即可將資料讀取完畢。
3.數位飛行資料擷取單元（Digital Flight Data Acquisition Unit, DFDAU）：擷取機上各種感應器及類比、數位系統等資料，編譯成特殊12位元（bit） 字（word）碼，再傳送至DFDR及QAR等資料記錄器記錄之。

圖10-6 「黑盒子」大多裝置於飛機機身尾段

資料來源：作者拍攝。

4.快速讀取記錄器（Quick Access Recorder, QAR）：其記錄資料內容與DFDR完全相同，為便於獲取資料，裝置於機身前段電子艙中，以磁帶卡匣（Tape Cartridge）、光磁碟片（Magnetic Optical, MO）或PCMCIA卡為記錄媒體，工作人員以抽換記憶媒體方式，即可快速獲取飛行資料，為執行FOQA作業標準裝備。以光磁碟片作為儲存媒體之快速讀取記錄器稱為「光學快速讀取記錄器」（Optical QAR, OQAR）。

(三) FOQA資料解讀

1.修護工廠每日於航機過夜檢查時將機上記錄磁帶（片）取下後，立即經由公文管道傳送到飛安部門，並負責磁帶（片）之補給運送事宜。

2.分析範圍包括裝設之快速讀取記錄設備（QAR/OQAR）之航機所記錄之飛行航段。

3.QAR/OQAR磁帶（片）接收作業：

(1) 飛安部門於收到機上QAR/OQAR磁帶（片）後，核對修護工廠所送交之磁帶數量是否正確，並填寫FOQA磁帶接收記錄。

(2) 若發現短少或漏送的情形，以電話通知修護工廠補送，並將處理情形記錄於「FOQA磁帶接收記錄」上。

4.磁帶（片）解讀作業：

(1) 飛安部門在解讀磁帶（片）的過程中，登錄讀取磁帶（片）的記錄品質，並將QAR/OQAR讀取記錄傳真至修護工廠。

(2) 若有航機磁帶（片）連續無法讀取的情形，通知修護工廠研判造成的原因，並請其回覆採取的改善措施，雙方持續保持密切觀察至狀況改善爲止。

5.飛航資訊分析師依據系統所讀出之FOQA事件資料加以分析，並確定資料的正確性，若有發生以下情形者可將此事件予以刪除：

(1) 因機械故障所造成的事件。

(2) 因亂流或風切等天氣因素所造成的事件。

(3) 因航管或TCAS警告而產生之事件。

(4) 因資料記錄不全或錯誤所產生的事件。

(5) 其他相關規範於「FOQA事件分類表」中之備註事項。

6.FOQA事件：經由所設定對FOQA事件定義及參數，由分析系統將資料讀出並分爲發現（Detect）及警告（Alert）兩種事件的等級。由Detect及Alert事件的等級，依「FOQA事件分類表」分爲三種類別：

(1) A類：航機在操作上有危及飛行安全顧慮者。

(2) B類：航機在操作上，中度偏離正常操作範圍，有可能影響到飛行安全。

(3) C類：航機輕度偏離正常操作的範圍，但未直接影響到飛行安全者。

7.飛航資訊分析師依「FOQA事件分類表」判讀歸類，填寫

圖10-7　長榮航空飛安室之FOQA資料解讀

資料來源：作者拍攝。

「FOQA事件處理單」及建檔後，交由航務部門辦理，惟若該事件主動由飛航組員報告，則該FOQA事件併組員報告案處理（如圖10-7）。

8.若FOQA事件已達飛安／意外事件以上時，由飛安部門依「飛安事件調查作業辦法」併案辦理。

9.「FOQA事件分類表」之制／修訂：由飛安部門與航務部門共同研擬訂定，並依實際需求不定期修訂之。

(四)調查及分析

航務部門在接獲飛安部門「FOQA事件處理單」後，依航務部門作業辦法辦理，航務部門FOQA事件處理分爲以下三類：

1.A類FOQA事件：由機隊總機師進行事件調查，並視情況召開技術審議會進行相關事件之審議。

2.B類FOQA事件：由機隊進行事件調查，總機師得視情況建議給予相關組員加強訓練。

3.C類FOQA事件：提供組員自行研討，航務部門進行趨勢分析與統計之參考。

航務部門對於飛航組員重複發生之FOQA事件，建立追蹤及改進之制度，以提升飛航操作的品質。飛安部門根據「FOQA事件處理單」處理之進度，於電腦中建檔並追蹤管理。

飛安部門與航務部門對於任何FOQA事件採取必要的調查及分析，約談相關飛航組員研討操作細節，瞭解事件發生之原因，根據調查及分析的結果採取必須的改善措施；並藉由蒐集及觀察飛航操作資料，分析飛行操作之趨勢，期達事件預防之目的。

(五) FOQA的應用

1.FOQA系統之使用非以處罰爲目的，除非當事人出於另意，否則資料不作爲懲處之證據。FOQA主要係經由調查的過程，瞭解事件原因，以作成加強訓練之建議，達到提升飛安及預防人爲操作誤失之目的。

2.飛安部門依各相關資料分析後建立週報表、月報表、年報表等趨勢資料，並製作模擬動畫以瞭解飛航情境，作爲飛安預防、航機維修及油耗改進等之參考（如**圖**10-8、**圖**10-9、**圖**10-10）。

3.每月FOQA統計及趨勢分析資料於飛安促進會、績效指標系統及各類飛安相關會議提報，並公布於飛安資訊系統飛安查核欄參考。

4.資料保存及保密方面，對異常事件資料事件編碼，除個案檢討外，清除辨認資料後存檔記錄，於達相當數量後，燒錄CD-R（可存式光碟片）保存，其餘資料保存三個月後清除。

5.經飛安部門FOQA資料發現由於航機系統故障或重落地超限等問題，飛安部門以電話通知修護工廠（並電話記錄），作

FOQA Statistics

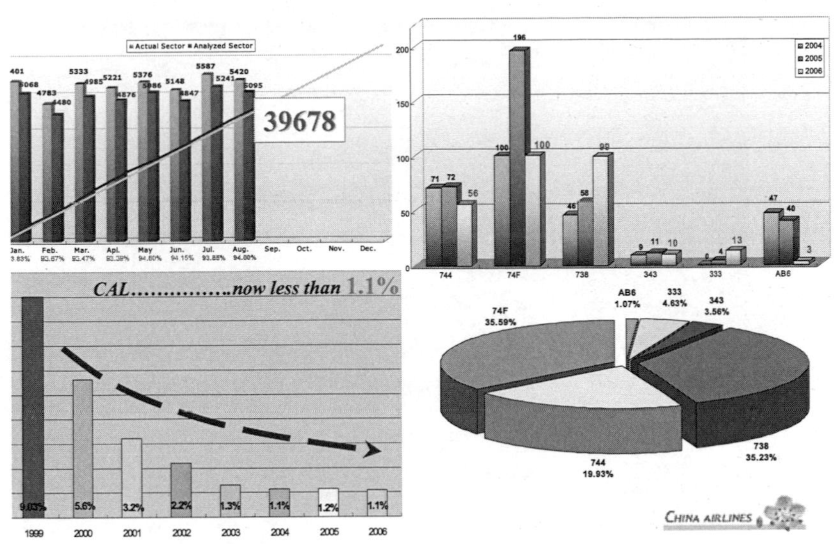

圖10-8 華航FOQA資料統計

資料來源：戴旭東，第14屆國籍航空飛安年會光碟資料。

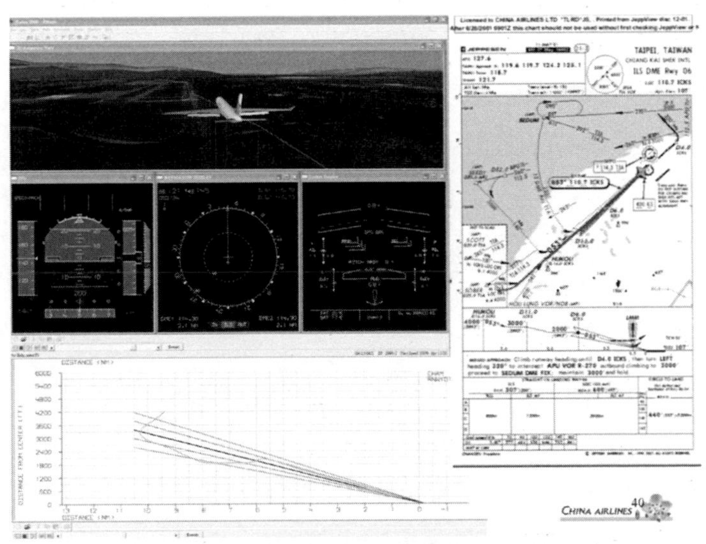

圖10-9 華航FOQA資料動畫模擬

資料來源：戴旭東，第14屆國籍航空飛安年會光碟資料。

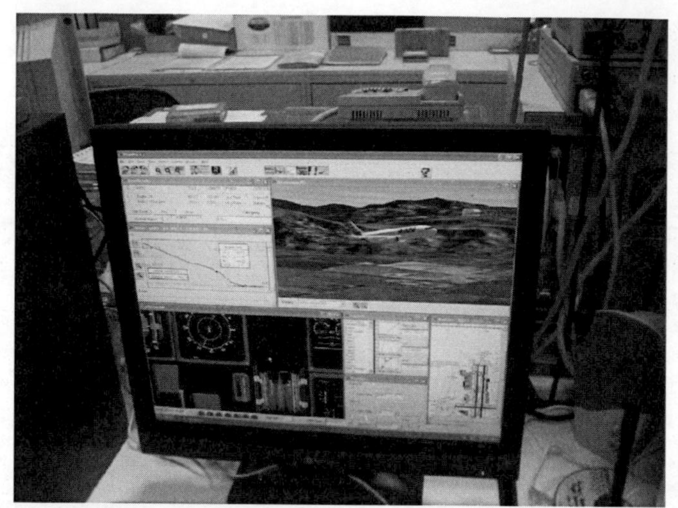

圖10-10　長榮航空飛安室FOQA之飛航動畫模擬
資料來源：作者拍攝。

爲航機檢修研判之參考，並追蹤工廠的改善措施。修護及航務單位藉由此作業系統，採即時監控有關航機發動機性能、油耗等重要資訊，以達到及時提供航機有關飛航安全重要資訊之目的。

6.FOQA各項資料僅供公司內部參考，未經公司同意，絕對不得私自對外發布。

第六節　航空公司飛安會議

一、飛安月會

爲增進航空公司整體飛行安全及通盤檢討飛安工作執行績效，每月會由航務部門、空服處部門、機務部門（品管部門）、運務（業務）部門等單位自行舉辦飛安月會，針對飛安狀況下達政策性

指示及改進建議，共同研討飛安相關議題及實施飛安教育宣導，以強化飛安觀念，落實執行飛安政策，發揮預防功效。

以華航航務部門為例，由航務部門每月召開航務飛安月會及機種技術座談會，由副總經理、總經理或董事長主持，會議重點為飛安狀況分析、專題報告、專題研（檢）討，並邀請民航局駐公司督導小組航務查核員參與。其他各航務運作相關單位亦每月召開飛安月會，飛安部門皆參與。專題報告內容通常邀請國內外專家或航空公司內專業人員講授各類飛安管理、航空專業新知、航空醫學或他山之石等飛安專題。

二、（擴大）飛安促進會

為增進航空公司全面飛安共識，每季（一月、四月、七月、十月）由飛安部門舉辦擴大飛安促進會，共同研討飛安相關議題，並實施飛安教育宣導，以期強化整體飛安觀念，發揮預防功效。出席人員包括航務部門主管及全體未執行任務飛航駕駛員、空服部門主管及未執行任務空服員代表、機務／品管部門主管、運務／業務／資管／財務／企劃處主管等相關人員（如**圖10-11**）。

會議內容包括：專題報告（邀請國內外專家或本公司專業人員講授各類飛安管理、航空專業新知、航空醫學或他山之石等飛安專題）、上季（或年度）國內外重大事件統計分析、機長報告處理情形、飛安指示／宣導、建議與討論、列席單位報告、主管講話等。

三、飛安諮詢委員會

航空公司針對可能發生或已發生影響飛安之問題，成立「飛安諮詢委員會」，共同研擬預防及應變措施，並藉會議檢討各單位飛安工作成效，以提升航空公司全面飛安品質。飛安諮詢委員會係

圖10-11　遠東航空召開之擴大飛安月會

資料來源：遠東航空。

任務編組，主任委員由總經理或指定代理人擔任，委員為各單位主管，執行秘書為飛安部門主管。

飛安諮詢委員會工作內容包括：

1.提報各類飛安相關問題與事件。
2.擬訂飛安研討專題及檢討事項。
3.研討飛安事件或相關問題之理論與改進措施。
4.發掘飛安缺失及督導改進措施執行。
5.轉達各類飛安資訊予公司全體員工。

 第七節　航空公司各類飛安資訊

航空公司飛安相關部門不定時蒐集、篩選、分類及彙整各類國內飛安、地安資訊，運用公司內部資訊系統之「飛安布告欄」、「飛安查核欄」、「飛安通告欄」，並藉網路及內部管道迅速傳遞

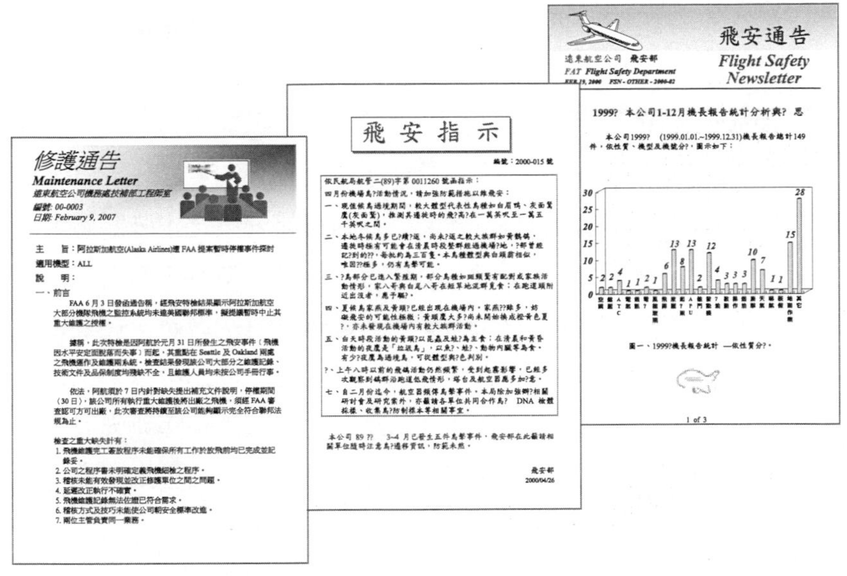

修護通告
Maintenance Letter
遠東航空公司機務處技補部工程師室
編號: 00-0003
日期: February 9, 2007

主　旨：阿拉斯加航空(Alaska Airlines)遭 FAA 提案暫時停權事件探討
適用機型：ALL
說　明：
一、前言
FAA 6 月 3 日發函通告稱，經飛安特檢結果顯示阿拉斯加航空大部分機隊飛機之監控系統均未達美國聯邦標準，擬提議暫時中止其重大維護之授權。

據稱，此次特檢是因阿航於元月 31 日所發生之飛安事件（飛機因水平安定面脫落而失事）而起，其重點在 Seattle 及 Oakland 兩處之飛機運作及維護兩系統。檢查結果發現該公司大部分之維護記錄、技術文件及品保制度均殘缺不全，且維護人員均未按公司手冊行事。

依法，阿航須於 7 日內針對缺失提出補充文件說明，停權期間（30 日），該公司所有執行重大維護後將出廠之飛機，須經 FAA 審查認可方可出廠，此次審查將持續至該公司能夠顯示完全符合聯邦法規為止。

檢查之重大缺失計有：
1. 飛機維護完工簽放程序未能確保所有工作於放飛前均已完成並記錄妥。
2. 公司之程序書未明確定義飛機細檢之程序。
3. 稽核未能有效發現並改正修護單位之間之問題。
4. 延遲改正執行不確實。
5. 飛機維護記錄無法佐證已符合需求。
6. 稽核方式及技巧未能使公司朝安全標準改進。
7. 兩位主管負責同一業務。

飛安指示

編號：2000-015 號

依民航局航管二(89)字第 0011260 號函指示：
四月份機場鳥?活動情況，請加強防範措施以維飛安：
一、現值候鳥過境期間，較大體型代表性鳥種如白眉鴨、灰面鷲鷹(灰面鷲)，推測其遷徙時的飛?高?在一萬英呎至一萬五千英呎之間。
二、本地冬候鳥多已?續?返，尚未?返之較大族群如黃鶺鴒，遷徙時極有可能會在清晨時段整群經過機場?地，?部曾經記?到的??，每批約為三百隻。本鳥種體型與白頭翁相似，唯因??極多，仍有鳥擊可能。
三、?鳥部分已進入繁殖期，部分鳥種如斑類鷺有配對或家族活動情形，家八哥與白尾八哥在短草地混群覓食；在跑道頭附近出沒者，應予驅?。
四、夏候鳥家燕及黃頭?已經出現在機場內，家燕??雖多，妨礙飛安的可能性極微；黃頭鷺大多?尚未開始換成橙黃色夏?，亦未發現在機場內有較大族群活動。
五、白天時段活動的黃頭?以昆蟲及蛙?為主食；在清晨和黃昏活動的夜鷺是「垃圾鳥」，以魚?、蛙?、動物內臟等為食，有少?夜鷺為過境鳥，可從體型與?色判別。
?、上午八時以前的飛鴿活動仍然頻繁，受到起霧影響，已經多次觀察到鴿群沿跑道低飛情形，塔台及航空器應多加?意。
七、自二月份迄今，航空器頻傳鳥擊事件，本局除加強辦?相關研討會及研究案外，亦籲請各單位共同合作鳥? DNA 檢體採樣、收集鳥?防制標本等相關事宜。

本公司 89 ?? 3~4 月已發生五件鳥擊事件，飛安部在此籲請相關單位隨時注意鳥?遷移資訊，防範未然。

飛安部
2000/04/26

飛安通告
Flight Safety Newsletter
遠東航空公司　飛安部
FAT Flight Safety Department
FEB.19, 2000　FSN - OTHER - 2000-02

1999? 本公司1-12月機長報告統計分析與? 思

本公司1999? (1999.01.01.~1999.12.31)機長報告總計149件，依性質、機型及機號分?，圖示如下：

圖一、1999?機長報告統計 —依性質分?。

1 of 3

圖10-12　各類飛安資訊

給國內外員工，以增進全體員工之飛安觀念，提供組員飛安新知，並使所有主管均瞭解公司的飛安現況（如圖10-12），內容包括：

一、飛安指示

「飛安指示」是飛安部門提醒相關單位人員加強注意或改進作業程序，以確保飛航相關作業安全進行之一項強制性執行的書面作業。

飛安指示發行的時機是依據民航局飛安公告、公司內發生之各類飛地安事件改進措施、飛行環境發生重大變化或異常之相關資訊及改進措施、飛安相關資訊及新知、各類統計分析趨勢資料以及董事長／總經理有關飛航安全重要指示等。

發行對象是與該項指示直接和間接相關之單位與人員，以收宣導預防之效。飛安指示均依年度及發布順序編號，並發行各單位公布全員知照，並將辦理或改正情形詳實記錄備查及專檔管理。

二、飛安通告

「飛安通告」是航空公司爲廣泛宣導飛航安全之正確觀念，落實飛安教育及訓練工作，確保飛航相關作業安全進行，由飛安部門蒐集編纂各類飛安新知、重大失事改進建議、航空最新科技及參考資料，以飛安通告（NEWSLETTER）型式發行到公司各單位，以使員工強化飛安認知，增加專業素養及技能，共同預防缺失發生，以臻飛安工作人人有責之最佳效果。飛安通告是一種不定期發布非強制性參考用的書面資料。

「飛安通告」主要項目包括：氣象知識、航務通訊、機務通訊、空服通訊、運務通訊，航圖測驗、預警勉語、睿者警語、主管指示、國際民航組織文告、飛安人爲因素及其他相關資料，依其性質及種類編號後發布（如**表10-1**）。

表10-1　飛安通告內容

代碼	項目	
INFO	Update Flight Information	國內外有關飛航資料
EVENT	Hazards/Incidents/Accidents	危險／意外／失事事件報告
WEATH	Weather Briefing	氣象知識
OPNS	From Operations Line	航務通訊
MAINT	From Maintenance Line	機務通訊
CABN	From Cabin Line	空服通訊
TRFIC	From Traffic Line	運務通訊
JEPP	Jeppesen's Quiz	航圖測驗
NOTE	Daedalus' Notes	預警勉語
ADVS	Mentor's Advice	睿者警語
CHIEF	Chief's Instruction	主管指示
ICAO	ICAO Bulletin	國際民航組織文告
HUMAN	Human Factor's Window	飛安人為因素
OTHER	Other Relevant Information	其他相關資料

航空公司各單位在收到後應將飛安通告公布周知全員，並專檔管理。

三、航務部門航務通告及備忘錄

航務部門依據CAA/FAA/JAA法規及公司政策與航務相關指令，發布航務通告（Operations Circular）及航務備忘錄（Operations Memorandum），提醒全體飛航組員注意及遵守。登錄之資料多係定期、限閱資料。

四、機務部門修護通告

機務部門參考CAA/FAA/JAA及各廠家、雜誌與網站有關飛機運作維修相關資料，經必要之評估後，不定期發布修護通告，以爲各專業人員作業參考及遵循。

五、空服部門空服公告

空服部門針對CAA/FAA/JAA相關法規、公司政策及空服作業流程修訂與管理等事項發布空服公告，周知全體空服組員注意及遵守。

六、運務部門地勤注意事項

運務部門彙整勤務作業相關規定及注意事項，並配合案例說明，發布地勤注意事項，使各場站作業人員注意地安狀況，確保人機安全運作。

七、飛安資訊交流

航空公司各類飛安資訊的獲得，除來自公司內部各相關作業單位外，並可經由下列單位進行資訊及經驗交流，共享飛安相關資訊。

(一) 公司內部

1.飛安月會（航務、機務／品管、空服、運務）。
2.航務機種技術座談會。
3.品管可靠度會議。

(二) 國內

1.行政院飛航安全委員會（ASC）。
2.交通部民航局（CAA）。
3.財團法人台灣飛行安全基金會（FSFT）。
4.其他航空公司飛安部門。
5.空軍官校航安班。
6.國籍航空公司飛安主管座談會等。

(三) 國際

1.國際飛安基金會（Flight Safety Foundation, FSF）。
2.國際航空組織（IATA, ICAO, OAA...）。
3.國際飛安教育訓練機構（USC-ISSM, SCSI, IATA...）。
4.國際飛安會議（IASASI...）。
5.其他航空公司飛安部門。
6.飛機製造廠：波音公司、空中巴士集團等。
7.發動機製造廠：如普惠（P&W）、奇異（GE）、勞斯萊斯（Rolls-Royce）等。

8.網際網路各類飛安資訊（請參見本書附錄）。

9.各類航空及飛安雜誌、書籍。

第八節　外物消弭

依據全球歷年飛機失事之統計分析資料顯示，除人為因素為導致飛機失事主要原因外，外物損害亦為造成事件之重要原因；飛機操作過程中或發動機試車時，因被發動機或輔助動力發動機（APU）吸入，而致使航空器遭受損傷之任何物件（如金屬零件、碎片、沙土石、鳥獸或塑膠袋等雜物）（如圖10-13），均為預防及消弭之對象。

國內除機場跑道、滑行道及由民航局或軍方（軍用機場）維護管理之區域外，其餘分配航空公司使用之作業區、停機坪與飛機維修棚廠等區域，均由航空公司員工共同維護。

以遠航為例，松山機場維修棚廠由機務部門每日實施。各站停

圖10-13　FOE作業撿拾之各種外物

機坪委由地勤代理公司每日實施。每月一次於松山本場由高階主管共同參與實施（如圖10-14、圖10-15）。

外物消弭要領依所在位置及人員不同，區分如下：

一、停機坪

1.停機位置區域，每日早晨營運前應至少檢查一次，清除並確認無雜物存在。

圖10-14　航空公司高階主管外物消弭作業1

資料來源：作者攝於松山機場。

圖10-15　航空公司高階主管外物消弭作業2

資料來源：遠東航空呂光鳴攝。

2.車輛應按規定速限及路線行駛。

3.車輛應避免駛入不潔區域，以免將泥沙碎石帶入滑行道及機坪。

4.進入滑行道或機坪車輛應先檢查車輛之清潔，並避免貨物或其他物件於運送過程中掉落。

5.空服侍應品遞送或客艙清潔整理時，應注意勿遺留物件於飛機周邊。

6.貨物裝卸過程應檢查是否有掉落物件（例如：繩子、標籤、塑膠袋、紙袋等），並立即清除。

7.停機坪垃圾車（箱）周邊應隨時，保持清潔，避免雜物散落。

8.值勤人員應確實注意飛機操作區域各類人員之進出管制。

9.乘客上下飛機動線引導中若發現菸頭、檳榔渣或其他雜物時，應立即處理。

二、維修棚廠

1.飛機維修區域應經常整理並保持清潔。

2.場站整建工程、飛機維修作業或惡劣風雨水患後，應立即檢查各維修及停機區域之廢棄雜物清除。

3.發動機各進氣口及尾管防塵罩，應於適當時機罩妥。

4.每次開車前應對發動機進氣口附近及進氣道檢查有無外物存在。

5.發動機進氣口或其附近部分執行維修工作時，嚴禁將工具放於進氣口位置。

6.維修人員應嚴遵各專業標準作業程序，並於工作前後確實清點核驗相關工具。

7.維修棚廠區域每日早晨應至少執行一次場面清除與檢查（如圖10-16）。

圖10-16　維修棚廠區域之FOE
資料來源：作者拍攝。

三、飛航組員

1.起飛降落期間，飛航駕駛員應注意前方可能吹起之雜物及鳥擊之可能。

2.飛機滑行時確實保持中線，避免偏側道肩，以防吸入砂石及雜物。

3.滑行時應避開其他飛機排氣區域，並保持與前機安全距離。

4.飛行中應儘量避開不明飛行物，例如：風箏、氣球、鳥類等。

5.確遵各機種滑行速度，避免輪胎帶起外物吸入發動機。

6.飛行前後 360 度檢查時，除檢查飛機外，並應注意清除四周雜物。

7.各項地面操作均應確遵各機種標準操作程序執行。

四、其他人員

1.各類作業人員接近發動機或輔助動力發動機進氣口附近時，注意衣袋或隨身易掉落之物件。

2.公司全員養成勿隨意拋棄雜物之習慣。

3.公司全員養成彎腰拾取雜物之習慣，放置於專設之「雜物筒」內，各單位應排定專人隨時清理。

4.地勤公司填報「FOE檢查紀錄日報表」，並統計資料於「FOE檢查紀錄月報表」，送航空公司飛安部門彙整分析統計（如**圖10-17**）。

5.各單位主管負責督導檢查作業區域是否清潔及有無外物，如發現任何影響飛安情況，應立即知會飛安部門，由飛安部門協調處理。

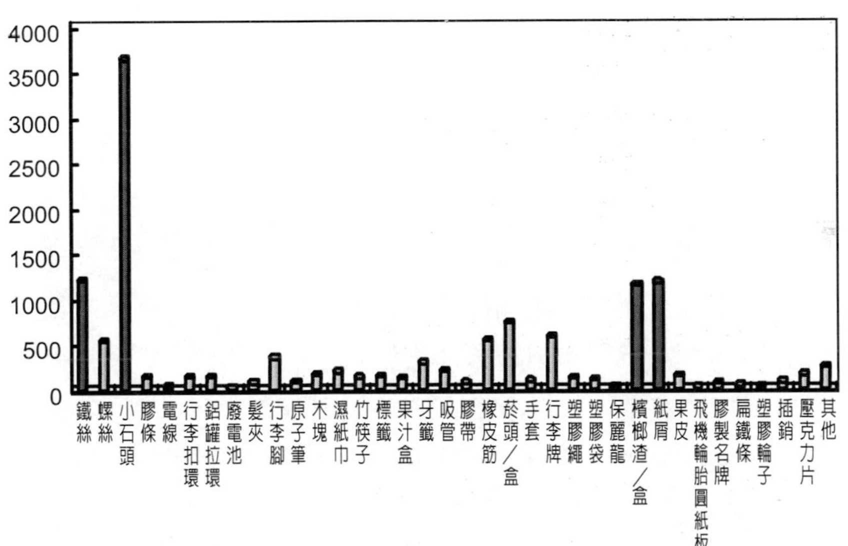

圖10-17　FOE檢查紀錄月報表

資料來源：遠東航空。

第九節　事件調查

航空公司除失事事件及重大意外事件其調查權屬行政院飛航安全委員會外，航空公司仍會按公司內部調查程序作業，但不主動結報與結案。凡屬失事及重大意外事件以外之意外事件，其調查作業均由飛安部門負責。飛安部門依事件影響程度進行相關作業，並將調查報告結報後呈報與結案。

飛安部門於接獲事件報告後，立即按下列程序進行調查／應變作業：

1.聯繫各站（或相關單位）主管確認事件經過、組員（當事人）名單及人機傷損情況。

2.事件初報呈總經理（附本送公關部門參考）。

3.綜整基本資料以「航空器意外／危險事件報告表」初報民航局或飛航安全委員會。

4.依事件情況納編相關人員前往現場。

5.以電話（或訪問）事件相關人員，詢問事件發生詳細經過，並請所有相關人員提出事件經過書面報告。

6.請各場站（或相關單位）航務、機務及運務或業務代理公司負責蒐集事件相關佐證資料，如現場資料（相片或相關圖表）、飛機損壞情況（相片）、航行計畫表、載重平衡表、天氣資料（METAR、TAF）、座艙通話記錄器（Cockpit Voice Recorder, CVR）及DFDR，以協助事件調查。

7.視需要通知派遣單位暫停當事人任務。

8.資料蒐集分析完成後，召開事件調查報告及檢討改進會議。

9.發布飛安指示提醒相關人員注意。

10.呈報事件調查報告，調查報告內容如下：

(1) 事件資料，包含：基本資料（包括機型、機號、日期、時間、地點等）、事件經過、人員傷亡情形、航空器損壞情形、其他損壞情形、現場略圖、證詞、飛航組員資料、航空器資料、發動機資料、派遣資料、飛航計畫、艙單、載重平衡、氣象資料、助導航設施情況、通信情況、機場及地面設施情況、飛航記錄儀器說明及記錄資料（CVR/DFDR）、消防及搶救情況、事件照片、其他資料。

(2) 調查分析資料。

(3) 調查結論，包括：事件原因、責任歸屬。

(4) 檢討及改進建議。

(5)航空器飛航事件調查報告。

11.視需要報民航局核備。

12.依改進措施追蹤後續辦理情形。

13.飛安月會提報事件調查報告。

若調查需要解讀CVR及DFDR資料，則須遵守下列規定：

1.CVR及DFDR 除修護作業或飛安委員會要求外，未經總經理（或副總經理）核准，任何人不得拆卸、下載及解讀相關資料。

2.如有特殊事件發生或航務、機務相關單位需求，由飛安部門報請總經理核准後，通知機務部門拆卸CVR或下載DFDR相關資料。

3.如因特殊需求，機長要求解讀CVR及DFDR資料，應按規定填寫維護記錄簿（LOG）及機長報告。

4.如發生飛安事件或特殊情況，為保留CVR資料，機長於事件發生後或飛機停妥關車時應拔出CVR斷電器（黃色標示）。

5.CVR及DFDR解讀資料，非調查業務相關人員不得主動接觸，且解讀各項資料僅供航空公司內部參考，未經公司同意，作業相關人員不能私自對外發布。

 第十節　航空公司線上安全稽核

一、線上安全稽核簡介

全球有50%以上的民航機失事是由飛航組員所造成。因此，降低飛航組員人爲疏失、減少風險、實施預防策略，是提高航空安全水平、預防意外事件或失事發生的重要手段。線上安全稽核是國外最近十年所發展出的一種控制飛航組員人爲疏失的方法，LOSA可協助航空公司發現安全隱憂，訂定作業程序及辨識飛機操作系統的優勢和缺點；同時，也能對飛航駕駛員的飛行技術和管理能力進行全面評估，提高整個系統的安全水平。

「線上安全稽核」計畫是由專家及受過高度訓練的觀察員，實地跟隨飛航駕駛員參與整個航程，以蒐集他們在飛行時的正常行爲及情境因素等資料，經由整體性資料的蒐集及系統化的分析，透過威脅及疏失管理觀念，掌握線上作業缺失及研擬因應對策，進而消弭潛在危機，提供分析飛航操作安全的基礎。稽核是在對飛行無害的狀況下實施，觀察員記錄在飛行過程中對安全的潛在因素，以及駕艙組員處理這些威脅的情形。最後，觀察員再由這些資料中解讀出失事與重大意外事件有關的特定行爲。對航空公司而言，獲得LOSA的線上資料能瞭解飛航組員在駕艙中面對的威脅、疏失及組員資源管理的行爲是否成功運用等議題，以修正航空公司的訓練課程；對飛機製造商而言，透過LOSA的資料分析，可以發現飛機設計隱藏的缺失，進而改善飛機各項裝備的設計及流程。

目前全球不同地區和不同文化背景的大型航空公司都陸續參

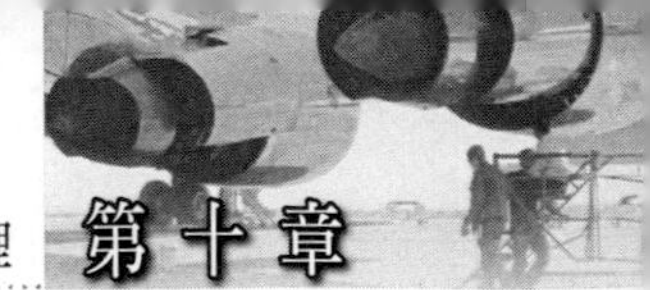

加了LOSA計畫，包括美國大陸航空、全美航空、達美航空（Delta Airlines）等，以及亞洲地區的紐航、安捷、國泰，以及我國的華航、長榮和立榮都在美國德州大學的協助下，積極推廣LOSA計畫。1999年，國際民航組織（ICAO）簽署了將LOSA列爲2000年至2004年間的飛航安全與人爲因素的重點計畫。並於2004年舉辦的第五屆全球飛行安全和人爲因素議題研討會上，討論LOSA實施的問題。根據ICAO的工作日程，2004年LOSA應獲得廣泛的推薦和使用，2006年LOSA將成爲一項國際標準。美國聯邦航空總署也將LOSA列爲未來飛安管理系統上所積極推動的一項重點計畫。

二、線上安全稽核之發展

(一) 國外之發展

LOSA的濫觴離不開組員資源管理訓練。1991年，在美國聯邦航空總署人爲因素（AAR-100）計畫的資助下，德州大學人爲因素研究小組與美國大陸航空公司共同發展出LOSA，用以觀察正常航班的營運。當時CRM研究人員和航空公司都欲瞭解飛航駕駛員在實際飛行過程中表現出的CRM行爲，LOSA主要關注於CRM的行爲表現。

1994年，達美航空爲第一個要求實施LOSA的航空公司，在所觀察的四百八十個航段中，實地瞭解組員資源管理的訓練是否能增進組員的合作並加強安全。後續實施的環球航空（TWA）、紐西蘭航空（Air New Zealand）及全美航空，進行著重於組員資源管理行爲的線上安全稽核。1990年早期，有超過十家的航空公司進行組員CRM行爲之線上稽核，研究結果發現，組員在線上的CRM行爲與訓練中的行爲有相當大的不同。當時由於線上安全稽核無法獲得程序執行上的資訊及影響組員表現的環境資訊，成爲線上安全稽核最大的限制。

美國大陸航空（CO）於1995年經歷兩次重大失事事件後，FAA要求該公司全體飛航駕駛員接受一次全面性的模擬機考驗。在執行FAA所要求的模擬機考驗後，大陸航空檢討成效時發現近三千位飛行員中只有一位飛行員未通過考驗。於是大陸航空的管理高層決定重新探討線上飛行作業的缺失所在，並研擬相關的因應對策來消弭人爲疏失的產生。

大陸航空於1996年起與德州大學奧斯汀分校合作，在Dr. Robert Helmreich的指導協助下，於1997年正式開始執行LOSA計畫。線上安全稽核經過多年發展與改善，其中具關鍵的LOSA檢查表包括了三個評分部分，不僅衡量組員的CRM行爲，同時也包含遭遇的威脅（如環境的因素、航管人員的疏忽、簽派員及天氣等），觀察組員如何處理這些威脅。並記錄組員在各階段所犯的疏失，觀察組員如何管理疏失。

經過多年的發展與改進，LOSA已成爲一種系統性的航路稽核方法。訓練有素的觀察員跟隨正常的航班飛行，蒐集飛航駕駛員的行爲和外部環境的訊息。這些資料經統計分析後，用於改進飛機設計、標準作業程序、訓練內容、安全管理和調查，全面提高安全操作水平。

在美國，除大陸航空、達美及全美航空公司外，亞太區的紐西蘭航空、澳洲安捷航空及香港國泰航空等，均在德州大學的協助下積極推廣LOSA計畫。

(二) 國內之引進及發展

由於LOSA是由美國德州大學發展及主導執行，我國最早由長榮與立榮航空在德州大學的協助下於2001年7月及8月實施，華航後

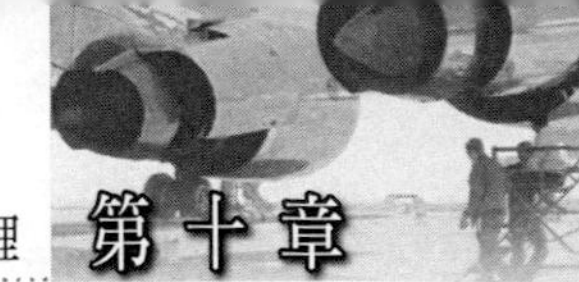

來也在2004年2月、3月間實施LOSA計畫，其他國籍航空公司則在評估中。

長榮與立榮航空總共實施了二百零八個國內短程及國際長程航班的資料蒐集及觀察。根據所獲得的資料與其他做過LOSA的航空公司比較發現，「東南亞航線」顯現出特別差異。之前其他家航空公司所做的調查平均值爲每一航段有兩次威脅，而長榮與立榮在東南亞航線每一航段卻超過三次威脅，其中有10%超過五次。長榮與立榮的工作小組將LOSA資料予以分類，並利用改變程序、訓練及安全認知等建議表，來尋求降低威脅之解決方法，同時也分析飛航組員的行爲，以用來改善目前組員資源管理（CRM）威脅與失誤訓練課程。

三、線上安全稽核的操作特性

LOSA是一個主動蒐集飛安資料的計畫，資料不僅能發掘組織的優缺點，並能評估飛航駕駛員在平時飛行的表現。根據實施LOSA之航空公司的經驗，人爲因素專家定義出十項LOSA的操作特性，其重要性超過檢查表本身，用以維持LOSA系統的整體性，也是長期成功應用LOSA的保障。

(一) 在日常定期航班上觀察

LOSA觀察被嚴格限制在日常定期航班上進行。一般的航路檢查、組員初訓或其他訓練飛行不應用LOSA，因爲這些活動不能眞實反映組員的行爲和處境。

(二) 管理部門和飛行員工會聯合管理

除了管理部門要能接受LOSA資料所提出的改變之外，飛航駕駛員也要能認定LOSA計畫的益處並給予支持。LOSA的成功應用離不開管理部門和飛航駕駛員雙方的支持。通常，LOSA的進行小組由雙方代表組成。

(三) 組員自願參加

所有觀察活動都必須由組員自願參加，並得到機長的許可。如果組員拒絕，觀察員就應另選航班，而不詢問其原因。如果出現很多「拒絕」的情況，航空公司就應首先解決「信任」問題。

(四) 匿名、保密和非懲罰性地蒐集資料

LOSA觀察表格不記錄姓名、航班及其他能識別出組員訊息的內容。LOSA的目的是蒐集安全訊息，而不在於懲罰飛航駕駛員，不能讓LOSA的資料成爲懲罰駕駛員的理由，否則駕駛員將無法接受LOSA計畫。美國德州大學人爲因素研究計畫有超過六千筆的LOSA觀察資料，沒有一筆資料懲罰了任何一位駕駛員。

(五) 目標明確的觀察工具

目前LOSA訊息的蒐集工具是「LOSA觀察表」，但並不要求都使用此觀察表。就航空公司而言，無論使用何種蒐集工具，其目的都應反映出組員在日常定期航班中的表現。美國德州大學人爲因素研究計畫，以威脅與疏失管理的模型爲基礎，發展包含七個部分的觀察表。觀察表的內容如**表10-2**所示。

(六) 訓練有素的觀察員

值得信賴、訓練有素的觀察員是LOSA的生命線。觀察員通常由該航空公司的飛航駕駛員（Pilots）、飛航教師（Instructor Pilots）、飛安官及管理階層的駕駛員（Safety Pilots, Management

表10-2　LOSA觀察表組成主題

飛航駕駛員人口變項	起飛、目的地、機型、飛行時間、在該航空公司飛行年資、職位的年資及與組員的熟悉度。
記錄組員行為	記錄飛航駕駛員哪些方面做的好、哪些方面表現不佳，並記錄飛航駕駛員在每階段的飛行中如何管理威脅與疏失。
CRM的表現	採用早期LOSA針對CRM行為的觀察表。
技術工作單	針對下降、進場、落地情況下，著重於記錄進場的流量、降落的跑道、是否有穩定的進場。
威脅管理工作單	詳細記錄每個威脅及飛航駕駛員如何處理。
疏失管理工作單	詳細記錄每個疏失、飛航駕駛員如何處理及產生的結果。
組員的訪談	在工作負荷較低時，如巡航狀態下，訪問組員對於改善飛航安全、訓練及操作的建議。

Pilots）、人因小組成員（Members of Human Factors Group）、飛行員協會安全委員會代表（Representatives of The Pilot Organization's Safety Committee）及與航空公司無直接關係的人員擔任，特別是在其他航空公司參與過LOSA的人，更能夠增加資料的客觀性及價值。在航空公司內受到尊敬和信賴的人更是觀察員的最佳選擇，能確保線上人員對LOSA的接受度。觀察員的人數視公司規模、觀察的航班數及觀察的時間而定。選定觀察員後，必須經過一段時間的訓練，包含LOSA檢查表的使用、威脅與疏失管理的概念等，確保觀察員能用最標準化的方法來進行觀察。

(七)資料的存放地點

爲保密起見，航空公司必須有一個讓人信賴的資料存放地點。目前，所有試用LOSA的航空公司都將其觀察結果送到德州大學人爲因素研究團隊，由後者管理LOSA檔案進行分析。目的是能夠保證個人的觀察內容不被誤放或不當的散播。

(八) 圓桌會議

蒐集到原始資料後，還應對原始資料的準確性進行確認。圓桌會議（Round Table）包含三到四個部門以及駕駛員代表，以找出不正確的原始資料。例如，觀察員記錄了一個程序上的疏失「組員在進場時沒有互相確認」。而實際上，公司標準作業程序中沒有要求確認的程序。那麼這個「疏失」就會被刪除。這項工作應在統計分析前完成。

(九) 提升、改進的目標

LOSA的最終結果是確定改進的目標。資料經蒐集和分析後，待改進的方面也就會呈現出來。某些疏失的發生頻率過高，某些機場的問題多於其他機場，某些標準作業程序經常被忽略或遭到擅自更改等。所有不足之處，都可以作爲航空公司改進的目標。航空公司可以就這些目標訂出自己的改進計畫，並加以實施。每隔一段時間（一般爲二至三年），航空公司可以再次應用LOSA，檢查改進計畫的執行成果。

(十) 結果回饋

飛航駕駛員不但想知道觀察的結果，還希望藉此瞭解公司的改進計畫。觀察結束後，航空公司應及時把觀察結果回饋給駕駛員，LOSA計畫才會受到駕駛員的歡迎，也有助於今後LOSA的成功實施。

不論航空公司實施LOSA是採用第三者協助或是自行嘗試，根據LOSA多年的實施經驗，上述十項特性可以說是實施LOSA的核心。資料蒐集的形式是該行動最具關鍵的要項，取決於LOSA執行的方式及駕駛員的感受，若不能獲得駕駛員或工會的信賴，LOSA可能會變成浪費時間與金錢的計畫。

四、線上安全稽核的實施成果

美國德州大學人爲因素團隊於1997年至1998年針對三家航空公司，總共一百八十四名飛航駕駛員，三百一十四個航段進行LOSA的計畫。研究結果發現六個值得關切的問題：

1.外在威脅與飛航駕駛員的疏失在正常操作中非常普遍，但不同航空公司產生的威脅與疏失類型與比例則大不相同，這與航空公司所在的地理位置、機場及機隊有很高的關聯性。
2.下降／進場／降落階段產生的威脅與疏失所占的比例最高，異常事件也最多。
3.故意不遵守的疏失最常出現。熟練度與決策上的疏失對飛航駕駛員而言是最難管理的。
4.大部分的疏失不是駕駛員記憶上的疏忽，而是與飛機的自動化和機上檢查表有關，是在執行時沒有進行交叉確認，或是不正確的操作。
5.飛航駕駛員對於所犯疏失的應變處理不佳，但通常不會發生異常事件。反觀對於不期望飛行狀態被改變的飛航駕駛員，大部分能成功地降低疏失的後果。
6.許多CRM的行爲能應用在威脅與疏失管理的效率上，如領導、警覺等。

從最先實施LOSA的美國大陸航空所蒐集1996年至1998年間一百個航段資料中發現，第一次觀察到的問題主要有三大項：不遵守檢查表、不穩定進場比例過高及機長的領導能力。有85%受觀察的飛航駕駛員在一個或多個航段中至少出現一次疏失，15%的受觀察飛航駕駛員出現兩次到五次不等的疏失。74%的航段中記錄到了所有的疏失，每個航段平均有兩次疏失發生，證實在飛航作業時所普遍發生的人爲疏失。

在1996年開始實施線上安全觀測及稽核時，飛航組員所犯的疏失中只捕捉到了15%，在實施第二次LOSA後，組員錯誤發現率提升到55%。在檢查表績效的問題上，改善措施包括重新檢視標準作業程序、檢查表設計及訓練，檢查表績效的問題因而從25%減爲15%。在穩定進場方面，1996年有34.2%的進場沒有達到稽核穩定進場標準，至1998年降低到13.1%，降幅達62%。飛航作業品保資料也有類似的下降情形，顯示飛航駕駛員在駕艙內的操作行爲有顯著的改善。

研究的結果的確能讓航空公司與人爲因素專家瞭解飛航駕駛員在正常作業下的操作情況，發現更多的潛在因素，透過訓練、安全政策的改變，來改善危險因子，避免其發生嚴重的後果。

第十一節　國際航空運輸協會作業安全查核認證

全球航空業因策略聯盟及共掛班號（Code Share）等合作關係密切，ICAO及FAA、JAA等各國民航主管機關，爲確保與其所屬航空公司聯營的外籍航空公司安全水準亦能達到其要求標準，皆要求其簽訂策略聯盟前，要執行飛安查核認證（Safety Audit），且每兩年要重新查核取得認證。IATA爲減少航空公司間的查核作業及其龐大費用，自2001年起研擬「國際航空運輸協會作業安全查核」（IATA Operational Safety Audit, IOSA）方案。

「國際航空運輸協會作業安全查核」主要是結合全球民航主管機關及航空公司，共同研議適用全球航空公司一致性的作業安全查核標準，包括：航空公司組織及管理（Corporate Organization and Managements）、航務（Flight Operations）、簽派（Operational Control and Flight Dispatch）、地勤作業（Aircraft Ground Handling）、航機維修（Engineering and Maintenance）、

空服（Cabin Operations）、貨運（Cargo Operations）及保安（Operational Security）之作業安全查核，共計八大類七百三十九項檢查項目。IOSA是目前最新且採取全世界最嚴格的查核方式。

2004年起，IATA要求所屬會員的航空公司都要接受全面的作業查核，成功通過IOSA查核的公司即證明已達到IATA最高的作業標準。IATA要求會員航空公司在2007年前，若要繼續維持其會員的資格，必須先通過IOSA認證。IOSA已取得美國聯邦航空總署及全球主要民航主管機關（如英國民航局CAA、歐洲聯合航空局JAA）認可，FAA並已宣布使用IOSA取代現行共掛班號的飛安查核認證作業。

航空公司加入IOSA計畫可以獲得下列益處：

1.建立第一個獲國際認證的作業查核標準。
2.減少航空公司成本及需要的查核資源。
3.持續更新標準以符合法規的修訂並為業界最佳典範。
4.IATA職責管轄下持續的品質查核計畫。
5.認證的查核機構內有受過正規訓練且認證的查核員。
6.認證的訓練機構內有系統性的查核訓練課程。
7.系統化的查核方式，包括標準化的檢查表。
8.經由接受相互的查核報告，可以減少過多的查核。
9.發展航空業查核訓練課程。

因為參加IATA的航空公司會員接近二百五十個，IATA本身並沒有那麼多的人力可以對其會員航空公司逐家查核。因此，IATA委託一些符合IOSA嚴格訓練和資格認證的查核機構（Audit Organizations, AO）來查核。目前被認可的查核機構包括：

1.Aviation Compliance Solutions Pty Ltd.
2.Aviation Quality Services GmbH.

3.Morten Beyer & Agnew, Inc.

4.Parc Aviation, Ltd.

5.Partners and Resources for Operational Safety.（PROS）

6.Quali-audit.

7.Simat, Helliesen & Eichner, Inc.（SH&E）

8.Wake（QA）Limited.

IOSA計畫目前只限於客運航空公司申請。未來，IOSA將修改一些相關標準，擴大到一些感興趣的貨運航空公司也能申請。

IATA出版IOSA查核員手冊及檢查表，提供航空公司查核作業標準，並建議查核慣例和輔助教材，讓航空公司能成功的為IOSA查核訂定準備計畫。這些標準包括國際民航組織ICAO、FAA、JAA以及最佳航空公司現存的查核計畫，這是由全球一百位以上的專家所開發的。

因為航空公司是否能通過IOSA的關鍵在於查核員對每項標準的認定，因此IOSA查核員的任用，便顯得異常重要。要成為IOSA的查核員，必須符合IOSA查核員手冊中的規定。手冊內容共有八章，分別如下：

- 第1章：IOSA檢查員（The IOSA Auditor）。
- 第2章：檢查員的流動（Auditor Currency）。
- 第3章：查核準備（Audit Preparation）。
- 第4章：查核引導（Audit Conduct）。
- 第5章：決定符合（Determining Conformity）。
- 第6章：後續稽核（Audit Follow-up）。
- 第7章：檢查表的使用（Checklist Usage）。
- 第8章：線上航班和模擬機觀察（Line Flight and Simulator Observation）（如圖10-18）。

圖10-18　華航747-400模擬機

資料來源：作者拍攝。

IOSA查核員必須要具備IOSA查核員手冊裡略述的必要條件資格和經驗，並通過IOSA查核員養成班及IATA認證訓練機構的訓練，只有在查核機構完成課程的查核員才能在IOSA計畫下合格的執行查核。

在IOSA制度下，富有經驗的IOSA查核員蒐集事實證據及分析證據，並使用符合國際水準的標準程序來決定辨認查核公司是否達到IOSA的標準。查核員需要有經驗、知識和認證的技能。每個查核員在正式被任用前需有非常紮實的作業訓練，且對自己的能力具備信心，而在整個查核過程中，秉持著公平、公正、誠實與堅定意志。

要成爲正式的查核員是查核機構和IOSA個別的稽核師責任。每位查核員被要求要在課程訓練班的稽核師中得到令人滿意的評價，在連續兩年的課程中，每段訓練期間至少要得到一次滿意評價。在機構的課程中，查核員的評定需要有一位稽核師同意該員成爲一位IOSA的查核員，且在之後連續兩年的訓練期間都要同意。完成查核機構的訓練後，雇主會要求查核員從查核機構中得到一個令人滿意的評價。而沒有完成的查核員將不被僱用。

查核員必須在一年期間內進行兩項全部查核的工作，其中至少有一項是IOSA查核，生效的時間如下：

1.第一年生效日期，從第一次被同意成爲IOSA查核員起。
2.後一年從最初被同意成爲一名IOSA查核員的週年紀念日起。

查核員若沒有完成兩項查核工作，就不能成爲查核員，而誰都不能重新賦予資格。若要重新取得資格，查核員要在一位完全合格的IOSA查核員監督下，在進行查核時收到評估人一次令人滿意的評價。

要成功的達到查核目標，通常與直接和準備的水準有關。在查核機構和查核員們進行查核過程的評價階段，查核機構要對所有查核活動負責，並且保證每位查核員在到達現場之前，要有適當的水準和有系統的準備。

IOSA查核是被設計用來標準化的計畫，也是要確定IATA的會員航空公司是否標準一致，並提供航空公司管理控制的制度。查核機構能被認可，是因在IOSA下查核，對IOSA來說每次查核都是重要的，也是帶頭標準化和保證始終如一可靠度的方法。

第十二節　安全管理系統

2004 年12 月國際民航組織通過2005年至2010年之策略性目標，其中即包含「支持各國完成安全管理系統（Safety Management System, SMS）的相關安全訓練工作」，至2005 年ICAO 的標準及建議條例（Standards and Recommended Practices, SARPs）已要求各國確立其安全計畫（Safety Program），以使飛航營運能達到一個可接受的安全水準，此可接受的安全水準由各國自訂，而相關安全計畫及SMS的概念也頒布於ICAO第6、11及14條附約中（Annex 6, 11, 14）。

我國航空器飛航作業管理規則（民國九十六年一月十七日修正）第8條規定：

航空器使用人應建立安全管理系統並經報請民航局備查後，於中華民國九十八年一月一日起實施，該系統應具有下列功能：

一、辨識安全危險因子。

二、確保維持可接受安全等級之必要改正措施已實施。

三、提供持續監督及定期評估達到安全等級。

四、以持續增進整體性安全等級為目標。

前項之安全管理系統應清楚界定航空器使用人各層級組織所應負之安全責任，包含資深管理階層所應負之直接安全責任。

航空器使用人對最大起飛重量超過二萬七千公斤之固定翼航空器，應建立飛航資料分析計畫並予以維持；該計畫為第一項安全管理系統之一部分。

前項飛航資料分析計畫不以處分或追究責任為目的，航空器使用人並應建立安全措施保護該計畫之相關資料。

一、安全管理系統基本觀念

(一) 定義

數十年來的研究顯示，因人爲錯誤導致的失事及意外事件可以被追溯。錯誤可能發生在管理階層，尤其在政策和程序的發展上，在相似的情況下錯誤可能發生在駕駛艙、機坪、棚廠或工作場所。

安全管理系統是爲了監控和改進所有作業安全及健康方面的一整套工作技術、信念與程序。安全管理系統是一項方法論，它可辨識出潛在的錯誤和建立健全的防護，以確保錯誤事件不會發生，也就是一家公司從上到下及所有的工作領域，均能應用系統化的方式來管理安全相關的工作，確認工作中潛存的風險，並對這些風險作好管理。它是一門整合組織行爲學、策略管理、安全管理、系統安全、風險管理、危機管理及人爲因素等理論基礎，所形成的一門系統化的安全管理學科。

安全管理系統以企業導向的角度來看安全，它與所有的管理系統一樣，提供了「目標的設定」、「計畫的研擬」、「行動的落實」及「表現的評估」等具體作法。安全管理系統從組織總體角度出發，將安全的理念融入公司的管理體系，讓它成爲公司文化的一部分，進而成爲公司員工思維邏輯及行事的依據。

航空公司實施安全管理系統的主要目的在於降低飛安風險並藉此建立組織的安全文化，它的價值在於將安全、風險管理理念及法規的遵守都融入政策的研擬、程序的制定及作業的執行，並經由橫向的協調與橫向的領導以發揮組織效能，塑造組織優質的安全文化，人員訓練以專業勝任爲導向，工作執行以品質與效率爲前提，掌握人因特性、消弭人爲疏失，建立監控及評估系統，掌握系統運作之風險與危害，凝聚危機意識，建立預警系統及反應機制。

英國學者詹姆士理森（James Reason）陳述：「任何成功的安全管理系統，在於組織本身的結構。它變成組織文化的一部分與員工做事的方法。」每個員工貢獻安全與健康給組織，安全管理系統必須結合「用這種方法做事」貫徹在組織當中，並應用最佳設計的程序安全政策。

成功的SMS係提供一套系統化、明確且廣泛的風險管理程序；如同其他管理制度，包含目標設定、規劃、文件化和達成目標的評量方法等。

(二) 安全的概念

ICAO 9859文件中敘述，爲瞭解安全管理，必須思考何謂「安全」，依每個人認知上的差異，對航空安全的概念可能有不同的見解，例如：

1.大衆普遍對「安全」觀感爲「零」失事或「零」重大意外。
2.「安全」即是免除可能引起傷害之危險與風險因素。
3.員工對於不安全的行爲和情況的態度，反應其企業的「安全」文化。
4.航空活動存在既有風險的接受度。
5.危害確認和風險管理的程序。
6.失事損害的控制（人、財產或對環境的傷害）。

縱使人們期望免除失事（和重大意外）事件。然而，百分之百的安全通常不太可能被達成。儘管航空業盡了最大的努力來避免，但失誤和錯誤仍舊發生。任何人爲的活動或系統皆無法保證絕對的安全。「安全」是一種相對的概念，因此，既有的「風險」存在於「安全系統」中是可被接受的。

「安全」逐漸被視爲「風險管理」，「風險管理」是指「安全」係透過持續地危險確認程序及風險管理策略，對人員、財產損害的風險降低或維持至「可被接受的水準」以下。

(三) 安全的需求

儘管重大的毀滅性的失事不常發生，然而，較不嚴重的失事或意外事件則經常發生，這些事件都讓航空公司損失不少成本。

航空公司雖可透過保險方式補償對於航空器失事或意外造成的損失，但卻無法彌補在航空界信譽上的損傷以及浪費員工時間等無形的代價。因此，需透過SMS來協助確認及減低危害安全的問題。

(四) ICAO規定

在建立國家安全管理規範方面，ICAO將安全計畫（Safety Programmer）和安全管理系統（SMS）作出下列區別：

1.安全計畫係一整套針對改善安全的規範和活動。
2.安全管理系統係透過組織的方式進行安全管理，包括組織架構、權責、政策和程序。

ICAO的標準及建議條例要求國家的民航主管機關建立安全計畫，以達到可被接受的飛航作業安全程度。因此，民航主管機關應要求個別的經營者、維護單位、航空公司及認證機場經營者，執行經國家認可的SMS。各國民航局應承諾並實施所有ICAO的標準及建議條例相關規定。

(五) 權責與職責

在實際的SMS中，與員工權責與職責密切相關。當個別的員工依其職責工作時，每個人須爲工作上的安全成效向上級主管負責。雖然個人應爲自己的行動負責，經理和主管也應爲他們所監督的團隊整體表現負責。然而，權責是雙向的；員工須爲自己的行動向較高的主管機關負責，經理也有責任確保屬下有足夠的資源、訓練和經驗，讓所指派的工作安全地完成。

(六) 風險管理程序

風險管理由三個要件組成：確認危險、風險評估與風險降低。它必須分析並消弭可能威脅組織的危害（或至少降到可被接受的程度）。風險管理係讓安全上所做的努力集中於最具風險的危害部分。所有已確認的危害都將嚴格地進行評估，並依風險的高低順序排列。有足夠經驗者可依其主觀來加以評估，或可採用專門的技術來協助評估，這些技術則通常需具備專業相關知識。

(七) 員工SMS訓練

員工職責之SMS訓練，對於SMS的成功及正確地運作相當重要。高階管理階層積極地鼓勵並參與各種SMS安全計畫，並採以下方式促進正面的安全文化，例如：

1.鼓勵員工通報安全相關資訊。
2.提供員工安全職責相關訓練。
3.宣導安全是共同責任的想法。
4.散播安全相關資料給所有相關人員。
5.展現給員工和其他使用者瞭解，若發現潛在的系統疏失和危害，將立即進行管理調查，並很快地施行必要的改革措施。
6.建立正式計畫來定期評估安全成效。
7.歡迎任何與安全相關的新構想。

(八) 安全監督系統

安全監督系統包括規律且不斷地監控組織各方面的運作。表面上，安全監督是為了遵守民航局相關的規定、規範、標準和程序；然而，它更深的意義在於「監控」並提供事先找出危害、確認所採取安全行動之效果以及持續評估安全成效的一種方法。

安全監督或安全成效監控活動是整體組織安全管理策略的必備要件。安全監督提供組織一些方法，以確認組織是否達到安全目標的程度。一個有效的安全監督計畫可在現有的疏失未造成失事或重大意外事件之前，提供預警系統及防護機制。為達成此目標，則必須進行相關資料的蒐集與分析工作。

二、安全管理系統的要件——SMS需求

(一) 背景

SMS的主要要件，包括「風險管理」、「安全審查與評估的文件化」以及「安全宣導」等。

「風險管理」相關的活動則包括「危險的確認與追蹤」及「安全風險評估」。在SMS最初實施期間，危險確認和風險管理應同步進行。當組織內發生重大變革，或組織正值快速變動，例如：組織擴張、服務終止、引進新的程序及重要員工有所異動時，應實施危險確認與風險管理。

「安全宣導」可透過訓練和組織內資訊分享來進行。從意外事件、失事和任何安全事件所得到的教訓，皆應分享組織內所有人員，以提升整體安全，就好像是爲未來可能發生的事件先行加以訓練一般。

(二) 安全規劃

SMS其中主要重點之一是將「安全」視爲議題，融入員工的日常工作當中。當開發新程序、安裝新系統、建立新設施或機場本身與其系統有整體改變時，安全仍應是主要考量。

「安全」係藉由「安全規劃」納入進行討論或行動的過程。「安全規劃」的過程包含一個預先處理的方法，迫使員工正視安全議題。

(三) 將SMS整合於日常工作當中

1.訓練：

(1)研討會。

(2) 簡報。

(3) 討論小組。

(4) 新進訓練。

(5) 定期複訓。

(6) 專業工作之相關訓練。

2.在工作場所中建立辦法和程序來落實SMS。

3.航空公司藉由預算程序來確認並支持SMS的具體需要，例如：

(1) 員工訓練的SMS預算項目。

(2) 安全提升活動的SMS預算項目。

(3) 資料庫管理／危害報告系統的SMS預算項目。

(4) SMS維護的預算項目。

(5) SMS稽核預算項目。

(6) 支持SMS安全委員會的預算項目。

(7) 針對可能導致無法接受的風險危害，承諾並提供資源來加以改正。

4.稽核：執行內部和外部稽核，以決定計畫的成效及是否符合規定和承諾。

(四) 制定預先防制系統以進行安全風險管理

安全管理是每一個人的責任，包含航空站、民航運輸業者、航空公司及其他提供飛航支援服務的相關單位等民航六業。航空公司安全風險的管理是由安全部門或委員會進行，透過風險管理、風險評估、規劃降低風險之策略來提出安全相關議題。

(五) 安全宣導

安全宣導是組織用以確保員工瞭解爲何要導入安全管理程序

以及何謂安全管理。安全宣導乃是將組織安全政策傳達給職員的機制，提供方法鼓勵正向的安全文化發展，並確保維持已建立的安全文化。安全宣導活動在實施安全管理系統的最初階段是特別重要的，然而，維持安全宣導並使其成為持續的活動也很重要，它是組織內溝通安全議題的方法。

三、發展安全文化

(一) 背景

航空公司文化是由人們的作為來加以定義。人們的決策會顯示出價值所在。例如，管理階層和員工對安全的承諾，充分說明了何種價值在激勵他們的行動。文化是一種思維模式，很自然地激發對事情的質疑態度，也鼓勵航空公司和人們去超越局限而不自滿，並培養自我責任。

安全文化包括工作態度和航空公司架構兩方面，因此不容易被量度。一種好的安全文化尺度是「我們如何在現有環境中完成工作」，安全文化可能會很慢地成熟，但只要在管理階層的支持下，應是可以被達成的。

(二) 安全文化承諾

航空公司必須體認安全是所有活動中首要的項目，發展、執行並改善相關策略、管理系統和作業程序，以確保所有飛航活動維持在最高水準的安全成效，同時符合ICAO的標準。

(三) 承諾

1.「安全」係運作時之首要因素。

2.發展並強化所有飛航活動之安全文化，實際瞭解航空安全管

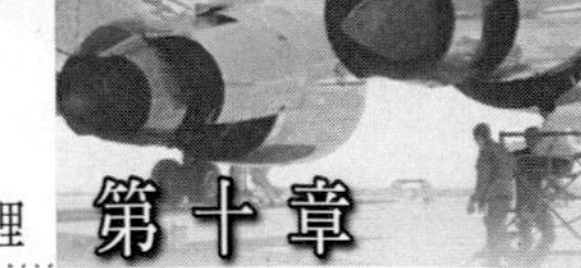

理的重要性、價值及「安全」在任何時候都至爲重要。

3.高階管理團隊全力支持「公正文化」、「學習文化」、「通報文化」、「資訊流通文化」的建立。

4.清楚律訂所有員工對其推動、執行安全相關工作之權責與職責。

5.將航空器及地面作業的風險降至最低，且達到合理可行（ALARP）之標準。

6.積極發展並提升安全作業與程序，以符合世界級標準。

7.符合並盡可能優於規範之要求與標準。

8.確保員工獲得充分且適當的安全資訊與訓練，以具備執行機場安全管理系統之相關能力。

9.確保提供足夠技術及訓練的相關資源，以施行安全策略與方針。

10.根據合理的目標建立安全成效評量機制。

11.所有飛航活動均達到最高的安全標準與成效。

12.持續努力來改善安全成效。

13.致力於安全與管理的審查，並確保採取適當的行動。

14.確保有效地應用航空安全管理系統能整合至所有飛航活動中，以達到最高安全標準與成效。

(四) 安全承諾

1.核心價值：「安全、健康與環境；道德行爲；重視員工。」

2.基本安全信念：

(1) 安全是一種核心事業與個人價值。

(2) 安全是競爭優勢的來源。

(3) 將「安全至上」的理念融入所有飛航活動中。

(4) 相信所有的失事及重大意外事件皆可預防。

(5) 從董事長、總經理到所有管理階層，皆須為安全成效負責。

3.高階管理者的承諾：

(1) 安全至上是首要任務。

(2) 高階管理者對於線上管理者與所有員工對其安全成效負責。

4.全體員工都負有相關職責與權責：

(1) 安全成效是管理階層／員工考評系統中重要的一環。

(2) 重視並獎勵安全成效。

(3) 進行任何工作之前，使每一個人充分瞭解安全相關規定與程序，恪遵這些規定與程序是每個人的責任。

5.明確溝通對「零」事故（失事與重大意外）的期許：

(1) 制定一個正式的書面安全目標，以確保每一個人都瞭解並接受該目標。

(2) 建立一個溝通與回應制度，以使全體員工專注於安全目標。

6.成效稽核與評量的改進措施：

(1) 管理階層確保定期執行安全稽核 。

(2) 稽核重點著重於人的行為及工作環境。

(3) 建立相關績效指標，以協助評鑑安全水準。

(五) 安全文化價值

各階層的工作人員瞭解他們作業上可能存在的危險及風險：

1.全體員工應不斷地致力於辨識與管理既有或潛在之危險。

2.全體員工應瞭解錯誤一定會發生，但航空公司必須努力消除錯誤，並讓大家知道蓄意違規是無法被接受的行為。

3.鼓勵全體員工通報安全相關之危害。

CHAPTER 11

飛機失事預防／調查

第一節　飛機失事預防

第二節　飛機失事調查

第三節　黑盒子

第一節　飛機失事預防

一、失事預防措施

(一) 基本方法

訂定標準、遵守標準、認定危險、解決危險等四個步驟，爲失事預防的基本方法。茲分述如下：

◆訂定標準

要如何運作？要遵守哪些規定及程序？政府所訂定之法規、FAA、ICAO、JAA等規定爲最低標準限度，因此，任何航空公司發展內部作業標準的過程，爲航空安全計畫最重要也是最基本的一項。

◆遵守標準

SOP就是大家的共同規範，在做法上務必要強制執行，務使單位內的人員遵守，假如有不好的地方（不適宜之處）則立即修正。

◆認定危險

1.建立良好的意外事件報告計畫。

2.建立良好的危險事件報告計畫。

3.定期實施之督察查核計畫。

4.發展能分析事件之分析計畫。

◆解決危險

1.工程（Engineering）：改正及消除危險，使其不再困擾我們。

2.控制（Control）：改變程序，可減少危險。

3.人（Personal）：訓練、要求——最有效的。

4.保護裝備（Protective Equipment）：不能改正危險，只能降低危險。

(二) 積極與消極預防

失事預防概分為兩方面，一為消極式的預防，通常是事件發生後的調查及檢討反應，屬於被動的預防。另一為積極主動的預防，即平時就注意包括高階主管的領導、員工教育、訓練、對危險的認定及安全計畫管理的落實（如**圖11-1**）。積極主動的預防比事後的調查及反應來得有效，也就是所謂的「防微杜漸」。

(三) 消弭管理盲點

通常飛安的預防在於減少人為失誤的發生，由人為失誤導致的結果有三：(1) 飛行失事或近乎失事，那就必須由失事調查所獲得之可能肇因來預防；(2) 造成違規事件，也是經由調查後找出責任歸屬，並獲得事件原因以改善之；(3) 隱藏的人為失誤，可能現階段無法被發現，一旦日久玩生，將會肇致大災難，因此需透過保密

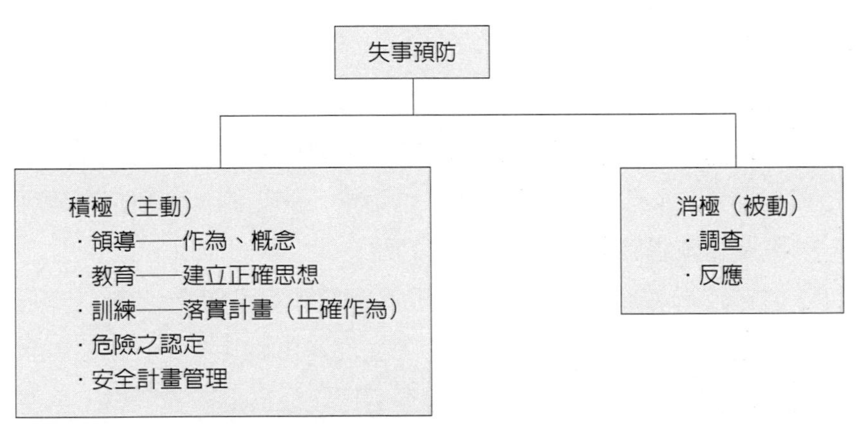

圖11-1　積極與消極預防

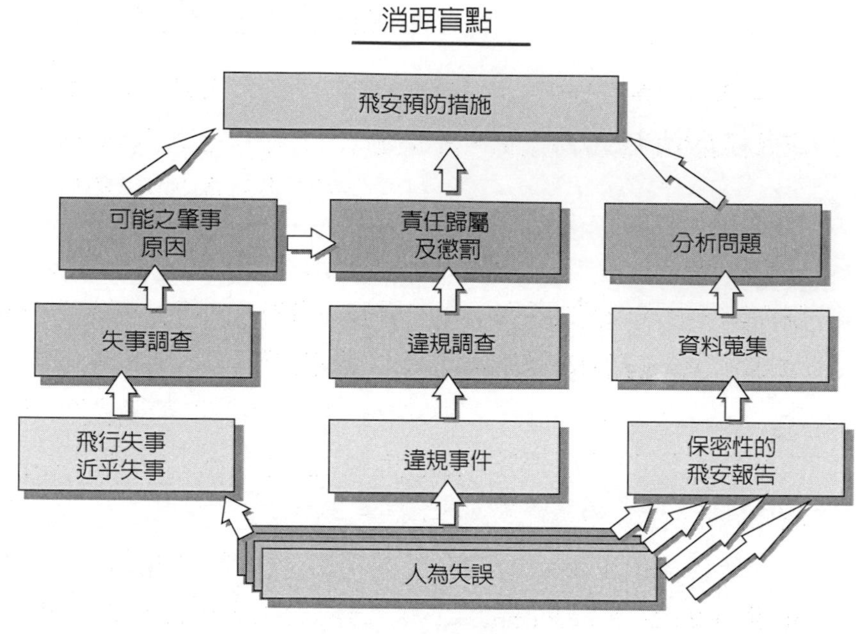

圖11-2　消弭管理盲點

性的飛安報告蒐集資料、分析問題，以找出癥結，預防爲先。（如**圖11-2**）

(四) 善用飛安教育專業知識價值鏈

人類處在二十一世紀資訊爆炸的時代，倘若資訊運用不妥善，便很容易被資訊誤導，這是航空從業者所該省思及警惕的。要掃除這種「資料人人皆有，卻不過是一堆廢紙」的詬病，有賴飛安教育——專業知識價值鏈（如**圖11-3**）的建立。

這種透過教育建立飛行員、飛安專業人員及高階決策主管乃至全體人員間的飛安資訊流通，必先從飛安知識共享、資料蒐集開始，慢慢建立飛安資料庫，再經分類處理後成爲飛安資訊庫，再進到分析處理過程成爲飛安知識庫，藉由媒介傳輸管道變成飛安情報庫，妥善運用飛安情報庫便能化無形爲有形，研擬制定出公司飛安

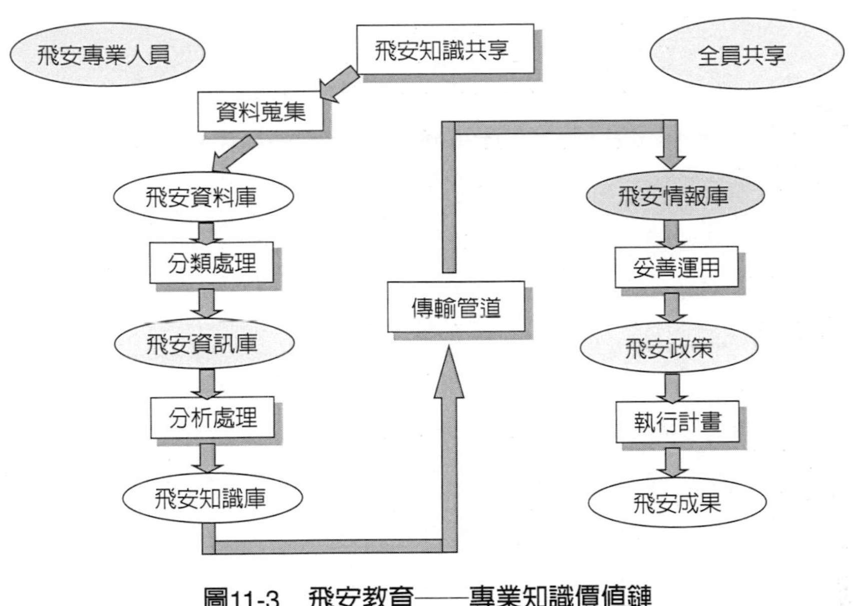

圖11-3　飛安教育——專業知識價值鏈

政策，最後作成執行計畫，便能展現飛安成果。例如，在執行解決電腦Y2K危機的管理模式下，高階決策者由最初「知識共享」期的懵懵懂懂，到不斷地透過「情報庫」制定及修正企業的因應模式，便可應用這種知識價值鍊的途徑。

二、失事預防策略

現代航空器的失事往往牽涉到巨大的生命及財產損失，如何由失事事件中記取教訓，避免類似災難再發生，就成爲失事調查或研究最關切的問題。

對於各類飛航事故，先進國家或上軌道之航空公司，皆有其一套調查、分析、改正及資訊管理之調查系統。如何由失事事件中擷取資料、分析原因，並加以統計，以數量化之數據結果作爲擬定各項後續改正工作之參考基礎，以預防類似事故的再發生，實爲重要。

所謂的失事預防策略，其定義是一種行動（Action），如果被採用，則可中止演變成失事發生之連鎖事件（Chain of Events），而使失事事件不致於產生。失事預防策略理論是建立在波音公司多年參與失事調查中的發現：一個失事事件的發生往往不是個單一的偶發事件（Event），而是由一連串的原因環環相扣，逐漸演變而成。此種觀念，可由第一章錯誤鏈模式說明。一般的失事事件是這個錯誤鏈的終端，而往常的失事調查在尋找失事原因時，通常會過度重視失事的結果或主要原因，而忽略了這個錯誤的演進過程。

失事預防策略修正了這個慣例態度，將注意焦點擴大到每一個組成的錯誤鏈上。而所謂的預防策略就是建立在如何打斷或中止這個錯誤鏈的演進。因此，錯誤鏈愈長就代表飛安系統裡弊病愈多，弊病多也反映了改正的機率愈大，只要能改正一個鏈（並非全部），即可避免災難發生。

(一) 波音失事預防策略分析

美國波音飛機公司飛安工程部門所發展的一套「失事預防策略」（Accident Prevention Strategy），是波音公司經由多年參與失事調查的經驗發展出的預防法則。此預防策略就是以錯誤鏈的觀念來進行，把過去失事事件統計出的錯誤原因歸類，找出癥結，以進行改善，可防止災難再度發生的風險。

與一般之失事率統計方法相較，失事預防策略法的優點是：

1. 失事預防策略法針對的是造成組成失事的所有安全環（Safety Chain）。
2. 將我們的注意焦點由最近發生的稀少失事事件轉移到其相關之日常操作（Day-to-Day Operations）之各類事件之上。
3. 事件的個數遠比失事為多，故可據以發展可信度較高的統計方法及模型。

失事預防策略必須滿足兩個條件：

1.如果這個策略被成功有效地執行，則可避免失事的再發生。
2.至少可以擬出一個具體行動方案，將此事故會再發生的頻率或機率作相當程度的減少。

藉統計模式的建立來分析航空安全風險（Aviation Safety Risk）及預測再發生之機率，是提升飛安品質的積極方式，與消極的從單一飛安事故中診斷犯錯所在，同爲飛安事件調查分析中謀取改進之道的兩種方式。

然而以預防事件再發生的角度觀之，積極性的統計風險預估則更具參考價值，因爲其目標是設定在不讓事故再發生，且資料立基也較廣泛而非僅根據單一事件，更適合治本工作的擬定與推行。

美國波音公司飛機安全工程部門將1982年至1991年間二百八十七架商用客機失事事件加以分析統計（如**圖11-4**），並

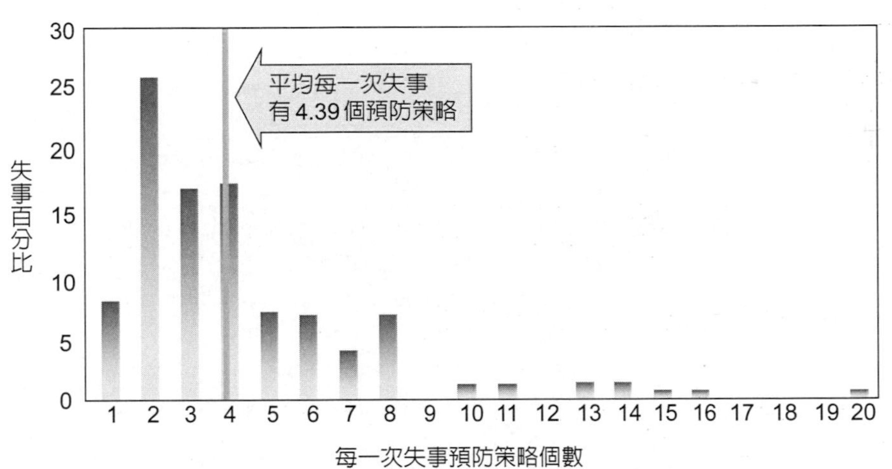

圖11-4　失事事件與預防策略個數關係

發展出其建議改正措施的失事預防策略，共分爲七大類（Group）三十七項（Categories）。

其中，七大類分別爲：

1.飛航組員（Crew）。
2.航空公司航務操作（Airline Flight Operations）。
3.航管（Air Traffic Control, ATC）。
4.航站管理（Airport Management）。
5.氣象（Weather Information）。
6.飛機設計／性能（Airplane Design/Performance）。
7.維修（Maintenance）。

這七大類中又細分爲三十七項，分別授以代碼（Code）表示（如**表11-1**）。只要歸類出每一失事事件所牽涉的代碼，經由統計分析，把這些錯誤鏈（失事預防策略）發生總數作一多寡排名，排

表11-1　波音公司失事預防策略

類別	代碼	失事預防策略
飛航組員	01	操控駕駛員是否遵守程序（Flying pilot adherence to procedure）
	02	監控駕駛員是否遵守程序（Nonflying pilot adherence to procedure）
	03	飛航工程師是否遵守程序（Flight engineer adherence to procedure）
	04	客艙組員是否遵守程序（Cabin crew adherence to procedure）
	06	機長的再確認（機長為監控駕駛員）（Captain's crosscheck - performance as Nonflying pilot）
	07	副駕駛的再確認（副駕駛為監控駕駛員）（First officer's crosscheck - performance as Nonflying pilot）
	10	監控駕駛員的溝通能力及動作（Nonflying pilot communication or action）
	11	操控駕駛員的溝通能力及動作（Flying pilot communication or action）
	12	飛行員不稱職時之發現及反應（Recognition and reaction to pilot incapacitation）

（續）表11-1　波音公司失事預防策略

類別	代碼	失事預防策略
飛航組員	13	基本飛行技術（Embedded piloting skills）
	15	機長或飛航教師下達指令之能力與權威性（Captain or Instructor pilot exercise of authority）
	16	助航設施之充分運用（Use of all available approach aids）
	17	重飛決定之下達（Go-around decision）
	18	進場路徑之穩定性（Approach path stability）
	19	操控駕駛員之警覺性及注意力（Flying pilot awareness and attention）
航空公司航務操作	20	對近地警告系統的反應（Response to Ground Proximity Warning System）（GPWS）
	21	近地警告系統的設置（Installation of GPWS）
	22	進場助航設施之堪用性（Availability of approach aids）
	23	進場程序（Approach procedures）
	24	飛行員對於機種之經驗（Pilot experience in aircraft type）
	25	不正常狀況之訓練（Training for abnormal conditions）
	26	飛行訓練時之管理（Management of training flights）
	27	重量及重心之控制（Weight and center of gravity control）
	28	飛航組員疲勞之控制（Control of crew fatigue）
	29	完備之預警設施（Integrity of warning devices）
	30	其他操作程序的認知程度（Other operational procedural considerations）
航管	40	航管系統之性能（ATC system performance）
	41	航管／飛航組員間之溝通（ATC/Crew communications）
航站管理	50	跑道危險因素的排除（Eliminate runway hazards）
	52	機場對於飛機墜毀、火警及搶救之應變措施（Airport crash, fire, and rescue services）
	53	其他機場服務（Other airport services）
氣象	60	氣象資料之提供與準確性（Weather information availability and accuracy）
飛機設計／性能	70	設計的改良（Design improvement）
	71	飛機性能數據是否表達清晰且無曖昧之處（Performance data）
	72	緊急裝備（Emergency equipment）
	73	製造程序（Manufacturing process）
維修	80	維修或檢查行動（Maintenance or inspection action）

名前者表示最常發生或最嚴重弊端，把這些最常發生的弊端改正，則飛安情況就會獲得最大的改善幅度。錯誤鏈若改正了，就表示因爲這種錯誤鏈引起的失事便不會再發生。

(二) 航空公司失事預防策略

◆航務操作

1.操控下撞地：訓練的落實、加強型地面接近警告系統（Enhanced Ground Proximity Warning System, EGPWS）的裝設、微分全球定位系統（Differential Global Positioning System, DGPS）的應用。

2.飛操失控（Loss of Control in Flight）：基礎及航機失控改正（Upset）訓練。

3.人爲失誤：訓練及程序改善。

4.起降安全視窗（Safety Window）：離到程序及重視「重飛」（G/A）程序。

5.惡劣天侯（Severe Weather）：航空氣象及系統訓練。

6.誤闖跑道及滑行道（Runway Incursion）：加強裝備及程序。

7.組員資源管理／航路導向飛行訓練：跨文化及補強作業。

8.高科技人／機介面：認知及訓練。

9.飛航人員精進訓練計畫（Advanced Qualification Program, AQP）：航務品質保證及複訓。

◆客艙安全

1.防煙、防火問題：1998年9月瑞士航空失事。

2.防爆問題：1996年美國環球航空TWA 800失事。

3.晴空亂流：因1997年底聯合航空於太平洋上空遭遇亂流導致傷亡引起之亂流程序強化，包括客艙安全帶使用時機與緊急醫護等。

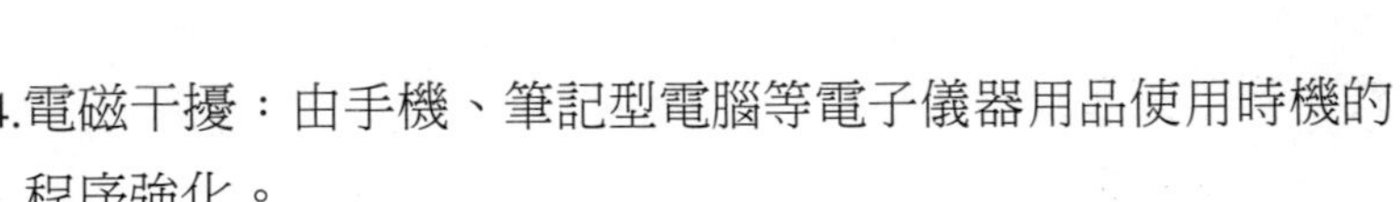

4.電磁干擾：由手機、筆記型電腦等電子儀器用品使用時機的程序強化。

◆機坪安全

1.外物損傷：外物消弭及報告系統。

2.地面損傷事件：程序強化，設置警示標誌。

3.勞工傷害：加強防護裝備。

◆維修安全

1.機務人爲失誤（Maintenance Human Factors）：維修資源管理之補強訓練。

2.棚廠FOD—FOE及報告系統。

3.空中關車（In Flight Shut Down, IFSD）：發動機狀態監控（Engine Condition Monitor, ECM）及品質保證（Quality Assurance, QA）。

4.適航指令、警示技術通報（Alert Service Bulletin, ASB）、技術通報、技術信函（Service Letter, SL；又稱 All Operator Letter, AOL）等異常事件通報系統。

5.簽轉、重複、重大、缺點通報系統。

◆飛安作業

1.強化非懲罰性保密飛安報告系統。

2.機長、異常、鳥擊、人因等各類資訊系統。

3.持續宣導嚴格自律及守紀的安全意識。

4.強化人因教育及訓練。

5.嚴格執行各類飛安稽核。

6.全員飛安教育。

7.飛安趨勢分析並及早實施預防作業。

8.達到零失事之飛安終極目標。

第二節　飛機失事調查

一、飛機失事調查之意義

航空安全工作最終目標是防止任何航空器失事，因此如何預防，使失事預防工作完美無缺，端看管理者預防的機制作爲。因此，任何一次飛機失事通常均表示在失事預防工作上有了缺失，這種缺點唯有在得知飛機失事眞正原因後，始能設法改進與防止。而決定失事原因唯一方法就是失事調查，藉調查所得資料，以作爲改善措施之依據，並用以加強失事預防之效果。

二、航空器失事調查之目的

第一，國際民航組織公約第13號附約（ICAO Annex 13）——航空器失事及意外事件調查，第3章3.1節對失事調查之目的，描述非常簡單與中肯：「調查失事或意外事件之根本目的，在於預防失事或意外事件之發生，不在追究過失或責任。」（The sole objective of the investigation of an accident or incident shall be the prevention of accidents and incidents. It is not the purpose of this activity to apportion blame or liability.）

第二，國際民航組織之航空器失事調查手冊所載，航空器失事調查主要目的爲鑑定造成事件的各種因素、狀況與失事有關之情況，確定失事可能原因，俾能採取適當步驟，以消除導致失事之各項因素，防止失事事件再度發生。

綜上所述，航空器失事調查之目的是從失事事件中蒐集資料，發展預防方法，以防止同樣或類似的失事再度發生，與確定懲罰責任之有無及多少無關，亦即不以處分或追究責任爲目的。

三、航空器失事調查作業範圍

航空器失事調查作業範圍通常可分爲三大項目：

(一) 飛航操作

包括航務作業、機場設施、天氣、組員行爲與生還因素、飛機性能、飛航管制、證人證詞、座艙通話記錄器等方面之調查，說明如下：

1.航務作業：包括飛航計畫、組員派遣、影響飛航組員行爲之心理因素、組員之背景、訓練、飛行時數及七十二小時內活動作息情形、組員訪談等。

2.機場設施：包括跑道鋪面、安全區域、各種識別標誌、燈光設施、障礙物標示、加油設施、油料類別型號及有無污染、冰雪之影響、消防設施及搶救作業、野生動物干擾或撞擊、機場安全檢查情形等。

3.天氣：包括失事當時的天氣概況、地面天氣觀測、飛行員天氣報告、雷達天氣觀測、預報天氣及實際天氣之差異以研判天氣突變情形、天氣提示服務、衛星觀測天氣等。

4.組員行爲與生還因素：包括病理因素、駕艙與駕艙環境之危害、能量吸收模式——人員心理起伏情形、墜毀後因素、心理因素、生理因素、座椅與安全帶束縛、毒物因素、疲勞之影響等。

5.飛機性能：包括作業能量、操作穩定性、氣動力特性、失效／安全系統是否良好、性能限度、適航性等。

6.飛航管制：包括航管設施狀況、塔台及航管錄音、管制員訪談、檢討管制員對飛行之處理、審查航管程序等。

7.證人證詞：包括詢問可能擁有與失事有關的資訊之人員、獲取證人證詞、製作證人所在位置圖、根據證人所見之記憶力繪出可能航跡圖、綜合證人所見將之應用於失事調查等。

8.座艙通話記錄器方面：包括座艙通話記錄器損壞情形、將CVR送至解讀站、重錄錄音資料要點、抄錄適切之錄音資料供公開記錄等。

(二) 飛機適航（機務）調查

包括飛機結構、飛機次系統、動力、修護紀錄、飛航資料記錄器等方面之調查，說明如下：

1.飛機結構方面：包括檢查飛機機體與操作系統，並清查所有零件、標定殘骸分布，必要時作「殘骸重建」。

2.飛機次系統方面：包括檢查液壓、電氣系統、起火偵測與防護系統、氧氣系統、除冰系統、空調系統等，記錄駕艙儀表及操縱讀數、清查各系統組件、確保系統與操作連貫一致，並確定撞擊前系統操作之動力等。

3.動力方面：包括檢查燃油系統、進行失事現場動力調查、將發動機自現場運回作進一步研究與檢析、確定撞擊前動力操作之能力、檢查發動機組件及結構有否在撞擊前故障或損壞等。

4.修護紀錄方面：包括審查飛機修護紀錄、清查指定之修護是否確實執行、研判飛機歷史是否可能造成失事原因等。

5.飛航資料記錄器方面：包括尋回飛航資料記錄器、包裝運送至解讀設施、取得記錄器記錄資料、解讀飛行記錄、印出記錄資料、根據飛航資料記錄器製作飛航剖面圖及三維（3-D）動畫等。

(三) 航醫調查

包括生理、精神狀況、失能、疾病、藥物、毒物影響、酒精、視覺與錯覺、疲勞、缺氧、受傷、遺體檢查、解剖等。

四、航空事故調查的機關、成員與內容報告

依ICAO第13號附約規定，航空事故發生地之政府調查機關爲調查主導國（民航主管機關及業者），調查機關必須獨立行使職權不受任何干預。

參與調查的成員（Participants of an Investigation），包括航空器登記國（State of Registry）、航空公司（State of the Operator）、航空器設計國（State of Design）、航空器／發動機製造國（State of Manufacturer）、罹難者國籍國等，由每一單位指派的「授權代表」（Accredited Representative）所形成之體制（Party System）。即是透過全員參與，蒐集事實資料及提供必要之技術協助，以相互制衡並即時改善。

調查內容項目包括：事實資料的蒐集與分析、改善建議、肇因、終結調查報告等。

其中，終結調查報告必須包括：

1.事實資料：飛航經過、人員傷害、航空器損害情況、其他損害情況、飛航組員資料、航空器資料、天氣資料、助導航設施、通信、場站資料、飛航記錄器、航空器殘骸及撞擊資料、醫學與病理、火災、生還因素、測試與研究、組織、其他。

2.分析：針對事實資料之事實、確定與結論及肇因有關資料作出分析。

3.結論：陳述與調查結果及肇因有關之結論。

4.安全建議：爲預防事故所提出之改善建議或措施。

5.附錄：任何有助瞭解報告之其他相關資料或相關國家對調查

報告之不同意見。

五、航空器失事調查組織

飛航安全係航空運輸中首要課題，事前預防措施與事後失事原因調查，更是確保飛航安全之不二法門。航空器失事或意外事件，應由常設單位獨立調查，不受任何干預，才能提出更具公信力的調查報告。

目前美國（國家運輸安全委員會NTSB）、加拿大（運輸安全委員會TSB）、英國（失事調查局AAIB）、法國（失事調查局BEA）、德國（失事調查局BFU）、紐西蘭（運輸失事調查委員會TAIC）、澳洲（運輸安全局ATSB）、丹麥（航空器失事調查局AAIB）、日本（航空事故調查委員會AAIC）及新加坡（失事調查局AAIB Singapore）等國家，均設有獨立飛航安全調查專責機構，來進行研究分析，以找出致使意外事件發生的人為、機械及環境等因素，並研擬預防改進建議，提供航空業界遵循。

我國早期因為沒有「國家飛航安全委員會」或「飛機失事調查委員會」組織，舊有民用航空法也未規範航空器失事調查應由專責機關辦理，所以各類飛航安全事件，皆由交通部民用航空局成立失事調查小組，經過蒐集各項失事可能原因加以判定後，研提失事調查報告陳報交通部，交通部再依失事調查報告責成民航局擬訂改善措施，或將失事原因公布作為國內航空業者的借鏡，並實施具體方案。

然而交通部民用航空局身為民航主管機關，且其下轄主管的飛航管制單位與失事原因有密切關係，故在整個調查過程中難免遭到大眾質疑有「球員兼裁判」的缺失。為使調查結果具公信力，成立一獨立運作委員會，專職負責航空事故調查與原因鑑定，確實執行「裁判」工作，實在有其必要性。

行政院爲調查及避免我國民用航空器失事及重大意外事件，於1998年1月21日依修正之民用航空法第84條至第87條規定，及「航空器飛航安全委員會組織規程」，於1998年5月25日正式成立「航空器飛航安全委員會」。後依修正之民用航空法第84條及「行政院飛航安全委員會組織規程」，更名爲「行政院飛航安全委員會」，簡稱「飛安會」，專司我國航空器失事及重大意外事件之認定、調查、原因鑑定、提出調查報告及飛安改善建議。

飛安會定位爲一獨立超然的飛航安全專業機構。在執行專案調查報告後所發現的飛航安全改善措施，應向行政院院長提出，再由院長透過行政系統下達執行決心，責成交通部設計相關政策與執行方案，予以辦理。換言之，飛安政策的規劃與執行原本就是交通部與民航局所應完全承擔的責任，飛安委員會應根據飛安事故中所歸結的教訓，向院長提出主管機關在此作爲上所出現的盲點和缺失，並建議行政相關部門未來應予強化與改善的重點。

飛安會採「委員合議制」，由行政院長聘任主任委員綜理會務。委員會議由主任委員召集。委員會聘用民航領域學有專精之失事調查官及飛航安全官，由主任委員指派其中一人兼任執行長，執行會務運作及委員會議之決議事項。

飛安會組織包括委員會，下設失事調查組、飛航安全組、調查實驗室及行政與法制組（如圖11-5）。

近年來，飛安會在調查人員之專業、事故調查能量或軟硬體的建置上已然奠立了良好基礎，並獲得社會正面評價。其中，調查實驗室（如圖11-6）目前已具備解讀國內外現有民航機飛航記錄器之能量，飛航資料分析能量亦已達國際水準，並曾支援國外事故調查機關記錄器之解讀與動畫製作，獲得歐美等先進國家調查機關一致的肯定。

當然，改善國內飛安環境並非成立飛航安全委員會即一蹴可幾，還需仰賴國內各航空公司、航空主管機關的共同努力，不斷地

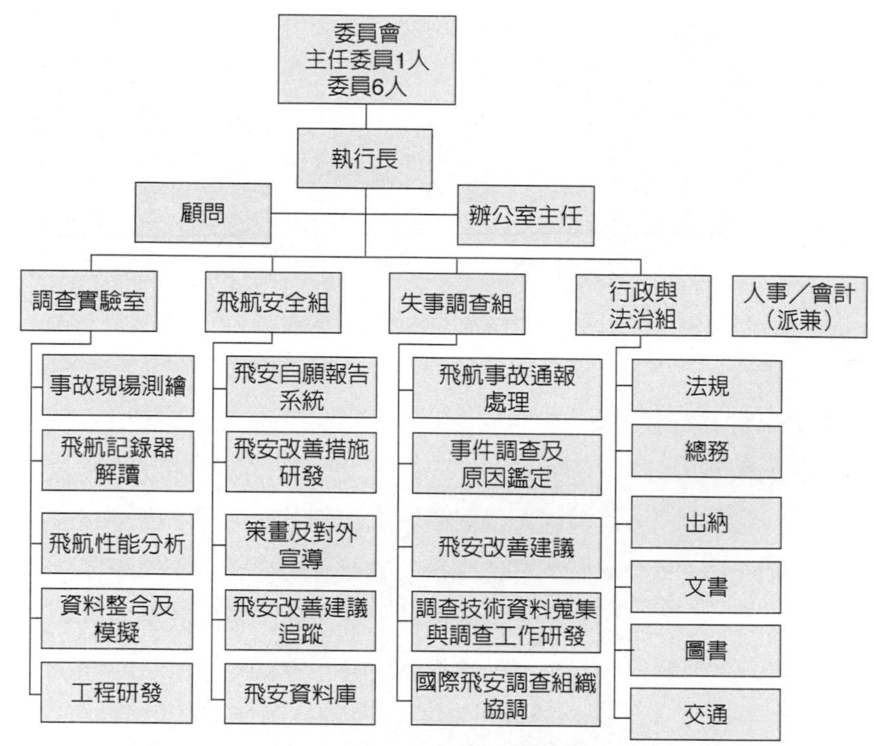

圖11-5　飛安會組織圖

資料來源：飛安會網站http://www.asc.gov.tw/asc_ch/aboutasc_2.asp

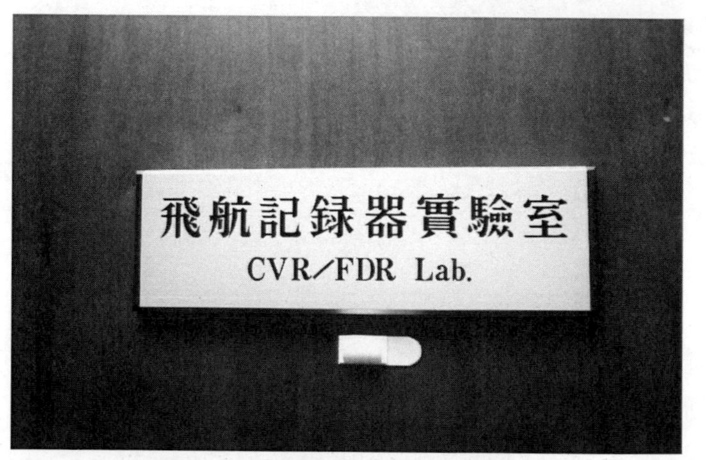

圖11-6　飛安會飛航記錄器實驗室

資料來源：作者攝於ASC舊址。

檢討改進，才能逐步重建國人對飛安的信心。使航空事業能在良好的經營環境下，與其他運具相互配合，建立一個安全、快速、便利的運輸網路。

第三節　黑盒子

大型民航機，以及部分小型商業用或私人飛機，必須裝設兩個記錄飛航資料的「黑盒子」。一旦發生了飛機失事或重大飛安事件，這兩個記錄飛行狀態、系統操作及駕艙內通話的記錄資料，都是調查的重要資訊來源。

飛航記錄器俗稱「黑盒子」。黑盒子的外殼並非黑色，而是易於辨認的橙色且貼有反光條紋。稱爲黑盒子的原因是因爲通常找到它時，大部分都成焦黑狀，另一原因是Black Boxes本身即具有神秘、令人想知道原委的意思。

黑盒子有兩種形式，一爲「座艙通話記錄器」，另一爲「飛航資料記錄器」。它們是用來調查飛航事故之可能肇因（Probable Cause）之用。

我國「航空器飛航作業管理規則」第103條規定，航空器使用人應於航空器上裝置飛航記錄器，以記錄供航空器失事調查使用之必要飛航資料。

其中，「座艙通話記錄器」記錄無線電通話內容以及駕駛艙內的聲音，例如飛行員之間的交談，或是發動機聲音。而「飛航資料記錄器」則記錄各項飛航數據，例如高度、空速及航向。老式的類比系統使用 1/4 吋的磁帶來儲存資料，而現代則使用數位技術以及電子晶片。兩種記錄器通常裝設於機尾，也就是飛機失事毀損率最小的地方（如**圖11-7**至**圖11-10**）。

圖11-7　MD-82客機的黑盒子位置

資料來源：作者攝於小港機場。

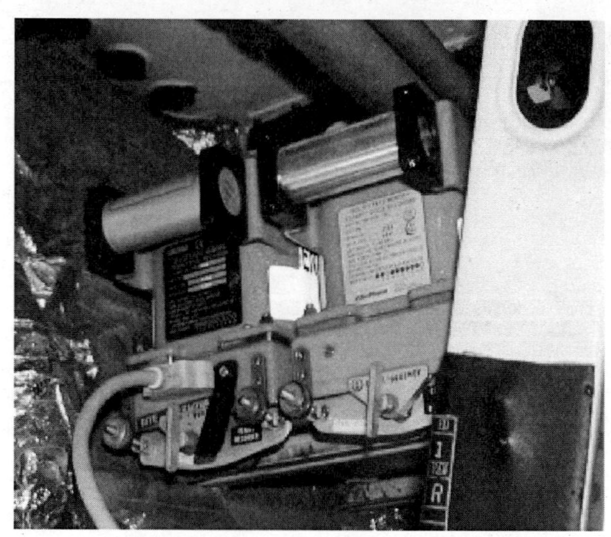

圖11-8　MD-82客機的CVR及FDR

資料來源：遠東航空公司提供。

萬一飛機於水面上失事，每一個記錄器都還有一個水下定位發報器（Underwater Locator Beacon, ULB），會在記錄器落水之後自動以 37.5 KHZ 發射出聲音訊號，透過特殊接收器，可以偵測出其位置，此訊號可自20,000呎的深海裡發揮作用。

圖11-9　B-757客機的黑盒子位置

資料來源：遠東航空公司提供。

圖11-10　B-757客機的CVR及FDR

資料來源：遠東航空公司提供。

在我國，每當事故發生之後，兩具記錄器就立刻由現場送到行政院飛安委員會調查實驗室進行解讀。記錄器裡的資料，透過複雜的電腦及聲訊設備，可以轉換爲易於理解的直接資訊，負責調查的小組便利用這些資訊當作多項證據之一，來幫助飛安會瞭解失事的「可能肇因」。

一、飛航資料記錄器

其指的是飛航記錄器中記錄航空器系統、性能及環境參數之裝置。

飛機上的飛航資料記錄器可以記錄多項有關於航行的數據。新出廠的飛機，依法必須要有能力記錄至少二十八項重要數據，例如：航機姿態、外型、時間、高度、空速、航向、垂直加速度、姿態等。除此之外，飛航記錄器可以記錄至少五至三百種其他飛行數據，內容包括襟翼位置、自動駕駛模式，甚至煙霧警報。這些詳盡的資料對於失事調查而言是非常重要的。

裝設及解讀飛航資料記錄器之優點：

1.揭露異常之航機行爲。

2.判定航機之飛航性能與軌跡。

3.評估航機系統之操作。

4.使用飛航資料進行模擬機測試。

5.消除不同的事故肇因之假說。

6.提供事故調查方向。

早期的FDR記錄方式是以高硬度金屬探針「類比式」的刻劃在金屬箔片上，記錄的參數只有：氣壓高度、空速、磁航向角、垂直加速度、時間等五項。解讀方法是將金屬箔片取出以顯微鏡觀察及描繪。第一代記錄器也有以照相底片爲媒介，參數以傳感器轉動微小鏡子將訊號反射在底片上。第一代記錄器於1980年停產。

第二代記錄器採用多軌磁帶，磁帶長度約300～500呎，可記錄二十五小時之飛航資料。

第三代飛航記錄器於1992年後使用「固態式記憶體」（Solid-State EEPROM Flash Memory）記錄（如**圖11-11**）。飛航資料記錄器簡稱SSFDR，座艙通話記錄器簡稱SSCVR。法規要求第三代

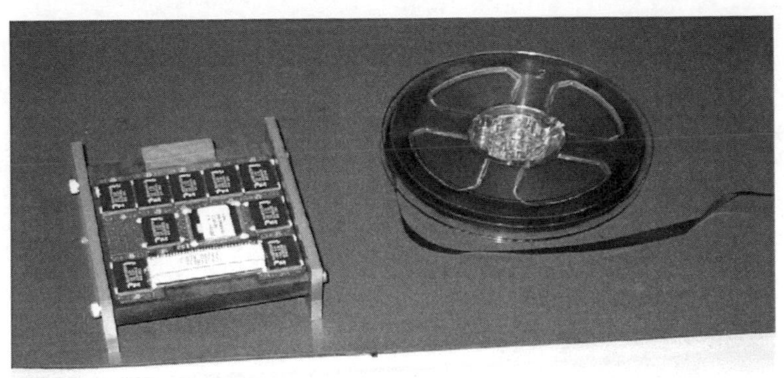

圖11-11　固態式記憶體（左）與磁帶式記憶體（右）

資料來源：作者攝於飛安會。

記錄器需抗撞3,400G、抗熱攝氏1,100度三十分鐘與攝氏260度十小時、抗水壓20,000呎深、抗靜擠壓5,000磅五分鐘與抗刺穿10呎掉下500磅撞擊（如表11-2）。

解讀後的FDR資料，可構建出三維電腦模擬動畫，以重建事故當時狀況，調查人員則研究飛機當時的姿態、儀表讀數、推力設定和其他飛行數據，以掌握事發當時的情形。

表11-2　飛航記錄器之規格

記錄時間	連續25小時
記錄數據種類	5～300 種以上
耐撞擊程度	每6.5微秒3,400個重力加速度（G）力
穿透撞擊	500磅重物從10呎處掉落產生0.25吋之穿透撞擊
靜壓力	承受三軸5,000磅靜壓力
耐熱度	60分鐘／1,100° C，10小時／260° C
水壓耐力	可耐20,000呎深
水底定位訊號	37.5KHZ
電瓶壽命	6年待命／連續使用30天

二、座艙語音記錄器

指的是飛航記錄器中記錄駕駛艙內語音之裝置（如表11-3）。

CVR是位於兩名駕駛中間的抬頭儀表板上一個系統的區域性麥克風。除了記錄飛航組員的聲音，如組員討論之問題——操作程序、緊急處置、資源使用與合作外，還可以錄下駕駛艙內的其他聲音，包括：按鍵、發動機聲音、失速警告、防撞系統、近地警告系統、發動機火警、起落架收放聲以及所有的鈴響甚至撥動開關聲。藉由這些聲音，再配合發動機轉速、系統故障、速度等數據，通常可以斷定每個事件發生的時機。

另外，對外與地面航管或空域內其他航機的無線電通話、飛行員間的交談，以及飛行員透過PA與客艙組員或地勤人員的通話，甚至空氣動力噪音、爆炸聲響、結構損壞、大雨及打雷等環境雜音，也都可以記錄下來。

失事調查委員會通常會根據CVR錄音內容製作一份抄本，而此抄本則為調查過程中不可或缺的重要資料之一。另外，航管單位的錄音帶及雷達資料，以及內含的時間記錄，可以用來決定所有事件的正確發生時間以及順序。在某些時候，若需要更精確的時間記錄，還可以利用數位光譜分析儀來鑑定，這份抄本不但記錄了所有

表11-3　座艙錄音系統之規格

記錄時間	連續30-120分鐘，固態數位式可持續2小時
錄音頻道	4頻道
耐撞擊程度	每6.5微秒3,400個重力加速度（G）力
穿透撞擊	500磅重物從10呎處掉落產生0.25吋之穿透撞擊
靜壓力	承受三軸5,000磅靜壓力
耐熱度	60分鐘／1,100° C，10小時／260° C
水壓耐力	可耐20,000呎深
水底定位訊號	37.5KHZ
電瓶壽命	6年待命／連續使用30天

重要及明確的資料，同時也可以在飛安會的公聽會上公開播放。

座艙語音內容的處理原則，與其他事證資訊稍有不同，因爲駕駛艙內的對話往往極度敏感。也因此，包括美國國會及全世界的其他國家也要求調查委員會不得公布錄音的任何一部分，錄音及抄本也屬機密性資料。至於抄本的公布條件，法律上也有嚴格的限制。我國「飛航事故調查法」第22條規定，座艙語音記錄器之錄音，不得對外公布，但座艙語音記錄器記錄之抄件，如爲飛航事故調查分析之必要者，可記載於對外發布之調查報告中。

三、飛航資料記錄器與座艙通話記錄器的使用

依據「航空器飛航作業管理規則」第103條規定，飛航記錄器應於飛航前開啓，不得於飛航中關閉。但於航空器失事、航空器重大意外或航空器意外事件發生後，應於飛航中止時即關閉飛航記錄器，於取出紀錄前，不得再開啓飛航記錄器。航空器使用人應執行飛航記錄器系統操作及評估檢查，以確認飛航記錄器系統持續可用。

四、未來座艙通話記錄器與飛航資料記錄器之發展方向

未來第四代飛航記錄器之研發，其重要方向如下：

1.2003年1月1日起，適航航空器必須具有二小時記錄能力的座艙通話記錄器。2005年1月1日起全面汰換掉現有的三十分鐘的座艙通話記錄器。

2.2005年1月1日起，開始實施座艙通話記錄器使其具獨立十分鐘電源之記錄能力，防止座艙通話記錄器因航機提供之電力中斷而無法記錄聲音（如2002年5月26日發生之華航CI611失

事）。

3.2003年1月1日起，結合CVR與FDR之記錄器發展更可靠且輕型之記錄器（稱為複合式記錄器CombiRecorder），以適用於小飛機與直昇機之安置。現有商用運輸型航空器則需裝置兩套複合式記錄器於機首與機尾。

4.2005年1月1日起，FDR需記錄CNS/ATM資料〔（如管制員與飛行員數據通聯（Controller-Pilot Data Link Communication, CPDLC）〕。

5.改良飛航記錄器與ULB之強度，避免ULB於航機墜毀後分離。

6.結合ATN 網路，將飛航資料即時傳回地面監控。發展座艙影像記錄器（Image Recorder），並結合現有之複合式記錄器，於駕駛艙內架設三具CCD攝影機，壓縮記錄影像於複合式記錄器之擴充記憶體內。影像記錄器能提供人機介面變化、飛航組員之互動、座艙內飛語言溝通情形、座艙內環境變化以及座艙通話記錄器與飛航資料記錄器未記錄之資料，主要記錄：(1) 駕駛員工作區：駕駛艙內之燈光與有煙霧情況，駕駛員間之互動與檢查表使用情形，以及駕駛員對開關、油門與駕駛桿之操作情形等；(2) 儀表與控制面板區：前視區儀表板、駕駛艙頭頂面板以及中央顯示面板，此影像記錄器需要有較高影像解析度與記錄速率，便於分辨儀表指針與數字。

7.增加飛航資料記錄器法定記錄參數（Mandatory Parameters）。FAA要求美國國內線航機將FDR的必要記錄參數從五十七項提升至八十八項，並全部完成航機裝置飛航資料擷取單元（FDAU）與數位資料介面（DDB）安裝。

飛航資料記錄器和座艙通話記錄器一直是失事調查中非常有利的工具。它們提供了許多沒有其他任何方法可以取代的資訊，將這些資料配合多方面的調查（例如目擊證人），這些記錄器在現在及未來失事調查中所扮演的角色將是無法抹滅的。

CHAPTER 12

航空安全未來趨勢

「我們所想的每一個念頭，以及我們所說的每一句話，都在塑造一個未來。」

～大文學家 路易士海

航空安全是一門系統科學，從飛機設計、製造、維修、氣象、航空醫學的科技層面，到飛航管制、機場管理、航空公司的管理層面，以及政治、經濟、法律的社會層面，每一個細節與飛航事故的發生息息相關。

在本書中我們可以明白瞭解，飛機失事的原因並沒有一個簡單的答案。因此，要如何達成飛航零事故的目標，包括政府、業者、學術界，從飛機設計、製造、維修、檢驗、飛行操作、飛航組員的訓練、體檢、給證，到機場、飛航管制，以及氣象條件，乃至於社會環境、經濟條件、公司組織文化，甚至政治環境，只要是對航空安全會發生影響的因素都應該深入瞭解，以便在運作整個飛航系統時，可以有效地整合各種技術與資源，以求在各個層面均能免於事故的發生，即是航空安全零失事的核心宗旨。

航空業界爲增進安全正在不斷地努力，但普遍社會大衆對安全的觀感，總是認爲低失事率沒什麼意義，失事必須減少，失事次數才是判斷標準。因此，航空業界仍得繼續努力說服大衆以正視聽。

目前，全球民航噴射機失事首要被重視的項目有：人爲因素（飛航組員）、進場及落地（Approach and Landing）、操控下撞地、失控（Loss of Control）。航空業能增進安全之處在於四方面：(1) 飛機（Aircraft）；(2) 系統（System）；(3) 裝備設施（Facilities）；(4) 業者（Operator）。

茲分別說明如下：

一、飛機

(一) 飛機安全的改進將是漸進的

由失事率看來，現在飛機已經非常安全（如圖12-1），雖然A380客機已經量產問世，但仍有一段時間內不會有新機型，現有營運中各型飛機仍將使用很多年（如圖12-2）。目前飛機裝備只能漸進式的改進其安全，且只能安裝在新製造的飛機上或改裝到現有飛機上，我們無法預期會有如跨躍式的安全改進（如表12-1）。

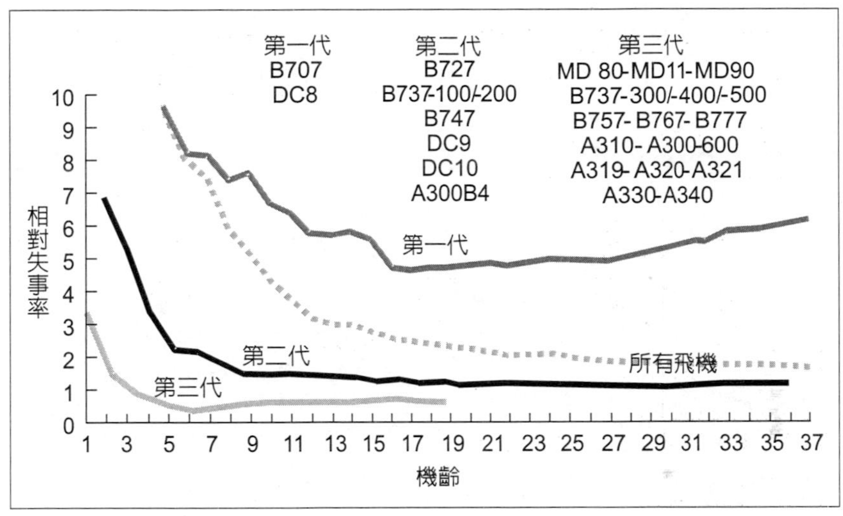

圖12-1　飛機安全已經改進

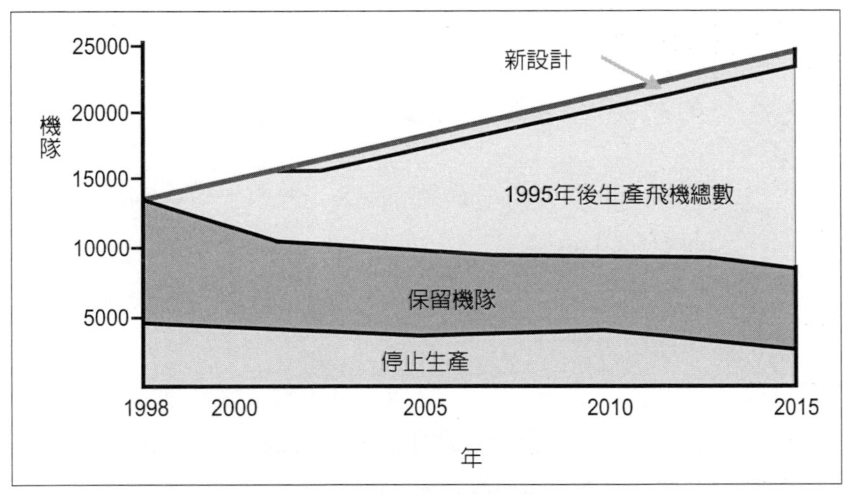

圖12-2　現有飛機仍將營運很久

表12-1　飛機的改進與安全關係

改進方式	有助於增進或預防
飛行包絡線保護（Flight Envelope Protection）	失控（Loss of Control）
風切偵測（Wind Shear Detection）	失控（Loss of Control）
結冰偵測（Ice Detection）	失控（Loss of Control）
全球定位系統（GPS）	導航／隔離（Navigation/Separation） 進場／落地（Approach and Landing）
加強型近地警告系統（EGPWS）	操控下撞地（CFIT）
晴空亂流偵測（CAT Detection）	客艙安全（Cabin Safety）
兒童約束系統（Child Restraints）	客艙安全（Cabin Safety）
抗火材料（Fire Retardant Materials）	客艙安全（Cabin Safety）
較大緊急出口（Larger Emergency Exits）	客艙安全（Cabin Safety）
引擎盤保護（Engine Disc Containment）	客艙安全（Cabin Safety） 結構損壞（Structural Damage）
空中防撞系統／詢答器（TCAS/Transponder）	空中相撞（Midair Collision）
資料連接Data Link	通信（Communications）

二、系統

(一) 優良的航空系統需要的條件

1.主管機關（政府）訂定航空、安全、健康、環境的適用法律（Applicable Law）。

2.完備的規則及規定（Rules and Regulations）：如符合國際民航組織標準等。

3.主管機關（政府）對檢查（Inspection）、訓練（Training）、記錄及給證（Records and Licensing）的監督能力（Oversight Capability）。

4.統計分析及資料蒐集。

(二) 肇致失事的系統缺失

肇致失事的系統缺失如**圖12-3**所示。

1.典型的隱藏缺失：

(1) 計畫或排程不良。

(2) 設計不足／裝備不良。

(3) 配置不當／缺乏資源。

(4) 缺陷的程序。

(5) 溝通不良。

(6) 訓練缺點。

(7) 不完整的選擇程序。

(8) 忽視已知的危險。

(9) 缺乏激勵。

2.改正一個隱藏的錯誤能消除數個顯性的錯誤。

(三) 人爲失誤

1.人天生就會犯錯：

(1)犯錯是人類行爲正常部分——人類會犯錯。

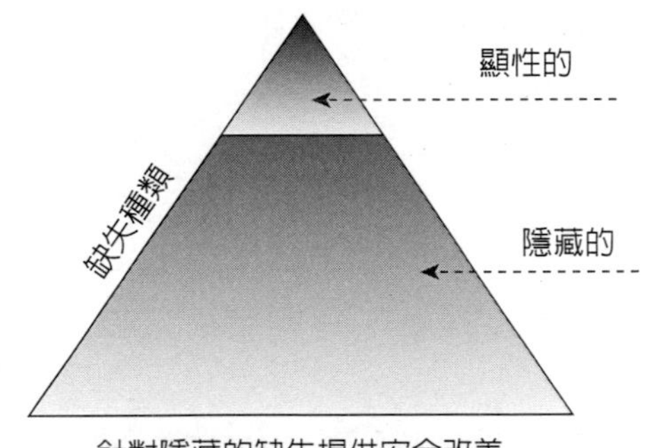

圖12-3　疏失種類

(2) 大部分錯誤是無心的——人不會故意去犯錯。

(3) 人爲錯誤是症狀而不是失事肇因。

2.管理階層也會犯錯：

(1) 他們犯少數顯現的錯誤。

(2) 大部分是潛在的隱藏性錯誤。

(3) 隱藏性的錯誤能長期靜止不動。

(4) 隱藏的和顯現的錯誤合在一起造成失事。

(四) 管理階層負責安全

1.安全從最高層開始。

2.董事長／總經理倡導安全文化。

3.管理階層訂定安全政策。

4.安全是營業價值的核心。

(五) 良好安全管理的做法——董事長／總經理訂定公司安全政策

1.安全是營業價值核心。

2.安全計畫。

3.標準作業程序。

4.意外事件報告計畫——保密及非懲罰性。

5.管理及獨立督察。

6.所有人員完備的訓練。

7.提供足夠資源。

(六) 管理態度轉變爲行動

1.飛機：裝備良好、標準化、正確適當的維修。

2.標準作業程序：精心地發展、完全地執行、嚴格地遵守。

3.訓練及考核計畫：維持適當的工作技能。

三、裝備設施

裝備設施的改進，是指裝置或改裝機上裝備及地面設施對安全的助益（如**表12-2**）。

航空業界以往對降低失事事件，總是由檢查失事殘骸及分析「黑盒子」被動式地反應。現在失事率處於水平高點，被動反應不是有效做法。未來要減少失事，業界必須積極主動，辨認及消除不利趨向，在失事發生之前制止，分析及持續監控飛行資料記錄器有助此項工作。

分析DFDR資料（如**圖12-4**）稱之為「飛航作業品質保證計畫」（FOQA Programs），可以發掘組員行為及飛機性能的異常。在飛機方面：可以監控系統及性能；在組員方面：可以監控操作、協調合作（Airmanship）、過量動作（Exceedences）及行為（Behavior）。DFDR可以辨認正常作業、強調不正常作業以及在正常操作中偵測不良趨向，這些潛在的危險在失事發生之前是能夠辨認及改正的。總體來說，FOQA可以預防失事、降低傷害、保全人命、保護裝備及降低成本，因此深受民航業界歡迎。

表12-2　裝備設施的改進與安全關係

改進方式	有助於增進或預防
航管 ATC	導航／隔離 Navigation/Separation
最低安全高度警告系統 MSAWS	操控下撞地 CFIT
精確進場 Precision Approach	進場及落地 Approach and Landing
跑道標誌及燈光 Runway Signals and Lighting	跑道入侵 Runway Incursions
語言能力 Language Proficiency	通訊 Communications

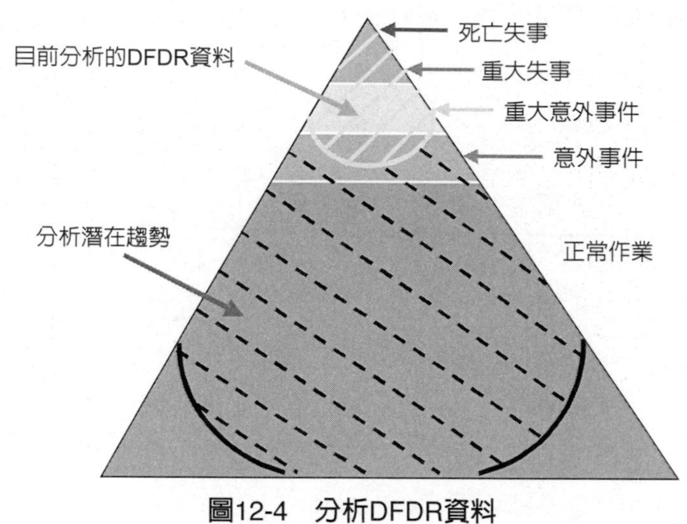

圖12-4 分析DFDR資料

安全就是省錢，推行保密及非懲罰性的失誤報告計畫（Error Reporting Programs）行動，能在失事發生之前偵測到不良趨向，並辨識問題所在。

四、業者

1.建立安全文化。

2.書面政策及程序。

3.執行安全計畫——自我督察、情境察覺。

4.新技術的使用——CNS/ATM。

5.飛安資訊分享——他山之石，可以攻錯。

6.飛行人員專長訓練：

(1) 標準作業程序。

(2) 操控下撞地。

(3) 不正常姿態。

(4) 風切。

(5) 組員資源管理／航路飛行訓練（CRM/LOFT）。

(6) 進場與落地。

7.獨立的安全部門：

(1) 飛航作業品質保證計畫。

(2) 建立保密及非懲罰性報告系統（Confidential and Non Punitive Reporting Systems）。

結　語

航空安全是一個社會現代化的指標，代表對尖端科技的掌握，代表對生命的尊重，也是一個國家形象之所繫，飛航零事故更應是一個成熟社會沒有終點的馬拉松競賽。航空安全管理是民航業界最重要的基石，唯有確保安全，民航方能永續發展。

航空安全的改善可分為主動與被動兩種方式，傳統的失事或意外事件調查往往都要等到飛安事故發生後才被動地採取調查行動，蒐集到的資訊不但有限，而且早已付出慘痛的代價。相反地，透過航空業界目前積極進行的組員資源管理、維修資源管理、線上安全稽核、飛航作業品質保證、安全管理系統、自我督察等由日常作業中找出可能引發空難事故的因子，採取積極主動的態度，才能將飛安事故防範於未然。

綜觀航空安全管理之演進，可以明顯看出下列趨勢：

1.從注重硬體（機械）改進，演進至重視軟體（管理）改善。

2.從注重物性環境改善，演進至重視人性因素和諧。

3.從注重個人價值層面，演進至重視團體企業文化。

4.從遇事應變的措施，演進至事先預防於未然。

5.從強調第一線職場的（行動）失誤，演進至重視最高階決策（潛伏）失誤。

今後航空安全管理的重點，在於航空器使用者（End User）的價值觀、願景、思考邏輯及特殊的文化質量相關。

之前台灣地區接連發生的空難成爲國際注目的焦點，社會大衆對航空運輸喪失信心。航空運輸需求量大幅成長及運輸安全的訴求與目前國內飛航安全品質的水平，其間仍有極大之落差。

科技的進步僅改善了航空器部分「硬體」的安全可靠度。「軟體」的配合、「地面基礎設施」的支援及系統管理之間仍然失調。航空器製造廠商（歐美國家）對我國航空業界的文化特質的瞭解有著無法彌補的落差。積極改善航空安全品質，恢復國人對航空的信心，以及持續整體改善國家航空體系的現況，是官、產、學、研各界共同的責任。

依統計數字顯示，航空仍然是最安全的一種運輸方式，就目前所有的交通運輸業而言，沒有一項交通工具在安全的投資上會像航空業如此重視且投入那麼多的人力、物力、財力來從事改善安全的工作（各航空公司設有飛安室、民航局有標準組、行政院有飛航安全委員會、飛機製造廠有安全工程部門等，還有不包括在內的飛安相關單位人員以及航空公司全體員工等，每一個都是飛安的一員）。

話說回來，航空安全的改善不像機車規定戴安全帽那樣立竿見影，因爲飛安不是一蹴可幾，也許需要時間及大家共同的努力（如**圖12-5**）。欣慰的是，航空業界一直不斷戮力地在增進飛航安全，無論是裝備的改良、安全的管理及危機應變處理，都日趨精進，以期達成零失事率的目標。期待未來，我們會擁有一個更安全的天空！

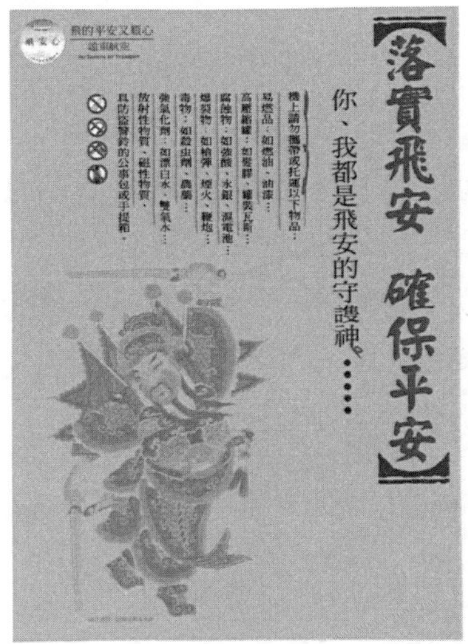

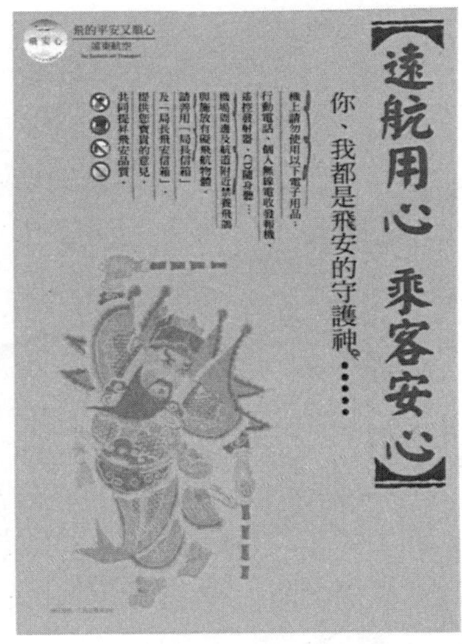

圖12-5　遠東航空公司飛安海報——你我都是飛安的守護神

資料來源：遠東航空提供。

Safety record is a fragile asset. It's a day by day proposition.

良好的飛安紀錄不易維持，時時刻刻不得有絲毫鬆懈。

——澳洲Qantas Airways前執行總裁James Strong

附　錄

一、網際網路各類飛安資訊

二、月球求生測驗

一、網際網路各類飛安資訊

網站	網址
Aviation Safety Network	http://aviation-safety.net/
AirDisaster.Com	http://www.airdisaster.com/
Airline Safety Home Page	http://www.airlinesafety.com/
Airline Disasters	http://dnausers.d-n-a.net/dnetGOjg/Disasters.htm
AirSafe.com	http://www.airsafe.com/
ASRS	http://asrs.arc.nasa.gov/main.htm
Aviation top 100	http://www.jets.dk/aviation/default.asp?UserId=182
Aeroseek - Aviation Search Engine and Directory	http://www.aeroseek.com/links/Safety/index.html
Aircraft Accident in Japan	http://www.rinku.zaq.ne.jp/sakuma/accident.html
AOPA	http://www.aopa.org/asf/
Bird Strike Committee USA	http://www.birdstrike.org/
Boeing: News-Technical Issues	http://www.boeing.com/news/techissues/index.html
ERAA Fly Safely	http://www.fly-safely.org/story.asp?id=story6
Flight International	http://www.flightglobal.com/Home/Default.aspx
Flight Safety Australia	http://www.casa.gov.au/index.htm
Flight Safety Foundation	http://www.flightsafety.org/
FOD	http://www.fodnews.com/
FSINFO	http://www.fsinfo.org/
Flightsafe	http://www.flightsafe.co.uk/
Human Factors at NASA Ames Research Center	http://human-factors.arc.nasa.gov/
HFAMI	http://hfskyway.faa.gov/
JAL 123	http://mito.cool.ne.jp/detestation/123.html
NTSB	http://www.ntsb.gov/
Plane Crash Info.com	http://www.planecrashinfo.com/
Runway Safety	http://www.faa.gov/runwaysafety/
Runway Incursions	http://www.airlinesafety.com/editorials/RunwayIncursions.htm
Safe Skies International	http://www.safe-skies.com/
Sammy Leung Safety Cards Collection And Gallery	http://www.geocities.com/safetycards/
TSA(Transportation Security Administration)	http://www.tsa.gov/index.shtm
財團法人台灣飛行安全基金會	http://www.flightsafety.org.tw/
行政院飛安委員會	http://www.asc.gov.tw/
交通部民用航空局	http://www.caa.gov.tw/

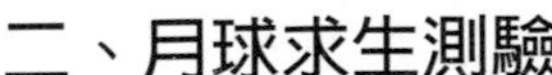

二、月球求生測驗

假設你們乘坐的太空船已在月球撞毀了，大部分裝備都已經不能使用，現在你必須考慮如何使用和攜帶僅存的十五項物品，跋涉360公里崎嶇不平的月球表面，走向有日照的一方，向母船集合，現在請你依求生的觀點，把這十五項物品的優先順序排列出來：

________ 1.一盒火柴
________ 2.濃縮食品
________ 3.15公尺長的尼龍繩
________ 4.降落傘衣
________ 5.太陽能加熱器
________ 6.兩把0.45手槍
________ 7.一盒脫水牛奶
________ 8.兩筒45公斤裝氧氣
________ 9.月球地圖
________ 10.自動充氣救生艇
________ 11.磁羅盤
________ 12.20公升水
________ 13.信號彈
________ 14.急救藥箱（包括注射器）
________ 15.太陽能FM收發兩用無線電

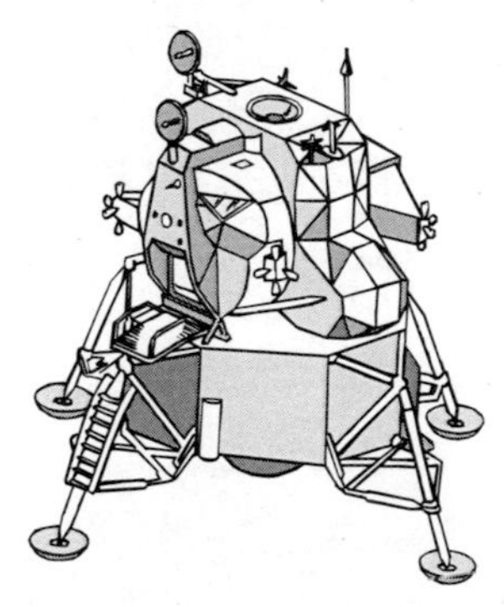

月球求生練習

月球求生項目	NASA的排名	你自己的排名	誤差分數	你那組的排名	誤差分數
1.一盒火柴					
2.濃縮食品					
3. 15公尺長的尼龍繩					
4.降落傘衣					
5.太陽能加熱器					
6.兩把0.45手槍					
7.一盒脫水牛奶					
8.兩筒45公斤裝氧氣					
9.月球地圖					
10.自動充氣救生艇					
11.磁羅盤					
12. 20公升水					
13.信號彈					
14.急救藥箱（包括注射器）					
15.太陽能FM收發兩用無線電					
		總分數			

※誤差分數計算方式：把你的分數與NASA的分數相減，不管正負號，一律改爲正。

計算你自己及你那一組的分數，評分等級：

分數	等級
0～5	特優
6～32	優
33～45	可（普通）
46～55	尚可
56～70	差
71～112	極差 （我們會認為你是使用地球上的邏輯觀念來思考）

比較你及你那一組的分數優劣：

你的分數：____________________

你那一組的分數：________________

優劣：________________________

參考書目

一、中文

王穎駿（1998）。〈文化是空難的一項因素嗎？——從97年關島失事事件看此敏感議題〉。《航太工業通訊》，第31期，經濟部航太工業發展推動小組，頁23-26。

王穎駿（1999）。〈空中互撞〉。《航太工業通訊》，第33期，經濟部航太工業發展推動小組，頁50-54。

王穎駿（1998）。〈駕、客、貨艙起火——從瑞航失事事件談起〉。《飛行安全季刊》，第17期，財團法人飛行安全基金會，頁41-47。

王穎駿、陸鵬舉（民1996）。〈以波音失事預防策略法分析國籍航空器飛安事故資料〉。《中華民國第三屆運輸安全研討會論文集》，頁311-321。

交通部民用航空局（2006）。《航空運輸專論》。

交通部民用航空局（2006）。《危險物品檢查員手冊》。

交通部民用航空局（2006）。《客艙安全檢查員手冊》。

交通部運輸研究所（2006）。《國內外航空事故肇因分析與失事調查組織以及作業之研究》。

交通部運輸研究所（2006）。《應用風險管理於航空安全之研究》。

交通部運輸研究所（2006）。《飛航安全研究之回顧與發展》。

行政院飛航安全委員會（2002）。《航空器失事調查報告：中華民國89年10月31日新加坡航空公司006班機BOEING 747-400型機國籍登記號碼9V-SPK於中正國際機場起飛時撞毀在部分關閉跑道上》。

行政院飛航安全委員會（2006）。《台灣飛安統計1996-2005》。

行政院飛航安全委員會（2006）。《飛的更安全》。

行政院飛航安全委員會（2005）。《飛航事故調查標準作業程序》，第三版。

李文魁（2005）。〈航空安全風險評估模式之研究〉。國立成功大學交通管理科學研究所博士論文。

李雲寧、王穎駿（1999）。〈高科技環境下之風險管理——人爲失誤與飛航安全文化〉。《民航季刊》，第1卷，第1期，交通部民用航空局，頁25-46。

何立己（1998）。〈驚爆泰納綠〉（上）。《世界民航雜誌》，第10期，1998年4月號，頁74-78。

何立己（1998）。〈驚爆泰納綠〉（下）。《世界民航雜誌》，第12期，1998年6月號，頁74-78。

何立己（1998）。〈黑盒子的秘密——航空安全人爲因素剖析〉。台北：世界民航雜誌。

林佑儒（2004）。〈線上安全稽核成效及其影響因素之研究——以某國籍航空公司爲例〉。國立成功大學交通管理科學研究所碩士論文。

官文霖、梁群（2004）。〈飛航記錄器於飛航事故調查之應用〉。2004海峽兩岸智慧型運輸系統學術研討會，哈爾濱。

官文霖、蘇水灶（2006）。〈民用飛航記錄器之發展趨勢與挑戰〉。2006中華民用航空學會年會論文，II-4。

凌鳳儀（1998）。《航空運輸總論》。台北：文笙。

張有恆（2005）。《飛航安全管理》。台北：華泰。

張有恆（2001）。《航空安全人爲因素探討及案例分析》。台北：交通部民用航空局。

張有恆、王穎駿（2004）。〈維修資源管理之探討〉。《民航季刊》，第6卷，第4期，交通部民用航空局，頁33-70。

張航挺（1998）。〈飛機上爲何不能使用電子通信產品〉。《世界民航雜誌》，第12期，頁82-84。

飛行安全基金會（1996）。〈85年國籍航空安全計畫管理訓練講義〉。

飛行安全基金會（1997）。〈86年國籍航空維修安全計畫管理講義〉。

飛行安全基金會（1994）。〈第四屆國籍航空飛安年會講義〉。

葉文健（2004）。〈航空公司飛航運作系統安全分析模式之建立〉。國立交通大學交通運輸研究所博士論文。

葉武漢（2006）。〈安全管理系統——長榮航空的作法〉。第14屆國籍航空飛安年會光碟。

遠東航空公司（2006）。《失事預防計畫手冊》。

劉天健（2006）。〈客艙非理性旅客與航空業者因應之道〉。第二屆全國航空客艙安全研討會。

鍾政淋（2005）。〈國內飛航管制人員風險因素模式探討〉。國立成功大學交通管理科學研究所碩士論文。

戴旭東（2006）。〈安全管理系統華航作爲〉。第14屆國籍航空飛安年會光碟。

二、英文

Alexander T. Wells (2001), *Commercial Aviation Safety,* McGraw-Hill.

Boeing (2006), *Statistical Summary of Commercial Jet Airplane Accidents 1959-2005,* Seattle: Boeing Co.

David Gero (1993), *Aviation Disasters,* Patrick Stephens Limited.

IATA (2006), *Safety Report,* Montreal: IATA.

IATA (2006), *Dangerous Goods Regulations,* Montreal: IATA.

Richard H. Wood (2003), *Aviation Safety Programs: A Management Handbook,* Jeppesen Sanderson.

Stuart Matthews (1998), "Aviation Safety: What Needs To Be Done?", Flight Safety Foundation.

Shari Stanford Krause (2003), *Aircraft Safety : Accident Investigations, Analyses, & Applications,* McGraw-Hill.

William Voss (2006), "Overview of Safety Challenges and Solutions", The 14th Annual Taiwan Aviation Safety Conference.

三、中英文網站

Aviation Safety Network：http://aviation-safety.net/

AirDisaster.Com：http://www.airdisaster.com/

AirSafe.com：http://www.airsafe.com/

ASRS：http://asrs.arc.nasa.gov/main.htm

FAA（美國聯邦航空總署）：http://www.faa.gov

Flight International：http://www.flightglobal.com/Home/Default.aspx

Flight Safety Australia：http://www.casa.gov.au/index.htm

Flight Safety Foundation：http://www.flightsafety.org/

IATA（國際航空運輸協會）：http://www.iata.org/

ICAO（國際民航組織）：http://www.icao.org

NTSB（美國國家運輸安全委員會）：http://www.ntsb.gov/

TSA（美國運輸保安署）：http://www.tsa.gov/index.shtm

中華民國人因工程學會：http://www.est.org.tw/about_1.htm

中華航空公司：http://www.china-airlines.com/ch/index.htm

交通部民用航空局：http://www.caa.gov.tw/

華航名古屋空難調查報告：http://www.rvs.uni-bielefeld.de/publications/Incidents/DOCS/ComAndRep/Nagoya/nagoyarep/nagoya-top.html

行政院飛航安全委員會：http://www.asc.gov.tw/

長榮航空公司：http://www.evaair.com/html/b2c/chinese/

財團法人飛行安全基金會：http://www.flightsafety.org.tw/

國民健康局：http://www.bhp.doh.gov.tw/BHP/do/www/themeParkDocRead?themeParkDocumentId=88297&type=document&themeParkId=27

遠東航空公司：http://www.fat.com.tw/

維基百科：http://zh.wikipedia.org/

～以上參考資料若有遺漏之處，惠請專家及讀者不吝指正～

航空安全管理概論

作　　者 / 王穎駿
出 版 者 / 揚智文化事業股份有限公司
發 行 人 / 葉忠賢
總 編 輯 / 閻富萍
執行編輯 / 鄭美珠
地　　址 / 台北縣深坑鄉北深路三段 260 號 8 樓
電　　話 / (02)2664-7780
傳　　真 / (02)2664-7633
E-mail / service@ycrc.com.tw
印　　刷 / 鼎易印刷事業股份有限公司
ISBN / 978-957-818-834-1
初版一刷 / 2007 年 9 月
定　　價 / 新台幣 550 元

國家圖書館出版品預行編目資料

航空安全管理概論 / 王穎駿著. – 初版. --
臺北縣深坑鄉：揚智文化, 2007.08
面；　公分
參考書目：面

ISBN 978-957-818-834-1(平裝)

1.航空安全 2.航空運輸管理

557.94　　　　96015561